MINERVA
人文・社会科学叢書
212

アメリカ大統領は分極化した議会で何ができるか

松本俊太著

ミネルヴァ書房

アメリカ大統領は分極化した議会で何ができるか

目　次

序　章　アメリカ議会の分極化と「現代大統領制」の限界 …………… i
　1　問題の所在：「行政の長」から「政党の顔」へ ………………………… i
　2　研究の方法：現代アメリカ政治へのアプローチ ……………………… 4
　　　日本における現代アメリカ政治研究の3つのアプローチ
　　　3つのアプローチに対する本書の立場
　3　本書の主張と構成 ……………………………………………………… 11
　　　主張1：大統領の立場表明と議員の党派的行動
　　　主張2：大統領の立法活動の内容とレトリック
　　　主張3：分極化と大統領のマクロ歴史的説明

第Ⅰ部　分極化と大統領に関する理論

第1章　二大政党の分極化とは何か ……………………………… 19
　1　アメリカ政党制の歴史と分極化 ……………………………………… 19
　　　アメリカ政党制小史1：「教科書的議会」と「現代大統領制」の確立まで
　　　アメリカ政党制小史2：分極化の時代
　2　議会の分極化を論じた先行研究 ……………………………………… 24
　　　議会の分極化を表すデータ
　　　議会の分極化の原因1：有権者の変化
　　　議会の分極化の原因2：中間アクター
　　　議会の分極化の原因3：政治制度と社会構造の変化
　3　小　　括 ……………………………………………………………… 36

第2章　分極化と大統領の立法活動 ……………………………… 43
　　　　　——本書の理論——
　1　大統領の立法活動の「成功」に関する先行研究 …………………… 44
　2　議会中心アプローチ批判 ……………………………………………… 49

　　　　議会中心アプローチ批判1：空間投票モデルの限界
　　　　議会中心アプローチ批判2：点呼投票の計量分析への偏重
　3　大統領の立場表明による議員の党派的行動……………………………53
　　　　大統領の立場表明の議員への影響
　　　　分極化の進行による，大統領の立場表明の効果の強化
　4　分極化の進行と大統領の立法活動の成功……………………………59
　　　　特別多数を必要とする立法ルール
　　　　大統領の立法活動の手段とレトリック
　5　小　　　括………………………………………………………………65

第Ⅱ部　ミクロ・レヴェルの実証分析

第3章　大統領の立場表明と点呼投票の党派性 ……………73

　1　点呼投票の分析に関する理論的検討……………………………………74
　　　　点呼投票指標をイデオロギーとして扱うことの問題点
　　　　点呼投票を従属変数とした分析
　2　データ分析…………………………………………………………………82
　　　　データの紹介
　　　　分析結果1：大統領の立場表明と議会指導部の関係
　　　　分析結果2：点呼投票が政党投票となる要因の分析
　3　小　　　括………………………………………………………………95

第4章　大統領アジェンダの成否の計量分析 ………………100

　1　大統領の立法活動の手段に関する理論的検討 ………………………101
　　　　点呼投票以外のデータを分析する意義
　　　　定量的な先行研究：直接的接触と一般国民への説得
　　　　本章の仮説
　2　データ分析1：大統領アジェンダが議会で審議される要因 ………108

　　　　データの紹介　　分析結果
　3　データ分析2：大統領アジェンダの成立の決定要因 …………… 115
　　　　データの紹介　　分析結果
　4　小　　括 ……………………………………………………… 128

第5章　大統領の政策アイデアと沈黙とレトリック ………… 133
　　　——第1次クリントン政権の比較事例研究——

　1　クリントン政権登場の背景 …………………………………… 136
　　　「第三の道」の起源：ニュー・ディール連合の崩壊とDLCの登場
　　　クリントン個人に関する要因
　2　中道的なレトリックによる失敗：医療制度改革 ……………… 142
　　　医療制度改革の前史
　　　医療制度改革の立法過程1：政権内での排他的な法案作成
　　　医療制度改革の立法過程2：テレビ演説による中道的な立場表明
　　　医療制度改革の立法過程3：民主党内での妥協
　3　沈黙と議員個人への説得による成功：NAFTA …………… 153
　　　NAFTA承認の前史
　　　NAFTA承認法案の立法過程1：曖昧な態度
　　　NAFTA承認法案の立法過程2：中道的な立場表明
　　　NAFTA承認法案の立法過程3：共和党寄りの立場表明と個別議員への説得
　4　曖昧な立場表明と保守的なレトリックによる成功：福祉改革 …… 160
　　　福祉改革の立法過程の前史
　　　福祉改革の立法過程1：曖昧な態度
　　　福祉改革の立法過程2：上院案支持と下院案拒否の立場表明
　　　福祉改革の立法過程3：共和党寄りの立場表明と共和党指導部との接触
　5　小　　括 ……………………………………………………… 172

目 次

第6章　分極化の程度と大統領の立法活動 …………………………… 181
　　　　――異なる大統領の比較事例研究――

1　分極化初期の大統領：カーター政権のエネルギー改革 ………… 181
　　カーター政権発足まで
　　カーター政権のエネルギー改革1：政権内での排他的な立案過程
　　カーター政権のエネルギー改革2：世論に訴えかける大統領vs議会
　　カーター政権のエネルギー改革3：個別の議員への接触と政権案からの妥協

2　大統領の立法活動による分極化の定着：レーガン政権の81年税制改革 … 197
　　レーガン政権発足まで
　　レーガン政権の税制改革1：保守的な立場表明
　　レーガン政権の税制改革2：民主党との妥協と個別議員への説得
　　レーガン政権の税制改革3：テレビ演説による非党派的な立場表明

3　さらに分極化が進行した時代の大統領：オバマ政権の医療制度改革 … 208
　　オバマ政権発足まで
　　オバマ政権の医療制度改革1：議会任せの法案作成
　　オバマ政権の医療制度改革2：テレビ演説による中道的な立場表明
　　オバマ政権の医療制度改革3：オバマ主導の党派的な立法活動

4　小　　括 …………………………………………………………… 220

第Ⅲ部　マクロ・レヴェルの含意と結論

第7章　分極化と大統領のマクロ歴史的説明 ………………………… 231

1　分極化のマクロ歴史的帰結：責任政党政府論を中心に ………… 232
　　分極化の帰結1：民主主義の実体的側面
　　分極化の帰結2：民主主義の手続的側面

2　大統領の側からみたアメリカ政党政治の歴史 …………………… 238
　　政党再編成論とその批判　　大統領の役割を重視する議論

3　大統領に起因する分極化 …………………………………………… 244

第8章 「現代大統領制」を越えて……252

1 本書の要約……252
本書が明らかにしたこと
規範論：「党派的なジャッジ」としての大統領

2 今後の研究課題……256
さらなる分極化の進行
行動論に基づくアメリカ議会研究の再評価

3 本書の知見がもつ含意……260
アメリカ政治研究に対する含意：「必然」と「偶然」の境目はどこか
比較政治学への含意：「制度」と「人」の境目はどこか

附　論……271

A アメリカ連邦議会研究における3つの政党理論（第1章）……271
3つの政党理論　　3つの政党理論に対する本書の立場

B 有権者レヴェルの分極化をめぐる論争（第1章）……277
有権者個人レヴェルの分極化か「仕分け」か
有権者の分極化に対する本書の立場

C 議員のイデオロギーとその測定に関する補足（第3章）……282
党派性が先かイデオロギーが先か　　イデオロギー自体の測定

D 点呼投票の計量分析と政策類型に関する補足（第3章）……287
政策類型論と点呼投票　　議案のタイプと大統領の立場表明

E 事例研究の方法論と本書の立場（第5章・第6章）……294

参考文献　299
あとがき　333
人名・事項索引　339

凡　例

1．書誌の表記について

引用を行った文献の書誌は，本文中では著者名と刊行年のみを記し，巻末に参考文献の一覧をつける方式を採用している。複数の版が存在する文献や翻訳書については，引用を行ったものの刊行年を記している。ただし，文脈上，初版や翻訳書の原著の刊行年を明示することが望ましい場合のみ，本文中で併記している。

2．政党の表記について

議会の多数を占める政党や政党連合がほぼ例外なく執政の長の地位を占める議院内閣制と異なり，アメリカの場合，議会の多数派と大統領の政党が異なる「分割政府」の状況が現れる場合も少なくないため，「与党」「野党」という表現は，混乱を招くおそれがある。そこで本書においては，大統領と同じ政党を「大統領与党」，そうでない政党を「大統領野党」と表記する。また，議会において多数派を占めている政党を「議会多数党」または単に「多数党」，そうでない政党を「議会少数党」または「少数党」と表記する。

3．議員の所属政党および選挙区所在州の表記について

第5章・第6章の事例研究では，数多くの議員が登場する。アメリカ政治研究においては，読者の理解を補うために，初出の議員の氏名の後に，括弧書きでその議員の所属政党と選挙区が所在する州を表記するのが通例である。たとえば，「ティップ・オニール（Tip O'Neill；D：MA）下院議長」という表記は，オニール議長は民主党に所属し，マサチューセッツ州から選出されていることを示す。共和党の場合は"R"・無所属の場合は"I"（Independent の頭文字）である。アルファベット2文字で表される州の略号は，アメリカ合衆国郵便公社（USPS）が定める，次のものにしたがう（アルファベット順）。

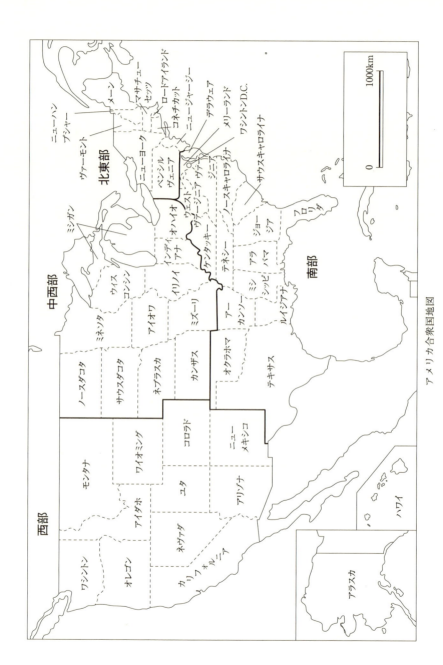

アメリカ合衆国地図

凡　例

- AL：Alabama（アラバマ）
- AK：Alaska（アラスカ）
- AZ：Arizona（アリゾナ）
- AR：Arkansas（アーカンソー）
- CA：California（カリフォルニア）
- CO：Colorado（コロラド）
- CT：Connecticut（コネチカット）
- DE：Delaware（デラウェア）
- FL：Florida（フロリダ）
- GA：Georgia（ジョージア）
- HI：Hawaii（ハワイ）
- ID：Idaho（アイダホ）
- IL：Illinois（イリノイ）
- IN：Indiana（インディアナ）
- IA：Iowa（アイオワ）
- KS：Kansas（カンザス）
- KY：Kentucky（ケンタッキー）
- LA：Louisiana（ルイジアナ）
- ME：Maine（メーン）
- MD：Maryland（メリーランド）
- MA：Massachusetts（マサチューセッツ）
- MI：Michigan（ミシガン）
- MN：Minnesota（ミネソタ）
- MS：Mississippi（ミシシッピ）
- MO：Missouri（ミズーリ）
- MT：Montana（モンタナ）
- NE：Nebraska（ネブラスカ）
- NV：Nevada（ネヴァダ）
- NH：New Hampshire（ニューハンプシャー）
- NJ：New Jersey（ニュージャージー）
- NM：New Mexico（ニューメキシコ）
- NY：New York（ニューヨーク）
- NC：North Carolina（ノースキャロライナ）
- ND：North Dakota（ノースダコタ）
- OH：Ohio（オハイオ）
- OK：Oklahoma（オクラホマ）
- OR：Oregon（オレゴン）
- PA：Pennsylvania（ペンシルヴェニア）
- RI：Rhode Island（ロードアイランド）
- SC：South Carolina（サウスキャロライナ）
- SD：South Dakota（サウスダコタ）
- TN：Tennessee（テネシー）
- TX：Texas（テキサス）
- UT：Utah（ユタ）
- VT：Vermont（ヴァーモント）
- VA：Virginia（ヴァージニア）
- WA：Washington（ワシントン）
- WV：West Virginia（ウェストヴァージニア）
- WI：Wisconsin（ウィスコンシン）
- WY：Wyoming（ワイオミング）

序　章
アメリカ議会の分極化と「現代大統領制」の限界

1　問題の所在:「行政の長」から「政党の顔」へ

　アメリカ合衆国（以下本書では,「アメリカ」と略記）は,現行の成文憲法では世界最古となる合衆国憲法の下で,およそ240年間もの長い間,国を運営しつづけてきた。その最も重要な特徴は,連邦制と連邦政府における三権分立の2つを柱とする,厳格な権力の分立である。とくにアメリカの大統領制は,合衆国憲法の制定・批准の過程において大きな影響力をもち,現在でも合衆国憲法に関する最重要の古典とされる「フェデラリスト・ペーパー」（The Federalist Papers）（ハミルトン・ジェイ・マディソン 1999［原著1787-1788］）でも記されているような,徒党（faction）による「多数派の専制」（tyranny of the majority）が生じることを懸念した建国の父たちが,党派的な対立から超越してそれを抑制する存在として設計したものである。大統領の元来の仕事は,国家統合の象徴たる国家元首であり,軍の最高司令官であり,外交や行政の長でありはしたが,法をつくることではなかった。今でこそアメリカ大統領は,俗に「世界の最高権力者」という言われ方をすることもあるが,それはアメリカ国内においては誤りである。立法に関する権限がないがゆえに,内政では大統領の権限は大きく制限されている。

　それが,時代を経るにつれて,社会が大統領に新たな役割を期待するようになってきた。1つは,建国の父たちが徒党と呼んで嫌った集団が,政党という名の下に19世紀初頭から発達したことに伴って,「政党の顔」として,有権者から選ばれ有権者に責任を負う役割である。もう1つは,行政国家（administrative state）化の進展に伴って,「行政の長」として非公式に立法に関わる役割である。とくに20世紀中盤以降の大統領は,「政党の顔」として,選挙を通じて

I

有権者に国を改革する方針を提示し，当選後は「行政の長」として議会にこれを実行させることで国をまとめてきた。こういった大統領のあり方を，「現代大統領制」(modern presidency)(Neustadt 1990) という。現代大統領制は，多数派の行き過ぎを抑制することが想定されていた制度構造のままで，多数派の期待を担うといった矛盾した役割を大統領に与えるものであり，大統領はこれに非制度的な運用で対応してきた（待鳥 2016, 72；同じく，梅川 2016, 27-28）。この点において，現代大統領制は，大統領の力量や威信に依存するものになった。そしていくつかの大統領は，国民の多数派が求める立法を通じて国全体をまとめることに成功してきた。その主な例は，フランクリン・ローズヴェルト(Franklin D. Roosevelt) のニュー・ディール (New Deal) 政策にはじまり，リンドン・ジョンソン (Lyndon B. Johnson) の「偉大な社会」(Great Society) や，ロナルド・レーガン (Ronald Reagan) の新自由主義的な改革などである。

　とはいえ，この，国民の多数派を代表する「政党の顔」と，国全体を代表する「行政の長」とを両立させることは，やはり容易ではない。1つの例を挙げる。西暦2000年の大統領選挙は，空前の好景気の中で行われていた。現職の副大統領 (Vice President) であった民主党アル・ゴア (Al Gore) 候補は，ビル・クリントン (Bill Clinton) 大統領と共に，民主党の中道派を代表し，主に経済政策においてリベラルでも保守でもない政策を多く実行していた。他方，前大統領を父にもつ共和党候補のジョージ・W・ブッシュ (George W. Bush：以下，「ブッシュ（子）」と表記）も，従来の保守とは一線を画す「思いやりある保守主義」(compassionate conservatism) という理念を唱えていた。どちらも大統領としての魅力に欠けるといわれたことも相まって，一言で言えば，政策上の違いが大きくない，冴えない候補者同士の競争であった。

　ところが，選挙結果はあまりに接戦であり，フロリダ州の開票結果が定まらない限り当選者が決まらないという状態が，投票日から1か月以上も続いた。メディアや有権者，さらには世界中の関心が，選挙の帰趨に集まった。この間，新聞・テレビ・インターネットのニュース・サイトといった大手メディアは，民主党が勝利した州を青く，共和党が勝利した州を赤くそれぞれ塗りつぶし，報道を続けた。果てにはアメリカが2つに分断されたという論調まで現れた。これ以降，「青い州」(blue state)「赤い州」(red state) という言葉が定着し，

さらには青い州と赤い州の間では,「文化戦争」(たとえば Hunter 1992) と表現される，文化的な対立が起こっているというところまで，議論は加熱した。つまり,「行政の長」としては大差がない候補者同士であっても，それぞれ異なる党を代表しているがゆえに，どちらが大統領の椅子に座るのかは，アメリカにとって大きな問題となったのである。2000年大統領選挙の直後に,「青い州」「赤い州」，あるいは「2つのアメリカ」といった言説が横行したのは，この大統領の「政党の顔」としての側面に焦点があたったことによる。「行政の長」としての大統領には国をまとめることが期待される一方で,「政党の顔」としての大統領が国を割ってしまうことが起こったのである。

そしてこのような現象は，2000年大統領選挙に限らず，とくに近年になって頻繁にみられるようになっているのである。2009年に大統領に就任したバラク・オバマ (Barack Obama) がその最たる例であろう。オバマは，国民の間の溝が深まっている現状を"Change"することを掲げ，2009年に第44代大統領に就任した。にもかかわらず，その目的は果たされないどころか，二大政党間の対立はかつてないほどに激化し，オバマはこの数十年で最も党派的な大統領であるとまでいわれている (たとえば Jacobson 2013, 689)。

なぜ大統領は，自ら積極的に立法を実現させるという手段によって国をまとめることができなくなったのだろうか。これが本書の問いである。本書は，議会において二大政党の「分極化」(party polarization：以下,「分極化」と表記) と呼ばれる現象が進行していることによって，大統領をとりまく環境が変化したことに原因を求める。すなわち，この分極化の進行に伴って，議会や有権者が大統領に求める様々な役割の中でも,「行政の長」の側面よりも「政党の顔」の側面が強くなってきている。そのために，自らが提案する立法を実現させることと超党派的な多数派形成を両立させることが，次第に難しくなっている。

同時に本書は，分極化が大統領の立法活動のすべてを説明すると論じるものでもない。分極化が進行している状況下でも大統領が超党派的に立法を成し遂げることは可能であり，それには大統領の個別の行動が重要である。つまり本書は，現代大統領制が機能しなくなりつつあることに対して，大統領がもつ制度上の権限や議会の動向のみに原因を求める「制度決定論」も，現代大統領制を担うに足りる力量や威信をもつ大統領が輩出されなくなった (たとえば砂田

2004) という，個人の資質に責任を負わせる議論も，共に否定する。言い換えれば，政治あるいは歴史を動かすのは「制度か人か」という古くからの問いに対して，本書は，どちらも大事であること，より具体的には，「制度」に適合的な「人」の要素が大事であるという答えを提示する。

2 研究の方法：現代アメリカ政治へのアプローチ

本書のもう1つの重要な課題は，この問いに対する答えを示すことに加え，それを「どう論じるか」である。本書は，現代のアメリカの政治について，日本人の政治学研究者が日本語で論じるものである。したがって，本書が主に念頭に置いている読者は日本の読者であり，主には，アメリカ政治自体に関心をもつアメリカ政治研究者と，政治という事象一般に関心をもつ実証的な現代政治の研究者の両方である[1]。ところが両者は，「何を論じるか」という関心に加え，「どう論じるか」についても，それぞれ別のものに基づいている部分が大きい[2]。したがって，本題に入る前に，日本における現代アメリカ政治研究のディシプリンを構成する3つのアプローチを簡単にリヴューし，これを踏まえて本書の立場を述べたい。

日本における現代アメリカ政治研究の3つのアプローチ
日本における現代アメリカ政治研究は，伝統的に，アメリカ自体を知ることを目的とし，そのためにアメリカの文化や歴史を総体的に論じるスタイルが中心である。これは現在でも大きくは変わらない。待鳥（2003b）はこの研究スタイルを，「地域研究・文化的アプローチ」と名づけた[3]。このアプローチに基づく研究やそれに依拠する研究者が圧倒的な多数を占めている理由はいくつか考えられる。最も大きな理由は，そこに研究者や社会の需要が存在することであり，これとも連動して，このアプローチによる研究を志す人材が研究者として育成・供給されてきたことである。

この傾向は日本における他の外国の政治研究についてもみられるが，アメリカ政治に特有の事情をさらに2つ挙げることができる[4]。1つは，アメリカは，わずか240年前につくられた国家であるにもかかわらず，建国期から現在まで

同じ憲法を有していること，あるいは，建国期に培われた理念が今でも大きな影響力を及ぼしつづけている（大津留（北川）2010, 23-24）ことから，歴史を論じることが現代を論じることに直結していることである。もう1つは，外国人の手によるアメリカ政治研究の偉大な成功例が存在していることである。その代表は，アレクシス・ド・トクヴィル（Alexis de Tocqueville）の『アメリカのデモクラシー』（トクヴィル 2005-2008［原著1835／1840］）であろう。外国人の視点を通じて，「アメリカの中にアメリカ以上のものをみる」（待鳥 2007）ことに成功した同書の影響は，後続の外国人のアメリカ研究者にとってあまりに強く，アメリカ政治のどのような局面を論じる場合でも，最終的には，「アメリカの」デモクラシーとは何であるか，という議論に関連づけられるに至った。

　ところが，このアプローチに対しては，この15～20年ほどの間，様々な批判が行われるようになった。1つは，過度の「アメリカ例外論」（America exceptionalism）の強調である。久保（1998）は，日本におけるアメリカ政治研究は，地域や歴史の研究に偏重するあまり，現代の事象の研究，政策分析，比較研究が欠如していることを指摘している。もう1つは，アメリカ本国の現代アメリカ政治研究者との対話の欠如である。待鳥（2007）は，今日においては，トクヴィルのような，観察と洞察に基づいてアメリカを総体的に論じるスタイルの研究は，方法論的な厳密さを欠くとして，おそらくアメリカのトップ・ジャーナルに掲載されないであろうと断じている。そもそもアメリカのトップ・ジャーナルに価値を認めるか否かは議論の余地があるにせよ，本国で現代アメリカ政治を研究する（歴史学者ではなく）政治学者との対話不足は，アメリカの現代アメリカ政治の研究者が積み上げてきた研究の蓄積を十分に消化できないことを意味する。

　これと正反対に位置するのが，科学的に厳密な方法に基づいて一般的な説明を志向する，「ポリティカル・サイエンス・アプローチ」である（待鳥 2003b）。アメリカ本国では，1940～50年代をその頂点とする「行動科学革命」（behavioral revolution）以来，科学的な立場に立つ研究が増加し，主流を占めるに至った。中でもアメリカの国内政治は最重要の研究領域となった。そこには，政治経済体制は単線的に発展するものであり，他の西側諸国や途上国も，当時は抜きんでた先進資本主義国であったアメリカのようにいずれはなるものであるとの認

識があった（これを「近代化論」〔modernization theory〕という）。つまり，アメリカ政治を観察することは，アメリカ自体を知ることを越えて，現代政治の一般理論を構築するための手段であったのである。現に，（日本政治の研究を含む）現代政治を説明するための主要な理論は，有権者の投票行動も議員行動も利益団体も行政も，元はアメリカ政治の観察から生まれている。実証的な観点からみても，アメリカ政治を観察することは大きなアドヴァンテージをもっている。政党制は安定しており，しかも政党の数は最も分析が容易な２つであること，選挙が継続的かつ定期的に行われていることなど，安定的で均質な観察が得られるからである。そのこともあって，選挙・世論・政党・議会・裁判所など各分野について，主要なデータが既に整備されている。

　日本においても，このポリティカル・サイエンス・アプローチに依拠した現代アメリカ政治研究は，雑誌『レヴァイアサン』の発刊を中心とする1980年代の現代政治分析の登場の文脈で，あるいは，この時代に本格化した日米経済摩擦が契機となって（草野 1988）登場した。主には，政策決定過程の本格的な事例研究や（たとえば草野 1984；1991；野林 1987），議員行動のデータ分析を伴う研究（たとえば蒲島 1983；蒲島・松原 1989）である[5]。しかし，このアプローチに全面的に基づく研究は，単著レヴェルでは筆者の知る限り現れなかった[6]。科学的なアメリカ政治研究の日本での受容のされ方は，アメリカ政治の研究を行うことではなく，アメリカ人がアメリカ政治を観察することによって得られた理論を日本に適用させることであった。主には，いわゆる「レヴァイアサン学派」による，「多元主義」（pluralism）の日本への適用可能性をめぐる議論である。この傾向は現在も続いており，理論研究者にとって，アメリカの政治学研究者による先進的な研究は関心の的ではあっても，そうした研究を引き出す場であるアメリカ社会やアメリカ政治そのものへの関心は必ずしも高いわけではない（大津留（北川）2010，21）。

　さらに，このポリティカル・サイエンス・アプローチは，本国アメリカにおいて，1970〜80年代ごろに大きな限界に直面する。１つは，前述の地域研究・文化的アプローチが抱える問題と裏表の関係にある。理論と方法の精緻化に伴って，研究のいわゆるタコツボ化が進み，とくに複数の領域にまたがる研究課題が軽視あるいは無視されるようになってきたのである。アメリカに特有の

「政治的インフラストラクチャー」(political infrastructure) という概念を論じた久保 (2010, 10) は,「たとえ研究上の困難が巨大であったとしても,とりわけ,方法論上の問題を抱えているにしても,研究しなくてよいということにはならない」として,アメリカ本国のアメリカ政治研究のあり方を批判している。もう１つは,このアプローチの暗黙の前提であった単線的な近代化論が,1970年代に西欧や日本が独自の発展をみせたことによって覆されたことである。つまり,政治制度やその形成過程は,先進民主主義国の間でも多様であり,したがって,アメリカと他国の間の相違点にこそ注目することが望ましいという認識が広まってきたのである。これを受けて,1980年代ごろから,制度の違いによって国ごとの多様性を説明しようとする「新制度論」(new institutionalism) が急速に発達したのである。

　国同士の比較を含む新制度論が日本に輸入される中で,第３のアプローチ,すなわち,アメリカを「比較」の観点から捉えようとする「比較政治アプローチ」が登場した。その先駆的研究は,待鳥 (2003a) である。同書の自己解題と称する論文において,待鳥 (2003b, 955-956) は,外国政治研究の課題は,「対象が持つ固有性に十分な目配りを欠くことなく,何らかの意味で普遍化が可能な知見の獲得を追求すること」であると結論づけている[7]。わかりやすく言えば,比較政治アプローチとは,印象論的に（あるいは単に自説を補強する道具として）外国の話を引き合いに出すのではなく,理論・方法どちらにも自覚的な,外国との比較を行うことである。このアプローチにしたがえば,アメリカは,他の外国と同列の比較対象として扱われることになる。一方の極に地域研究・文化的アプローチを,もう一方の極にポリティカル・サイエンス・アプローチをそれぞれ位置づけるなら,比較政治アプローチは,その中間のどこかに落としどころを見つけるものであると言えよう。そもそも,他の国や地域の研究にも,対象の固有性と一般性の間に緊張関係が存在するが,ただ対立するだけでなく,両者の間でバランスをとることの重要性は,比較政治学という分野全般においては十分に議論されている（たとえば Lichbach and Zuckerman eds. 1997；2009）。

　ところが,比較政治アプローチは,単に両者の間の妥協点を模索するだけではなく,前２者に共通する特徴を積極的に否定するものでもある。そして実はそのことに伴う比較政治アプローチ固有の弱点も存在するのである。それは第

1に，アメリカ政治の特殊性を軽視するおそれである。とくに特殊な点が多いアメリカを多国間比較の俎上にのせる場合，比較できないものを無理に比較しているのではないか，との疑念は常につきまとう。第2に，1980年代以降の比較政治学は，各国の共通点や相違点を説明する要因として「制度」に傾斜しがちである。アクターの「行動」やその集積である社会，とりわけ長期的な社会変動の説明は，前2者のアプローチの主たる課題であった。これらをどのように比較分析の枠にのせるか，といった問題に，比較政治アプローチはより正面から向き合う必要があるだろう。

3つのアプローチに対する本書の立場

　以上が，現代アメリカ政治研究における3つの主要なアプローチである。これらは，いずれも長所と短所をもつものであるし，互いに排他的なものではなく，いずれに重点を置くかという問題であるとも言える。逆に，特定のアプローチについて教条的に論じることは，かえって現代アメリカ政治の現実を適切に理解することを妨げる。何が正しいアプローチであるかは，第一義的には研究対象に依存するし，読者のニーズにも依存する。したがって，何を観察して何を論じたいかによって，最適なアプローチというものがあると考えるのが最も現実的かつ有益であろう。これが，「方法論的多元主義」(methodological pluralism)という考え方である（たとえばダール 1988 ［原著1961］；大嶽 1994, 207-219）[8]。現代政治分析は，複数の理論や方法論の「場合分け」と「組み合わせ」のアートである，というのが，筆者，とくに本書の基本的な立場である。これは決して本書に特有の考え方ではない。現に，2000年代前半以降の日本におけるアメリカ政治研究は，地域研究・文化的アプローチが依然主流であるとはいえ，他のアプローチとの融合を試みるスタイルの研究が増えている[9]。とくに，マクロ歴史的な事象を，現代の事象や現代政治研究との関連で論じることを目指す「アメリカ政治発展論」(APD：American Political Development)[10] という研究の流れに（少なくとも黙示的に）依拠する研究の登場とその隆盛は著しい。また，2000年代以降の大きな特徴として，多様な背景をもつ研究者による共同研究が増えてきていることも指摘できよう（たとえば久保編 2003；2005；2010b；五十嵐・久保編 2009；吉野・前嶋編 2009；2010；2012；2014）。

ここで研究者に求められることは，単に複数のアプローチに目配りをするだけでなく，なぜある研究を行うためにあるアプローチに依拠するのかを説明しておくことであろう。ここで本書の本題に入る前に，このことを実践してみたい。本書が対象とするのは，大統領と議会の関係である。この，アメリカの大統領研究と議会研究は，それぞれの特性に起因する，異なる研究の伝統をもつ。

　大統領は，アメリカ政治においては日本人が最も関心をもつアクターである。しかし，その主たる関心は大統領選挙や個別の政権の動向など，大統領「個人」に対するものである。このことが，権力分立の制度に対する理解の欠如，さらには，「大統領は世界最高の権力者」であるという，アメリカ政治全般に対する誤解すら招いていたように思われる。先に述べたように，むしろ大統領は，憲法を中心とした制度上の制約の下でしか活動を行うことができないアクターなのである。個々の大統領や個別の印象的な出来事についてではなく，制度としての「大統領制」(presidency) や大統領一般の行動についての知見が，とくに日本では不足しているのである。もっとも，大統領の研究は，アメリカでも最も科学的な分析が進んでいない (たとえば King 1975；Heclo 1978；King and Ragsdale 1988；King 1993；Edwards 2009)。その理由は，第1に，大統領は同時に1人しか存在しないにもかかわらず複数の役割を果たしているために，大統領の行動について単純な説明を行いづらいことによる。第2に，大統領に関しては定量的なデータを得づらいことである。単純にN (number of observations：観察数) が少ないことだけでない。大統領の位置づけはきわめて文脈依存的であり，同じような行動を大統領がとったとしても，その意味は時代の変化に伴って異なる。だからといって，大統領の行動やその帰結に関して一般的な知見を導かなくてもよいということにはならないし，実際に本書で紹介するように，大統領一般を論じた研究は蓄積されている。大統領は，ポリティカル・サイエンス・アプローチに基づく研究が元々最も難しい分野でありながらも，その立場からの研究がより求められるようになっているのが現状である。

　これと対極の状況にあるのが，議会や議員の研究である。議会の研究は，しばしば「ディシプリンの鑑」(mirror of the discipline) (Davidson 1991, 17；待鳥 1996；廣瀬 2004, 189) と呼ばれており，選挙や投票行動と並んで，現在政治学全般の主流となっている科学的な研究が最も容易である。その理由もまた，大

統領の科学的な研究が難しいことと対をなす。第1に，議会の役割は専ら立法を行うことであり，学術的に説明されるべき事象も，自ずから立法に焦点が定まることである。第2に，議会研究においては定量的なデータが得やすいことである。議員の数は常に数百人を数える。さらに議員の行動原理は，少なくとも大統領と比べれば均質である。「議員は再選を目指して行動する」というメイヒュー（2013［原著1974］）や，「議員の目的は，再選・院内での影響力行使・良き公共政策」であるという Fenno (1973) は，時代を越えて（あるいは国を越えて），妥当性の高い仮定として広く受容されている。ただし，ポリティカル・サイエンス・アプローチ，あるいはより狭義には，新制度論の一種である「合理的選択制度論」(rational choice institutionalism) からの議会研究は，1990年代に主要な理論が出尽くした感がある。2000年代以降は，議会制度の歴史的発展の研究（たとえば Schickler 2001）や，個別の議会指導者に重点を置いた研究（たとえば Strahan 2007；Green 2010），など，地域研究・文化的アプローチとの融合を図る研究も増えてきている。

　大統領の立法活動について論じる本書は，科学的な知見の蓄積が求められている大統領研究と，それが一段落した議会研究の双方の延長線上に立つ。また，この分野の先行研究は，ほぼすべてが，アメリカ人がアメリカのことのみに関心をもって行われたものである。したがって，本書は，3つのアプローチの中では，ポリティカル・サイエンス・アプローチに重心を置くし，必然的に，トクヴィルたることを志さない。

　しかし同時に，本書は，残る2つのアプローチとの関連も重視する。具体的には，ポリティカル・サイエンス・アプローチに基づく論証を一通り終えてから，残り2つのアプローチからみたアメリカ政治研究への含意を述べるという手順をとる。地域研究・文化的アプローチに対しては，長期的でマクロな事象を説明するためには，その前に，短期的でミクロなアクターの行動を論じる必要性を主張する。本書が論じようとしている大統領の立法活動は，個別のアクターを分析単位としたミクロな現象である。ミクロからマクロを説明することはできても，マクロからミクロを説明することは，その試みはあるにせよ（たとえば King 1997），元来難しいからである。この議論は主に第7章で行う。

　比較政治アプローチに対しては，本書は，性急なアメリカと他国（とくに日

本）との比較を拒否する。比較政治学とは，多くの場合，ある特定の国の観察に基づいてそれを一般化することによって発達してきた。そしてそのある国とは，多くの場合アメリカであったことも先に述べたとおりである。しかし，アメリカ人がアメリカ政治を説明するために生み出したモデルを，十分な抽象化を経ずにそのまま外国の政治に適用することは，アメリカ以外の国には存在しない特性を前提として他の国を論じてしまうことになる。この，「概念の拡大解釈」(conceptual stretching)（Sartori 1970；同じく，加藤・境家・山本編 2014, 24-32）の問題を，アメリカ以外の国内政治（とくに日本政治）の研究者は，より深刻に捉えるべきである。比較を大事にするならば，むしろアメリカ自体をより知ることからはじめるべきではないか。同時に，日本の読者の関心は比較にある。比較への含意，とくに日本政治への含意は，本書の最後となる第8章で言及する。本書の知見を，他国との比較や日本政治研究にどう応用できるかを考えることは，今後の筆者の課題とするし，読者の課題にもなれば有り難い。

3　本書の主張と構成

　以上の「何を」（第1節）「どう」（第2節）論じるかに関する議論を踏まえ，本書の主張と構成を紹介する。本書の主張は3つに分けられる。

主張1：大統領の立場表明と議員の党派的行動
　第1の主張は，かつては大統領が「行政の長」として立法に関わることが超党派的な多数派形成を促す原動力であったのが，議会の分極化が進行して大統領が「政党の顔」とみなされるにつれて，逆に阻害要因になっている，ということである。つまり，大統領が議会で審議される議案に対して立場を表明することは，「他の条件が同じならば」，その議案に対する議員の党派的行動を助長するようになっており，しかもその効果は年々強くなっている。
　まず，第1章で「議会の分極化」に関する先行研究をリヴューする。理論的には，分極化とはマクロ歴史的な現象であり，その原因として先行研究が挙げるものもまた，制度や構造の変化というマクロな要因である。しかし実は，これまでの研究が分極化として観察している現象やそれを指標化したものは，各

政治アクターのミクロな行動，とりわけ本会議（Floor）における点呼投票（roll call vote）の記録を集計した「静止画」（ピアソン 2010）を並べたものに過ぎないのである。ミクロとマクロを混同して実証分析を行うことは，「生態学的誤謬」（ecological fallacy）という重大なエラーを導くということは，現代政治の分析においては，基礎に属する事柄である（たとえば Robinson 1950；Kramer 1983）。したがって，まずはミクロの世界におけるアクターの行動から検討をはじめるべきであろう。

　これを受けて，第2章では，大統領の立法活動とそれに対する議会の反応に関するミクロな理論的説明を行う。議員のミクロな行動は，議員個々人が有するイデオロギーだけでなく，イデオロギー以外の外的・短期的な要因によって規定される個別の党派的な行動によっても規定される。本書では，前者のイデオロギーに起因する分極化を「イデオロギー的分極化」（ideological polarization）と呼び，後者を「手続的分極化」（procedural polarization）と呼んで，両者を区別する。ここで論じることは，議会においてイデオロギー的分極化が進行しているという先行研究の指摘は誤りではないものの，それは先行研究が論じるよりも緩やかかつ安定的に進行している現象であり，既存の研究が「分極化」と呼んでいたものは，この緩やかなイデオロギー的分極化と，議員への短期的な刺激とそれへの反応の複合的な現象である，ということである。[13]

　そして，その短期的な刺激として本書が指摘するものこそが，1つは議会内の政党指導部（leadership）の行動であり，もう1つは大統領の立法活動である。大統領の立法活動には様々な手段があるが，本書が最初に注目するのは，そもそも，立法活動を行うか行わないか，という，大統領の選択である。第3章では，「他の条件が一定ならば」，大統領の立場表明（position taking）は，議員のミクロ・レヴェルにおける党派的行動を促すことや，その効果は，マクロ・レヴェルの現象である分極化が進むにつれて強くなっていることを，第83議会（1953-1955年）から第112議会（2011-2013年）までの上下両院における点呼投票[14]を対象とした計量分析によって実証する。

主張2：大統領の立法活動の内容とレトリック

　しかしながら，この「大統領の立法活動によって議員の行動は党派的になる」

という主張には，「他の条件が同じならば」という留保がつく。大統領が立法に対して立場を表明したとしても，それが必ずしも大統領与党 (presidential party) の結束を促して立法の成立に至るわけではない。アメリカ連邦議会は，立法の成立には単純多数 (simple majority：過半数のこと) ではなく特別多数 (supermajority) の賛成を必要とする制度を採用し，現在でもそれを維持しているのであり，そのため，大統領野党 (opposition party) が揃って反対に転じてしまうと，大統領与党が特別多数を占めていないかぎり，立法は直ちにグリッドロック (gridlock：膠着状態) に至る。であれば，大統領は，立法活動の手法やレトリックを工夫することによって，それを避けようとするであろう。すなわち，もし大統領が実際に立法活動に関わるとなった場合，大統領は活動手段やレトリックを選択することで，大統領野党を懐柔することができる。その結果，大統領の立場に対する賛否の党派ごとの内訳や，最終的な立法過程の顛末が異なってくると考えられるのである。このことの理論的な検討は第2章で行う。

これを受けて，第4章から第6章では，この「他の条件」である，大統領の立法活動の手段やレトリックに関する実証分析を行う。第4章では，第81議会 (1949-1951年) から第109議会 (2005-2007年) までの大統領の大統領野党への接触や演説に関する本書独自のデータ・セットを使用し，それら大統領の行動と立法の成否の間の因果関係を検証する。第5章は，クリントン政権第1期における主要な立法である，医療制度改革・北米自由貿易協定(NAFTA：North America Free Trade Agreement) の承認・福祉改革の立法過程の事例研究を行う。第6章は，第5章で得られた知見がクリントン政権に特有なものでないことを示すべく，ジミー・カーター (Jimmy Carter) 政権のエネルギー改革・レーガン政権の1981年税制改革・オバマ政権の医療制度改革を題材とした事例研究を行う。同時に，議会の分極化は，漸進的かつ着実に進行してきた現象であることを，これら3本の事例や第5章の事例との比較によって明らかにする。

主張3：分極化と大統領のマクロ歴史的説明

以上の，大統領と議員のミクロな行動に関する知見は，これまでのマクロ歴史的なアメリカ政治の見方を見直すことを促す。第7章は，これまでの有力なアメリカ政党制のマクロな議論である「責任政党政府論」(responsible party government theory）と「政党再編成論」（party realignment theory）をそれぞれ批判的に検討した後に，本書独自の理論として，「大統領に起因する分極化」（president-led polarization）論を提示する。

　まず，かつて，強い政党の登場を期待していた責任政党政府論が論じていたとおりには，分極化が進行した現在のアメリカ政治が機能していない理由として，この理論が大統領の役割を十分に考えていなかったことを指摘する。この点を受けて，大統領を中心に政党制の変化を論じる政党再編成論と分極化の関係について検討する。政党再編成とは，ある政党と，その政党を支持する社会連合の結びつきが，「決定的選挙」（critical election）と呼ばれる選挙を契機に数年間の再編成のプロセスを経て急激に変化し，その後30年程度は，新たに生まれた結びつきが安定するというサイクルを繰り返すという見方である。さらに，再編成が起こる際は，これまで蓄積されてきた社会経済的な問題が限界に達したり，何らかの外生的な大事件が発生したりすることで，これまで優位に立っていた政党が掲げる政策アイデアの正統性が揺らぎ，これに対して，もう一方の政党が，新たな政策アイデアを掲げて新たな社会的多数派を形成するとされる。

　しかし，既に，20世紀後半以降においては，政党再編成は生じていないという議論や，さらには，政党再編成という概念自体を放棄することを主張する有力な議論が出されている。本書もまた，政党再編成という捉え方には批判的な立場をとる。まず，イデオロギー的分極化は，緩やかかつ着実に進行するものであるということであり，安定期と再編成期のサイクルといった，政党再編成論が描くそれではない。また，政党再編成論においては，大統領（候補）が改革を掲げることで支配的な政党が交代すると捉えられているが，それは誤りである。分極化の時代においては，大統領が選挙を勝ち抜いて政治的に成功することと，超党派的な多数派を形成して政策を実現させることとの間にトレード・オフの関係が生じており，そのため，急激な政党再編成は構造的に生じにくくなっているのである。

　第8章は，結論として本書の議論を要約するとともに，本書の議論から得られる様々な含意を指摘する。それらは，アメリカ政治あるいは他国の政治も含めた政治現象一般を説明するためには，必然と偶然の境目，あるいはこれとも

関連して,「制度」による説明と「人」による説明との境目を確定させる作業が,これからは重要になってゆくという1点に集約される。

注
（1） 本書は,政治の研究を専門としない一般読者に対しても,議論の大きな流れと結論を明解に示すようには心がけた。しかし,実証的な政治学,もっといえば社会科学全般は,結論よりも論証のプロセスを読ませる学問であると筆者は考えている。
（2） もちろん両者の差はおおよその傾向でしかない。どちらにどの程度の重きを置くかは研究者それぞれであろうし,両方に関心をもつ立場があることも当然である。
（3） 待鳥（2003b）は,科学的・理論的志向の低いアプローチとして,このアプローチの他に「論壇政治学」という分類も設けているが,ここではこの分類に位置づけられる研究は省略する。
（4） その他,学問外在的な要因として,日本におけるアメリカ研究の拠点が,学際的な「日本アメリカ学会」であり,歴史こそが文学・社会・さらには科学技術といった多様な領域を専門とする研究者が共通して関心をもてる領域であること（阿部 1998, 4-5）を指摘することもできる。
（5） 選挙や投票行動の研究に限っては,技術的な性格が強い分野であると伝統的にみなされており,ポリティカル・サイエンス・アプローチに基づく研究が比較的早期に登場していた。この状況は,『レヴァイアサン』登場以前の日本政治研究の状況とよく似ている。
（6） 唯一の例外といってよいのは五十嵐（1992）であるが,これはむしろ,地域研究・文化的アプローチとポリティカル・サイエンス・アプローチを融合させた先駆的な業績であると言えよう。
（7） その後待鳥（2007）は,その見方を若干ポリティカル・サイエンス・アプローチ寄りに修正させた「現代政治分析アプローチ」を提示している。
（8） 方法論的多元主義の一種として,1つのリサーチに複数の方法を用いる「多重手法的研究」（multi-method research または mixed-method research）を推奨する立場が登場している（たとえばガーツ・マホニー 2015）。一方で,すべての研究において多重手法的研究を推奨することに警鐘を鳴らす立場もある（Ahmed and Sil 2012）。筆者はこの立場に同意する。本書は,計量分析と比較事例研究の多重手法的研究を行うものではあるが,アプローチの選択は研究対象に依存するとの立場を前提にすれば,複数の手法に依拠する場合もなぜそうする必要があるのかを説明すべきであると考える。
（9） ここでは主に,デモクラシーや政治体制にまで議論が及んでいる研究を紹介しているが,選挙の研究や,かつて久保（1998）がその不足を指摘した,個別の政策の研究についても,研究の質・量の向上は著しい。また,これもここでの直接的な関心対象とはしないが,最初から読者を日本人よりもアメリカ人あるいは政治学者全般と定め,アメリカのジャーナルへの掲載を目指す,日本人研究者によるアメリカ政治研究も登場してい

る（たとえば Kawato 1987；Fukumoto 2009）。
(10) アメリカ政治発展論に関して論じている代表的な研究として，Orren and Skowronek (2004)，代表的なリヴューとして，Orren and Skowronek (2002) を参照。ただ，「アメリカ政治発展論」という概念が何を意味しているのか，必ずしも明瞭ではない。とくに，新制度論の一種である「歴史的制度論」(historical institutionalism) との違いは，どちらかといえばアメリカの特殊性を強調する傾向にあることを除いては，ほとんどないように思われる。
(11) ただしこの傾向は近年変化している。ゲーム理論を用いた大統領制の研究は，立法における拒否権・世論・最高裁判事の任命といった個別のトピックを中心に蓄積が進んでいる (Canes-Wrone 2009)。実証面においても，Howell (2009) によれば，とくに2000年代後半以降は，トップ・ジャーナルにおいても大統領制を専門に扱うジャーナルでも，定量的な大統領制の研究が増えている。
(12) なぜ外国人である日本人がアメリカ政治研究を行うのか，という問いに対して，大津留（北川）(2010) は，日本のアメリカ政治研究は，アメリカの本質を語るだけでなく，アメリカが抱える問題に対しての含意をもつことや，批判的な視野も踏まえた分析を行うこと，それを教育に還元すること，対象であるアメリカ社会に語りかけることなど，その使命を問いつづけることを論じている。筆者はこうした動機を否定はしないが，必ずしもそれは必要なことではないと考える。現代日本政治の研究の文脈では既に論じつくされたことであるが，実証的な政治学者の本分は，純粋に問いを立ててそれに答えることであるというのが筆者の立場である。
(13) 本書の原型となった松本 (2009／2010) では，「大統領の立法活動が分極化の原因である」と述べているが，本書では，マクロなイデオロギー的分極化と議員のミクロ・レヴェルの党派的行動を論じ分けるよう理論枠組を変更したので，松本 (2009／2010) がいう「大統領が分極化の原因である」とは，本書でいうミクロな党派的行動を指していることをことわっておく。ただし，本書第7章では，マクロ歴史的にみた場合，歴史的に重要な立法における大統領の行動が，長期的にみた分極化の原因になりうることを論じる。
(14) 合衆国憲法第1条は，奇数年の1月3日の正午からその2年後の1月3日の正午を会期と定めている。本書でも以下，たとえば第83議会の場合は1953-1955年と表記するが，実質的な会期は1953年と1954年の2年である。

第Ⅰ部

分極化と大統領に関する理論

第1章
二大政党の分極化とは何か

　現代大統領制の時代において，大統領は，立法活動を行うことで国をまとめる「行政の長」としての役割を果たしていたのが，議会における二大政党の分極化が進行するにつれて，大統領に期待される役割として「政党の顔」の比重が大きくなってきた。このことによって，大統領の立法活動は，かえって党派的対立を助長することになってしまった。これが本書の第1の主張である。本章では，この議会の分極化という現象(1)について論じる(2)。第1節は，その準備として，アメリカの政党制の歴史を紹介する。第2節は，20世紀後半以降の分極化の展開と，これに関する既存の研究をリヴューする。第3節では，この文献リヴューから得られた知見を踏まえて本書で実証されるべき事柄をより具体的に紹介し，次章につなげる。

1　アメリカ政党制の歴史と分極化

　第二次世界大戦以降を「現代」とするならば，現代のアメリカ政治は，かつて「ラヴェルの異なるふたつの空瓶」（Bryce 1995［原著1910］）だとか，「ダイム（10セント）ほどの価値の違いもない」（1968年大統領選挙におけるジョージ・ウォレス〔George Wallace〕候補の発言）などと言われた二大政党による政治から，1970年代以降は，政党内の結束と政党間の対立による政治へと変化している。この変化はどのようにして生じたのだろうか。本節では，これを理論的に考察する前段階として，アメリカの政党政治の歴史を簡単に振り返る。

アメリカ政党制小史1：「教科書的議会」と「現代大統領制」の確立まで
　建国以来，アメリカにおいては，政党が権力をもつことに対して警戒心をもつ立場が強かった。たとえば，序章でも紹介した「フェデラリスト・ペーパー」

（ハミルトン・ジェイ・マディソン〔1999［原著1787-1788］〕）は，人々が徒党を組むことが，多数派による圧政を生み出すことを再三指摘している。これに対する処方箋は，合衆国憲法を中心に，政治権力の分立と相互抑制を保証する政治制度を設計することであった。この，権力の分立と相互抑制のメカニズムは，1つは連邦制の維持であり，もう1つは，連邦政府における立法・行政・司法の分立であった。

　もちろん，現実にはアメリカにおいても政党の形成は進行し，1860年代には現在の民主党と共和党の二大政党制が確立する（岡山 2005）。しかし，アメリカにおける政党組織は，西欧におけるそれとは全く異なり，有権者を公式に組み込んで動員するようなものではなく，弱い，あるいは緩やかな存在であった。[3]このころの政党は，専ら選挙に勝ち，官職を得るために組織された政治エリートの集団であった。[4] 政党がイデオロギーや政策によって結びついたり対立したりする側面は，きわめて薄かった。このことは，当時の外国の観察者にとっては奇異に映るものであった。たとえば，トクヴィルは，政党の構成員は原理原則にではなく物質的な利益に基づいて結びついていると述べている（トクヴィル 2005；2008［原著1835／1840］）。[5]その理由を，ルイス・ハーツ（Louis Hartz）は，アメリカでは自由主義へのコンセンサスが根強く，外国における社会主義のような極端な主張が浸透しづらい文化に求めている（ハーツ 1994［原著1955］）。

　現在においても，アメリカの政党には，西欧や日本の政党とは違い，党全体の意思決定を行う機関も，党の最高責任者である党首も，さらには党の根幹を定める綱領も，存在しない。アメリカの政党に関する標準的な教科書であるHarshey（2014, 4-9）によれば，アメリカにおける政党は，政党の公式な組織である「政党組織」（party organization），政党に所属する公職者による「政府の中の政党」（party in government），有権者の政党支持や投票行動など「有権者の中の政党」（party in the electorate）の3つの独立した側面をもつ。しかもそれらは互いに競合・対立することすらある。

　議会においても，「政府の中の政党」の1つである議会内政党は，残る2つの「政党」との制度上の関連をもたない。議員は，政党のメンバーという面よりも，同じく「政府の中の政党」である大統領と対峙する面や，州や選挙区の

「有権者の中の政党」を代表して，多様な州・選挙区の事情を反映させるべく個別に行動する面が強い。議会内の政党組織も必ずしも強固ではない。議員には，議院内閣制における党議拘束のようなものは課されず，議会内の政党指導部（以下本書では，「議会指導部」または「指導部」と表記）の方針に逆らったとしても，党を除名されることや，再選や議会内での出世に致命的な悪影響が及ぶことはない。むしろ，委員会（Committee）や本会議における議案の採決は，それぞれの党の議員が自由に賛成票や反対票を投じる「交差投票」（cross voting）となることが少なくない。

　この傾向は，20世紀に入り，主に2つの事情によってさらに強まった。第1に，「皇帝」とまで呼ばれるほどに専横を振るったジョゼフ・キャノン（Joseph G. Cannon；R：IL）下院議長（Speaker）の失脚（1910年）という議会内の変化によるものである。第2に，大統領の権力が形式・実質の両面において強化されたことである。その要因は，外交・安全保障の面においては，第二次世界大戦を境にアメリカが最大のパワーを有する大国となったことである。内政面では，20世紀初頭にセオドア・ローズヴェルト（Theodore Roosevelt）が大統領の権限の拡大を模索したのを契機に，1929年以降の大恐慌およびそれに対するフランクリン・ローズヴェルト政権によるニュー・ディール政策の導入以降，ローズヴェルトの政権運営のあり方が，連邦政府が国の経済運営に権限と責任を負う，「行政国家」の理念と共に定着したことである。その強い大統領を支えるべく，1939年，ローズヴェルトは，行政官僚制とは別に，大統領個人の業務を管理する機関として「大統領執政府」（Executive Office of the President）を設置した。その中でも，最も大統領に直属する，補佐官（staff）を中心とする「ホワイト・ハウス事務局」（White House Office）は当初は約50人のスタッフで発足したが，その後規模を拡大させ，現在では400人余りの規模の組織になっている（砂田 2004）。序章でも述べたように，このような大統領がとくに内政面において主導的な役割を果たす仕組みのことを，「現代大統領制」という。あるいは，それに加えて，大統領は高い道徳心をもって国を導いてゆくという大統領制のあり方が，当時のアメリカ政治の教科書に記されている事象を捉えて，「教科書的大統領制」（textbook presidency）（Cronin 1974）という。

　ここで重要なことは，ニュー・ディール期以降，大統領・議会共に，互いの

権力の行使を抑制することと同時に，協働する必要に，かつて以上に迫られたことである。アメリカに限らず，行政国家化が進行するにつれ，立法と行政の役割は融合する（たとえばAberbach, Putnam, and Rockman 1981）し，立法の場においても，両者は対立するだけでなく，互いの利益のために協働することも多い（Peterson 1990；Jones 2005）。さらにアメリカに特殊な事情は，行政国家化が，議会指導部の弱体化と地域利益・特殊利益を代表する委員会の強化と共に進行したことである。弱い指導部と強い委員会，さらには議員が代表する多様な地元利益の間を調整するための礼節の精神や，それに基づく院内の規範や慣習によって運営されていた議会は，「教科書的議会」（textbook Congress）と呼ばれる（Shepsle 1989；同じく，Cox and McCubbins 2006, Chapter 7；廣瀬 2004, 第7章）。別の言い方をすれば，現代大統領制と教科書的議会は，同じコインの異なる面であると言えよう。

この2つの条件下で大統領に期待された役割は，国を統合させる役割であった。大統領は立法府に対しては相変わらず弱い権限しか有しないにもかかわらず，実質的には様々な公式・非公式の手段を用いて立法活動に関わるようになった。1つはアジェンダ（agenda：日本語では「議題」または「課題」）の設定である。大統領は，毎年行われる教書（message）の送付に加えて，議会に対して様々な要求を行う機会が増えたし，場合によっては大統領が主導して法案を作成するようにもなった。もう1つの役割は，議会内の立法過程への関与である。大統領は，法案が提出された後も，議会指導部や一般議員を説得して多数派形成を促すことや，法案への拒否権（veto）を威嚇の手段として，議会に譲歩を促すことによって立法に関わるようになった。

アメリカ政党制小史2：分極化の時代

ところが，近年になって，議会と有権者のいずれにおいても政党が強くなっているとの指摘が，多くなされるようになっている。こういった現象はやがて，「分極化」と呼ばれるようになり現在に至る。分極化のとりあえずの定義として，多くの研究者が依拠するのは，次節で紹介する「条件付政党政府論」（conditional party government theory）による，「アメリカ二大政党間の政党内のイデオロギー的凝集性の拡大と，政党間のイデオロギー距離の拡大」（たとえばAldrich and Rohde 2000；Fleisher and Bond 2004）というものである。この変化がはじまった時期やその変化のスピード，あるいは分極化の定義については様々な議論があり，本書でも，この点については理論的・実証的に論じるが，ここでは分極化の起源として指摘される中では最も古い1960年代に遡って，最大公約数的な歴史的叙述を行う。

まず，政党内の凝集性は，分極化が進行する以前から，共和党の方が民主党より高いと言われている（たとえばMayhew 1966）。分極化が進行している時代においても，民主党はとくに経済争点においてイデオロギー的立場が必ずしも明確でない一方（たとえば砂田 2012），共和党はより凝集性を高める方向に変化している傾向がみられる。共和党の保守化の起源は，1964年のバリー・ゴールドウォーター（Barry Goldwater）の大統領選挙での活動であるとも，その引き金となった，ドワイト・アイゼンハワー（Dwight D. Eisenhower）大統領の中道路線に対する党内の反発である（西川 2015）とも言われる。つづいて共和党は，1968年大統領選挙におけるリチャード・ニクソン（Richard M. Nixon）候補の「南部戦略」（Southern strategy）を契機に，保守的な南部白人層を取り込むに至った。さらに1980年代に入って，キリスト教右派勢力の政治的影響の拡大や，レーガン政権による保守主義的な改革などにより，共和党全体が次第に保守化したという見方が主流である。この共和党の保守化は，経済と文化の両面におけるリベラリズムへの強い批判を伴って登場してきたことから，民主党とのイデオロギーの違いを拡大させることにつながった。

その民主党もまた，共和党ほどではないにせよ，そのイデオロギー的凝集性を高めている。民主党は，フランクリン・ローズヴェルト政権以降確立した「ニュー・ディール連合」（New Deal coalition）をその支持基盤としていた。ニュー・ディール連合とは，経済政策において「大きな政府」を推進する，労働者・北東部エスタブリッシュメント・南部白人層の連合体である。これは裏を返せば，「連合」という言葉に含意されるように，人種問題を中心とした社会的争点については，多様な政策選好をもつ人々によって構成されていたことを意味する。それが，1964年の公民権法の成立を機に，保守的で人種差別の是正に消極的であった南部の白人が，ある者は北部のリベラルな勢力との間の対立を漸進的に解消させる方向へと歩み寄り，またある者は民主党を離反するに

至った。さらに民主党では，人種問題が引き金になって，人工妊娠中絶や同性愛の問題など他の社会争点においても凝集性の強化とリベラル化が進行した。経済政策の面においても，1970年代後半から1980年代の前半にかけて，南部選出の保守派の多くが，レーガン政権期に共和党へと移籍するに至り，民主党内の凝集性はさらに高まった。[10]

2　議会の分極化を論じた先行研究

　この分極化という現象に対して，歴史家はもとより，科学的な実証分析を行う研究者も，その原因や帰結を説明することを試みてきた。その数は膨大である。分極化は，「分割政府」(divided government：大統領の所属政党と，少なくとも1つの院の議会多数派の党派が異なる状態) と並んで，現代アメリカ政治研究における最も重要なテーマであるといっても過言ではない。さらに，分極化は，本書が主に扱う議会の他にも，世論・選挙・社会・団体・メディア・司法など，アメリカ政治のあらゆる側面においてみられる現象である。[11]それらを要約した体系的な文献リヴューも，既に様々な論文や研究書などで行われている。したがって，ここでは，既存のリヴュー(たとえば Layman, Carsey, and Horowitz 2006；Hetherington 2009；Schaffner 2011；Mann and Ornstein 2012, 43-80；Barber and McCarty 2013) を下敷きに，議会の分極化に限定して簡単に要約するにとどめる。[12][13]

議会の分極化を表すデータ

　議会の分極化を表す指標として最も頻繁に用いられているのは，本会議で行われる，当該議案の賛否に関する議員の意思表示である点呼投票のパターンである。中でも比較的解釈が容易な指標として，「政党投票」(party-line vote：両党の多数派が異なる投票行動を示した採決) の比率の上昇や，各議員がどの程度所属政党内の多数派と同じ投票行動をとったかを表す「政党一致スコア」(party unity score) の上昇などが挙げられる。あるいは各種利益団体による議員のイデオロギーのスコアや，すべての点呼投票のパターンを表す指標である NOMINATE (たとえば Poole and Rosenthal 1984；1997；2007) のスコアにおいて，[14]

党ごとの議員のスコアの標準偏差が減少していることや，両党の議員のスコアの平均値や中央値の差が増加していることによって，分極化が進行していることが表現されたりする（同じく，Sinclair 1985；Fleisher and Bond 1996；2000）。

　ここでは，点呼投票を素材とした指標として現在最も用いられているNOMINATEの一種であるDW-NOMINATEの各種数値の変遷を紹介する（しかし，これを捉えて，議員の「イデオロギー」が分極化していると理解してはいけない。詳しくは第3章で論じる）。まず，図1－1は，両院における民主・共和両党のDW-NOMINATEの平均値の推移を表したものである。ここからいくつかのことが読みとれる。まず，民主党議員の平均値はより減少し（つまりリベラルな方向へ変化し），共和党議員の平均値はより増加（保守化）していることがすぐにわかるであろう。次に，分極化は，どちらの院においても起こっていることや，どちらの党派についても（民主党については南部選出議員だけでなく北部選出議員も），程度の差はあれ，その平均の値が両極に向かって推移していることが読みとれる。そしてそれがはじまったのは，1960年代後半から70年代半ばごろであることもわかる。

　分極化の別の側面として注目されるべき現象は，保守的な民主党議員やリベラルな共和党議員の減少である。Fleisher and Bond（2004）によれば，そのような議員は，どちらの党からも多数派工作の対象となりうるため，アメリカ連邦議会の特徴である超党派的な多数派形成の原動力であった。しかし，分極化が進行するにつれて，そういった議員が減少しているという。図1－2は，上下両院における両党の議員のDW-NOMINATEの分布を示したヒストグラムの推移である（上から，第91議会〔1969-1971年〕・第101議会〔1989-1991年〕・第111議会〔2009-2011年〕）。この図から，時代が下るにしたがって，政党ごとのDW-NOMINATEの値の分布を示した山が尖っていること（凝集性の拡大），2つの山が両端に動いていること（距離の拡大），2つの山が重なり合っている範囲がなくなっていること（中道派議員の減少），以上の現象は，上下両院どちらにおいてもみられるが下院の方がその程度が大きいことの4点が，明確に読みとれるであろう。

第Ⅰ部 分極化と大統領に関する理論

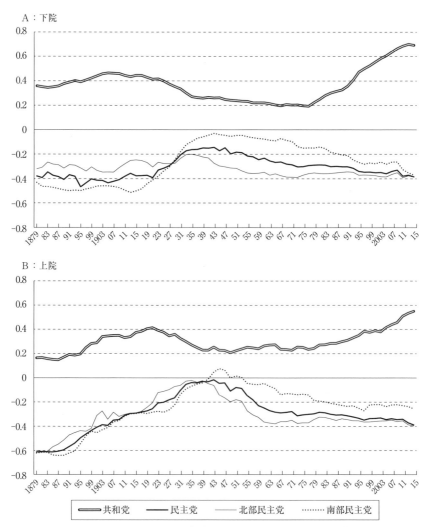

図1－1　DW-NOMINATE の党派および民主党選挙区ごとの平均値の推移

出典：Voteview のデータ（URL：http://voteview.com/political_polarization_2015.html）を基に筆者作成。

第1章 二大政党の分極化とは何か

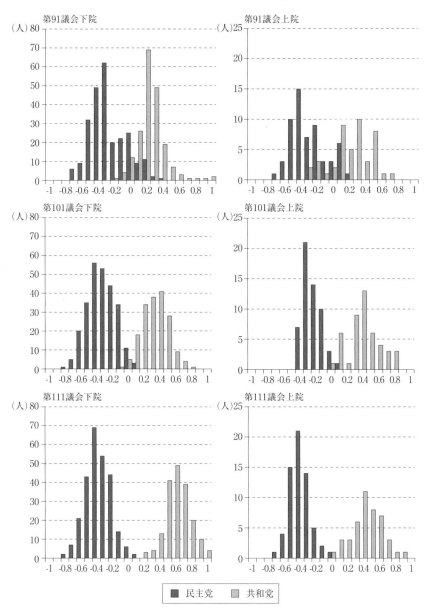

図1-2 上下両院における DW-NOMINATE の値の分布
出典：Voteview のデータ（URL：http://voteview.com/dwnl.html）を基に筆者作成。

議会の分極化の原因1：有権者の変化

さて，その議会の分極化の原因に関しては，既に様々な見解が出されているが，最も多くの研究が指摘しているのは，議員をめぐる選挙区事情の変化である。この変化によって，イデオロギー的に極端な議員が選ばれやすくなっているのであり，議会の分極化という現象の大部分は，選挙による議員の交代や，既存の中道的な議員の転向によって説明されるという主張である (たとえば Fleisher and Bond 2004；同じく，Bafumi and Herron 2010)。この見方の根本にある前提は，議員の行動原理は，次の選挙で再選される可能性を最大化させることである，というメイヒュー (2013 [原著1974]) の議論や，政党は有権者のイデオロギー分布に応じて自らのイデオロギー的立場を決定するというダウンズ (1980 [原著1957]) の議論である。

議会の分極化に関する学術的な議論が本格化したのは1990年代前半である。当初は，分極化という概念ではなく，条件付政党政府論という，議会における政党の役割に関する1つの理論潮流として登場した (たとえば Rohde 1991；Aldrich 1995；2011；Aldrich and Rohde 2000；同じく，Cooper and Brady 1981；Sinclair 1995；Rohde 2010)。その代表的な研究である Rohde (1991) によると，議会内での政党の凝集性は1970年代前半に起こった2つの変化によって高まった。1つは，議会内政党の組織化や議会の制度の変化によって，指導部の権限が強化されたことである (これは，ここで論じている議員のイデオロギー的分極化とは別の変化である。詳しくは第2章で紹介する)。もう1つは，それを推進した議員の変化である。個々の議員が再選の可能性を最大化させるべく選挙区に配慮した行動を追求した場合，議会全体で立法を成立させるだけの多数派が形成されないという問題が発生する (たとえば Aldrich 1995)。したがって議員は，選挙区事情と齟齬をきたさない範囲で，自らの権限を党に委譲する誘因をもつ。そしてそのような委譲が起こる「条件」は，それぞれの党に所属する議員の選挙基盤が同質化することであると Rohde (1991) は論じている。

その選挙基盤の同質化の原因として多くの論者が既に指摘しており (Fiorina, Abrams, and Pope 2005；Theriault 2008, Chapter 5；Levendusky 2009；Nishikawa 2009)，概ね受け入れられている現象は，有権者の「仕分け」(sorting) と呼ばれるものである。仕分けとは，第1に，「地域的な仕分け」(geographic sorting)

である。すなわち，どちらかの党の支持者が同じ選挙区に集まり，選挙区ごとの有権者の同質性が強くなることによって，極端なイデオロギーをもつ候補者がより選ばれるようになったのである (Brady 1988；Stonecash, Brewer, and Mariani 2003；Theriault 2008, Chapter 5)。第2に，保守的な民主党員が共和党に，リベラルな共和党員が民主党に，それぞれ移動することによって生じる，「イデオロギー的な仕分け」(ideological sorting) である[18] (Fiorina, Abrams, and Pope 2005；Theriault 2008, Chapter 5；Levendusky 2009；Hill and Tausanovitch 2015)。これらの仕分けが生じた最大の要因は，人種問題に端を発する南部の変化である。南部では1964年に公民権法が成立したことを契機に，黒人の民主党支持が強固なものになった[19]かわりに，これまで黒人に対する差別的な扱いを支持してきた南部の民主党支持者が，徐々に共和党支持へと転換するようになった (Sundquist 1983；Black and Black 2002；Rohde 1991；Aldrich 1995；Abramowitz and Saunders 1998；Jacobson 2000；Roberts and Smith 2003；Stonecash, Brewer, and Mariani 2003；Sinclair 2007)。北部からの人口流入や経済成長も相まって (久保 2008, 228-230)，今や南部白人層は共和党の，南部黒人層は民主党の，それぞれ強い支持基盤となったのである[20]。

　仕分けのような有権者の移動だけではなく，個々の有権者のレヴェルでみても分極化が進行していることが指摘されている (ただしこれには否定的な見解も強い。附論Bを参照)。有権者の分極化とは，政党帰属意識 (party identification) をもつ有権者の増加と，有権者のイデオロギー的分極化の2つを指す。第1に，政党帰属意識とは，後に「ミシガン学派」と称される研究者たちが，有権者がもつ政党に対するアイデンティティと定義したものである (たとえばCampbell et al. 1960)[21]。1970〜80年代にかけて，政党帰属意識をもたない有権者，すなわち無党派 (independent) の増加を捉えて，有権者レヴェルにおいて政党が衰退していると言われる時期もあった (たとえばWattenberg 1998, 24)[22]が，1990年代に入って，政党帰属意識の重要性が復活してきているとの指摘が徐々に増加し (たとえば岡山 2011, 122 [初版2005]；同じく，Green, Palmquist, and Schickler 2002)[23]，2000年代に至って，一転して政党帰属意識が復活していることが通説となった感がある。図1－3は，ミシガン大学が行っているNES (National Election Studies) 調査による，有権者の政党帰属意識の割合の推移である (A：政党ごとの政

第 I 部　分極化と大統領に関する理論

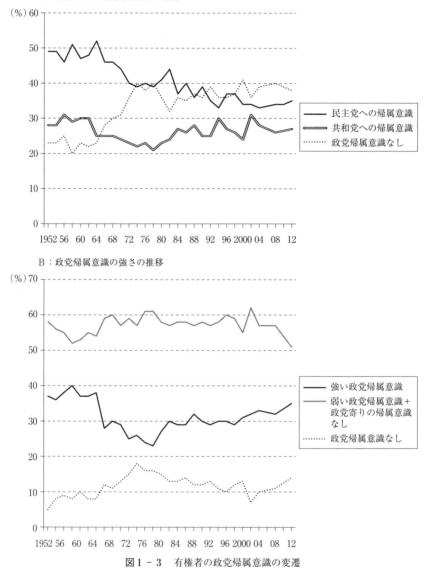

図 1 - 3　有権者の政党帰属意識の変遷

出典：American National Election Studies のデータ (URL：http://www.electionstudies.org/nesguide/toptable/tab2a_1.htm) を基に筆者作成。

党帰属意識の推移；B：政党帰属意識の強さの推移）。強い政党帰属意識をもつ有権者の割合は1960年代に急降下するものの，1970年代後半以降はほぼ一貫して回復基調にあることが読みとれる。逆に政党帰属意識をもたない有権者は，1970年代前半をピークに減少しつづけ，2004年の時点では10パーセント弱にまで減少している。そして最も重要なことは，一貫して有権者の半分以上を占めるのは，弱い政党帰属意識をもつ有権者であり，しかもその割合が緩やかに上昇していることである。[24]

　第2に，その政党帰属意識を規定する一要因である有権者のイデオロギーの分極化の進行である。現に，イデオロギー的争点に基づいた政党帰属意識をもつ有権者が，1980年代から徐々に増えている（Abramowitz and Saunders 1998）。そういった争点として，経済的な格差の拡大を背景とする経済争点における対立（Jacobs and Skocpol eds. 2005；McCarty, Poole, and Rosenthal 2006）はもちろんのこと，新たなイデオロギー的な争点，とりわけ，文化的争点における有権者の対立が生じ，それが拡大していることを指摘する研究が登場している。Carmines and Stimson（1989）は，人種問題を題材に，これまで党派的な争点ではなかった争点が，次第に党派性を帯びてきていることを論じている。人種の他にも，1970年代以降は，ジェンダーの問題や妊娠中絶問題（Adams 1997；Sanbonmatsu 2002），1980年代以降は，宗教右派勢力の拡大に伴う政治と宗教（Layman 2001；Dionne 2006）の問題，2000年代には，同性婚の問題を中心とした同性愛者の人権問題などが，次々と党派的な争点になっている。[25]ハンチントン（2004）は，中南米からの移民の大規模な移住によって，アングロ・プロテスタント文化とヒスパニック文化の間の対立が発生・深刻化しているという。[26]Murray（2012）は，文化的な分極化は経済的な格差の拡大によっても生じていることを論じている。

　以上が，有権者の仕分けと分極化に関する議論である。ここで大きな問題として現れるのは，「鶏と卵問題」（Jacobson 2000；Layman, Carsey, and Horowitz 2006）と言われるものである。すなわち，ここまで述べたように有権者が議会の分極化を促しているだけでなく，逆に議会も有権者の仕分けあるいは分極化を促していることが，理論的にも実証的にも論じられている（Jacobs and Shapiro 2000；Layman, Carsey, and Horowitz 2006, 94-95；Layman et al. 2010；Carmines and

第Ⅰ部　分極化と大統領に関する理論

Stimson 1989；Brewer 2005)[27]。互いが互いに影響しているということは，因果関係の厳密な検証に関心をもつ立場からは十分に意義のある知見ではあるが，分極化の歴史的な起源を知ろうとする立場からは，有権者以外の原因が議会の分極化の起動因である可能性を示唆するものである。

議会の分極化の原因２：中間アクター

そこで次に考えられる議会の分極化の原因は，議員と一般有権者の中間に位置し，両者をつなぐ役割を果たしているアクターの変化である。こういったアクターを，ここでは「中間アクター」と総称することとし，便宜上３つに分けて紹介する。

第１に，よりエリート側に近い中間アクターとして，「政治的インフラストラクチャー」（以下，「政治インフラ」と表記）と総称される様々なアクターあるいは組織が，いずれか特定の政党との関わりを深めつつ登場してきた（久保 2008，236-239；久保編 2010b)。この概念を最も包括的に紹介・検討しているのは，久保編（2010b）である。久保（2010，4-5）によると，政治インフラとは，「直近の選挙や政治過程において影響力を発揮するだけでなく，中長期的かつより一般的な政治的影響力の増進を目的として，特定の政治勢力あるいは特定の政策専門家集団が構築し，あるいは利用する団体・組織・制度」と定義されるものである。具体的には，シンクタンク・財団・政策研究所・メディア・メディア監視団体・雑誌・大学・政治家養成団体などである。さらに，同書の各章が共通して指摘する政治インフラの発展の経緯は，リベラルの優位に気づいた共和党（主に保守派）が政治インフラを構築することで優位に立ち，これを受けて民主党勢力が政治インフラの強化を図り，現在に至る，というものである。この，リベラル優位→保守化→分極化という流れは，前節で述べたニュー・ディール以降のアメリカの政党政治全体の流れと符合するものであり，政治インフラがアメリカ政治の分極化に大きな役割を果たしていることを示唆するものである。

第２に，この政治インフラという概念とも重複しつつ，分極化の担い手としてしばしば指摘されているのが，団体の変化，あるいは団体を構成する一般国民の組織のされ方の変化である。かつて団体，とりわけ経済的な利益を実現す

るために組織された団体は，教科書的議会の一部，より具体的には委員会と省庁官僚制と共に特殊利益を追求する「鉄の三角形」(iron triangle)の一角をなすものとの認識であった。また，こうした団体は草の根的に組織されるものであり，階級横断的であった。これに対して，スコッチポル (2007) は，1960〜70年代にかけて発生した様々な社会運動が，単一の争点に対する主張を特徴とする「アドヴォカシー団体」(advocacy group)を増加させる一方，伝統的な草の根型の団体を退潮させることとなったと論じている。この利益団体の組織のされ方の変化は，利益団体と，政治家や政党との関わり方にも変化をもたらした。アドヴォカシー団体は少数のエリートによって管理され，そういったエリートはワシントン D.C.の中央政界に対する直接的なアクセスを有し，他方政党の側は，アドヴォカシー団体の全国的な組織網や資金力により依存するようになった。利益団体と特定の政党の間のつながりが強化されたのである（スコッチポル 2007, 第5章）。[28]

そして第3に，有権者寄りの中間アクターとして多くの論者が（たとえば Aldrich 1995, Chapter 6 ; Layman, Carsey, and Horowitz 2006, 96-97 ; Sinclair 2007, 22-28 ; Theriault 2008 Chapter 6 ; Quirk 2013）指摘しているのは，有権者の中でも，「政党活動家」(party activist)と呼ばれる人たちおよびその活動である。ここでいう活動家というものはアメリカ独自の概念であり，それが何かというものを厳密に定義することは，別途学術的な検討を要する作業であるが[29]，どのような定義をとるにしても，活動家たちが分極化の原因であると捉える余地は十分にある（Sinclair 2007, 23）。活動家たちが分極化をもたらす主なメカニズムは以下のとおりである。まず活動家たちは，新しい争点が登場してきた場合，その争点に対して最も極端な立場をとる。次に，エリート・レヴェルに対しては，議員や大統領の選出過程，とくに，予備選挙 (Primary Election) や党員集会 (Caucus)といった，一般有権者の参加率がきわめて低いものに参加し，イデオロギー的に極端な立場をとる候補者を選出する[30]。その後，彼らが勝利を得ることができるように，政治資金やマンパワーを提供することや，有権者に対してオピニオン・リーダーの役割を果たすことなどで，その他大勢の一般国民に対して，争点態度の形成を促したり，争点と政党との結びつきを与えたりする。

しかしながら，以上のような中間アクターに分極化の起源を求める説明でも，

不十分な点が2点残る。第1に，中間アクター，とりわけ活動家は，あくまでも有権者側に属する人たちであり，とくにエリート・レヴェルの分極化を説明するには不十分であるように思われる。活動家がエリートの分極化に対して果たす役割は，イデオロギー色の強い候補者を公の場に送り込むことである一方，一旦当選して公職についたエリートを統制する役割は比較的弱い。ましてや，議会の中で何が行われているかは，多くの場合，活動家はもちろんのこと，その他大勢の有権者にはわかりづらい。議員が，議会内で再選可能性の向上にはつながりにくい行動を行っていることは，やはり，議会における党組織からの統制がはたらいているからだという説明の方が自然であろう。議員は，院内の指導部によって規律されるだけではない。議員が特定の争点に対してもつ立場も，多くの場合，当選してから，様々な情報や圧力を受けることによって形成されるのである。この点は第2章で詳しく述べる。

　第2に，中間的なアクターが分極化の原因であったとしても，それだけでは，なぜそれらが台頭してきたのか，あるいは，これまではむしろ政党政治を妨げる要因として指摘されていた利益団体が，なぜ分極化の原動力とされるようになってきたのか，十分には説明がつかない。また，前節で紹介したような，1964年のゴールドウォーターの登場や1968年のニクソンの南部戦略など，属人的な要因に基づいた説明も誤りではないかもしれないが，それだけでは，なぜそういった戦略が長期的に勝ち残れたのかが説明できない。社会運動論風に言えば，党派的あるいはイデオロギー的な目的を有していた中間的アクターが，それを1960〜70年代にかけて実現できるようになった「政治的機会構造」（political opportunity structure）（Tarrow 1998）とは何であったのか。

議会の分極化の原因3：政治制度と社会構造の変化

　結局，分極化をめぐる因果関係の連鎖を遡れば，政治制度と社会構造の変化に行き着く。つまり，様々な政治アクターが各々の目的を実現させるための「ゲームのルール」が変化したのである。既存の研究は，分極化を促した制度上・構造上の変化として，主に以下の4つを指摘してきた。前項までに述べた事柄も含めてここで要約する。

　第1に，1968年大統領選挙における民主党大会の紛糾（詳細は砂田 1999, 146）

第1章　二大政党の分極化とは何か

を契機に，大統領選挙において予備選挙や党員集会が導入されることによって，党内の候補者選定の過程が一般有権者に開放されたことである。議会選挙については，それに先立つ20世紀初頭に予備選挙を導入していた州が多いが，この時期に，大統領予備選挙と連動するようになったり，地域の「マシーン」(machine) と呼ばれる集票組織が崩壊したりして，旧来の地域の党組織とのつながりが薄い一般有権者を主体とした選挙に変質した。ところが，予備選挙に参加する一般有権者の数は少なく，大統領予備選挙でも投票率は多くの場合30パーセント以下であり，10パーセント台のこともある (久保 2009, 97)。そのため，必然的に極端な主張をもつ団体や党員の声がより過剰に反映されるようになり (たとえば Polsby 1983)，それに適合した形で，イデオロギー的に極端な候補者や (Layman, Carsey, and Horowitz 2006；Layman et al. 2010)，党への忠誠度の高かった現職議員 (Pyeatt 2015；ただし，Carson et al. 2010) が選ばれる傾向が現れたという。また，久保 (2009) が，「経済成長クラブ」(Economic Growth Club) の事例研究から明らかにしたように，アドヴォカシー団体が，他のアドヴォカシー団体とも連携しつつ，予備選挙に大規模な資金などを動員して，予備選挙に介入することは容易である。

　第2に，メディアの発達である (たとえば Mutz 2006)。そもそも，アドヴォカシー団体が台頭する素地をつくったのは，テレビをはじめとする全国的なメディア網が20世紀中盤に発達したことであった。アドヴォカシー団体は，テレビ等のメディアに接触し，メディアを通じて組織化を行い，民間財団からの資金提供や，ダイレクト・メールを用いて勧誘や寄付金を広く浅く募り，そしてその資金を元に専門スタッフを雇い，高度なプロ集団となったのである(スコッチポル 2007, 第5章)。つづいて，1980年前後にはじまったケーブルテレビの普及や1990年代以降のインターネットの登場である。Prior (2007) は，これら新しいメディアは，不特定多数を必ずしも対象としないメディアが登場したり，情報の受け手にとっては選択の幅が広がったりしたことから，有権者が，自らが好む報道機関への「選択的接触」(selective exposure) を促し，それが有権者の分極化を促進させたと論じている (同じく，前嶋 2010, 第2章；2012；Hayes 2010；Levendusky 2013)。さらには1990年代以降，メディア自体の分極化 (具体的には，報道内容や，リベラル一色の論調に対抗して保守的な報道機関が台頭してきた

こと)もはじまったと言われている(前嶋 2010；2012)。Noel (2013, Chapter 7)は,メディアにおける知識人の言論の分極化が,議会や有権者の分極化に先立って生じていたことを論じている。

　第3に,下院においては,選挙区割りルールの変更が議会の分極化を促したことが指摘されている(Mann 2006；Carson et al. 2007；Theriault 2008, Chapter 4)。その契機は最高裁判所の判決である。それまで最高裁判所は,選挙区割りの問題に判断を下すことを回避していたが,1960年代前半に,1票の較差が存在する状態は憲法違反であるとする一連の判決を下すに至った。これを受けて,各州は,1960年代半ばに選挙区割りの変更を行い,以降は,10年に1度の国勢調査が行われる直後(西暦の末尾が1の年)に,州の議会が選挙区割りを行うようになった。その結果,大半の州においては,州議会の多数を占めた政党や知事の所属政党,州の裁判官の党派構成によって,自らの党にとって有利な区割りを行う,「ゲリマンダリング」(gerrymandering)と呼ばれる行為が常態化した(Cox and Katz 2002；Mann 2006；Bullock 2010)。そして,現職の再選をより安泰なものにするような選挙区が生まれ(Carson et al. 2007),それに伴って極端な議員が選ばれるようになったと言われている。

3　小　　括

　以上のように,議会の分極化をめぐっては,その原因に絞っても,研究の数は膨大であるにもかかわらず,あるいはそれだけに,決定的な議論はいまだに出されていない。より正確に言えば,分極化に関する既存の説明は,互いに排他的なものだけでなく,補い合う関係のものが多い。そのため,分極化とは複合的な現象であるとの認識が,研究者の間で浸透していると言ってもよい。それどころか,そもそも分極化とは単純な一本の因果関係によって理解できるものではなく,あらゆる要因同士の関係を包括的に捉えるべきであるとの立場に立つ研究(たとえばSinclair 2007；Theriault 2008)も目立つ。分極化という現象は,政治現象を説明するための理論はできるだけ単純であることが望ましいという立場(たとえばキング・コヘイン・ヴァーバ 2004)に対する挑戦であると言ってもよい。

第1章　二大政党の分極化とは何か

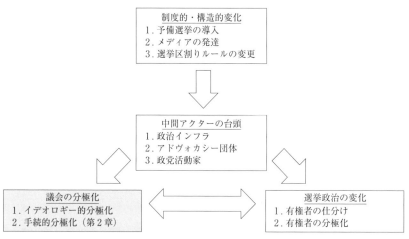

図1-4　議会の分極化の原因：まとめ

　それでもなお，あえてわかりやすさを重視すべく先行研究を整理すれば，以下のとおりとなる。第1に，議員と有権者が互いに影響を及ぼし合って，分極化を進行させている。第2に，とはいえ，その因果連関をたどれば，両者の間をつなぐ中間的なアクターや，そしてその台頭を促した，マクロな制度や社会構造の変化に行き着く。すなわち，主に3つの制度的・構造的変化——予備選挙の導入・メディアの発達・選挙区割りルールの変更——が，1960年代に，極端な主張をする政党活動家やアドヴォカシー団体に「政治的機会構造」を提供し，それが議会の分極化，すなわち，イデオロギー的に極端な議員がより選ばれるようになったことや，議員がイデオロギー的に行動することが再選可能性の向上に資するようになったことなどを促したのである。以上を図示すると，図1-4のとおりになる。

　さて本書は，この分極化という現象を通じてこそ，大統領の超党派的な立法活動が難しくなっていることを説明できると主張するものである。大統領は，そのプレゼンスの大きさにもかかわらず分極化の研究の文脈では意外に見落とされてきた。それは，教科書的議会と教科書的大統領制の下での大統領は，特殊利益を追求する議員の集団である議会に積極的に関わることによって超党派的な多数派形成を促す「行政の長」の役割を果たすという見方が依然として前

37

提とされているからであろう。次章はこの見方を根底から問い直す。党派的・イデオロギー的に分極化したアクターが大統領に期待する役割は,「行政の長」から「政党の顔」へと比重が移っている。そのために,大統領本人が立法を通じて国を統合しようとしても,それを議会や有権者は,一方の党を代表する活動であると認識するようになってきているのである。本章の議論を踏まえて,これを理論的に説明することが次章の課題である。

注
（1） ただし,そもそもアメリカの議会政治が分極化しているという認識は前提とされるものではなく,本来ならばここから議論をはじめねばならない。この問題に関する詳細は附論Aを参照。
（2） 本書全体を通して,分極化が大統領に与える影響は,主に立法を通じた自らの政策の実現に限定して論じるが,もちろんそれだけではない。Cameron（2002）は,分極化と分割政府が影響を与えると考えられる大統領の活動として,大統領のスキャンダルの追及・政府高官の人事・議会による行政府への委任・大統領命令・条約の批准・大統領府や行政府の組織編成・大統領と世論との関係・司法府との関係・大統領の歴史的評価など,様々な事柄を指摘している。
（3） 政治学の用語でいうと,西欧の政党は,一般有権者が正式に党に所属し,政党に対して各種の義務を果たす「大衆政党」（mass-based party）を基本としている。ちなみに日本の政党は,日本共産党を除き,そのような組織形態をもたない「幹部政党」（elite-based party）であるが,一部の一般有権者が党員として活動していることや,利益団体（業界団体・労働組合など）や宗教団体を支持基盤とする政党が多いことから,アメリカの政党のように公職者を除いて義務的に活動する党員を全くもたない政党よりは西欧型の政党の特徴を有している。
（4） この,政党は複数の政治エリートが権力を得るために結成した長期的な連合という見方（たとえばダウンズ 1980）が,これまでのアメリカにおける政党の位置づけの通説である。本書が主に依拠する条件付政党政府論もこの立場をとっている（たとえばAldrich 1995；2011）。これに対して,政党は政策の実現を強く求める人たちの連合体であるという見方も伝統的にあり（たとえばシャットシュナイダー 1972）,さらに最近になって,政党における利益団体や政党活動家の役割を強調する主張や,それに基づく様々な実証分析が,カリフォルニア大学ロスアンゼルス校（UCLA）に所属する研究者を中心に提示されている（彼らの立場を総括した論文として,Bawn et al. 2012）。条件付政党政府論の立場からも,政党の定義に活動家を加えるなど（Aldrich 2011, 5）この見方を部分的に支持する修正が行われるようになっている。この,政党を形成するのはエリートであるか社会（の一部）であるか,という問いに対する本書の立場は,基本的には前者を前提としつつも,本章でも指摘する「政党活動家」の役割など,エリート

第1章　二大政党の分極化とは何か

と社会が互いに影響を及ぼしあう面も否定しない。ただし，どちらの立場も，政党組織や政党間の対立軸を形成するアクターとしての大統領の役割を重視していない。この，大統領と政党との関係については第7章で詳しく述べる。

（5）　ただし，19世紀の段階から，政党は1つではなく様々な争点においてイデオロギー的に対立していたという見解も強い。代表的な研究として Gerring（1998）を参照。

（6）　両者は別の現象であるが，現実には同時に発生しているので，本書ではひとつながりの現象とみなして議論を進める。ただし，Smith（2007, 122）は，条件付政党政府論が実際に観察の対象としているのは，政党内の凝集性のみであって，政党間の距離については理論的にも曖昧さが残るとして，同理論を批判している。加えて，2009年以降，政党間の距離は拡大しつつも政党内の凝集性はむしろ低下しているかもしれない動きがみられつつある。この点は第8章で簡単に紹介する。

（7）　19世紀後半や20世紀初頭から，党とそれを支持する社会勢力の結びつきの変化が継続していること（たとえば Miller and Schofield 2003）を分極化の起源とする議論もある（たとえば Stonecash, Brewer, and Mariani 2003）。本書はこの見方自体には異議を唱えないが，本書の対象は，20世紀半ばに確立した「現代大統領制」と「教科書的議会」からの，主に議会における変化であるため，それ以前の事柄については議論の対象外とする。また，連邦議会内部での議会指導部の変遷については，Jenkins（2011）を参照。

（8）　分極化を指摘する学術的な研究は2000年代から本格的に現れるようになった。しかし，それ以前の1980～90年代には，共和党の凝集性の拡大と保守化，さらには民主党のニュー・ディール連合の弱体化などから，アメリカ政治全体が保守化しているという論調が，学術的にも評論のレヴェルでも，一時期において中心的であった（たとえば五十嵐 1992；佐々木 1993b）。この当時の議論は，共和党の保守化および大統領職の獲得と，アメリカ全体の保守化とを混同するきらいがあった。この混同は，時代ごとに優位な政党が存在し，それが定期的に交代するという政党再編成論を（少なくとも暗黙の）前提としていることから生じているものと思われる。分極化という見方はこれを前提とせず，むしろ二大政党の勢力関係が拮抗・膠着していることを強調する傾向にある（たとえば Lee 2016）点において，政党再編成論とは一線を画す。政党再編成論に関する批判的な検討は，第7章を参照。

（9）　ただし，Shafer and Johnston（2009）は，公民権法が南部における政党政治の変化の主な原因であるという通説を批判し，主には南部の経済発展が原因であるという主張を行っている。

（10）　経済争点においては，民主党がリベラル化しているという見方には異論の余地もある。ニュー・ディール連合による経済政策がうまくゆかなくなったことによる，「ニュー・デモクラット」（New Democrat）や「ブルー・ドッグ連合」（Blue Dog Coalition）といった政治家集団の登場である。しかし，ニュー・ディール・リベラリズムが問題に直面しており，そこから何らかの路線変更を行うことについては幅広く合意されていたことから（詳しくは第5章），人種問題によって南北が対立していたころよりは党内の対立は小さくなっていると言えよう。

39

第Ⅰ部　分極化と大統領に関する理論

(11) アメリカ本国のみならず，日本のアメリカ政治研究においても，分極化に関する大規模かつ分野横断的な研究が蓄積されている。現時点での代表的な研究は，五十嵐・久保編（2009）。

(12) 本書が主に扱う議会や，主に本章で言及する有権者や中間アクター（団体・シンクタンク・政党活動家など）の他，司法府（最高裁判所判事）や，地方政府（州議会や州知事など）でも分極化が進んでいることは指摘されているが，本書では，紙幅等の都合で，これらのアクターに関する検討は省略する。

(13) ただし，有権者をどう捉えるか，リヴューごとに大きな違いがある。Layman, Carsey, and Horowitz（2006）や Schaffner（2011）は，有権者レヴェルでも分極化が進行していることを論じている一方で，Hetherington（2009）はこれに対して否定的である。本書は，リヴューの段階では極力両者のバランスに配慮しつつも，最終的には前者の認識を前提に本論を進める。この問題に関する検討は紙幅を要するため，附論Bにまとめた。加えて，ジャーナリスティックな文献や新聞記事などは，あえて極力参照しないよう努めたことをここでことわっておく。数がきわめて多いため収拾がつかなくなることと，厳密な実証や理論的検討を欠いているものが少なくないからである。また，同じ著者が同じ主題の論文と著書を著している場合は，これも煩雑を避けるため，著書のみを引用の対象とした。

(14) NOMINATE をはじめとする点呼投票を素材とする指標は，しばしば，議員のイデオロギーを示す指標であると理解されたり，そのように用いられたりすることがあるが，元々は，議員の投票行動のパターンを示すものであり，それ以上のものではない。点呼投票の記録をイデオロギーとみなすことによって生じる問題については，第3章第1節で詳しく論じる。

(15) 有権者が議会の分極化の原因であるという先行研究やデータの要約は，Jacobson（2013）が最も整理されている。

(16) ダウンズ（1980）は，有権者のイデオロギーが単峰型に分布している場合，2つの大政党が生まれ，それら2大政党のイデオロギーは中心に収斂し，逆に，有権者のイデオロギーが双峰型に分布している（つまり分極化している）場合は，政党も分極化すると論じている。ただし，この理論に対する反論として，たとえば Rabinowitz and Macdonald（1989）を，両者の間の論争のリヴューとして，Grofman（2004）を，それぞれ参照。

(17) Theriault（2008, 7）によると，政治学において最初に議会の分極化が進行していることを指摘したのは Poole and Rosenthal（1984）である。しかし，彼らの一連の研究（たとえば Poole and Rosenthal 1984；1997；2007）は，点呼投票という限られた側面のみについて，そのパターンが変化していることを指摘しているにとどまる。分極化をその原因にまで踏み込んで論じる研究がはじまったのは，1990年代からであるといって支障ないと筆者は捉える。

(18) この移動は，既存の有権者が文字通り支持する政党を変える側面と，世代交代の側面，すなわち「仕分け」されていない有権者の減少と既に「仕分け」された有権者の参入の

2つの側面をもつ。
(19) この点に関する詳細な分析は，たとえば Haynie and Watts（2010）。
(20) ただし，先にみたように，北部選出の議員についても同じように分極化は進行している（McCarty, Poole, and Rosenthal 2006）のであるから，これだけでは議会の分極化は説明しつくしていない。
(21) この概念に対する批判や，それを踏まえた代替的な政党帰属意識の定義づけはいくつか行われている（Holmberg 2007；西澤 1998；松本 2010b）。
(22) Wattenberg（1998）は，1950～80年代の世論調査データを用いて，選挙における分割投票(大統領選挙と議会選挙において異なる党の候補者に投票する投票行動)の増加・政党帰属意識をもつ有権者の減少・政党を必要と捉える有権者の減少・政党に対する評価の不安定さや，政党を中立的に捉える有権者の増加などといった点に基づき，「有権者の中の政党」の衰退を指摘した。そしてその原因は，大統領や議員（およびその候補者)が個人主体の政治活動を行うようになり,メディアが政党から距離を置くようになったからであると論じた。その多くについて反論が出されているのは，本章のリヴューが示しているとおりである。
(23) 他方，近年のアメリカ政治の問題点として，有権者の政治不信の増加や政治的無関心の増加が指摘されている。しかし有権者の分極化と有権者の政治離れは必ずしも矛盾する現象ではない。岡山（2011）やキング（2002）は，党派的な有権者が増えたことや，そういった有権者を過剰に代表することによって，中道的な有権者の政治離れが進んでいる可能性を示唆している。
(24) Petrocik（1974；2009）は，"Independent leaners"（政党寄りの無党派）は，「弱い政党支持者」よりも党派的に行動することを明らかにしている。その理由として Petrocik（2009）は，「政党寄りの無党派」は中流階層や高い教育水準をもつ有権者に多く，「弱い政党支持者」との違いは単なる回答者の自己表現の問題であると述べている。この議論を所与とすれば，無党派が増えているという図1－3Aのデータは見せかけに過ぎず，実際には，むしろ教育水準が高まるにつれて，より党派的に考えて行動する「政党寄りの無党派」が増えているというのが実情である。
(25) ただし，Kaufmann（2002）は，文化的争点が政党帰属意識に影響を与えていることは主に女性においてみられるものであることを論じている。
(26) Hetherington and Weiler（2009）は，Carmines and Stimson（1989）の議論を拡張する形で，人種問題だけでなく，それ以前のマッカーシズムや，それ以降に登場した，女性や同性愛者の権利・戦争やテロへの対応・移民といった新しい争点についても同じような傾向がみられるとし，それらはすべて，権威主義に根差した社会的亀裂に関連するものであることを指摘し，実証している。
(27) むしろ議員の方に有権者の分極化の原因があるという説の方が，現状では有力であるように思われる。Layman, Carsey, and Horowitz（2006, 94-96）は，その理由として，第1に，新たな政治争点を生み出したり，既存の争点を顕在化させたりするのはエリートであること，第2に，エリートが，有権者に対して，争点と党派性を結びつけるシグ

ナルを出していること，そして第3に，エリート・レヴェルの分極化の方が，有権者レヴェルの分極化よりも時間的に先立っていることを挙げている。
(28) アドヴォカシー団体が党派的対立を促すというスコッチポルらの議論は，元々は，アドヴォカシー団体が，人間関係資本（social capital）の低下をもたらすという議論である。この因果関係が正しいものであるかは，本来は，それ自体実証分析の対象となるべきである。とくにアメリカ以外の国においては，たとえば坂本（2010）は，日本においては，市民団体の運動家や活動家が，地方政府の統治パフォーマンスにとって大事であると論じている。
(29) 活動家として扱われることが多い人々は，たとえば，戸別訪問や電話による投票依頼などの形で選挙運動に関わる人たちや，大統領選挙や連邦議会議員選挙などで党の候補者指名を行う際に代議員として活動する人などである。
(30) たとえば，Brady, Han, and Pope（2007）は，予備選挙に参加する有権者が本選挙（General Election）に参加する有権者よりもイデオロギー的に極端であることや，そのため候補者は予備選挙の有権者により近い立場をとることを実証している。
(31) もっとも，政党帰属意識をもたない有権者はこういった新しい党派的なメディアとの接触の程度が小さいため，全国ネットワークのCMやニュースなど伝統的なメディアの地位が全くなくなったわけではない（Hayes 2010）。また，党派的なメディアと特定の有権者層との関連はあるにせよ，有権者全般の分極化を促進しているかどうかは実証が難しい（Prior 2013）。
(32) 選挙区割りが分極化に影響を与えることに否定的な議論もある（Barber and McCarty 2013, 27-28）。
(33) 選挙区割りルールに関してその背景・選挙区割りが行われる基準やその帰結については，Bullock（2010）が最も詳しい。日本語では，上田（2012）を参照。
(34) ただしこの説明だけでは，下院だけでなく上院や州レヴェルにおいても分極化あるいは仕分けが進行していること（Fiorina, Abrams, and Pope 2005, 219）を説明できず，不十分である。
(35) 数少ない例外として，Cameron（2002）; Rohde and Barthelemy（2009）。

第2章
分極化と大統領の立法活動
―― 本書の理論 ――

　本書冒頭で紹介した2000年大統領選挙の開票結果をめぐる混乱を経て発足したブッシュ（子）政権の最初の課題は，アメリカ国内に生じた党派的な亀裂を収拾させることとなった。しかし，選挙期間中に標榜していた，レーガン型の新保守主義とは一線を画す「思いやりある保守主義」を実行に移すことはできたのかと問われれば，答えは概ね否である。ブッシュ（子）政権の保守化は，2001年9月11日に発生した同時多発テロ事件という偶発的なショックを契機に，主に外交において進行したといわれることが多いが，それ以前のおよそ7か月間の政権運営において，ブッシュ（子）政権は，外交・安全保障に関わる争点よりも経済政策などの内政に力を入れていた。その政策の内容は，大規模な減税や，温室効果ガスの排出量の削減を定めた京都議定書からの離脱の表明など，保守的な経済イデオロギーに沿ったものが目立った。

　ところが，ブッシュ（子）政権の内政アジェンダは，そのような保守的なものばかりではない。たとえば，前任のクリントンやジョージH. W. ブッシュ（George H. W. Bush：以下，「ブッシュ（父）」と表記）が課題としていた教育の問題は「初等中等教育改正法」（通称 No Child Left Behind Act）として成立し，2003年には，処方箋薬もメディケア（Medicare：高齢者に対する医療費の無償化プログラム）の対象とすることなどを柱とする改正メディケア法が成立している。本章で問題にしたい事実は，こういった中道的な，あるいは元来は超党派的な立法アジェンダについても，その立法過程が党派的なものになったことである（Lee 2009, 76-77）。

　どうやら，実際にブッシュ（子）政権が推進した政策が保守的なものであったかということ以上に，保守的であると「認識された」ことの方が，立法過程において議会が党派的に対立したことの説明としてはより正確なようである。これに対して，同じ共和党大統領のニクソンの内政は，きわめて機会主義的で

あった(たとえば砂田 1999, 160-171)。ニクソンは,「新しい連邦主義」(New Federalism)を唱えて連邦政府の肥大化に警鐘を鳴らしながらも,1971年には,「今や私も経済学ではケインジアンである」と述べ,介入的な経済政策を行った。同じ共和党大統領であったニクソンとブッシュ(子)の違いは,一体何なのであろうか。

この章では,議会の分極化と大統領の立法活動の関係に関する本書の理論を提示する。まず第1節では,大統領の立法活動に関する先行研究をリヴューし,大統領が立法に成功する要因は大統領の行動であるという「大統領中心アプローチ」(president-centered approach)に対して,議会の党派構成や議員のイデオロギー分布によるという「議会中心アプローチ」(Congress-centered approach)が現時点では最も有力な説明とされていることを紹介する。第2節では,その議会中心アプローチを批判し,これを踏まえて,本書第1の主張である,「他の条件が同じならば」,大統領が立法に関与することが議員の党派的行動を促すことや,その効果は議会の分極化が進行するにつれて大きくなることを論じる。第3節では,分極化の進行につれて,「他の条件が同じならば」,大統領の立法活動は,重要立法の成立をかえって妨げるようになっていることを論じる。同時に,分極化の時代においても,この「他の条件」,すなわち大統領の立法活動の手段やレトリック(rhetoric)によっては,これまでと同様,超党派的な多数派形成と立法上の成功を導きうることを論じる。これが本書第2の主張である。以上の議論の要約を第4節で行い,次章以降の実証分析につなげる。

1　大統領の立法活動の「成功」に関する先行研究

厳格な権力分立を根本的な理念としているアメリカ合衆国憲法が立法に関して大統領に与えているとされる権限は,議会に教書を送付することと,両院で可決した法案に対して拒否権を行使することのみである。そのため,大統領が立法府での政策形成に影響を及ぼす主なチャネルは,議会スタッフや議員への非公式な説得活動や取引,あるいは一般国民への説得活動であるというのが,大統領の立法活動に関する教科書的な説明である。では,その大統領の立法活動の効果については,どのようなことが言われているのであろうか。

これまで数多く蓄積されている大統領の立法活動に関する研究は，大統領が支持する議案が議会で可決されることや大統領が反対する議案が否決されることを，大統領の「成功」と位置づけ，その成功をどのように説明するかに関心をもってきた。その説明は3つに大別できる。すなわち，大統領の成功は，大統領の活動自体やスキル（skill）によるという大統領中心アプローチ，議会の党派構成や議員のイデオロギー分布によるという議会中心アプローチ，そして，様々な環境的な要因を重視するアプローチである（Lockerbie, Borrelli, and Hedger 1998；同じく，Bond and Fleisher 1990）。注意すべきは，ここでいう「中心」とは，おしなべて大統領と議会のどちらが影響力をもっているかという話ではなく，大統領が成功したり失敗したりする，そのヴァリエーションは，大統領個々人に関わる要因や個別の行動によって説明できるのか否か，ということである。「制度か人か」という問いに引っ掛けるならば，大統領中心アプローチは「制度」を前提としつつも「人」の要素も重視し，議会中心アプローチは「制度」のみが大事だとするものである。

　第1の系統である大統領中心アプローチの起源は，現代政治分析における大統領研究の草分けともなったNeustadt（1990［初版1960］）である。それ以前の大統領研究が，憲法の文言やそこから導かれる大統領の権限を記述する，法学的（あるいは旧制度論的）・静態的な研究であったのに対して（たとえばCorwin 1957；Rossiter 1960），Neustadt（1990）は，実際の権力の大きさがどの程度のものなのかは憲法の理論からは導き出せない（Neustadt 1990, 10）として，これを批判した。Neustadt（1990）は，厳格な権力分立制を採用するアメリカでは，大統領が議会において影響力を行使するための公式の権限はきわめて限られていることを認めつつも，非公式な「説得の力」こそが，大統領の影響力の源泉であると論じたのである。また，後続の研究は，その説得の対象として，Neustadt（1990）が主に問題とした議会指導部や個々の議員，司法部といったエリートだけではなく，ジャーナリストや利益団体などの公職に就いていないアクター，さらには一般国民への説得活動の重要性を論じている（たとえばKernell 2006［初版1997］）。

　大統領中心アプローチがいう「説得する力」とは何か。Neustadt（1990, 32）は，説得によって相手の意見を変えることまでは滅多にできないのであり，説

得とはすなわち，相手との取引（bargaining）であると述べている。同書以降の研究では，この説得活動の巧拙（レトリックやタイミングなど）などを指して，大統領の「スキル」と呼ぶことが多い。また，そのスキルの源泉として，個々の大統領の生い立ちや経歴，さらにはそれらに起因するパーソナリティ（personality）にまで言及する研究も少なくない。代表的なものは，自ら仕事をすることに積極的であるか否か（Active/Passive）（Cohen 1982），および，性格の明るさ（Positive/Negative）[8]という2つの基準から大統領の性格や仕事のスタイルを分類したBarber（1972）や，感情をコントロールしてそれを建設的な方向に向ける能力を重視するGreenstein（2000）である[9]。

この大統領中心アプローチの最大の問題は，大統領のスキルを，検証可能な形で一般化，あるいは操作化し，大統領の「成功」との因果関係を分析することが，きわめて困難なことである。第2の系統である議会中心アプローチはこのことを批判する形で登場し，「アメリカ政治における最も重要な個人こそが，政治学者が最も理解していないものである」（Edwards 1980, 1）とし，経験的，とくに定量的なデータを用いた議会－大統領関係の分析の必要性を主張した。

まず，議会中心アプローチの代表的な研究である，Jon BondとRichard Fleisherの一連の研究を概観する（たとえばBond and Fleisher, 1990；Fleisher and Bond, 1996；2000；2004）。彼らが提示する理論枠組は，彼らが「傾向モデル」（predispositions model）と呼ぶものである（たとえばFleisher and Bond 1996, 730）。ポイントは以下の3点である。第1に，大統領が立場を表明した議案に関して，議員は，自らがもつ党派性やイデオロギーといった傾向，あるいは議会指導部の立場にしたがって，連合を形成する。第2に，大統領は立法活動を行うときに，大統領与党のメンバーを動員するか大統領野党のメンバーを動員するか，トレード・オフに迫られる（たとえばBond and Fleisher 1990, 118-120）[10]。第3に，大統領が立場表明を行った争点にこそ，議員がもっている傾向が明白に現れる。なぜなら，彼らによれば，大統領は所属政党のメイン・ストリームから選ばれるからである。

彼らの主な実証分析は，大統領が立場を表明した議案に対して議員が本会議で投じた点呼投票の記録を分析するものである[11]。一連の分析結果に基づいて彼らが最も強調していることは，大統領の立法上の成功を最も強く規定するのは

大統領与党の議席率であり，とりわけ，上下両院の多数党と大統領が同じ政党である統一政府（unified government）と分割政府とでは，大統領の成功の可能性は大きく異なることである（同じく，Cohen 1982）。他方，個々の大統領のスキルによってパフォーマンスが異なるという，大統領中心アプローチがとる見方については，限定的な効果のみを認める分析結果を提示している（たとえばBond and Fleisher 1990, Chapter 8 ; Fleisher, Bond, and Wood 2008）。

もう1人の代表的論者であるEdwards（1980 ; 1989）もまた，点呼投票を素材とした各種の指標や立法過程の事例に基づいて分析を行い，主に議会の党派構成が重要であることや，世論やスキルといったものには限られた効果しかないことを論じている。Edwards（1989, 4-6 ; 2009）はさらに踏み込んで，大統領のリーダーシップは「先導する役割」（director）であるという見方を否定し，これにかわって，大統領は，議会や国民が潜在的に有している欲求を掘り起こして立法を「促す」役割（facilitator）を果たすものでしかないという見方を提示している。

ただし，大統領の立法におけるもう1つの側面は，とくに分割政府の状況下で議会主導の立法を妨げる力であり，あるいはそれを梃子にして，議会から譲歩を引き出し，自らにとってより望ましい立法を成立させることである。議会が立法の生殺与奪を基本的には握っていることを前提としながらも，大統領と議会の駆け引きによって立法を説明する研究が，1990年代後半以降から登場してきた。これらの研究は，大統領の側からみれば「交渉モデル」（鹿毛 2008）と呼ぶこともできるが，本書では，これらの研究が「空間投票モデル」（spatial model）と点呼投票を中心に扱っていることから，議会中心アプローチの発展版として捉える。大統領の拒否権（およびそれを有することによる威嚇）を分析した研究（Cameron 2000）や，拒否権を覆すことやフィリバスター（filibuster）を打ち切るためには特別多数を必要とするルールに着目した研究（たとえばKrehbiel 1998 ; Brady and Volden 1998），世論との関係を論じた研究（Canes-Wrone 2006）などである。

第3の系統は，「各種の環境的・文脈的要因」に着目した研究である。これは，議会－大統領関係の外側の各種要因によって大統領の成功が規定されるという議論である。前2者の折衷的な説である（Shull and Shaw 1999）とも言え

るし，それらいずれかを補完する説ともいえる。そうした環境的要因については長期的なものから短期的なものまで，様々なレヴェルのものが指摘されている。

　まず，戦争状態の有無（たとえばCohen 1982）や，経済状況，予算の制約（Peterson 1990）といった，国の基礎的な状態によって大統領をとりまく環境は大きく規定される。とくに，国が戦争状態にある場合の大統領はしばしば「戦時大統領」（wartime president）と呼ばれ，戦争の遂行に関する事柄だけでなく国政全般に関して有利な立場に立つことができる。⁽¹³⁾個別の現職大統領への評価ではなく制度としての大統領制に対する中長期的な世論の動向も環境的要因と位置づけることができる。Skowronek（1997, Chapter 3）は，大統領が改革を行う志向を有し，かつ既存の制度配置が脆弱であるときに，改革が行われるという（同じく，待鳥 2005, 45-46）。似たような議論として，待鳥（2003a）は，「マクロ・トレンド」という概念を提示し，大統領制や政治に対する信頼が高いほど大統領は仕事が行いやすいと論じている。あるいは，有権者全体のイデオロギーの傾向である「ムード」（mood）（たとえばStimson 1999 ; Erikson, MacKuen, and Stimson 2002）という概念も，大統領の成功の一条件と位置づけられうる。すなわち，有権者が概して保守的な時期には，大統領は保守的な立場をとればより成功しやすいであろう。

　より短期的な環境的要因は様々なものが指摘されている。1つは就任からの時期である。就任直後の大統領に対しては，就任から100日を目処とした「ハネムーン」（honeymoon）と呼ばれる慣行があり，議会も世論も，大統領に対して寛大な態度で接する。逆に引退を控えた大統領は，「レイム・ダック」（lame duck）と呼ばれる，新しいアジェンダの実現には困難な状態，あるいはそもそもそのための十分な「リソース」（resource：影響力資源）を有しない状態に陥る（たとえばLight 1999）。ハネムーン期は，そうでないときと比べて大統領のアジェンダは実現されやすいとする理論（たとえばDominguez 2005 ; Beckmann and Godfrey 2007）や実証分析（たとえばFrendreis, Tatalovich, and Schaff 2001 ; ただし，待鳥 2016, 139-140, 147-148）もいくつか出されている。⁽¹⁴⁾他には，個別の大統領の仕事ぶりに対する評価である。支持率が高い大統領は立法の勝率（success rate）が高いという議論（たとえばRivers and Rose 1985 ; Brace and Hinckley 1992）⁽¹⁵⁾

や，直前の大統領選挙において得票率が高いほど，有権者が大統領に負託(mandate)を与えたとされ，大統領は成功しやすい(たとえば Mouw and MacKuen 1992)といわれる。議案のタイプも大統領の成功を既定すると言われる。Wildavsky (1966) は，外交政策において大統領はより成功するという，「2つの大統領制論」(two presidencies thesis) を提示している。あるいは，大統領が主導で提出した法案は，後から大統領が立場を表明したものよりも勝率が高いという分析 (Covington, Wrighton, and Kinney 1995) や，重要な法案や長期的な効果をもつ政策に関わる法案は勝率が低いという分析 (Eshbaugh-Soha 2010) もある。

2 議会中心アプローチ批判

ここまでみてきたように，議会における大統領の成功に関する研究は，主に，大統領中心アプローチと議会中心アプローチの間の対立という形で知見が蓄積されている。そして，徐々に議会中心アプローチが優勢になってきているのが現状である。議会中心アプローチに属する研究の多くが依拠する理論枠組は，合理的選択制度論，とくに空間投票モデルとゲーム理論（game theory）であり，実証の手段は，点呼投票の計量分析である。やや乱暴に要約すれば，議会中心アプローチの隆盛は，議会研究における合理的選択制度論と計量分析の隆盛，より一般的に言えば，序章で紹介したような政治学の科学化の進行と軌を一にしている。実際，それぞれの研究では，理論どおりの分析結果が計量分析と事例研究の両面から出されており，その説得力は高い（具体的なデータの一部は，第4章で紹介する）。

しかし，その議会中心アプローチは，大統領の立法活動を説明する上で，様々な問題点を有している。一言で要約すれば，議会中心アプローチは，大統領の影響力を適切に評価する理論や方法を欠いているために，重要な事象を説明することに失敗しているのである。たとえば，大統領は統一政府でも失敗することもあれば，逆に分割政府でも成功することもある。あるいは，同じ統一政府であっても，大統領によってそのパフォーマンスには差がみられる。そういった事柄は何によって説明されるのか。Achen (1992) は，投票行動の研究における「社会心理学的アプローチ・線形回帰・社会経済的説明変数」の組み合わ

せを鉄の三角形と呼び，それを壊せと主張した（山田 2009, 88）。それになぞらえれば，議会中心アプローチは「空間投票モデル・線形回帰・点呼投票」の鉄の三角形によって構成されている。それを壊せとまでは言わないにせよ，その欠点を理解し，修正あるいは代替的な説明を試みることは考えなければならない。理論と実証の方法の2点に分けて，以下詳しく述べる。

議会中心アプローチ批判1：空間投票モデルの限界[17]

　まず，議会中心アプローチが明示的・黙示的に依拠している空間投票モデルは，大統領や議員は自らが理想とする立法的帰結「のみ」を目的とし，その目的の実現のために合理的に行動するという仮定を基礎としている。しかしその仮定は，以下の4点において強すぎるのである。

　第1に，議会中心アプローチは，大統領は党のメイン・ストリームから選出され，党の主要なイデオロギーを代表するという認識を前提にしている（たとえば Bond and Fleisher 1990）。しかしこれを前提とすることは許されずそれ自体実証的に検証されるべき事柄である。それどころか，現代大統領制の時代においては，大統領と議会の大統領与党が同じようなイデオロギーをもつことの方が少ないのである。分極化がはじまった1970年代以降，明らかに議会の大統領与党よりもイデオロギー的に極端であったと言われるのはレーガンのみである[18]。他の大統領はすべて，とりわけ選挙戦においては，中道的な立場，あるいは既存の保守－リベラルの軸から独立した立場から主張を行うことが常であった[19]。

　第2に，大統領は目的合理的に行動する，という仮定を置くことには，少なくとも議員と比べれば無理がある。日本の立法過程の実証研究である増山（2003, 13）は，「立法のプロはヘボ将棋を指さない」という印象的な比喩を用いて，成立の見通しのない立法は提出されないことを主張している。しかし，議院内閣制における与党執行部や官僚とは異なり，大統領はしばしばヘボ将棋を指すのである。それは大統領がでたらめな意思決定をする無能なアクターだという場合もあるにせよ，それだけではない。大統領は，しばしば立法が失敗に終わる危険が高いことを認識しつつも議会に介入するのである。歴代大統領が犯した失敗について論じた Pious（2008）は，大統領の行動に関しては，ゲーム理論の枠組で扱われるような狭い合理性を仮定することはできないとしてい

る。その理由は，そもそも大統領が着手するような仕事は，難しくかつ不確実性が高い仕事ばかりであること，ある行動をとることによる弊害とのトレード・オフやその費用便益計算が難しいこと，大統領は合理的な意思決定を行える状況下に置かれていないこと，などである（Pious 2008, Chapter 10）。

　第3に，大統領は大筋では目的合理的に行動するにせよ，その目的は立法の成功という政策面に関わるもの「だけ」ではない。大統領には，政策とは別に政治的な目的というものも存在するのであり，政策的な目的と政治的な目的はしばしば乖離する。まず，選挙運動の際に公約とした政策は実行に移すことを余儀なくされる。また，大統領の行動の目的には，行政府の長としての職責を果たすことや，後世の歴史に名を残すような業績を挙げることも含まれる[20]。そのうちどれを優先するのか，大統領にはそれを決めるための大きなフリー・ハンドが与えられているのである。大統領は政治家であり，何らかの独自の行動原理に基づいて，政治的な意思決定を行っているものである。そのような行動原理に基づかずに立法のみを目指すという「合理的な」意思決定者は，政治家というよりも単なるマネージャーであり（Pious 2008, 7），現実の大統領の姿から大きく乖離している。議会中心アプローチは，ありもしない意思決定者の存在を前提にして議論を組み立てているものであり，同アプローチが描く大統領の姿は，合理的選択理論（rational choice theory）の悪い側面を具現化したものである。

　第4に，議会中心アプローチは，（少なくとも大統領よりは）合理的なアクターであるとの仮定を立てることが許容されている議員についても，合理性の仮定を正しく置くことに失敗している。議会中心アプローチは，議員は自らの理想に近い政策を実現すべく行動すると仮定する。その理想点の源泉は，議員個人あるいは選挙区民のイデオロギーであるとされる。しかし議員もまた，政策だけでなく政治的な動機によっても行動を決定する[21]。とくに，大統領の立場に議員が従うかどうかという判断は，自らが理想とする政策と大統領が提示した政策との間の距離によってのみ定まるのではない。このことは，理論的には次節で，実証的には第3章から第6章にかけて詳しく論じる。

第 I 部　分極化と大統領に関する理論

議会中心アプローチ批判 2：点呼投票の計量分析への偏重

　議会中心アプローチが実証のために用いる主な観察対象は，本会議における点呼投票の記録である。このことが，大統領の立法活動の影響力を過小評価することにつながっている。

　第 1 に，点呼投票は，本会議における意思決定のごく一部の側面にしか過ぎない（たとえば Schaffner 2011, 530）。点呼投票を分析する理由として，Bond and Fleisher（1990, 8）は，「大統領が議会に対して最も求めることは点呼投票における票であり，一方で，アメリカの権力分立制は大統領に対して，必ずしも望みどおりの投票結果を得られることを保証していないため，点呼投票は，議会－大統領関係を規定する最も重要な局面である」と述べている。しかし，議会には，提案や審議を行う局面と採決を行う局面があり（建林・曽我・待鳥 2008, 171-179），それらは別々のものとして考えなければならない。点呼投票においては，「採決」に属する事柄が多くを占める一方で，提案や審議を行うための「手続」に関する事柄の多くは，点呼投票のデータには反映されない。さらに，大統領の立法における役割は，公の場で議論されるべき事柄を設定すること，すなわち「アジェンダ・セッティング」(agenda setting：日本語では「議題設定」あるいは「課題設定」）である（たとえば Light 1999）という見方に立つならば，点呼投票として観察されるものには，既に大統領の影響力が反映されていることも考えられるのである。これらの点については第 4 章でより詳しく論じる。

　第 2 に，議会中心アプローチが大統領の影響力を否定するときに，計量分析のレヴェルで扱っているのは，大統領の支持率などのリソースであったり，議会関連の変数で説明しきれない残差（residual）の値をみることであったりにとどまっており，直接的に大統領の行動やスキルの検証を行っていない。個別の議案に対する大統領の行動に関する変数は扱われていない。議会中心アプローチの主張の 1 つは，そういった大統領の行動を測定しづらいことであるにせよ，これでは大統領中心アプローチに対する反論としては公正さを欠いているのではないか。

　第 3 に，議会中心アプローチは，大統領の「成功」を従属変数にしているために，大統領の成功のメカニズムを何ら説明していない。個々の議員の行動を

説明する空間投票モデルに依拠している以上，なぜ大統領の立法活動が議員に対して影響力をもつのか（あるいはもたないのか）は，個々の議員の行動を単位として考えなければならないはずであり，それを集計した「成功」で考えるのは誤ったリサーチ・デザインである。とくに，同じ大統領の立法活動であっても，その作用の仕方がすべての議員に対して均質であると考えるのは，あまりに現実から乖離している。因果関係の入口と出口だけをみれば，大統領の立法活動の効果は小さいようにみえても，それは，ある議員は大統領の説得に応じる一方，別の議員はそれに反発し，結果として，個々の議員の行動が相殺されているのかもしれない。であるならば，入口と出口の間をブラック・ボックスに閉じ込めてしまうことは，大統領の影響力を過小評価している。また，同じ立法の成功や失敗でも，党派ごとに対立した場合とそうでない場合とでは，その長期的な影響は全く異なる。第1章で紹介した Carmines and Stimson (1989) によれば，エリートの行動によって，ある争点が長期的に党派的な争点に発達することが起こる。とくに重要立法においては，党派的に成立した立法をめぐる対立が長期的に継続することが起こりうると考えられるのである。このことについては第7章で詳しく論じる。

3　大統領の立場表明による議員の党派的行動

このように多くの重大な問題をもつ「空間投票モデル・線形回帰・点呼投票の鉄の三角形」に基づく議会中心アプローチへのオルタナティヴは，空間投票モデル以外の理論的説明を行うことや，実証面では点呼投票以外のデータを用いたり事例研究など定性的な研究を行ったりすることなど，大統領の側からみた説明を行うことである。実証面の詳細は第3章から第6章で論じるとして，ここでは理論的な検討を続ける。

大統領の立場表明の議員への影響

議会中心アプローチが見逃している事象の中でも本書がとくに重視するのは，大統領は，議会に介入することによって大統領与党に所属する議員の支持を拡大できるという「正の影響力」をもつと同時に，逆に大統領野党の議員の反発

を招くという「負の影響力」をも有していることである。議会中心アプローチの Fleisher and Bond (1996, 731-732) も，大統領は党のイデオロギーの主流から選ばれるとしながらも，その主流から外れるような立場表明を行った場合は，自らの党からの支持を失うという，トレード・オフの関係が存在することは指摘している。しかし，両者のトレード・オフは対称的な関係にない。大統領は，政策自体への賛否以外の政治的な理由によって，大統領与党からの支持は得やすく，大統領野党からの支持は失いやすいのである。

　それは，大統領は，国民から選ばれた「行政の長」という役割をもつと同時に，「政党の顔」とでも言うべき役割を担っていることによる（たとえば Aldrich and Rohde 2000, 67）。大統領が立法に介入することによって，議会内政党の間の亀裂を確定させ，それを深める機能を果たしてしまうのである (Lee 2009, 75)。その経路としては2つ考えられる。

　第1に，大統領の議案への立場表明は有権者を刺激し，それが有権者から選ばれている議員の行動に影響を及ぼす。メイヒュー（2013［原著1974]）や Fenno (1973) 以降の議員行動の研究の大半が前提としているように，議員は再選可能性を高めることを志向する。実際に，大統領の立法での成功が大統領与党の再選に影響するという分析結果も出ている（Lebo and O'Geen 2011）。そのため，議員は有権者の動向に常に敏感である。しかし有権者，あるいは少なくともその一部は，あらゆる争点に通じているわけではない。イデオロギー上の位置づけがよくわからない争点が出てきた場合，人々は，外部から与えられる手がかり，すなわち「キュー」(cue) あるいは「ヒューリスティックス」(heuristics) と呼ばれるものを用いて判断する。ヒューリスティックスには様々なものがあるが，有権者は主に，誰がどういう立場をとるかに関する情報 (source cue) や，従来から存在している争点（とりわけ，イデオロギー的なもの）と関連づけることによって，当該の争点に対する態度を形成する[22]。つまり，一般国民は，自分と同じような党派性やイデオロギーをもつエリートが言うことには同調し，そうでないエリートから与えられる情報に対しては，反対の立場をとるのである（Zaller 1992；同じく，Nicholson 2012；Druckman Peterson, and Slothuus 2013）[23]。同じく Carmines and Stimson (1989) も，党派的な争点ではなかった問題が次第に有権者の間で党派性を帯びてきている原因として，政党エリートが，党を

代表して，その争点に対して行動や発言をすることを指摘している。そのような，新しい争点に党派性あるいはイデオロギー色をもたせる役割を果たすアクターの代表格として，大統領や大統領候補者を位置づけることができる（たとえば Mondak 1993b）。一般国民も，一般国民に情報を提供するメディアも，大統領の動向に最も注目をするからである。[24] つまり，たとえ大統領が「行政の長」としてメッセージを発しても，受け手は「政党の顔」からのメッセージと捉えることがあるのである。

　第2に，大統領の議案への立場表明は，議会指導部を経由しても議員の党派的行動を促す。イデオロギー上の位置づけが比較的明確な法案である場合は，議員は少なくとも有権者よりはヒューリスティックスを必要としない。その一方で，議会指導部は，党議拘束は行えないにせよ人事などによってある程度は議員を統制することができることから，議員は，指導部からの規律（whipping）に影響されると考えることができる。そのため，大統領にとっては，指導部を説得する方が，個々の議員に接触するよりもはるかに効率的に多数派を形成できる（たとえば Edwards 1989, Chapter 3；Covington, Wrighton, and Kinney 1995）。議会にとっても，とくに大統領与党の指導部にとっては，大統領と協力することによって政策上の目的も党の利益も実現できることが多い（Smith 2007, 72-74；同じく，Truman 1959）し，また，多数党が大統領野党であっても大統領と協働する場合もある（待鳥 2009a）。

　ここで重要なことは，議会指導部は，政策を実現するためだけの集団ではないということである。ダウンズ（1980）の古典的な政党の定義によれば，政党とは，多数派の地位の獲得をめぐって結成されたチームである。しかし現実は，ダウンズ（1980）が仮定したように，政策を主張することで権力を得たり，権力を得ることでそのまま政策が実現できたりできるほど単純ではない。政策と権力は，議会内政党にとっては別々の目的として並び立つのである（Smith 2007, 25-31；Lebo, McGlynn, and Koger 2007；Lee 2009；Lebo and O'Geen 2011）。議会指導部は，大統領が関心をもつ案件は，そうでないものより政治的に重要であると判断し，党派的に行動することに利益を見出すであろう。とくに敵対する政党の指導部にとっては，「行政の長」としての大統領と政策面では一致していても，それをそのまま認めることは，「政党の顔」としての大統領を利する

ために,賢明な選択ではない。

つまり,議会指導部が所属議員に対して圧力をかけている場合,それは,議会内の政党組織で完結している話ではなく,その背後には,大統領が大統領与党の議会指導部と密接な協力関係を築いていたり,大統領野党の指導部と敵対的な関係に陥っていたりすることが多いのである。たとえば,2011年にいわゆる「財政の崖」(Fiscal Cliff) 問題に対する超党派の6人の議員 (Gang of Six と呼ばれた) の赤字削減案に対してオバマが理解を表明した途端,共和党内でも支持の機運が出ていたにもかかわらず,オバマが支持するものは共和党としてはつぶす (if he is for it, we will kill it) という指導部の意思表示が行われた (Mann and Ornstein 2012, 114-115)。これなどは,議会指導部が,政策を犠牲にしてでも権力を追求すべく,所属議員に圧力をかける行動の典型であろう。民主党指導部の側も,共和党のブッシュ(子)政権下で大統領が公に賛意を示した案件はすべて自動的に反対の立場を示していたといわれている (Andres 2005, 764)。

分極化の進行による,大統領の立場表明の効果の強化

以上の2つの経路によって,大統領の立場表明は,「他の条件が同じならば」,議員の党派的行動を助長すると考えられるのである。さらに,第1章で紹介した分極化の進行につれて大統領に期待される役割が,「行政の長」から「政党の顔」へと次第に移行したことによって,大統領の立法活動の効果はより強いものになっていると考えられる。つまり,大統領の立法活動を「独立変数」(independent variable),議員の党派的行動の程度を「従属変数」(dependent variable) と捉えるならば,分極化の程度は,独立変数の効果の大きさを規定する「交差項」(interaction term) をなすものであると考えられるのである。前項と同じように,「有権者」と「議会指導部」に分けてこれを説明する。

有権者レヴェルの分極化あるいは仕分けは,それが進めば進むほど,議員に対して党派的に行動することをより促す。まず,政党帰属意識をもつ有権者の割合は,この30年ほどで再び増加している(詳しくは附論B)。これが意味することは,政党帰属意識に基づく投票行動の復活(たとえばBartels 2000)だけではない。政党帰属意識が強い有権者ほど,大統領の立場表明の刺激をより強く

受けることが，既に実証的に明らかにされている（たとえばMondak 1993b；松本 2006）。つまり，大統領候補や当選後の大統領を，「行政の長」としてよりも「政党の顔」としてみている有権者が増加しているのである。

　これに加えて，選挙を介した有権者と大統領の関係が制度的に変化している。第1章第1節において，アメリカの政党には，西欧や日本の政党とは違い，党全体の意思決定を行う機関も，党の最高責任者である党首も，さらには党の根幹を定める綱領も，存在しないことを指摘した。ただし，それらにかわって，一時的に党が全国的な組織として機能することがある。4年に1度の大統領選挙である。大統領選挙の年の夏に開かれて党の大統領候補を選出する全国党大会（National Convention）は党の最高意思決定機関に，大統領候補者は党首に，全国党大会に集まった代議員によって定められる政策綱領は党綱領に，それぞれ擬せられる。これらはいずれも，大統領候補に「政党の顔」としての役割を負わせるものである。その政党組織が1960年代を境に変化したことは，「全国化」（nationalization）という言葉で要約される。かつては，二大政党を代表する大統領候補は，形式的には現在と同じように党大会で代議員が選んでいたが，実質的には州や地方の党組織を取り仕切っていた「マシーン政治」（machine politics）を行う「ボス」と呼ばれる人たちの間で決められていた。第三党からの出馬や無所属の候補も珍しくなかった。それが1960年代に入ってマシーン政治が弱体化し，それにかわって全国党大会など全国的な党組織が整備されるようになった。この変化の決定打となったのが，1968年の民主党大会とそれ以降の大統領候補指名過程の変化である。これによって，大統領選挙は，ローカルな党内での選出過程から候補者個人が主体となって行われるようになり，有権者と大統領候補の直接的なつながりが強くなったのである。

　もう1つの経路である議会指導部を経由した議員の党派的行動の程度は，当然ながら議会指導部が有する権限やリソースに応じて大きくなる。この議会指導部の強化を本書では，前章で紹介した「イデオロギー的分極化」ととくに区別すべく，「手続的分極化」（Theriault 2008）と呼ぶことにする。この時代における下院の議事手続の変遷は，概して，効率的に議事を進めることを志向するものであり，その手続や運用の変化を担ったのは，議会内政党であった（詳細はRoberts 2012）。そのはじまりは，1959年に下院民主党内に結成されたリベラ

ル派の議員集団「民主党研究会」(Democratic Studies Group) が発足したことによる。この集団は，保守的な南部選出の議員が委員長ポスト（Chair）を占めることによって公民権法などの立法を妨げることを問題視し，党内の人事システムや委員会制度の改革を主張した。これを受けて，委員長の権限の制限の他，党指導部の権限の強化や，議員個人の権限の強化を志向した各種の改革が,[29] 1970年代に行われた (Rohde 1991；Schickler 2001；吉野 2000, 139-146；廣瀬 2004, 127-132；待鳥 2009b；松本 2012／2012)。中でも指導部の権限の強化はすぐにその効果が現れた。さらに，議員個人の権限の強化は，一時的には議会内政党の凝集性を弱める方向に作用したが（たとえば待鳥 2009b, 61-71)，一連の改革の後の1980年代に入って，有権者から選出される議員のイデオロギー的分極化に伴って，個々の議員が指導部に権限を委譲する形で指導部の権限の強化に寄与した。この一連のプロセスを経て，委員会にかわって政党指導部が，議員の行動を規律づけることができるだけの制度が整ったのである。さらにこの手続的分極化は，1990年代以降も，委員会・小委員会（subcommittee）の権限縮小や委員長の任期制限，あるいは議長の権限の強化などの形で強化される傾向が続いている。

　上院においては，元々議事手続のルールが比較的整備されておらず，議員個人の意思を尊重する傾向が強い。そのため，上院の指導部は，議員を統制する権限を下院の指導部ほどには有していない。しかし，だからといって，上院では政党が全く影響力をもたないということにはならないし，実際に下院と形態こそ違えども，同じようなメカニズムによって，政党は影響力をもつと言われる（たとえば Gailmard and Jenkins 2007；Bradbury, Davidson, and Evans 2008；Monroe, Roberts, and Rohde 2008, 12）。そしてその傾向は1970～80年代から強くなっている。

　その原因は，1つは議会指導部の権限の強化である。党所属議員に政党規律を課す院内幹事（Whip）の役割の拡大や，本会議での多数党指導部による議事手続の権限の行使，委員会配属の決定権の拡大，政党指導部による議会選挙への支援と介入である（Pearson 2008）。もう1つは，元来議員個人のために与えられていた制度や慣行を少数党が党派的に用いるようになり，それに対抗して多数党が制度や慣行を変更することで手続的分極化が進展してきたことである

(制度や慣行の変遷について,詳しくは,Smith 2014)。その代表的なものは,1970年代に行われたフィリバスターと呼ばれる議事進行を遅延させる行為をめぐる各種の議事規則の改革である。とくに,1975年の上院議事規則の改正によって,クローチャー(cloture:フィリバスターの打ち切りのための動議。以下本書では「クローチャー」と表記)に必要な賛成数が出席者の3分の2(全員出席の場合は67)から全議員の5分の3(60)に下がった。現に,この変化の直後には,個別利益に基づいたフィリバスターが急増した。しかし,1980年代に入って議員のイデオロギー的分極化が進行する[30]と共に,フィリバスターやクローチャーの党派的な行使が増加したのである(廣瀬 2009, 215-216)[31]。

最後に,近年では,政党指導部が議員の選挙活動に介入し,有権者に対して組織的なコミュニケーションを図っている(Lipinski 2004;待鳥 2009a;松本 2014)。またそのことは,有権者の支持を調達するだけでなく,党の方針に反対する議員を議会外から統制することを目的としていると言われる(Smith 2007, 50-51;水谷(坂部)2007;松本 2014)。大統領与党にとっては,大統領が成功を収め,高い支持率を維持することが,党としての業績誇示(credit claiming)につながり,それが来たる選挙における所属議員の再選にも資する(コート・テイル効果)と判断されるならば,大統領の政策アイデアの推進に積極的に協力するであろう[32]。同様に,大統領野党にとっても,大統領が提示する政策アイデアを攻撃し,それによって大統領を貶めることは,自らの存在意義を有権者に対してアピールするための格好の手段であろう。

4　分極化の進行と大統領の立法活動の成功

ここまでは,大統領の立法活動が個々の議員の行動に及ぼす影響について述べてきた。この知見に基づけば,個々の議員の行動の集積である大統領の立法活動の帰結はどのように説明されるのか。とりわけ,大統領の立法活動によって議員がより党派的になるならば,統一政府は分割政府に比べて,より大統領の成功を導くのであろうか。

第7章で詳しくみるように,分割政府と大統領の成功や立法の生産性の関連については,既に大きな論争になっていて,分極化の帰結の研究とも密接になっ

ている。もちろん、議会中心アプローチにしたがえば、分割政府は統一政府よりも大統領が立法に成功する可能性を低下させるし、分極化が進むほど、その程度は大きくなる。しかし本書は、この見方を無条件では支持しない。大統領の立法活動をとりまく事情はそれほど簡単ではなく、統一政府下での立法の成功や分割政府下での失敗が、大統領の立法活動に関する特徴のすべてではない。結論を先に述べると、第1に、統一政府であっても、大統領は立法に成功するとは限らない。その理由は、とくに重要立法については、過半数ではなく特別多数の議員の支持を必要とするからである。第2に、分割政府や分極化の時代においても、「他の条件」を変えること、すなわち、大統領があえて立場を表明しないことや、立法活動の手段やレトリックを工夫することによって、超党派的に特別多数を形成することは可能である。これらこそが、本書が大統領の「スキル」と捉えるものである。以下本節は、この2点について論じる。

特別多数を必要とする立法ルール

これまでの大統領研究の大半は、大統領が何らかの行動を起こすことを前提にその帰結に関心を示しており、逆に、「公にしないままにしておくこと」("going public"との対比で、"staying private"と呼ばれる）の意義については、比較的検討してこなかった。この大統領の沈黙に注目した先駆的な研究であるCovington (1987) は、大統領は、議会で審議されている議案に対して、意図的に選好を表明しないことがあるとして（同じく、Rohde and Barthelemy 2009, 301-304)、その理由を4つ挙げている。その1つとして、沈黙を守ることによって、賛成派と反対派の双方から圧力を受けている議員の支持を取りつけることができると指摘している。つまり、大統領が立場を表明してしまった場合、その立場に反対する勢力が、反対する連合の引き締めのために、様々なリソースを用いてしまうのである。政党指導部こそが、そうした圧力の中でも最大のものであることは既に述べたとおりである。

では、大統領の介入が議員の党派的な行動を促すならば、統一政府の下では、大統領は積極的に介入することで過半数を固める方がよいのだろうか。それは、議会中心アプローチが示唆するように、全体的な傾向をみれば正しい（第4章で簡単な実証分析を紹介する）。しかし、政治的に重要な議案に関しては、必ず

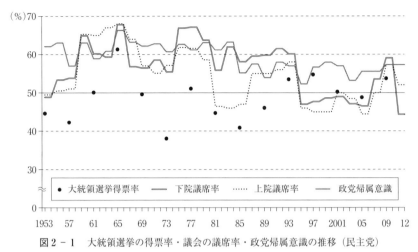

図2-1 大統領選挙の得票率・議会の議席率・政党帰属意識の推移（民主党）

出典：大統領選挙得票率は Ragsdale（2014, 125-127）と議席率は Ragsdale（2014, 516-519），政党帰属意識は American National Election Studies のデータ（URL：http://www.electionstudies.org/nesguide/toptable/tab2a_1.htm）を基に筆者作成。

しもそのとおりではない。アメリカ連邦議会において法案を「確実に」成立させるには，過半数ではなく特別多数が必要だからである。まず，大統領が有する拒否権を覆すには，両院で3分の2の特別多数を必要とする。また，先述したように上院においてフィリバスターを打ち切るには，5分の3の特別多数を必要とする。さらに，二院制と会期制という2つの要因によって，法案に反対する勢力が審議の引き延ばしを行うことで，時間切れに追い込むことに成功することも少なくない。実際，Krehbiel（1998, 84-85）が提示したデータによると，Mayhew（1991）が「重要法案」と定めたもののうち，最終の採決において投じられた賛成票の割合は平均81.9パーセントであり，逆に，可決はされたものの6割未満の賛成票しか得られなかったものは，わずか12パーセントに過ぎない。

しかも，アメリカ連邦議会では，上院・下院共に，どちらかの政党が特別多数を得ることは難しいし，近年の二大政党の勢力比は，あらゆる尺度において，ほぼ五分五分に収斂している傾向すら見受けられる。参考までに，1953年以降における，大統領選挙での民主党候補の得票率・上下両院での民主党の議席

率・政党帰属意識をもつ有権者の中で民主党支持者が占める割合（いずれも共和党と民主党の値の和に対する割合）を提示しておく（図2-1）。

大統領の立法活動の手段とレトリック

　政治制度はたしかに大事であり，大統領は統一政府の場合により成功するという議会中心アプローチの主張は概ね正しい。また，特別多数を必要とする制度の下では大統領は無闇に立法に介入しない方がよいという知見も，大統領の行動に着目しながらも制度の重要性を裏書きするものである。しかし同時に，制度がすべてではない。制度の形成や運用においては，アクター同士の政治的な駆け引きも協力関係もみられるものである。このことは，大統領の立法活動について，きわめてよく当てはまる。すなわち，大統領中心アプローチがいうように，大統領の立法活動の手段やレトリックもまた重要だと考えられるのである。議会中心アプローチは，大統領のスキルの効果を理論的に否定したのではなく，単にその検証の方法が難しいことを指摘し，議会中心アプローチが得意とするデータと方法論のみを用いて統計的に有意な結果を出さなかったに過ぎない。科学的な検証が難しいということは，それが客観的な事実として無視できることを全く意味しない。問題は，大統領のスキルを如何に理論的に定式化し，科学的に検証可能な仮説に落とし込むかである。

　まず，大統領の立法活動の手段である。Canes-Wrone（2006）は，大統領の支持率が高い場合や，大統領が先の選挙で多数の票を得て十分な負託を得ている場合などは，大統領は独自のアジェンダを推進することや，ある特定の争点に対する世論の支持が高い場合は，それを材料に世論に訴えかけて議会に圧力をかけることができると論じている[36]。それらが確保されていない場合は，大統領が立法アジェンダを実現させるには，大統領野党からの対案を丸呑み（Sulkin〔2005〕がいう「争点の取り込み」〔issue uptake〕）する，あるいは，そこまではしないにせよ，大統領野党（場合によっては大統領与党の一部議員）を十分に懐柔することや，場合によっては立法の内容について妥協することに力を注がねばならない。

　主たる説得の対象は，大統領野党の指導部である。とくに分割政府の場合は，議事手続の権限を握る大統領野党の指導部と，法案の中身だけでなく，手続に

ついて交渉を行うことが重要になる。統一政府の場合でも，大統領野党を懐柔するためには，意思決定の過程から排除することで態度を硬化させないよう，接触を行うことが望ましい。また，大統領は，議会指導部に対してよりは頻繁ではないものの，直接個別の議員にはたらきかけることによって多数派形成を行うこともできる。そのような行動がとくにみられるのは，立法過程の終盤，とくに議案に対する賛否の数が拮抗しているときである。いくつかの実証分析はこの大統領の個別のはたらきかけによって，投票行動を変える議員がいることを指摘している（詳しくは第4章で紹介する）。以上のような説得活動を行う際には，非公式な面会や電話などといった，有権者の目に触れづらいような手段を用いることが肝要である。立法過程の中でも敵対勢力との妥協のプロセスは，極力有権者の目に触れさせてはならないのである。

　もう1点は，大統領が立法に介入する場合は，どのようなレトリックを用いるかによって結果が変わりうることである。合理的選択制度論に対して，同じ合理的選択理論の立場から一貫して批判的な議論を展開していたRiker（1982；1986；1996；同じく，Riker 1980）は，一連の著書の中で，アクターが自らの利益を実現するために行うことができる技法を2つ提示している。そのうちの1つがレトリック，つまり言葉による説得の技術を駆使することである[37]。説得とはつまり，説得の対象となるアクターの選好を変化させることであるが，先に述べたようにそこまでは難しいために，何らかの取引を伴うことが通常である。大統領とレトリックとの関係については，大統領はレトリックによって成り立つという「レトリック的大統領制」という考え方を提唱したTulis（1987）の研究を契機として，膨大な業績が残されている。もちろん，どのようなレトリックを誰に対して用いることが大統領が成功する条件であるか，といった具体的な問題になると，実証的な議論を展開することはきわめて難しい。Riker（1980；1982；1986；1996）は一貫して，アクターが政治的に勝利する方法はアートやスキルであって，科学的に一般化できるようなものではないと主張している。それでもなお，いくつかの一般的な傾向を指摘することができる。

　他者への説得が影響力をもつ条件の1つは，その中身，すなわちアイデア自体に，他のアクターを説得できるだけの影響力がそなわっていることであると言われる（たとえばGoldstein and Keohane 1993）。さらに，いかなるアイデアも

単独では意味をなさず、言葉にのせられることによって他のアクターに共有されるものであるから、「アイデア」の影響力を論じる際には、「言説」「フレーミング」「規範」などといった、複数のアクターの間で共有されている主観的な要素（近藤 2006）との関連も大事である。本書では、「言説」「フレーミング」などと呼ばれるものも含めて「レトリック」と総称することにする。

ここで、このアイデアとレトリックの関係に関して、問題点を 2 つ指摘しておく。第 1 に、中長期的に安定しているアイデアの内容そのものと、短期的に変動する「レトリック」は、理論上は区別される（たとえば Goldstein and Keohane 1993, 6-7）が、実証分析のレヴェルで両者を峻別することは難しいことである。定量的分析・定性的分析どちらを行うにしても、リサーチ・デザインを工夫する必要があるだろう（この問題は第 5 章で詳しく論じる）。第 2 に、どのようなレトリックを用いることでアイデアは受容されるのかという問題については、レトリックの巧拙を決定する要因は無数にあると考えられるため、きわめて文脈依存的である。たしかに、レトリックの内容とアイデアの成功の因果関係については、科学的な厳密さと一般性を伴った議論を行うことは難しい。

この難しさを認識しながらも、ここでは、そういった試みを行った研究として、Schmidt（2000）が「言説的制度論」（discursive institutionalism）と名づけた理論枠組に注目したい。Schmidt（2000）は、中央政府に権力が集中した政治体制では、一般国民に向けて政策の必要性と適切性を説得する「コミュニケーション言説」（communicative discourse）が、分権的な政治制度の下では、政策形成に関わる多様なエリートから支持を調達するための「調整言説」（coordinative discourse）が、それぞれ重要であるという。水谷（坂部）（2007）は、この議論をアメリカ政治に応用し、きわめて分権的な制度をもつアメリカでは、一般に調整言説が重要性をもつとしつつも、政党の凝集性に、時期や争点ごとに変動がみられることに着目している。凝集性が高い場合と低い場合では、多数派形成に成功する可能性や、多数派形成のために行われる説得の対象が異なってくるという。

さらにここまでの本書の理論にしたがえば、分極化が進行するにしたがって調整言説の重要性が高まっている。大統領が立法に成功するためには、統一政府であれ分割政府であれ、いかに自党の支持を失うことなく、敵対する党の指

導部を不用意に刺激しないようなレトリックを駆使するかが，これまで以上に大事になっているのである。大統領野党は，政策を実現させることと同時に，来るべく選挙において議会の多数派や大統領職を得ることを目的としている。そのため，大統領野党は，たとえ本心では通過させたい法案であっても，大統領や大統領与党の政治的得点につながるような事柄には抵抗する。イデオロギー的には従来の保守－リベラルから独立したようなものであっても，それを「新しいアイデア」あるいは「改革」などと言ってしまっては，大統領野党の反発を招くのである。であるならば，大統領野党を説得する現実的な方法は，大統領野党に政策面での譲歩だけでなく政治的な得点を与えるという取引を行うことである。それには，大統領野党に業績誇示の機会を与えることはもちろん，自らの支持基盤を貶めるような発言をすることも含まれる。[38]

5　小　括

　以上本章は，まず大統領の立法活動の成功に関する既存の研究をリヴューし，つづいて，大統領の成功は議員の党派とイデオロギー構成によって説明されるという議会中心アプローチを批判した。そして，この批判を踏まえて本書の理論を提示した。それらは，大統領の立場表明は「他の条件が同じならば」議員の党派的な行動を促す効果をもつこと，その効果は分極化が進行するにつれて強くなること，したがって大統領の立場表明は，立法の成立には特別多数の賛成を必要とするために，大統領にとって望ましくない結果を生み出しかねないこと，しかし，立法に関わる場合でも「他の条件」である立法活動の手段やレトリックを工夫することで超党派的な多数派形成は可能であることである。

　以上の理論を実証するのが第3章から第6章までの課題である。第3章では点呼投票の分析を行う。点呼投票の分析は，本書が批判の対象としている議会中心アプローチが主に用いているものであり，いわば「相手の土俵」に立って議論を行うものである。ここでは主に，大統領が立場を表明するか否かを独立変数，議員の投票行動が政党投票になったか否かを従属変数とした計量分析を行い，両者の間に統計的に有意な関係が存在すること，その効果は分極化が進行するにつれて大きくなっていること，しかしながら，その程度には，分極化

だけでは説明がつかない波があること，などを明らかにする。

第4章以降は，逆に「こちら側の土俵」に立つ実証研究である。第4章は，大統領野党への接触や演説といった大統領の行動から重要立法の成功を説明する計量分析である。第5章と第6章は事例研究である。第5章は，大統領の立法活動の手段やレトリックによって，大統領の立法アジェンダの成否にヴァリエーションが生じることを，クリントン政権第1期における3つの主要な立法を題材に論じる。第6章では，第5章の知見が単にクリントン政権のみにあてはまるものでないことや，分極化の程度によって大統領の立法活動の効果が異なることを示すために，クリントン政権と似たような条件下にあったカーター・オバマ両政権と，本書の理論の最も強力な反証例であると予想されるレーガン政権の主要な立法について事例研究を行う。

注
（1）「アプローチ」という言葉の他に，「説明」（explanation）や「視点」（perspective）という言葉も用いられる。いずれも意味するところは概ね同じである。
（2）本節でリヴューする研究はすべて，大統領の立法の成功を従属変数とするものではあるが，それをどのように操作化するかという点においては議論の一致をみず，様々な指標が用いられている。それぞれの指標の長所と短所の詳細は Edwards（1985；1989）を参照。
（3）この分野の代表的なリヴューは Edwards（2009）。日本語では，待鳥（2005）；鹿毛（2008）。
（4）立法活動における一般的な大統領の影響力の強さという点については，どの程度大統領の弱さを強調するかという違いはあれど，両者が影響力を分有している（たとえば Jones 2005；Peterson 1990）という見方で大筋合意されていると思われる。大統領中心アプローチも，立法において大統領は概して影響力をもたないことから議論をはじめているし，議会中心アプローチも，制度的要因（たとえば拒否権）が大統領一般が用いることのできる有効な手段であることを指摘している。両者が権力を分有しているという議論として，Rottinghaus（2011）を参照。
（5）Neustadt（1990）に対する包括的な評価や後続の研究のリヴューは，Shapiro, Kumar, and Jacobs eds.（2000）。
（6）Edwards（2000）は，この Neustadt（1990）の権力を中心に捉えるアプローチは，多元主義（ダール 1988），つまり大統領から独立して権力を有しているアクターが多元的に存在している中で，大統領はリソースを用いて説得を行うことを前提としていると指摘している。それゆえ，後述の議会中心アプローチによる Neustadt（1990）への批判

には，制度に起因する大統領の権限を軽視しているという，新制度論一般の多元主義に対する批判と同様のものがみられる。

（7）Neustadt（1990）は，この「説得する力」の他，立法に関わる他のアクターからの評判と世論の3つが大統領の権力の源泉であるとしている。

（8）Barber（1972）は，この2つの基準によって大統領を4通りに分類している。同書の最大の主張は，Active-Negative に分類される大統領は，性格の不備を埋め合わせるため，あるいは不安から逃れるために仕事に没頭する，感情的に不安定な大統領であり，その不安定さが公的な活動にまで波及してしまうというものである。ウッドロー・ウィルソン（Woodrow Wilson），ジョンソン，ニクソンの3人がこれに該当するとしている。ウィルソンについては，政治アクターの心理学的分析の古典としても知られる George and George（1956）を参照。

（9）その他大統領の立法活動という本書の課題からは外れるが，大統領が議会に影響されることなく行使できる権限によって政策を行っていることが，年々注目を集めている（その理論的な論考として，Moe and Howell 1999）。主な手段としては，行政命令（executive order）（たとえば Howell 2003；Mayer 1999）や，スタッフや省庁官僚の人事（Rudalevidge 2002；ルイス 2009），法案への署名に際して付与する署名時声明（signing statement）（Kelley and Marshall 2008；梅川 2015）などである。実際，こういった大統領単独の権限を最近の大統領はより頻繁に行使するようになっていると言われている（Barrilleaux and Kelley eds. 2010）。このことは，分極化が進行するにつれて大統領の立法府への介入は立法の成立を妨げる，という本書の議論を間接的に支持するものである。立法が困難な場合は，単独的な行動への依存度が高まるからである（たとえば Howell 2003）。

（10）民主党の統一政府の時代の議会を観察した Truman（1959, 289-319）は，大統領と多数党指導部が協力して立法を行っていることを指摘している。

（11）点呼投票を用いて議会と大統領の関係を分析した最初の本格的な研究は Truman（1959）であるが，同書は，後続の議会中心アプローチの系譜の研究よりは大統領の影響力を重視している。

（12）空間投票モデルとは，アクターは自らの理想に近い選択肢を選ぶという単純な仮定に基づき，様々な現象を演繹的に論じる，合理的選択理論の代表的なモデルの1つである。空間投票モデルが政治学に応用された最初の研究は，ダウンズ（1980 ［原著1957］）であり，この研究以降，モデル自体の発展や政治学の多くの分野への応用が行われている。議案への議員の投票行動を，このモデルに明示的・黙示的に基づいて説明しているのが，ここでいう議会中心アプローチである。

（13）ただし，このことを最も本格的に検証した Howell, Jackman, and Rogowski（2013）は，ヴェトナム戦争や湾岸戦争ではこのような傾向はみられなかったことを指摘している。

（14）さらにこれらの先行研究は，ハネムーンの効果の大きさは，経済状況・選挙結果・議会の党派構成・議会制度などに応じて異なることも明らかにしている。

第 I 部　分極化と大統領に関する理論

(15) 支持率と大統領の成功は互いに影響しているという議論として Cohen（2011）。ただし，支持率は，大統領の成功に対して限定的な効果しかないという見方も，主に議会中心アプローチの立場から出されている（たとえば Edwards 1989, Chapter 7；Bond and Fleisher 1990, Chapter 7；Bond, Fleisher, and Wood 2003）。Mondak（1993a）の実証分析によると，大統領の支持率は57パーセントを超えてようやく，大統領の成功にプラスの効果をもたらす。

(16) これに対して Conley（2001）は，得票率の大きさは，当選直後の大統領が政策転換を行うために，有権者の政策選好や議会の反応を推測したり，負託の存在を主張する際の根拠として使用されたりするものであると論じている。つまり，得票率は単なる環境的要因ではなく，それを利用する大統領のスキルにも関わるものである。このことは，第 6 章第 2 節のレーガンの事例でも述べる。

(17) 誤解のないよう述べておくと，筆者は，空間投票モデル自体や，より一般的には数理モデルを政治学に持ち込むことを否定しているのではない。これらは思考の道具であって，それ自体は理論的な主張とは何ら関連しない。問題は，議会中心アプローチに位置づけられる既存の研究が，現実に照らしてあまりに適切でない仮定を置いていることである。

(18) そのレーガンも，主張の内容が必ずしも従来の保守の延長線上ではなかったり，自らの主張に必ずしもこだわらなかったりしていたことが指摘できる。詳しくは第 6 章第 2 節参照。

(19) ダウンズ（1980）の中位投票者モデルに基づけば，大統領候補が中道的な主張を行う理由は，本選挙において中道的な主張をすることが当選のための行動であるからに過ぎない，という説明がなされる。しかし，次章以降で明らかにするように，当選した大統領の多くは予備選挙でも中道的な主張を行っていることや，当選後の大統領は選挙時の主張を忠実に実行に移そうとすることから，この説明は明らかに誤っている。

(20) メイヒュー（2013）が言う「議員は再選を目的とする」という仮定に相当するような，政策の追求と政治的目的を一致させるような仮定を大統領についても置く試みは行われているが，現時点では成功しているとは言い難い。たとえば，Howell（2015）は，大統領の行動目的は，権力の獲得・維持に要約できると主張している。しかし，仮にそうであったとしても，その権力を得るために何を優先するのが合理的であるかは文脈依存的であり，かつ，個々の大統領の判断に委ねられているため，この主張は何ら有用な視点を提供していない。あるいは，Brace and Hinckley（1992）は，支持率が他のすべての目的に影響するがゆえに大統領は支持率の維持を目的とする，と論じているが，これも仮定の域を出ておらず，十分な実証が得られているとは言い難い。

(21) より一般的・包括的に，議員の政治的な思惑から議員行動を説明している研究として，Arnold（1990）。

(22) 党派的な有権者が，大統領と関連づけられるヒューリスティックスに党派的に反応するのは，政策に関する争点に限らない。従来，大統領の業績評価は有権者の政党帰属意識によって異なることは指摘されていたが，分極化が進行するにつれて，そのような傾向

が強くなっていることも実証的に論じられている（たとえばBond and Fleisher 2001）。
(23) また，その争点が「難しい争点」（Carmines and Stimson 1980）である場合や，政治的知識が少ない人たち（たとえばDelli-Carpini and Keeter 1996）に対しては，その傾向がより強くみられる。
(24) ただし，Young and Perkins（2005）は，ケーブル・テレビの普及によって，大統領のテレビ演説がアジェンダ・セッティングに果たす役割が小さくなっていることを明らかにしている。
(25) 大統領が議案に対して立場を表明することは，議会指導部を介してだけではなく，議員に直にキューを与える面ももつ。とくに有権者の関心が薄いようなノーマルな議案については，議員は，誰がどういう立場をとっているかに基づいて自らの立場を決する（Matthews and Stimson 1975）。このことは，議員に対して投票行動の決定要因を尋ねる聞き取り調査を行ったKingdon（1989）においても指摘されている。とりわけ大統領与党に所属する議員は，政党の指導的地位にあるアクターとしての大統領の顔をつぶすことを嫌うため，元来，大統領にしたがう動機をもつし，その傾向は，政策選好が似通っていることからさらに強くなる（Edwards 1989, Chapter 3）。
(26) 本書では実証的に扱うことはしないが，分極化の時代に議員が党派的に行動するようになったもう1つの理由は，両党の議席数が拮抗してきたことによって，どちらの党も次の選挙で多数党の地位を獲得することを現実の問題として意識するようになったことである（Lee 2016；Rohde and Barthelemy 2009, 293-294）。
(27) 全国党組織の整備については吉野（1989）を，候補者中心の選挙運動へと変化してきた過程については渡辺（2016, 24-37）をそれぞれ参照。
(28) 紙幅の都合上，手続的分極化の進展に関する記述は必要最小限にとどめる。より詳しくは，松本（近刊）を参照。
(29) その一環として行われた点呼投票の記録の公開や電子化は，本来は委員長らによる密室での意思決定を抑止することを意図して導入されたが，議員は立場を公にせざるをえなくなり，これが政党投票の増加に寄与したと言われる（たとえばRoberts and Smith 2003）。
(30) Theriault（2008, Chapter 9；2013）は，下院議員の上院への鞍替えをその一因としている。
(31) フィリバスターの歴史的な経緯，とりわけ，フィリバスターやクローチャーが党派的に用いられるようになった経緯，および，その理論的説明はKoger（2010）が最も詳しい。
(32) たとえば，Herrnson, Morris, and McTague（2011）は，大統領の助力（たとえば選挙運動における応援）を得て当選した議員であればあるほど，大統領の方針にしたがう傾向にあることを論じている。
(33) Rohde and Barthelemy（2009, 303）は，メディアが発達した分極化の時代においては，大統領が立場を表明しないことが難しくなっていることを指摘している。であるならば，言質をとられないことや本心を悟られないことが，なおさら重要な大統領のスキ

(34) 残る3つの理由は，立場を表明した立法で敗れた場合に自身の評判が下がることを回避すること，自らが立法過程を操作できる余地を残しておくこと，最終的に妥協を行った場合蒙るであろう（当初表明した立場とのブレに対する）批判を避けることである。

(35) 議会において政党の影響力を認めない立場からは，統一政府と分割政府という質的な違いではなく，議員を一次元のイデオロギーの軸に並べた場合に，特別多数の境目の議員がどこに位置するか，具体的には，グリッドロック区間（gridlock interval）と呼ばれる現状維持の政策が実現する区間の長さが，大統領の成功を規定しているとされる（たとえば Krehbiel 1998；Cameron and Park 2008）。

(36) この Canes-Wrone（2006）の折衷的な議論以前に，大統領と世論の関係については論争があった。大統領は世論調査の結果に反応して行動を決めるという Brace and Hinckley（1992）に対して，Jacobs and Shapiro（2000）は，大統領は世論調査のデータを，世論に合わせるためではなく世論を形成するために使うと論じている。

(37) もう1つの技法は，決定の仕組みを自らに有利なように操作することで政治的に勝利を収めるという「選択眼」（heresthetic）である（この用語は Riker〔1986〕の造語であり，訳語はピアソン〔2010, 95〕にしたがった）。具体的には，アジェンダ・コントロール，戦略投票，争点次元の操作などである（Riker 1986, 147-151）。これらの中で，前2者は前項で指摘した「立場を表明しないこと」に関わるものであるので，ここでは争点次元の操作について補足しておく。本節で紹介した，立法の成立には特別多数を必要とするという議論は，1次元の争点次元を想定したものである。これに対して Riker（1986）は，アクターは，新たな次元を構成する争点をもちだすことによって多数派を形成することができると主張している。しかし，これまで論じてきたとおり，分極化の時代において大統領は党派的なアクターであると認識されている。そのため，新たな争点を提示することは，その争点を党派的なものにしてしまい，大統領は自らが推進する立法に成功することが難しくなる。つまり，分極化の時代においては，大統領が争点次元の操作を行うことはきわめて難しいのである。

(38) このことを指摘しているのは，筆者が知る限り，Rohde and Barthelemy（2009, 304）のみである。しかし彼らは，分極化が進行している状況の下では，イデオロギー的に極端な大統領が選ばれる傾向にあるのでそういった戦略は採用されにくいと述べている。筆者はこの点には，本心と異なることを語ることも大統領のスキルであると捉えられるべきであることと，現実には分極化の時代は，ほぼすべての大統領は中道的であることの2点において同意しない。

第Ⅱ部

ミクロ・レヴェルの実証分析

第3章
大統領の立場表明と点呼投票の党派性

　本章では，本書の1つ目の主張である，「大統領が議会で審議される議案に対して立場を表明することは，『他の条件が同じならば』，その議案に対する議員の党派的行動を助長するようになっており，しかもその効果は年々強くなっている」ということを，第83議会（1953-1955年）から第112議会（2011-2013年）までの上下両院の本会議におけるすべての点呼投票のデータを用いて実証する[1]。本章での重要な議論は，大統領が立場を表明しないことにも積極的な意味がある，ということである。つまり，大統領の影響が過小評価されがちな点呼投票「ですら」，単に立場を表明したか否かという違いによって議員の行動が党派的になっていることが実証されれば，点呼投票以外の局面における大統領の立法活動の効果は推して知るべし，であろう。

　本章が点呼投票を扱う最大の理由は，先行研究との関係である。前章で述べたように，点呼投票は，議会中心アプローチが実証の素材として主に用いているものであり，議会研究一般において最もスタンダードな分析対象である。あえて比喩的な表現をとれば，点呼投票の分析は，アメリカ議会研究がはじまってから現在に至るまで，議会研究の「基幹産業」でありつづけている。これまでの研究が点呼投票を分析の中心に置いてきた理由は，少なくとも2つあると思われる。1つは，点呼投票は定量的な分析に最も適していることである。その理由は，単にNが大きいというだけではない。ほぼすべての議員が点呼投票を行うがゆえに，特定のタイプの議員を観察から除外するタイプの選択バイアスのおそれが少ないことや，点呼投票は連邦議会が発足して以来必ず行われているものであり，時代を越えて均質なデータを得られることである。もう1つは，現実のアメリカ政治における点呼投票の重要性である。点呼投票が行われるような議案は，法律の制定・改廃や予算など，本会議での可決を必要とするもので，かつ，何らかの議員間の対立がみられるものである。新しい知見を

説得的に論じるためには，新規性の高い素材を用いることも意味のあることだが，学術的な議論を蓄積させるためには，やはり点呼投票という既に確立されたものを分析することもまた，必須である。

　本章で点呼投票を分析するさらなる理由は，点呼投票のもう1つの使われ方に関連する。点呼投票の記録は，本章のように説明されるべき事象としてだけではなく，議員の「イデオロギー」を測定したものとして扱われることが行われてきた。点呼投票の記録や，それを基に作成された，各議員に付与される指標（以下，「点呼投票指標」と呼ぶ）は，しばしば議員のイデオロギーとしてみなされるだけではなく，それを党派ごとや会期ごとに集計したもの，およびその推移こそが，これまでの研究の多くが，議会の分極化を表すものとして扱ってきたものなのである。しかし，点呼投票や点呼投票指標は議員が心の中に有しているイデオロギー以外の様々な要因，とりわけ他のアクターからの圧力が混ざり合った後に，第三者によって観察された行動の記録として扱われるべきものである。とくに分極化を論じる場合は，点呼投票指標は「イデオロギー的分極化」と「手続的分極化」が混在したものなのであって，決してイデオロギーとして扱ってはいけないのである。本章の分析に入る前に，第1節では，このことについてより詳細に論じる。

1　点呼投票の分析に関する理論的検討

点呼投票指標をイデオロギーとして扱うことの問題点

　イデオロギーとは，政治学において最も重要な概念の1つであることは言うまでもない。それゆえに，政治現象を実証的に解明する立場からは，イデオロギーに何らかの定義を与えて観察することは，あらゆる研究の基盤となるものである。アクターのイデオロギーを（とくに定量的に）観察する試みは，現在では実証的な政治学のあらゆる分野で行われているが，アメリカ連邦議会における議員のイデオロギーの測定は，その中でも比較的早い段階からはじまり，現在では最も研究の蓄積が進んでいる。アメリカ議会研究は政治学における「ディシプリンの鑑」であるという評価は，このイデオロギーの測定の分野においても例外ではない。

議員個人レヴェルのイデオロギーの指標の素材として伝統的に用いられてきたのは，本会議における議員の点呼投票である。その初期には，利益団体である「民主的行動を目指すアメリカ人」(Americans for Democratic Actions：以下，ADAと略記) や「アメリカ保守同盟」(American Conservative Union：以下，ACUと略記) をはじめとする各種利益団体が，独自の点呼投票指標を作成し，研究者はこれを分析に用いてきた。たとえばADAスコアの場合，ADAがその年の主要な点呼投票を20本選定し，各議員がその20本についてADAと同じ立場の投票行動を行ったパーセンテージが算出される。したがって，ADAスコアにおけるリベラリズムとは，ADAという民間の団体が重要とみなした争点によって定義されるものである。これがアメリカ政治におけるリベラリズムを適切に代表しているか否かについては，議論の余地もあろう[2]。また，わずか20本程度の点呼投票では，たとえば20本すべてについてADAと同じ立場の投票を行った議員にはすべて100点が付与されるが，その100点がつけられた複数の議員の中でも誰がよりリベラルであるか，識別できない[3]。

そこで，アプリオリな基準に依存せず，より包括的に議員のイデオロギーを推定する試みが，1980年代ごろから行われるようになった。そのさきがけであり，また現在においても最も普及している指標は，第1章でも紹介した，Keith PooleとHoward Rosenthalによって開発された，NOMINATEである[4] (たとえばPoole and Rosenthal 1997)。NOMINATEとは，*NOMINA*l *T*hree-step *E*stimation (直訳すれば，「名義尺度の三段階推定法」) と呼ばれる推定法の略称である[5]。NOMINATEの根本にある考え方は，第2章で紹介した空間投票モデルである。つまり，アクターは，n次元の空間において議案 (賛成票) と現状維持 (反対票) という2つの選択肢が与えられたとき，自らの理想とする立場 (理想点：ideal point) により近い方の選択肢に投票する，という考え方が前提となっているのである。このような前提に基づき，すべての議員のほぼすべての点呼投票の記録を素材として，全議員の理想点と，「議案」と「現状」の理想点が同時に推定されるのである[6]。さて，Poole and Rosenthal (1997) によれば，その推定された議員の最適点の第1次元の値こそが，1789年に開かれた第1議会から一貫して「政府の役割」に対する議員の立場を表しているものとして「解釈」されるものなのである。保守であればあるほど正の大きな値が，リベラルは負の値

が，それぞれ付与される。そして多くの論者が，このNOMINATEの第1次元の値の変化を捉えて分極化を表すものとみなしてきたのである。このことは第1章でもみたとおりである（図1-1；図1-2）。分極化という研究の文脈においては，点呼投票指標を議員のイデオロギーとみなすことが，比較的無批判に受け入れられてきたように思われる。

ところが，その点呼投票指標に対しては，それが測定しているものは，本当に議員のイデオロギーであると言ってよいのか，という疑問や批判が，かつてより根強く提示されている。つまり，点呼投票が測定しているのは，議員のイデオロギーではなく，議員のイデオロギーとその他様々な要因，とくに，議員が投票に際して党から受けるプレッシャーとが渾然一体となったものであると考えられるのである（たとえばKrehbiel 2000）。実際，NOMINATEを開発したPooleとRosenthal自身も，NOMINATEの第1次元は，「政府の役割」に関する立場であると主に述べているが，政党への忠誠心を表すものであると述べている場合も多い（たとえばPoole and Rosenthal 1997, 46-48）。

この，議員個人のイデオロギーと党派性を切り分けられないという問題は，単なる技術上の問題で片づけられるものではない。分極化を論じる場合には，理論的にもとくに深刻なものとなる。なぜなら，第2章で論じたように，分極化は，議員（あるいは議員を選出している選挙区民）のイデオロギーの分布が両端に寄ってゆくことだけではなく，各議員が議会指導部から受ける統制が強まることによっても生じているからである。それぞれ本書の用語でいう，「イデオロギー的分極化」と「手続的分極化」である。

政党指導部の方針によって議員の投票行動が影響されるということは，本章の計量分析で厳密に実証するとして，ここでは，それを示唆する簡単なデータを提示しておく。Theriault (2008, Chapter 8) は，第94議会（1973-1975年）から第108議会（2003-2005年）までの上下両院における「重要立法」をめぐる点呼投票を，「手続（procedure）」「修正（amendment）」「採決（final passage）」の3つに分類し，それぞれについて，その件数の推移と，それぞれの分類の投票における党派的対立の程度を分析している。その結果，最も党派的対立が強いのは「手続」であり，しかも，その件数が，時代を下るにしたがって増加していることを明らかにしている（同じく，Cox and McCubbins 2006；Cox and Poole

2002；Crespin, Rohde, and Wielen 2011；Jessee and Theriault 2014）。図3−1は，この Theriault（2008）の分析を，1970年代以前の下院（A）や上院（B）のすべての点呼投票に拡張したものである。棒グラフは，点呼投票が行われた件数を，点呼投票のタイプごとに表したものである。折れ線グラフは，それぞれのタイプの点呼投票が，「政党投票」（ここでは，一方の政党の過半数が，他方の政党の過半数と異なる投票行動をとるような投票と定義する）となった確率（単位はパーセント）を表したものである。ただし，第2節の分析で用いる変数との統一性を保つため，大統領と大統領野党の多数派が同じ立場をとっているものは政党投票として扱っていない。いずれの値も，会期（2年）ごとに算出している。

　このグラフから読みとれることを3点述べておく。第1に，上下両院ともに，最も件数が増加し，最も政党投票となる確率が上昇しているのは，（点呼投票の絶対的な本数が少ない1960年代までは別として）「手続」であり（Roberts 2006），次いで「修正」である。この傾向は，とくに1980年代以降の下院で顕著である。上院についても同じことが言えるが，その変化はより緩やかである。これらは，各種の先行研究の知見（Theriault 2008；Jessee and Theriault 2014；廣瀬 2009）を裏づけるものである。

　第2に，上下両院とも，1970年代に一時的に点呼投票の絶対数が増加している。とくに下院は「修正」と「採決」，上院は「手続」と「修正」の増加が著しい。その多くは，下院では利益誘導的な法案の提出や修正案の提示，上院では利益誘導や議事の遅延のための修正案の提示であり，形態こそ異なるが，その意図は共通していると言ってよい。つまり，70年代の議会改革の中でも，議員個人の権限拡大を意図した改革は，短期的には個別利益の追求に寄与し，立法の生産性の低下をもたらした（待鳥 2009b）ことがうかがえる。同時に，70年代前半の議会改革の中でも，下院の多数党（民主党）指導部の強化を意図したものは直ちに効果をみせたことが，「手続的分極化」が急激にはじまる少し前の1970年代後半から，下院の点呼投票の増加傾向が低下していることから推測できる（これと同様の知見は，第6章第1節の事例研究からも得られる）。

　第3に，最も重要なこととして，3つのタイプの中で最も党指導部の意向よりも議員のイデオロギーが素直に反映されていると考えられる「採決」に関しては，残る2つのタイプの投票よりも早いタイミングである1970年代の前半か

第Ⅱ部　ミクロ・レヴェルの実証分析

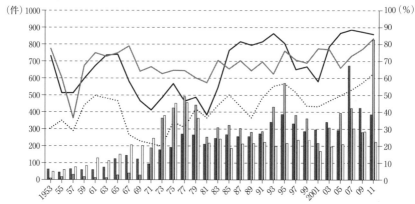

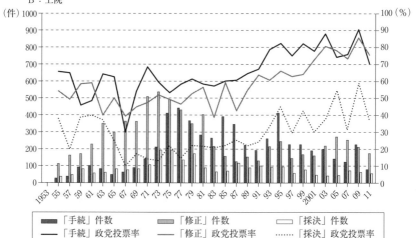

図3-1　点呼投票の種類ごとの件数と「政党投票」の割合

注1：左軸：点呼投票の件数；右軸：政党投票となった割合。
注2：採決の分類は，Joshua Tauberer 氏によるウェブ・サイトである，GovTrack（URL　http://www.govtrack.us）で行われている分類を採用した。GovTrack.US の分類が利用できない1989年以前の点呼投票の分類は，下院については，同サイトの分類と Rohde (2004) における，"vote"変数の対応を確認した上で，この vote 変数を基に，筆者が行った。1989年以前の上院については，*CQ Almanac* 誌における各点呼投票の記述を元に，筆者が手作業でコード化した。ここで採用した3分類は，「最終採決」は，GovTrack における最終採決（passage）・訴追（impeachment）・大統領拒否権のオーヴァーライド（veto override）の3種類，「修正」は，修正（amendment），「議事手続」は，議事手続（procedural）である。ただし両院の比較可能性を保つため，下院は議長の選出（Nomination of the Speaker）と定足数の確認（Quorum Call）の2種類，上院は，人事（nomination）・条約の批准（treaty ratification）・クローチャー（cloture）・その他（other）の4種類を分析から除外している。

ら，一貫してかつ緩やかに政党投票の割合が増加していることである。また上院は下院よりもそのペースが緩やかである[12]。

以上の3点を要約すれば，点呼投票における党派間の対立は，主に「手続」，それに次いで，（議事手続とも密接に関連する）「修正」において生じるものであり，議事手続に関する点呼投票を除外して考えれば，議会における党派的な投票行動は，より緩やかに，かつそれが顕在化する1980年代より前から着実に進行していた，ということである。NOMINATEに代表される点呼投票指標は，このような投票のタイプの違いやその割合の変化といった，議会指導部の権限強化によって生じる党派対立を含んだものであり，それを含めた点呼投票の推移を捉えて分極化の進行を論じることは，議員のイデオロギー的分極化を過大に評価しているのである。

この，議事手続において最も政党間の対立がみられるという事実は，点呼投票指標を議員のイデオロギーとみなすことの危険性に対して，もう1つ重要なことを示唆している。Cox and McCubbins（2005；2006）によれば，議会内政党の権力は，本会議における採決ではなく，主に議事手続において行使される。その権力とは，多数党指導部にとって利益にならない議案をアジェンダとして表に出させない，ネガティヴなものである。そういった議案には，少数党が提出するものはもちろんのこと，多数党の議員の提案であっても，多数党指導部の意向に沿わなかったり党内をまとめることが難しかったりするために点呼投票に至らなかったものも多く含まれている。すなわち，手続面の投票を含んでいることの他，超党派的な議案が過少代表されているという二重の意味において，点呼投票指標は議会の分極化を過大に評価していると考えられるのである[13]。以上のように，少なくとも本章のように大統領や議会指導部といった政党からの影響力を分析する場合には，点呼投票や点呼投票指標は，イデオロギーを測定した指標として扱ってはいけないのである（さらに詳しくは附論Cを参照）。

点呼投票を従属変数とした分析

そこで以降では，図3-1でみたような議員の点呼投票にみられる党派性の原因やその効果の大きさが，時代が進むにつれてどのように変化してきたのかを，議員の投票行動の記録を従属変数とした計量分析によって明らかにする。

議事手続に関する事柄（「手続」と密接に関連する「修正」も含めて）が党派対立の中心であり，それが議会の分極化の一側面である手続的分極化を表すものであることは，前項で明らかにしたとおりである。したがって，ここでは，専ら議案の実体面に注目すべく，前項で分類した点呼投票の中でも「採決」のみを分析対象とする。そして，この実体面においてさえも，議員は自らの所属する政党の影響を受けて投票行動を決めていることを明らかにする。

分極化の文脈において，議員の投票行動を党派的にさせると考えられる議会内アクターは，主に議会指導部と大統領の2種類である[14]。分析に移る前に，それぞれの影響力について若干の理論的検討を行う。まず，議会指導部の影響力は主に手続面においてみられるという事実は，実体面，すなわち議案の最終的な採決の段階において，指導部は何の影響力ももたないことを意味するものではない。とくに議案への賛否が拮抗していて採決の勝敗の見通しが明瞭でない場合，議会指導部は，個別の議員に対して直接接触し，説得活動を行う。もちろん，議院内閣制の国とは違って指導部は党議拘束を課すことはできないため，仮に議員が指導部の説得に応じなくても，直ちに党に居られなくなることはない。しかし，とくに議会改革によってシニオリティ・システム（seniority system）が崩壊した1970年代以降は，指導部が委員長ポストなどの人事権を有効に行使できるようになったことや，議会内の政党組織による選挙運動を行うようになってきていることから，時期が下るにつれて政党指導部の影響は強くなっていると考えられる。この点は第2章で論じたとおりである。

より慎重な検討を要するのは，大統領の影響力の方である。同じく第2章では，大統領の議案に対する立場表明は，議員に対して，議案への賛否を判断するためのキューを与え，大統領が立場を表明した場合，大統領与党に所属する議員はより大統領と同じ立場をとり，大統領野党の議員は大統領と反対の立場をとる効果を生むことを論じた。加えて，その効果は分極化の進行に伴って強くなることも論じた。

まさにこのことに関して点呼投票の分析を行っているLee（2009）が，本章での計量分析の基点となる。Lee（2009, Chapter 3）は，第97議会（1981-1983年）から第108議会（2003-2005年）までの上院の点呼投票の記録8,597件を対象に，その点呼投票が対象とする争点ごとに分類を行い，さらにその分類ごとに，議

員の点呼投票の党派性の程度について計量分析を行っている。主な実証的な知見は，第1に，すべての分類について，年代が新しくなるにつれて党派的な投票行動の傾向が強まっていることである。第2に，イデオロギー色の薄い分類も含む多くの分類において，大統領が立場表明を行った議案はそうでない議案と比べて，より党派的な投票行動になることである。

　この Lee（2009）の議論の問題点を3つ指摘する。それは第1に，大統領は昔から党派間の対立を促す存在であったとは限らないことである。Lee（2009, Chapter 2）は，アメリカ政治の歴史において，党派的な対立は常にイデオロギー対立に先立っていたと論じている。しかしそれは前提とされるべき事柄ではなく，それ自体実証的に検証されるべき事柄である。Lee（2009）がこの点を十分に実証できていない理由は，分極化が既にはじまっていたとされる1980年代以前を分析の対象としていないことである。本章の分析を行うために，可能な限り古い年代に遡ってデータ・セットを整備した最大の理由はここにある。

　第2に，大統領のキューのメカニズムが明らかでないことである。大統領が発するキューは，議員個人に直接作用するのか，議会指導部を介して議員個人に作用するのか。この違いは，分極化という現象を（とくに規範的な面を含めて）評価する上で，たとえば，議会の党派性が拡大している原因は誰にあるのかを論じる上ではきわめて重要である。したがって，以下の分析では，「議会指導部→議員の投票行動」・「大統領→議員の投票行動」という2つの因果関係の他，大統領と議会指導部の関係についても考察する。

　第3に，Lee（2009）の分析には下院が含まれていないことである。前章でも述べたように，下院と上院は別の組織であり，どちらかの院のみの観察から得られた知見を前提に議会を一般化することは避ける方が望ましい。

　次節では，以上3つの問題点を踏まえた点呼投票の計量分析を行う。ここまでの議論の要約として，この計量分析で検証する仮説を提示する。

　仮説1：大統領の立場表明
　　　　大統領が立場を表明した場合，そうでない場合と比べて，より政党投票がみられる傾向にある。
　仮説2：大統領の立場表明の効果の強化

点呼投票が行われた時期が新しくなればなるほど，大統領の立場表明が政党投票をもたらす効果は強くなる。

2　データ分析

データの紹介

点呼投票の計量分析は，分析単位（unit）によって3つに大別できる。第1のタイプは，個別の採決における議員の投票行動を分析単位としたものである（英語文献の例は多数。日本語による例は，蒲島 1983；待鳥 2003a；2005）。このタイプの研究は，当該の採決に至った立法過程の事例研究と親和的であり，事例研究を補強するには適切である。その反面，個別の採決に対する議員の判断は多分に文脈依存的であり，議員行動一般を扱った理論を検証する際には，事例の選択をはじめ，リサーチ・デザインに工夫が必要である。第2のタイプは，個別の採決を分析単位とし，議案の成否や，議案に賛成や反対の票を投じた議員の割合を従属変数とした分析である（たとえば Bond and Fleisher 1990；Fleisher and Bond 2000；Cameron 2000）。このタイプの分析は，十分な N が得られる一方で，個別の採決に固有の要因を適切に統制することに困難が伴う。第3のタイプは，採決が行われた「年」または「会期」を分析単位とした，大統領の勝率の分析（たとえば Bond and Fleisher 1990；Lockerbie, Borrelli, and Hedger 1998）や立法の生産性の分析（たとえば Mayhew 1991；Coleman 1999）である。これは，年や会期を分析単位としているために，分析単位の均質性は確保されやすいが，一方で，十分な N が確保されない。

このように，以上の3つのタイプの分析はそれぞれ一長一短であるが，本章の仮説を実証するためには，第2のタイプの分析が最も適切であると判断できる。鍵となる独立変数が，個別の採決に対する大統領の行動である以上，分析単位も同じく，個別の採決であるべきだからである。ただし，上記の欠点に対処するために，個別の採決に固有の要因を，各種の統制変数を分析に加えることで考慮する。

ここで用いるデータ・セットは，下院は第83議会（1953-1955年）・上院は第84議会（1955-1957年）から，第112議会（2011-2013年）までにおける，上下両院

の「採決」に関するすべての点呼投票である。⁽¹⁵⁾

　従属変数は，図3－1でも用いた，「政党投票」であるか否かを示すダミー変数である（1＝政党投票；0＝政党投票ではない）。⁽¹⁶⁾

　仮説の検証に直接関わる独立変数は，大統領の立場表明の有無（「大統領立場表明」。1＝立場表明あり；0＝立場表明なし）である。しかし議員の投票行動は，両党の指導部の立場によっても大きく左右されるであろう。そこで，変数を統制することと，両者の効果の大きさを比べるために，両党の院内総務（Leader）が異なる投票を行ったかどうかを示すダミー変数（「院内総務」。1＝異なる投票行動；0＝同じ投票行動；欠損値＝少なくともどちらかの院内総務が投票せず）を投入した。大統領の立場表明については，大統領やホワイト・ハウスの関係者の公式発言に基づいて，議会専門誌 *Congressional Quarterly* が，1953年から（上院は1955年から）コード化して（賛成・反対・立場表明なし）公開しているものである。⁽¹⁷⁾大統領の立場表明と院内総務の立場を同時に独立変数として投入している点が，ここでの分析の新しいところである。

　統制のための変数は，大きく分けて3種類である。⁽¹⁸⁾まず，その時々の議会の状況を表す変数である。大統領の成功を規定するものは議会の党派構成であるという，議会中心アプローチの立場に基づけば，選挙が近い会期2年目・分割政府が発生している場合・両党の議席数が拮抗している場合は，それぞれ，党派対立がより激しいものになると考えられる。したがって，採決が行われた際に，分割政府であるか否かを示すダミー変数・会期2年目を示すダミー変数・多数党議席率の3種類の変数を加えた。

　2つ目の統制変数は，大統領の側の事情を表す変数である。ハネムーン期（就任から100日目まで）や支持率が高い場合は，大統領に超党派的な支持が集まりやすいと考えられ，また，レイム・ダック期（2期目の大統領の最後の1年および，ジョンソンの場合は再選断念を表明して以降）は逆に大統領与党からの支持も集まりにくいため，どちらも，政党投票となる可能性が低下すると考えられる。大統領の支持率を示す変数は，アメリカの世論調査会社であるギャラップ（Gallup）社が行っている，大統領の仕事ぶりに関する評価の調査（Presidential Job Performance）において，大統領を評価する回答のパーセンテージを用いた。

　最後に，その採決が扱っている政策領域を統制する（この変数に関する詳細な

第Ⅱ部　ミクロ・レヴェルの実証分析

表3-1　政党投票の決定要因の分析（記述統計）

A：下院

	変数名	N	平均値	標準偏差	最小値	最大値	変数の説明
従属変数	政党投票[*1]	6519	0.412	0.492	0.000	1.000	議員の投票結果が政党投票であったか。Yes＝1：No＝0
独立変数	院内総務[*2]	5669	0.432	0.495	0.000	1.000	両党の院内総務の投票行動が異なっていたか。Yes＝1：No＝0
	大統領立場表明[*1]	6519	0.318	0.466	0.000	1.000	大統領は賛否を表明したか。Yes＝1：No＝0
	2年目[*1]	6519	0.512	0.500	0.000	1.000	会期の2年目か。Yes＝1：No＝0
	分割政府[*2]	6519	0.614	0.487	0.000	1.000	分割政府か。Yes＝1：No＝0
	多数党議席率[*2]	6519	58.645	5.083	51.039	67.816	議会多数派と大統領の政党が異なるか。Yes＝1：No＝0
	大統領支持率[*3]	6518	51.175	12.366	23.000	90.000	多数党の議席率（％）
	ハネムーン[*1]	6519	0.033	0.177	0.000	1.000	大統領支持率（％）
	レイム・ダック[*4]	6519	0.079	0.270	0.000	1.000	ハネムーン期であったか。Yes＝1：No＝0
	外交・安全保障[*4]	6519	0.448	0.497	0.000	1.000	レイム・ダック期であったか。Yes＝1：No＝0
	特殊利益[*5]	6519	0.171	0.376	0.000	1.000	外交・安全保障に関する議案か。Yes＝1：No＝0
	会期[*1]	6519	1984.891	15.158	1953.000	2011.000	特殊利益に関する議案か。Yes＝1：No＝0

B：上院

	変数名	N	平均値	標準偏差	最小値	最大値	変数の説明
従属変数	政党投票[*1]	2501	0.271	0.444	0.000	1.000	議員の投票結果が政党投票であったか。Yes＝1：No＝0
独立変数	院内総務[*2]	2290	0.368	0.482	0.000	1.000	両党の院内総務の投票行動が異なっていたか。Yes＝1：No＝0
	大統領立場表明[*1]	2501	0.421	0.494	0.000	1.000	大統領は賛否を表明したか。Yes＝1：No＝0
	1年目[*1]	2501	0.484	0.500	0.000	1.000	会期の1年目か。Yes＝1：No＝0
	分割政府[*2]	2501	0.555	0.497	0.000	1.000	分割政府か。Yes＝1：No＝0
	多数党議席率[*2]	2501	57.475	4.635	50.000	68.000	議会多数派と大統領の政党が異なるか。Yes＝1：No＝0
	大統領支持率[*3]	2501	50.860	12.186	23.000	89.000	多数党の議席率（％）
	ハネムーン[*1]	2501	0.034	0.181	0.000	1.000	大統領支持率（％）
	レイム・ダック[*4]	2501	0.078	0.268	0.000	1.000	ハネムーン期であったか。Yes＝1：No＝0
	外交・安全保障[*4]	2501	0.463	0.499	0.000	1.000	レイム・ダック期であったか。Yes＝1：No＝0
	特殊利益[*5]	2501	0.188	0.390	0.000	1.000	外交・安全保障に関する議案か。Yes＝1：No＝0
	会期[*1]	2501	1981.641	14.419	1955.000	2011.000	特殊利益に関する議案か。Yes＝1：No＝0

各変数の出典
＊1：Voteviewのデータ・Democrat and Republican Party Voting Splits Congresses 35-113（URL：http://voteview.com/dw-nominate_textfile.htm）を基に著者作成。
＊2：各年の*CQ Almanac*を基に筆者作成。
＊3：Gallup Poll・American Presidency Project（http://www.presidency.ucsb.edu/data/popularity.php）のものを使用。当該の点呼投票の最も直前の調査終了日（End Date）の支持率。
＊4：Voteviewのデータ・DW-NOMINATE Roll Call Coordinates and Issue Codes, Congresses 1-113（http://voteview.com/dw-nominate_textfile.htm）を基に筆者作成。1＝Peltzman 1：61, 62, 71, 72；0＝その他
＊5：Voteviewのデータ・DW-NOMINATE Roll Call Coordinates and Issue Codes, Congresses 1-113（http://voteview.com/dw-nominate_textfile.htm）を基に筆者作成。1＝Peltzman 1：2, 4；0＝その他

議論は附論Dを参照）。政策領域はここでの関心事ではないが，大統領がどの程度立法に関わるか，あるいは議員がどの程度党派的に対立するかは，その議案が扱っている政策の内容による（たとえば Lowi 1964；Spitzer 1983；Shull 1997）との議論を踏まえれば，政策のタイプを統制変数として加えることは必要である。ここでは，主要な先行研究に基づき，2点を考慮する。

第1に，議会－大統領関係は，党派性やイデオロギーだけでなく，それぞれの部門に付随する役割や利益によっても規定される。大統領は，行政府の長として，あるいは三軍の長として，国内政策と比べて，外交や安全保障について強大な権力をもっていることから，議会政治においても，国内政策よりも外交政策において，大統領はより成功を収めるという可能性が指摘されてきた(Wildavsky 1966)。[19]第2に，大統領は全米の有権者を代表しているために，議員よりも全国レヴェルのイシューに関心があるものであり，さらには全国レヴェルのイシューにおいてより党派的対立がみられることが指摘されている（Lowi 1964；Peterson and Greene 1994；Lohmann and O'Halloran 1994）。[20]逆に特殊利益を扱う議案は，全国的な利益を扱う議案に比べて，大統領はあまり関心を示さず，党派的対立の程度も小さいことが予想される。これら先行研究に基づき，その採決が扱う政策領域を表すダミー変数として，外交・安全保障に関する政策を表すダミー変数と，国内政策において特殊利益を扱う議案を表すダミー変数を採用した（Peltzman 1984）。

表3－1は，以上の従属変数と独立変数の記述統計を要約したものである。以下では下院と上院を別々に分析するため，記述統計も別々に提示している（A：下院；B：上院）。

分析結果1：大統領の立場表明と議会指導部の関係

前項で述べたように，大統領の立場表明は，議会指導部を介して間接的に議員の投票行動に影響することが考えられる。あるいは大統領が，議会の動向を観察した後に立場表明を行うことも起こりうる。立場表明に先立つ段階で，大統領と（とくに大統領与党の）議会指導部が緊密に連携しながら立法を進めているケースもあるであろう。大統領と議会指導部の立場表明は，どちらが原因でどちらが結果かという問題は，ここでの分析の射程を大きく越える。[21]そこで，

両者の関係に関する議論は,「因果」ではなく「相関」にとどめることとし,大統領主導の立法に限定した分析は,重要立法に観察を絞る第4章以降で扱うことにする。

図3-2（A：下院；B：上院）は,大統領が立場表明を行ったことを示す「大統領立場表明」変数と,両党の院内総務が異なる投票行動を行ったことを表す「院内総務」変数の間の相関係数を会期ごとに求め,上下両院ごとに図示した散布図である。黒い点は相関係数が5パーセント水準で統計的に有意である場合,白抜きの点は,そうでない場合を,それぞれ表している。また,散布図の真ん中を通る直線は,この相関係数の推移を,各会期の1年目の西暦の値で回帰した線である。実線は5パーセント水準で有意な場合,白抜き線はそうでない場合である。

この分析結果からまずいえることは,大統領の立場表明と,院内総務同士が異なる立場をとる傾向との関連は,趨勢的に正の相関が強くなっていることである。上下両院共に,1950～60年代は,両者の相関はゼロまたは負であることも珍しくなかった状態から,1970年代に入ってからは,一貫して正の相関を示し,しかもそれが概ね,統計的に有意であり,相関の強さも上昇する傾向を示している。上下両院共に回帰直線は右肩上がりである。上院については5パーセントの有意水準を満たしていない。ところが,オバマ政権を除外した場合は傾き0.0045・P値(P-score)0.029と,下院と同じぐらいの傾きになり,ブッシュ（子）・オバマ両政権を除外した場合は傾き0.0095・P値0.000と,傾きは下院の倍の大きさになる[23]。

同時に,この分析結果は,その上昇傾向には波がみられることも示している。その理由は,大統領をとりまく文脈（戦争の発生など）も考えられるが,そもそも,大統領が立場表明するか否かを決めるのは,他ならぬ大統領である。趨勢としては指導部同士の対立が深化し,大統領と大統領与党の指導部とのつながりが強くなっているとはいえ,個別の大統領の行動によって,このような波が生じていると考える余地は十分にある[24]。このことは,とくにブッシュ（子）とオバマの立場表明の傾向と併せて,本章の結論部で簡単に触れる。

第3章　大統領の立場表明と点呼投票の党派性

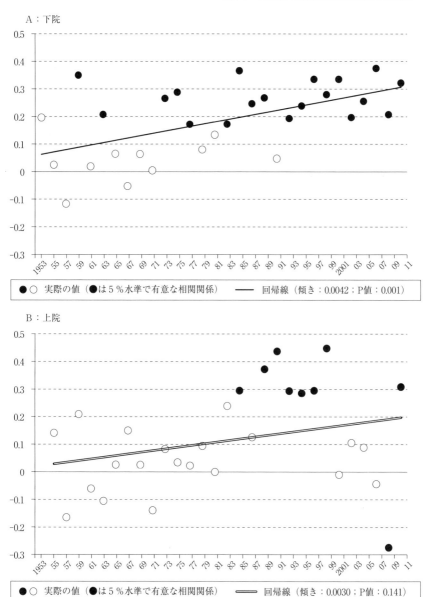

図3-2　「院内総務」と「大統領立場表明」の相関係数の推移

分析結果2：点呼投票が政党投票となる要因の分析

　この分析が，本章の仮説を直接検証するためのものである。議会指導部の立場と大統領の立場表明は，議員の投票行動にどのように影響するのか。

　まず，仮説1を検証するためのモデルは，従属変数がダミー変数であるため，単純なロジット回帰分析を採用した。表3－2が分析結果である。「大統領立場表明」変数の傾きが正でかつ統計的に有意であれば，仮説1が正しいことが実証される。結果はそのとおりになっている。ただ，「大統領立場表明」よりも「院内総務」の方が，効果が大きい。これら2つの変数の効果をより容易に解釈するために，他の独立変数の値を平均値に固定し，それぞれの独立変数が0と1の値をとる場合に「政党投票」となる予測確率（predicted probability）を求め，表3－2にその値を記した。[25] たとえば下院の場合，大統領が立場を表明した場合，政党投票となる確率は0.064上昇する（0.4415－0.3776＝0.0639）のに対して，院内総務同士の投票行動が異なる場合の上昇の幅は0.633（0.7859－0.1527＝0.6332）である。もう1つ注目すべきことは，「大統領立場表明」の効果は，上院は0.121と下院のおよそ2倍であるのに対して，上院の「院内総務」は，0.492と，下院のそれよりも小さい。このことは，下院は上院よりも政党規律が強いという既存の知見と一致するものであるが，さらにいえば，それだけに上院議員の方が大統領のキューに応じて柔軟に投票行動を変える余地が大きいことも示唆している。

　統制変数についても少し述べておく。まず，分割政府は政党投票の確率を低下させるというのは，先に述べた予測に反する。議会中心アプローチの立場から考えられる説明は，分割政府の状況下では，多数党は大統領が拒否権を行使することを見越してイデオロギー的な議案を控えるということであろう（たとえばCameron 2000）。大統領中心アプローチの立場からは，分割政府の場合，議会と大統領は実務的に協働する必要に迫られるため，対立が本会議にまで持ち込まれることがより少なくなる，ということを意味していると考えられる。この，大統領野党との接触については第4章の分析の対象となる。もう1点，政策に関する2つのダミー変数は，こちらは予測どおり，どちらも負で有意な結果を示している。附論Dで述べるように，大統領の立場表明と政党投票の間には見せかけの相関（spurious correlation）の疑いがあり，背後にある独立変

第3章 大統領の立場表明と点呼投票の党派性

表3-2 政党投票の決定要因の分析（仮説1の検証）

A：下院

	係数	標準誤差	P値	予測確率 x=0	予測確率 x=1
院内総務	3.014**	0.073	0.000	0.1527	0.7859
大統領立場表明	0.265**	0.075	0.000	0.3776	0.4415
2年目	-0.111	0.074	0.136		
分割政府	-0.250**	0.075	0.001		
多数党議席率	0.017*	0.007	0.022		
大統領支持率	0.003	0.003	0.335		
ハネムーン	-0.165	0.207	0.427		
レイム・ダック	-0.017	0.138	0.905		
外交・安全保障	-0.427**	0.104	0.000		
特殊利益	-0.591**	0.078	0.000		
定数項	-2.379**	0.489	0.000		
Log likelihood	-2544.3961				
Number of obs	5669				
Prob>chi2	0.0000				
Pseudo R2	0.3297				

B：上院

	係数	標準誤差	P値	予測確率 x=0	予測確率 x=1
院内総務	2.649**	0.120	0.000	0.0891	0.5806
大統領立場表明	0.717**	0.114	0.000	0.1598	0.2804
2年目	-0.225†	0.120	0.061		
分割政府	-0.473**	0.124	0.000		
多数党議席率	-0.034**	0.012	0.007		
大統領支持率	0.015**	0.005	0.002		
ハネムーン	-0.147	0.297	0.622		
レイム・ダック	0.654**	0.227	0.004		
外交・安全保障	-0.975**	0.165	0.000		
特殊利益	-0.775**	0.128	0.000		
定数項	-0.597	0.737	0.418		
Log likelihood	-976.830				
Number of obs	2290				
Prob>chi2	0.0000				
Pseudo R2	0.2790				

注：**：P<0.01；*：P<0.05；†：P<0.1

数と考えられる議案の政策領域を統制することは，やはり必要であったことが，この結果からわかる。もちろん，変数を統制してもなお，仮説どおりの分析結果が得られたということである。

次に，年代が新しくなるにつれて大統領の立場表明の効果が大きくなっているという「仮説2」を検証するために，マルチ・レヴェルのロジット回帰分析を行った。つまり，「会期」ごとに個別の点呼投票のデータが入れ子構造になっていると捉え，固定効果（fixed effects）の他，切片・「院内総務」変数・「大統領立場表明」変数の3つに変量効果（random effects）を想定した[26]。

分析結果は表3-3のとおりである。まず，「大統領立場表明」の固定効果の部分はどちらの院でも正の傾きを示しているが，下院では5パーセント水準で有意ではない。この結果は，仮説1を支持しないわけではなく，変量効果の部分で説明される割合が大きいであろうことや，会期によっては「大統領立場表明」変数の傾きは負になっているであろうことを示唆している。

しかしここでの関心は，単に会期ごとに効果が違うことだけでなく，仮説2の真偽の検証，すなわち，年代が新しいほど効果が強いのかどうかである。図3-3の散布図は，固定効果と変量効果を合わせた効果の推移を，会期ごとに表したものである。それぞれ，会期1年目の西暦で回帰させた回帰直線を加えている。この直線の傾きが正で統計的に有意であれば，仮説2は支持されることになる（実線は5パーセント水準で有意な場合。白抜き線はそうではない場合）。

まずわかることは，上下両院の「大統領立場表明」の回帰直線の傾きは，どちらも正である（下院：0.011；上院：0.006）。有意水準は，上院については5パーセント水準で有意な結果はわずかに得られなかった（P値0.059）。ただし，分析からオバマ政権を除いた場合と，ブッシュ（子）・オバマ両政権を除いた場合は，傾きはそれぞれ0.008と0.011と大きくなり，5パーセント水準で有意な値（それぞれ0.028と0.022）が得られる。つまり，仮説2は，下院については明らかに支持され，上院については緩やかに支持される。なぜブッシュ（子）やオバマを除外した方がより仮説どおりの結果となるのか。最も考えられそうな説明は，ブッシュ（子）政権以降は，大統領が立場表明をしなくても既に議会は党派的であり，大統領の立場表明による「追加的な」効果がその分小さくなることであろうか。

第3章 大統領の立場表明と点呼投票の党派性

表3-3 政党投票の決定要因の分析（仮説2の検証）

A：下院

	係数	標準誤差	P値	
固定効果				
院内総務	3.111**	0.161	0.000	
大統領立場表明	0.136	0.141	0.335	
2年目	−0.081	0.081	0.318	
分割政府	0.112	0.201	0.576	
多数党議席率	0.064**	0.020	0.002	
大統領支持率	−0.002	0.005	0.748	
ハネムーン	−0.056	0.231	0.809	
レイム・ダック	−0.073	0.175	0.676	
外交・安全保障	−0.420**	0.108	0.000	
特殊利益	−0.590**	0.081	0.000	
定数項	−5.162**	1.269	0.000	
変量効果			[95%信頼区間]	
院内総務	0.734	0.131	0.516	1.042
大統領立場表明	0.604	0.136	0.389	0.939
定数項	0.425	0.087	0.284	0.636

LR test vs. logistic regression：chi 2 (3) = 120.00　Prob＞chi 2 = 0.0000
Integration points　　　　7
Log likelihood　　　　−2533.184
Number of obs　　　　5669
Number of groups　　　30
Obs per group： min　　45
　　　　　　　 avg　　189.0
　　　　　　　 max　　387
Wald chi2 (10)　　430.30
Prob＞chi2　　　　0.0000

B：上院

	係数	標準誤差	P値	
固定効果				
院内総務	2.822**	0.187	0.000	
大統領立場表明	0.642**	0.151	0.000	
2年目	−0.189	0.130	0.145	
分割政府	−0.266	0.198	0.178	
多数党議席率	−0.013	0.021	0.521	
大統領支持率	0.003	0.007	0.635	
ハネムーン	0.100	0.336	0.766	
レイム・ダック	0.344	0.281	0.220	
外交・安全保障	−0.930**	0.177	0.000	
特殊利益	−0.746**	0.136	0.000	
定数項	−1.248	1.240	0.314	
変量効果			[95%信頼区間]	
院内総務	0.716	0.146	0.481	1.067
大統領立場表明	0.445	0.155	0.225	0.880
定数項	0.167	0.176	0.021	1.318

LR test vs. logistic regression：chi 2 (3) = 66.94　Prob＞chi 2 = 0.0000
Integration points　　　　7
Log likelihood　　　　−943.360
Number of obs　　　　2290
Number of groups　　　29
Obs per group： min　　36
　　　　　　　 avg　　79.0
　　　　　　　 max　　165
Wald chi2 (10)　　270.32
Prob＞chi2　　　　0.0000

注：**：P＜0.01；*：P＜0.05；†：P＜0.1

第Ⅱ部 ミクロ・レヴェルの実証分析

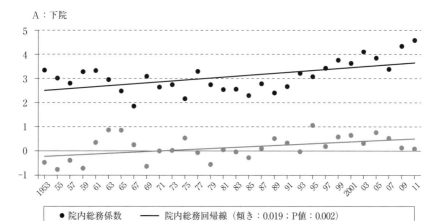

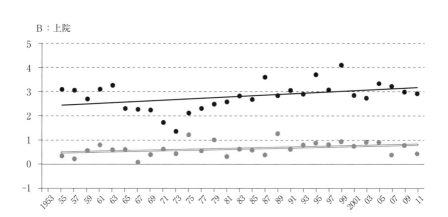

図3-3 「院内総務」変数と「大統領立場表明」変数の傾きの推移

仮説の検証以外に指摘されるべき事柄は，第1に，期間を通じた効果の大小だけでなく，効果の上がり具合についても，「院内総務」の方が「大統領立場表明」よりも大きい。これは，議員の投票行動は議会指導部に影響されるという，「条件付政党政府論」をはじめとする先行研究が既に指摘している事柄を裏書している。しかし，逆に言えば，この議会指導部の影響を統制しても，大統領の追加的な影響力がみられ，そしてそちらの効果も年々大きくなっているということである。第2に，「大統領立場表明」の係数は，上院では常に正であり，上昇の度合いも緩やかであるが，下院では，1980年代に入るまでは，必ずしも正の値を示していない（それ以降も負の値となっている会期がいくつかある）し，そこからの上がり具合が上院よりも大きいことである。大統領は常に党派的対立を助長するという Lee（2009）の議論は，1980年代以降の上院においては妥当するが，それ以前の時代，とくに下院においてはその限りではないことがわかる。

　厳密な仮説の検証はここまでである。ここからは，マルチ・レヴェルのロジット・モデルによる推定結果の実質的な解釈とその含意の議論に移る。推定結果の解釈には様々な方法が考えられるが，ここでは，本章での関心である，議員の投票行動は如何に議会や大統領の影響を受けているかを表現すべく，どのような状況下において，どのような確率で政党投票が生じると予測されるかを提示する。

　図3－4は，その会期ごとの推移を表したものである。実線は，他の変数の値を平均値に保って「院内総務」や「大統領立場表明」の値が1をとるときの予測確率であり，白抜き線がそれぞれ0のときである。実線が白抜き線よりも上に位置している場合，各変数は政党投票を促すことを，そして，その距離が大きいほど，その効果が強いことを表す。

　まず，「院内総務」変数（A1；B1）については，院内総務同士の立場が異なる場合は，常に高い確率で政党投票となるし，逆に，そうでない場合は，常に政党投票となる確率は低くなっている。この傾向は，「大統領立場表明」（A2；B2）の場合よりも安定的である。さらに，立場表明が行われた場合とそうでない場合との差が，1960年代後半から70年代前半を機に生じ，拡大している。これは，分極化の起源は1968年のニクソンの南部戦略や，同年の民主党大

第Ⅱ部　ミクロ・レヴェルの実証分析

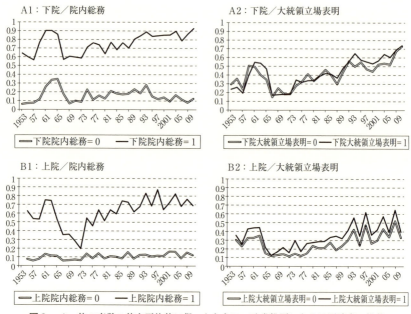

図3-4　他の変数の値を平均値に保ったときに，政党投票になる予測確率の推移

会以降の大統領選出過程の民主化であるという，第1章で紹介した説明と符合している。本書の議論にとってより注目すべきは「大統領立場表明」変数の値に応じた政党投票が生じる確率の推移である（A2：B2）。こちらの方は，短期的な例外を除けば，上院は60年代半ばごろ，下院は1980年代半ばごろに，それぞれ実線が白抜き線よりも上に位置するようになり，その傾向が長期的に強くなっている。また，白抜き線も60年代半ばから上昇傾向にあり，これは議会全体として党派的な対立が強くなっていることを示している。

同時に，こうした長期的な変化だけでなく，短期的な波も観察できる。いくつか特徴的なものを指摘しておく。第1に，70年代後半には，大統領の立場表明が政党投票を導く確率が一時的に下がっている。これは，民主党カーター大統領と議会民主党との関係が良好ではなかったという事実と整合的である（第6章第1節参照）。第2に，2000年代前半に実線が右肩下がりになっているのは，2001年に発生した同時多発テロ直後のブッシュ（子）大統領に対して，一

時的に議会が超党派的に支持したことを反映している。

　ただし，この第2点は，異なる説明も考えられる。ブッシュ（子）とオバマは，この時代の歴代大統領の中でも，最も立場表明をしない大統領である。とくに下院では，大統領が立場表明をする確率は，1953年以降のすべてのデータでは25.7パーセントであるのに対し，ブッシュ（子）は10.7パーセント，オバマは10.4パーセントである(27)。これがブッシュ（子）とオバマのパーソナリティによるものなのか，あるいは趨勢的に大統領は，党派対立を助長するような議案に関わるのを避けるようになっているのかは，本書を脱稿した2016年9月の時点ではわからない(28)。少なくともオバマの次の大統領の立法活動の動向をみることが必要であろう。

3　小　　括

　以上，本章は，大統領が個別の立法に対して立場を表明することは，「他の条件が同じならば」，議員の党派的行動を促すことや，その効果は分極化が進行するにつれて強くなっていることを，上下両院における点呼投票を分析することで，実証的に明らかにした。それだけでなく，大統領の立場表明が議会指導部同士の対立にも影響を及ぼしている可能性を考慮すれば（本章の分析では，その因果関係の有無や大きさは分析しなかったが），大統領の立場表明が党派性を刺激する効果は，潜在的には，本章の分析結果が示すよりも大きいはずである。また，大統領の立場表明の効果の大きさは，趨勢としては1960年代後半以降次第に大きくなっている一方で，短期的にはある程度の波がみられる。これは，立場を表明した場合の議会の反応は，個別の文脈や大統領が「どのように」それを行ったのかによっても規定されるであろうことなどを示唆している。

　以上の知見がもつ含意を述べ，次章以降の分析につなげる。議会中心アプローチは，制度による説明，つまり，議会の党派的・イデオロギー的構成や，議会内政党の規律の強さによって，点呼投票の結果を説明することが中心であった。しかし，大統領には大きなフリー・ハンドが与えられている。そして，議会が党派的に行動するかどうかは，大統領の行動に対する反応によるところが大きいとするならば，当然，大統領の行動をより詳細に分析することに関心が注が

れるべきである。

　この大統領の行動こそが，ここまで「かぎかっこ」に入れて再三強調してきた，「他の条件」を構成する1つの重要な要因である。本章では，議会中心アプローチの土俵に立った議論を行うことを目的として，点呼投票に対して大統領が立場を表明するか否か，ということに関心を絞って分析を行った。しかし本書がより主張したいことは，大統領が「どのように」議会に介入するかによって，議員の行動が異なってくることである。これによって超党派的な多数派を形成できるのか，それとも，大統領野党を刺激して党派的に行動させてしまうのかが決まる。つまり，大統領の行動の内容と，それに対する議員の反応を理論・実証の両面から体系的に検討することで，これまで，大統領の「スキル」としてごく曖昧に表現されてきたものの実態を明らかにできると考えられるのである。これが第4章から第6章までの課題である。

注
（1）　実は，大統領が立法での成功「のみ」を目的とする（狭い意味で）合理的なアクターと捉えるならば，立場を表明した後の議会の反応を織り込んで立場表明を行うか否かを決定すると考えられるため（たとえばCameron 2000；Marshall and Prins 2007），立場表明の帰結とは別に，大統領の立場表明の決定要因を分析しなければならない。しかし本書は，大統領は立法以外にも様々な目的をもっていると捉えているため，そういった狭い合理性は仮定せず，大統領の立場表明の決定要因については附論Dで検討するにとどめている。大統領が立場表明を行う要因に関する代表的な先行研究として，Rivers and Rose（1985）；Shull and Shaw（1999, Chapter 4）；Canes-Wrone（2006）。逆に，大統領は議会の反応を織り込んでアジェンダを決めているのではないと主張する立場として，Peterson（1990, Chapter 2）；Lee（2009, 84）。
（2）　ADAの政策的立場の歴史的変遷を記述した砂田（2006）が，この点を検討する手がかりとなる。
（3）　以上のような，ADAによる法案の選択によって生み出された人為的な測定エラーを補正すべく，会期間や院間の比較を可能にするAdjusted ADA Scoreという指標も開発されている（Groseclose, Levitt, and Snyder 1999；同じく，Anderson and Habel 2009）。
（4）　NOMINATEには，同じ会期における議員間の比較のためのW-NOMINATEの他，同じ議員の会期ごとの比較のためのD-NOMINATE，そして，両方の比較が可能であるDW-NOMINATEの3種類がある。分極化を論じる際には，DW-NOMINATEを用いるのが通例であり，以下本章でもDW-NOMINATEを用いる。

第3章　大統領の立場表明と点呼投票の党派性

（5）　基本的な推定のロジックは，「主成分分析」(principal component analysis)，すなわち，複数の変数間の相関の情報に基づいて，それら複数の変数の値のパターンをより少ない変数で置き換える分析と同じと考えてよい。点呼投票の賛否のパターンが，主成分分析における元の変数，NOMINATE の値が，主成分分析によって作成される新しい変数に，それぞれ対応する。より具体的な指標の作成方法は，Poole and Rosenthal (1997, Chapter 2, Appendix A) を参照。NOMINATE 以降，点呼投票を素材とした議員等のイデオロギーの測定を扱った研究は著しく増加している。NOMINATE 以外の推定法や，NOMINATE スコアの各種の補正を試みた研究，さらには議会以外のアクターとの比較を行う研究が進んでいる。この分野の研究の動向のリヴューとして，McCarty (2011) や，Clinton (2012) を参照。

（6）　ただし，出席者の97.5パーセント以上が賛成票を投じた点呼投票は除外される。本章でもこれに倣って，以下「すべての点呼投票」と表現するときは，同様の基準を採用している。

（7）　ここでいう「重要立法」の定義は，第4章を参照。

（8）　修正に関する投票がより党派的になるという議論もある（たとえば Roberts and Smith 2003）。

（9）　ただし，両院の比較の基準を整えるため，どちらかの院でのみ行われる種類の投票は除外している。詳しくは図3－1参照。

（10）　点呼投票の党派性の程度を示す指標は，Theriault (2008) が用いている，連続変数である「党派指数」(party difference score) の平均値から，二値変数である政党投票に変更している。「政党投票」は，どの程度党派間の対立が強かったのか，という情報を捨象しているという批判がなされうる。しかし，議員の投票行動は，党ごとの議席配分の偏り具合によっても規定されるため（たとえば，一方の党が多くの議席を有している場合は，党の方針に逆らう投票を行うことは，投票結果の大勢に影響を及ぼさないだけに，より容易であろう），会期間の比較を行う場合はむしろ，そうした文脈的要因を除くのが望ましい。より重要なこととして，党派指数は，全会一致やそれに近い状態で可決（または希だが否決）された法案と，極端な交差投票となった法案との区別がつかないことである。本章の分析は，二大政党の他，大統領という第3のアクターの行動を検討している。大統領の方針に対して議会が一致して臨む事象と，大統領の方針をめぐってどちらの党も二分される状況とは，混同してはならないだろう。ただ，党派指数など他の連続変数を用いても，本章の分析結果と概ね同じような結果が得られることは述べておく。

（11）　この他，第112議会（2011-2013年）には「修正」の件数が激増しているが，第113議会（2013-2015年）以降はやや減少している。これが一時的な現象であるか趨勢的な現象であるかは，本書を脱稿した2016年9月時点では不明である。

（12）　同時に，「採決」における政党投票の割合に関しても，1990年代半ばに急上昇を示したり，2000年代前半には低下したりしている。このことについては次節以降で触れる。

（13）　分極化以外の文脈においても（たとえば Clinton and Lapinski 2008），あるいはアメ

第Ⅱ部　ミクロ・レヴェルの実証分析

リカ連邦議会の分析以外においても（たとえば Carrubba, Gabel, and Hug 2008），点呼投票には選択バイアスがかかっているとの批判が多くなされている。Harbridge（2015）は，法案の共同提出（cosponsorship）のデータと点呼投票のデータを用いて，多数党指導部が党派的な議案を優先的に本会議に進めていることを実証している。

(14)　審議の過程で，議員が各種団体や地元有権者から影響を受けることは言うまでもないが，ここでは省略する。1点だけ補足しておくと，かつてはそういったアクターは特殊利益に基づいた議員行動を促すという理解が通常であったが，分極化の1つの側面である，団体と政党とのつながりの強化が進むに伴って，団体や地元有権者の影響と政党の影響との相関が強くなっていることが考えられる。

(15)　少なくともどちらかの党の院内総務が投票を行っていない場合は，データの欠損とみなし，データ・セットから除外した。大統領が立場を表明しないこととは異なり，院内総務が投票しない場合はそもそも少なく，その理由も議会以外の所用で欠席をしている場合など，政治的な意味がないことが大半であるため，これを分析から落とすことにはバイアスを伴わないと判断されるからである。

(16)　ここで「党派指数」を従属変数として採用しなかった理由は，注（10）で指摘したものの他，政党投票であるか否かを示すダミー変数の方が，独立変数の効果を解釈することが容易であることである。

(17)　*Congressional Quarterly* は，週刊・年刊・オンライン版など様々な形態で発行されているが，本書ではすべて，年刊の *Congressional Quarterly Almanac*（以下，*CQ Almanac* と略記）を用いている。

(18)　他方，大統領中心アプローチに基づけば，大統領の個人的要因（大統領のスキル・能力・パーソナリティなど）によって点呼投票の結果が変わりうる。このことは，変数のレヴェルではなく，モデルのレヴェル，すなわち，会期ごとにデータが入れ子構造になっていると捉えたマルチ・レヴェル・モデルによる分析結果を解釈する際に考慮することにする。

(19)　ただし点呼投票の計量分析を行っている先行研究は概して，外交政策において大統領がより成功を収めるという議論に否定的である（たとえば Bond and Fleisher 1990, Chapter 6；Edwards 1989, Chapter 4；Fleisher et al. 2000；Schraufnagel and Shellman 2001）。

(20)　政策によって対立のパターンが異なるという議論について，詳しくは，附論Dを参照。

(21)　点呼投票の計量分析のレヴェルでこの問題を扱おうとすれば，すべての採決について，採決に至るまでの過程を記した文書を用いてコーディングするという作業を必要とする。これは作業量が膨大であるだけでなく，技術的にもきわめて困難である。たとえば，Lee（2009, 195-210）は，大統領が一般教書演説で言及したものを大統領主導の政策と定義しているが，一般教書演説においても大統領はしばしば議会や世論の意向を追認するような発言を行うので，ここではこの方法は採用しなかった。

(22)　P値とは，帰無仮説（null hypothesis）が正しいにもかかわらず，誤ってそれを棄却

第3章 大統領の立場表明と点呼投票の党派性

する確率のことである。有意確率ともいう。この値が小さいほど，厳しい有意水準を設定する検定をクリアする。

(23) 下院についても同様に，オバマ政権を除いた回帰分析とブッシュ（子）・オバマ政権を除いた回帰分析をそれぞれ行ったが，傾きはほぼ変わらず，P値はNの減少を反映して緩やかに低下する（それぞれ0.002と0.021）。

(24) 点呼投票のデータからは，その原因は，どこまでが大統領と大統領与党指導部のイデオロギーが類似するようになったからか（イデオロギー的分極化），どこからが立法過程において両者の連携が深くなったからか（手続的分極化）は判然としない。第6章では，次第に後者が党派的な立法過程を生み出すようになっていることを，複数の事例研究によって明らかにする。

(25) ここでの予測確率の計算は，Scott J. LongとJeremy FreeseによるStataのAdoファイルであるSPost 9（Long and Freese 2005）を用いている。

(26) 仮説2を検証するためのより単純な方法は，「大統領立場表明」変数と，会期の西暦を表す「会期」変数，および両者の交差項（および指導部との比較のため，「院内総務」変数と「会期」変数の交差項）を，表3－2の単純なロジット・モデルに投入し，交差項の傾きとP値をみることである。しかし，ここでは，大統領の立場表明の効果の短期的な変動にも関心があることから，最終的にこのモデルによる分析結果は提示しなかった。このモデルによる分析結果を，仮説に関連する交差項の係数とP値についてのみ述べておくと，上下両院とも仮説2を支持するものである（下院は係数0.015・P値0.002。上院は係数0.016・P値0.045）。

(27) 上院でも，全体の確率28.8パーセントに対し，ブッシュ（子）16.3パーセント・オバマ23.4パーセントである。

(28) 2013年以降の状況については第8章で簡単に触れる。

第4章
大統領アジェンダの成否の計量分析

　前章では，大統領の議案に対する立場表明が刺激となって，議員の点呼投票の結果が党派的になること，そしてその傾向は時代を経るにしたがって強くなっていることを，計量分析により実証した。本章から第6章では，このような状況を所与とした場合，大統領自らが望む立法が実現される要因は，大統領が積極的に立法に関わることではなく，議会と距離を置くことや，大統領野党の反発を招かないよう立法活動の手法やレトリックを工夫することといった，大統領の行動によって説明されることを，実証的に論じる。これが本書第2の主張である。別の言い方をすれば，前章は，本書が批判の対象としている議会中心アプローチが得意とする点呼投票の分析からですら，大統領の立場表明には影響力があることを明らかにしたのと対照的に，本章以降は，本書がその再評価を求める大統領中心アプローチの立場から，大統領の立法活動には効果があることをより積極的に実証するものである。

　本章は，大統領が誰にどのようにはたらきかけたかによって，大統領が積極的に推進する立法アジェンダ（以下，「大統領アジェンダ」と表記）の成否が規定されることを，ハリー・トルーマン（Harry S. Truman）政権からブッシュ（子）政権のデータを用いて，計量分析によって明らかにする。第1節では，分析に先立って若干の理論的検討を行う。まず，議会中心アプローチが主に依拠している点呼投票の分析の限界を再度述べると共に，点呼投票以外の側面にも注目して大統領の立法活動の効果を分析する必要性を論じる。つづいて，大統領の側から定量的な分析を行っている先行研究を，「直接的接触」（private lobbying）と「一般国民への説得」（public lobbying）に分けて要約し，統一政府の場合は分割政府の場合と比べて，大統領アジェンダがより議会で扱われることや，大統領が大統領野党と接触する場合は大統領アジェンダが実現しやすくなることなどの仮説を導出する。第2節は，この仮説を検証するために，大統領アジェ

ンダが議会で公に審議される議題（以下，「議会アジェンダ」と表記する）となる要因に関する計量分析を行う。第3節は，大統領アジェンダの成否を従属変数とし，これを大統領野党への接触の有無と演説の長さによって説明する計量分析を行う。第4節は，これらの分析の知見を要約すると共にその限界を指摘し，次章以降につなげる。

1　大統領の立法活動の手段に関する理論的検討

点呼投票以外のデータを分析する意義

　前章では，議会中心アプローチが，主に点呼投票からつくられた指標（点呼投票指標）を用いて大統領の立法活動を論じていることの問題点として，議員のイデオロギーが分極化していること（イデオロギー的分極化）と議会指導部が議事手続を用いて立法過程を党派的にさせていること（手続的分極化）を混同していること，および，大統領の立場表明が議員の党派的行動を促すことを見逃していることの2点を指摘し，同じく点呼投票を用いてそれらを実証した。本章は，立法における大統領の影響力を分析するにあたって点呼投票を用いること自体に問題があるという，より根本的な批判からはじめる。それは一言でいえば，点呼投票が含んでいる情報は大統領の立場表明の有無とその方向だけであり，いわゆる5W1H，すなわち，大統領は，いつ（when），誰に対して（to whom），どこで（where），何を（what），なぜ（why），どのように（how）立場を表明するのか，といった情報が欠落していることである。そのため，以下の3点において，点呼投票の分析に基づいて大統領の立法活動を論じることは，その効果を過小評価していると考えられる。

　第1に，大統領の立法の成功を点呼投票だけから判断することによって，その成功の「内容」を見落としてしまう。同じ大統領が提案した法案の通過であっても，その内容，具体的には，大統領の提案の規模（Rivers and Rose 1985）や，議会との妥協の程度（Barrett and Eshbaugh-Soha 2007），さらにはどの程度重要な立法であったか（たとえばMayhew 1991；Edwards, Barrett, and Peake 1997），あるいはどの程度大統領が重視していた立法であったか（Mayhew 2011）は異なる。それらを考慮しなければ，大統領の立法活動の成功を議論する上で不十

分であろう。

　第2に，点呼投票は，「手続」と「採決」という議会の2つの側面のうち，片方の「採決」の，しかもごく一部の局面にしか過ぎない。発声投票(voice vote)など，点呼投票以外の形式の採決が行われることもあるし，本会議以前の委員会などの場でどういう意思決定が行われてきたのかという情報も，基本的には点呼投票には現れない。より重要なこととして，点呼投票は，議会のもう1つの側面である「手続」に関する事柄をほとんど捉えていない。立法活動における大統領の権力の源泉は，アジェンダ・セッティングを行う力にあることは，従来から論じられてきた（たとえばKingdon 1984；Light 1999；Larocca 2006；Canes-Wrone 2006）。他方で，議会は多数党指導部に対して有利な議事手続を提供している場であり，多数党指導部は元来は超党派的な支持が得られている議案を本会議まで進ませないようにしたり，多数党指導部が推進する党派的な議案にとって有利な議事手続を行使したりするとされる（たとえばCox and McCubbins 2005；2006；Marshall 2002；Smith 2007；Harbridge 2015）。であるならば，点呼投票に至るまでのところで，多数党指導部と，「議会における最強のロビイスト」である大統領との間で，議案をめぐって党派性を伴った交渉が行われているはずである（たとえばEdwards and Barrett 2000；Smith 2007）。

　第3に，点呼投票は，そのデータの性質上，大統領が立場を表明した議案を（統制変数を加えるなどしない限り）均質なものとして扱っているが，実際にはそういった扱いは不適切である（Mayhew 1991）。まず，その立場表明は，大統領自らが先陣を切って行ったのか，議会の動向をみて後追いで行ったのかがわからない（第3章で行った分析でもこの点は考慮していない）。また，点呼投票の分析は，大統領の立場表明を単に，あたかも「賛成」と「反対」の2つのボタンのいずれかを押す（あるいはどちらも押さない）行為であるかのように捉えている。しかし，立法活動のために大統領が利用できる手段はひととおりではない。とくに，ワシントンD. C.のインサイダーたちに直に接触することと，メディアや遊説活動を通じて一般国民に訴えかけることの間には，その効果に大きな違いがあることは容易に想像できるし，その際に用いるレトリックによって立法活動の帰結が異なることも，第2章で論じたように，理論上は考えられる。

　以上のように，大統領の立法活動の効果を適切に実証するためには，点呼投

票以外のデータを用いることの他，大統領の立法活動に関してより詳細（thick）な分析を行う必要があることは間違いないであろう。大統領の行動には，単なる点呼投票への賛否よりもはるかに多くの情報が含まれているのである。その効果を分析するには，事例研究が大きな力を発揮する。ところが，事例研究は多分に文脈依存的である。大統領の行動一般について理論を検証する方法としては，個別の大統領をとりまく文脈の要因や，大統領が行おうとした立法がもつ固有の性格を上手に統制せねばならず，そのためには，ある程度の数の観察を伴った実証研究が必要となる。事例研究は第5章・第6章で行うにせよ，きわめて定量的で文脈や個別の議案の特徴を捨象する点呼投票の分析と，そういった事柄を捉えられる一方で知見を一般化することが難しい事例研究の中間に位置する分析として，点呼投票よりも情報量が豊富な大統領の行動についてデータを作成・分析し，その効果に関する一般的な傾向を明らかにすることもまた必要であろう。

定量的な先行研究：直接的接触と一般国民への説得

もちろん，大統領の立法活動を論じた先行研究のすべてが，点呼投票ばかりを用いているわけではない。本章と同様，大統領の側からみたデータを用いた定量的な先行研究は存在する。ここではその簡単なリヴューを行い，これを通じて，どのような行動が分析の対象とされ，どのような議論が行われてきたかを紹介する。

先行研究における大統領の立法活動は，直接的接触と一般国民への説得とに大別される。前者から紹介する。大統領の立法活動の手段として Neustadt（1990［初版1960］）以来指摘されてきたのは，立法に関わるアクターへの個人的な接触である。理論的には大事とされながらも，この直接的接触を定量的に測定して計量分析に用いた研究は，あまり多くない。直接的接触の頻度・内容・効果を適切に観察・測定することが，原理的にも方法論的にも難しいからである。直接的接触は衆人環視の下で行われるとは限らない。むしろ，対立するアクター同士が妥協をする場合は秘密裏に行うことが多いため，そこでどのような話し合いが行われたかが明らかでないのはもちろんのこと，直接的接触が行われたこと自体公にされないことも多いだろう。であるならば，直接的接触の効果の

みならず，大統領と議会のどちらが影響力行使の主体でどちらが客体であるかすら，よくわからないのである。

それでも重要な先行研究はいくつか存在する。たとえば，ジョンソン政権の内部文書を基に，直接的接触による議員の議案への態度の変化を分析した Sullivan (1988；1990；1991) や，NAFTA の承認法案における議員の投票行動の関係を分析した Uslaner (1998a) は，大統領の議員への個人的な接触は，議員の投票行動を，大統領が望む方向に変えうることを明らかにしている。理論的には，Beckmann (2010；同じく，Beckmann and McGann 2008；Beckmann and Kumar 2011a；2001b) が，数理モデルを用いて，大統領は，要 (pivot) に位置する議員に対して戦略的にリソースを行使することによって立法過程の帰結に影響を及ぼしうることを論じている。また，大統領が効率的に議員を動員する方法として，両党の議会指導部にはたらきかけることも指摘されている (Neustadt 1990)[2]。個別の議員への接触が主に本会議での点呼投票の段階で行われるのに対して，議会指導部へのはたらきかけは，とりわけ，大統領がアジェンダをコントロールするために用いる手段であるとされる (Beckmann 2010；Beckmann and Kumar 2011a)。

これらの先行研究が明らかにしていることは，1つは，一般議員への接触は「採決」に，議会指導部への接触は「手続」に，互いに排他的ではないにせよ，それぞれより深く関わることである。つまり，一般議員への接触は，議会で公の議題となった個別の立法の成否の説明に，議会指導部への接触は，大統領からの提案が議会で取り上げられるか否かに関する傾向の説明に，それぞれ関連していると考えられる。もう1つは，大統領の直接的接触によって，議員の立場は，所属する政党を問わず大統領寄りになる，ということである。理論的には，直接的接触を行う際に，大統領は自らが有する限られたリソースを使うことが暗黙のうちに考えられている (たとえば Light 1999)。あるいは，直接的接触は，往々にして立法の内容について大統領が妥協することを伴うことが考えられる (Edwards and Barrett 2000；Barrett and Eshbaugh-Soha 2007)。

直接的接触とは異なる系統の立法活動として，一般国民への説得と呼ばれる活動がある。これは，世論へ訴えかけることによって間接的に議員を動かし，立法過程を自らにとって望ましい方に導こうとする活動である。具体的な手法

としては，議会での主要な演説（一般教書演説：State of the Union Addressや，重要な立法に先立って議会に赴いて行う演説）や，記者会見，全米各地への遊説などである。

「一般国民への説得」を指す"going public"という用語を確立させたKernell（2006［初版1997］）自体は，大統領がこの活動を重視するようになっていることを指摘するにとどまっているが，「グレイト・コミュニケーター」と呼ばれたレーガンや，数々の修羅場をくぐりぬけたクリントンは，演説によって成功してきたと，世間一般ではみなされている（Edwards 2003）。印象的な演説によって政権を得たオバマについても同じことが言えるであろう。しかし，一般国民への説得に関する実証分析は，概して，その効果はゼロではないにせよ限定的であるという結論を出している（たとえばBrace and Hinckley 1992；Edwards 2003；ただし，Barrett 2004）。あるいは説得活動が効果をもつ場合もやはりあると論じつつも，それは大統領の支持率が高い場合（Mondak 1993b），その政策への支持が一般国民の間で高い場合（Canes-Wrone 2006），大統領野党が弱くかつ敵対的でない場合（Cummins 2010）といった条件を挙げる研究もある。大統領が争点に言及することで，一般国民の意見が変化するのではなく一般国民の関心が高まるという議論（たとえばCohen 1995）や，そういったことが起こる諸条件を網羅的に検証した研究もある（たとえばRottinghaus 2010）。[3]

ではなぜ一般国民への説得活動には限定的な効果しかないのか。1つの説は，有権者はおしなべて大統領のメッセージに関心をもたないことである（Edwards 2003）。しかしこの説明は，有権者の間に存在する政治的知識の多寡（たとえばDelli-Carpini and Keeter 1996）や，有権者が関心をもつ争点（たとえばCarmines and Stimson 1980）や文脈といった各種のヴァリエーションを捨象してしまっている。これに対して第2章で論じたのは，大統領が世論に訴えかけることは，有権者に党派的なキューを与えるということであった。つまり，大統領の一般国民への説得活動は，大統領与党の支持者の支持をより獲得する一方で，大統領野党の支持者の支持を失うため，集計レヴェルでみると，説得活動により得られた支持と失った支持は相殺される，ということである。とくにその効果は，分極化が進行するにつれて強くなると考えられる。

以上，直接的接触と一般国民への説得に分けて紹介してきた先行研究の限界

は2点である。1つは,大統領の立法活動とその帰結は,公にアジェンダとして認識されたものだけに着目しては,分析結果にバイアスが生じてしまう。大まかに言うと,大統領は,ある課題を顕在化させるという「正のアジェンダ・セッティング」(たとえばLight 1999)を行い,議会多数党は,自らにとって都合が悪いものを審議させない「負のアジェンダ・セッティング」を行う権限をもつとされる(たとえばCox and McCubbins 2005)。もしこれが正しいのならば,どういう状況の下で,大統領がよりアジェンダ・セッティングに成功する,すなわち,大統領の提案が議会で審議される「議会アジェンダ」になったりならなかったりするのかから検討をはじめなければならない。

　もう1つは,大統領が行う個々の立法活動とその帰結との間の関係については論じられているものの,大統領のスキルを包括的に捉えることを犠牲にしていることである。(4) とくに,先行研究は複数の立法活動の効果を同時に検討していない。直接的接触と一般国民への説得とでは,その考えられる帰結が異なる。状況に応じて両者を使い分けるような大統領もいるだろうし,両方を積極的に行う大統領もいれば,どちらかに傾斜しがちな大統領も,どちらもあまり行わない大統領もいるだろう。直接的接触と一般国民への説得のどちらか片方だけをみて,大統領の立法活動の効果をみるのは,誤った分析結果を導くおそれがあると考えられる。

本章の仮説

　以上を要約し,次節で検証する仮説を提示する。まず,「手続」に関する側面においては,大統領が立法活動において最も影響力を発揮するのは,新しいことを議題にのせる局面である。大統領は最も重要なアジェンダについては,議会の状況如何を問わず,議会に審議させることができる(Edwards and Barrett 2000, 114)。しかしその力の強弱は,ある問題を議題にさせない,負のアジェンダ・セッティングの権限をもつ多数党指導部がどちらの党であるかによって異なる(Covington, Wrighton, and Kinney 1995 ; Edwards and Barrett 2000)。統一政府の場合は,大統領の提案は議会多数派である大統領与党の協力を得て,議会アジェンダになりやすいであろう。逆に分割政府の場合は,大統領野党の指導部が取り上げないことによって議会アジェンダにならない可能性がより高い

だろう。さらにこの大統領と議会指導部の相互作用の効果は，手続的分極化が進行するにつれて大きくなることが考えられる。

いざ議会アジェンダになった場合，直接的接触と一般国民への説得では，その効果が異なることが考えられる。直接的接触は，議員の所属政党やイデオロギーを問わず立法の成立を促すが，場合によっては議案の内容について大統領は妥協する。対して，一般国民への説得は，世論と議会指導部を通じて議員の党派性を刺激する。大統領与党の支持は強固になる一方で，大統領野党はこれに反発するために，両者の効果は相殺されるであろう。それどころか，分極化が進行しているほど，一般国民への説得は，大統領野党をより強く刺激することで議案の成立を妨げるであろう。立法には，過半数ではなく特別多数が必要だからである。また，もし分極化によって一般国民への説得による立法の成立が難しくなるなら，直接的接触が立法を促す効果は逆に強くなるであろう。大統領も議会も業績を誇示するために何らかの立法の成果を必要としているのであり，そのために水面下での交渉に依存する度合いが高くなると考えられるからである。

以上の議論が正しいとするならば，大統領の立法活動とその帰結との関係は，以下の仮説に要約することができる。

　仮説1：アジェンダ・セッティング
　　仮説1a：分割政府よりも統一政府の方が大統領アジェンダはより議会アジェンダとなる。
　　仮説1b：この分割政府と統一政府の差は，議会の分極化が進行するにつれて大きくなる。
　仮説2：大統領の立法活動
　　仮説2a：大統領の大統領野党への直接的な接触は，大統領アジェンダの成立を促す。
　　仮説2b：その効果は，議会の分極化が進行するにつれて強くなる。
　　仮説2c：大統領の一般国民への説得は，大統領アジェンダの成立を妨げる。
　　仮説2d：その効果は，議会の分極化が進行するにつれて強くなる。

2 データ分析1：大統領アジェンダが議会で審議される要因

データの紹介

仮説1を検証するための分析に用いたデータの素材は，トルーマン政権2期目からブッシュ（子）政権2期目まで（1949-2009年）の時期におけるアジェンダのリスト2点である。1つは議会における重要立法のリストである。Edwards, Barrett, and Peake（1997；同じく，Edwards and Barrett 2000）は，各会期において議会で成立した重要立法をリスト・アップしてそれを分析したMayhew（1991）への批判として，これと同じ基準に基づいて成立しなかった法案もリスト・アップしている。ここで用いるデータは，このリストを第103議会（1993-1995年）以降にまで拡張させたTheriault（2008, 33）が用いているものである。もう1つは，大統領から議会に対して行われた提案のリストである。Mayhew（2011）による，大統領任期の前半の会期に限定したリストを使用した。大統領アジェンダのリストは他にもいくつか存在するが（たとえばEdwards 1980；Peterson 1990；Rudalevige 2002），ここでは，大統領が議会の状況をみて後追いで提示した立法を除外し，大統領が本当に関心をもっていた立法に絞るため，この最も厳選されたリストを採用した。そして，この議会の重要立法のリストの中から，大統領アジェンダのリストに含まれているものの割合を求めた（単位はパーセント）。

同時に，この大統領アジェンダの割合の分析と比較するために，議会中心アプローチに基づく研究を中心に伝統的に用いられてきた，「大統領の勝率」というデータの分析も行う。大統領の勝率は，*CQ Almanac* が1953年以降毎年公表しているものであり，大統領が立場表明を行ったすべての点呼投票のうち，大統領の立場どおりの結果となった採決の割合を表したものである。ここでは，上下両院のデータを合算したものを使用している。こちらの大統領の立場表明には，重要度の低い議案・大統領が議会の動向をみてから後出しで立場表明した議案・大統領が反対の立場表明を行った議案といった，大統領アジェンダとは言えないものが多く含まれている。また，ここでの関心である大統領アジェンダの割合が，議会におけるアジェンダ・セッティングの側面に関心をもって

第4章 大統領アジェンダの成否の計量分析

表4-1 点呼投票データに基づく大統領の勝率

議会	西暦	大統領	勝率（%）統一政府	勝率（%）分割政府
83	1953	アイゼンハワー	89.2	
	1954		82.8	
84	1955			75.3
	1956			69.2
85	1957			68.4
	1958			75.7
86	1959			52.9
	1960			65.1
87	1961	ケネディ	81.5	
	1962		85.4	
88	1963	ケネディ／ジョンソン	87.1	
88	1964	ジョンソン	87.9	
89	1965		93.1	
	1966		78.9	
90	1967		78.8	
	1968		74.5	
91	1969	ニクソン		74.8
	1970			76.9
92	1971			74.8
	1972			66.3
93	1973			50.6
93	1974	ニクソン／フォード		58.9
94	1975	フォード		61.0
	1976			53.8
95	1977	カーター	75.4	
	1978		78.3	
96	1979		76.8	
	1980		75.1	
97	1981	レーガン		82.4
	1982			72.4
98	1983			67.1
	1984			65.8
99	1985			59.9
	1986			56.5
100	1987			43.5
	1988			47.4

101	1989	ブッシュ（父）		62.6
	1990			46.8
102	1991			54.2
	1992			43.0
103	1993		86.4	
	1994		86.4	
104	1995	クリントン		36.2
	1996			55.1
105	1997			53.6
	1998			50.6
106	1999			37.8
	2000			55.0
107	2001			87.0
	2002			87.8
108	2003	ブッシュ（子）	78.7	
	2004		72.6	
109	2005		78.0	
	2006		80.9	
110	2007			38.3
	2008			47.8
	平均値	67.898	81.390	60.403
			t=6.495**	

注：** : $P<0.01$; * : $P<0.05$; † : $P<0.1$
出典：Ragsdale（2014, 532-534）を基に筆者作成。

いるのに対して，こちらは採決の場に挙がってきたもののみを観察している。

　本格的な仮説の検証に入る前に，大統領アジェンダの割合・大統領の勝率それぞれについて，年代ごと・統一政府と分割政府ごとの値の推移をみておく。表4－1は，大統領の勝率，表4－2は，アジェンダの数と大統領アジェンダの割合の推移である。ここで明らかにわかる傾向は，どちらについても，統一政府の場合の方が，大統領にとって有利な値を示していることである。平均の差のt検定の結果は，それぞれ，t=6.495・t=5.290と，統計的にきわめて有意であることを示している。

　では，他の変数を統制しても，これらの値が統一政府と分割政府とでは違うということが言えるのか。また，分極化によってその影響の大きさに変化が生じているのか。これらを検証するための分析に移る。まずは分析に使用した変数を紹介する。表4－3は，その記述統計である。

第4章　大統領アジェンダの成否の計量分析

表4-2　会期ごとのアジェンダの数と大統領アジェンダの割合

議会	西暦	大統領	議会アジェンダ	大統領アジェンダ	大統領アジェンダの割合（％）	
					統一政府	分割政府
81	1949-1951	トルーマン	34	13	38.235	
83	1953-1955	アイゼンハワー	20	11	55.000	
85	1957-1959		28	8		28.571
87	1961-1963	ケネディ	28	15	53.571	
89	1965-1967	ジョンソン	49	19	38.776	
91	1969-1971	ニクソン	41	5		12.195
93	1973-1975	ニクソン／フォード	47	7		14.894
95	1977-1979	カーター	39	11	28.205	
97	1981-1983	レーガン	33	8		24.242
99	1985-1987		29	3		10.345
101	1989-1991	ブッシュ（父）	34	7		20.588
103	1993-1995	クリントン	26	14	53.846	
105	1997-1999		30	5		16.667
107	2001-2003	ブッシュ（子）	31	10		32.258
109	2005-2007		27	12	44.444	
		平均値	33.067	9.867	31.456	44.583　19.970
						t＝5.290**

注：**：P＜0.01；*：P＜0.05；†：P＜0.1
出典：Sean Theriault教授提供のデータ，およびMayhew（2011, 42-47）を基に筆者作成。

　従属変数は，ここまで紹介してきた大統領の勝率と，各会期における重要立法（議会アジェンダ）に大統領アジェンダが占める割合である（いずれも単位はパーセント）。

　仮説の検証に直接関わる独立変数は，分割政府か否かを示すダミー変数である（分割政府＝1；統一政府＝0）。上院・下院の少なくとも一方の多数党が大統領野党である場合は分割政府とした。分極化の程度を表す変数は，分極化を促したとされる議会制度の変更がひととおり終わった直後の第95議会（1977-1979年）からの時期か否かを示すダミー変数である（第95議会から＝1；それ以前＝0）。この二値的な分類は，「分極化は緩やかかつ着実に進行している」という本書の議論とかみ合わないことは承知であるが，これを採用した理由は，次節

第Ⅱ部 ミクロ・レヴェルの実証分析

表 4 – 3 分析 1 の記述統計

A：大統領の勝率の分析

	変数名	N	平均値	標準偏差	最小値	最大値	変数の説明
従属変数	大統領の勝率[*1]	56	67.898	15.322	36.200	93.100	大統領の勝率（単位：％）
独立変数	分割政府[*2]	56	0.643	0.483	0.000	1.000	議会多数派と大統領の政党が異なるか。Yes＝1：No＝0
	分極化[*2]	56	0.571	0.499	0.000	1.000	第95議会からの時期か。Yes＝1：No＝0
	分割政府＊分極化[*2]	56	0.393	0.493	0.000	1.000	分割政府と分極化の交差項
	上院議席率[*3]	56	51.156	8.516	34.694	68.000	大統領与党の上院での議席率（第3党・無所属は除外）
	大統領得票率[*4]	56	54.683	3.986	49.740	61.968	大統領選挙における大統領の得票率（第3党・無所属は除外）

B：大統領アジェンダの割合の分析

	変数名	N	平均値	標準偏差	最小値	最大値	変数の説明
従属変数	大統領アジェンダの割合[*5]	15	31.456	15.382	10.345	55.000	議会アジェンダに占める大統領アジェンダの割合（単位：％）
独立変数	分割政府[*2]	15	0.533	0.516	0.000	1.000	議会多数派と大統領の政党が異なるか。Yes＝1：No＝0
	分極化[*2]	15	0.533	0.516	0.000	1.000	第95議会からの時期か。Yes＝1：No＝0
	分割政府＊分極化[*2]	15	0.333	0.488	0.000	1.000	分割政府と分極化の交差項
	上院議席率[*3]	15	53.087	7.782	42.857	68.000	大統領与党の上院での議席率（第3党・無所属は除外）
	大統領得票率[*4]	15	54.526	3.997	49.740	61.968	大統領選挙における大統領の得票率（第3党・無所属は除外）

各変数の出典：
* 1：Ragsdale (2014, 532–534)。
* 2：筆者作成。
* 3：Ragsdale (2014, 516–519)。
* 4：Ragsdale (2014, 125–127)。
* 5：Sean Theriault 教授提供のデータ，および Mayhew (2011, 42–47) を基に筆者作成。

の分析においてはこの分類を採用せざるを得ず（詳細は後述），これと平仄を整えるためである[9]。

統制変数は2つである。1つは，議会中心アプローチがいうように，大統領与党の議席率が高い場合，大統領にとって有利な結果が得られる可能性があると考えられる。ここでは上院の議席率を投入した（ただし無所属議員や第3党の議員は計算から除外）[10]。もう1つは，大統領の支持率が高い場合に大統領に有利となる可能性を考慮し，直前の大統領選挙における大統領の得票率を加えた（無所属候補や第3党の候補は計算から除外）。

分析結果

分析結果は表4－4のとおりである。いずれも，素朴なOLS (Ordinary Least Squares：最小二乗法) による回帰分析である。各独立変数の係数の傾きは，それぞれの独立変数の値が1変化したときの従属変数の値の変化を示す。また，それぞれ，分極化に応じて分割政府の効果の大きさが変わるかどうかを検証するために，分極化と分割政府の交差項を含めないモデル（モデル1）に加えて，交差項を含めるモデル（モデル2）による分析を行っている[11]。

「比較の対象」である大統領の勝率の方から紹介する（A）。まず，モデル1は，分割政府の場合，統一政府の場合と比べて，大統領の勝率は12.8パーセント低下することを表している。そして，この傾きは5パーセント水準という伝統的な有意水準をクリアしている。モデル2の分析結果で注目するべき係数は，分割政府ダミーと分極化ダミーの交差項のみである。この傾きが負かつ有意であれば，分割政府はとくに分極化の時代において大統領の勝率を下げる効果をもつことを示す。結果はそのとおりになっている。10パーセントの有意水準であるが，Nが56とあまり多くないことを勘案すれば，この結果は手元のデータの偶然によるものと言い切ることは難しい。以上の分析結果を要約すると，点呼投票における大統領の勝率は，分割政府のときに低下し，さらにその傾向は分極化の時代にとくに顕著である，ということである（同じく，待鳥 2016, 176-179）。

この分析結果は議会中心アプローチが論じるとおりであるが，同時にこれは，議会中心アプローチにとって都合のよい点呼投票のデータを用いて得られた結

表4-4 大統領の勝率と大統領アジェンダの割合の決定要因

A:大統領の勝率の分析

	モデル1:分割政府の効果			モデル2:分割政府＊分極化の効果		
	係数	標準誤差	P値	係数	標準誤差	P値
分割政府	−12.824*	5.061	0.014	0.171	6.996	0.981
分極化				−3.787	5.022	0.454
分割政府＊分極化				−11.501†	6.471	0.082
上院議席率	0.527†	0.285	0.070	0.878**	0.288	0.004
大統領得票率	−0.496	0.391	0.211	−0.890*	0.372	0.021
定数項	76.259**	27.287	0.007	78.253**	28.546	0.008
Number of obs	56			56		
Prob>F	0.0000			0.0000		
Adj R-squared	0.4592			0.5863		

B:大統領アジェンダの割合の分析

	モデル1:分割政府の効果			モデル2:分割政府＊分極化の効果		
	係数	標準誤差	P値	係数	標準誤差	P値
分割政府	−24.585*	8.104	0.011	−28.976*	12.355	0.044
分極化				−5.847	8.154	0.492
分割政府＊分極化				7.672	11.417	0.518
上院議席率	−0.061	0.524	0.910	−0.138	0.606	0.825
大統領得票率	−0.405	0.669	0.558	−0.489	0.769	0.541
定数項	69.864	43.459	0.136	81.487	49.127	0.132
Number of obs	15			15		
Prob>F	0.0036			0.0253		
Adj R-squared	0.6109			0.5529		

注:**:P<0.01;*:P<0.05;†:P<0.1

論である。従属変数が大統領アジェンダの割合である場合も同じような結論が得られるであろうか (B)。モデル1をみると,「分割政府」変数の傾きは,仮説1aのとおり負であり,5パーセント水準で有意である。分割政府の場合,議会アジェンダに占める大統領アジェンダの割合は,24.6パーセントも低下する。しかしながら仮説1bがいう,その効果が分極化の時代においてとくに強くなる,という傾向は全くみられない。Nが15ときわめて少ないことを割り引いても,分極化の前と後とでは,そのような傾向がみられなさそうであることは,表4-2で提示した値を眺めても明らかであろう。

つまり,大統領アジェンダの割合については,分割政府は影響があるが,分

極化による効果の違いはみられなかったのである（同様の結論を導いている分析として，Edwards and Barrett 2000）。このことは，本書が主に依拠している Rohde (1991) の条件付政党政府論ではなく，議事手続に関しては分極化の程度を問わず多数党が権限を握るという，Cox and McCubbins（2005；2006）の多数党カルテル理論（majority party cartel theory）を支持するものになっている。Nが少ないために断定的なことは言えない部分もあるが，少なくとも大統領が本当に関心をもっていたものに大統領アジェンダの範囲を限定すると，このような結果が得られる。

3　データ分析 2：大統領アジェンダの成立の決定要因

データの紹介

　では，いざアジェンダ・セッティングに成功して議会アジェンダとなった大統領アジェンダが立法に成功する要因は，何によって説明されるのか。この説明に関わる仮説 2 を検証するためのデータは，前節と同じく，Mayhew（2011）による，任期前半の 2 年間にあたる第81議会（1949-1951年）から第109議会（2005-2007年）までの15会期における，大統領アジェンダのリストである。

　従属変数は，大統領アジェンダが成立したか否かである。ところが，同じ成立といっても，大統領の提案どおりに成立した場合（「勝利」）と，形式的には成立したが大統領が内容について妥協を余儀なくされた場合（「妥協」）と，2 つのケースに分けられる。そこで，従属変数は，「勝利」「妥協」と，アジェンダが成立しなかった「敗北」の 3 とおりの分類を示す質的変数とした。「勝利」とそれ以外の区別は，Mayhew（2011）の分類にしたがった。「敗北」とそれ以外の区別は，それぞれのアジェンダの立法過程を記した *CQ Almanac* の記事に基づいて分類した。[12]

　本節の分析において，仮説の検証に関わる独立変数は 3 種類である。第 1 に，大統領野党の一般議員（少なくとも 1 人。委員長も含む）との直接的接触の有無を示すダミー変数を作成・投入した。*CQ Almanac* の記事に基づいて，政権側から当該の法案に対して直接的な接触が行われた記述がみられる場合は「1」を，そうでない場合は「0」を，それぞれ付与した。[13] 第 2 に，これと同様の手

続で，大統領野党の指導部（下院議長・上下両院の院内総務・院内幹事のうち少なくとも1人）に対する直接的接触の有無を示すダミー変数も加えた。第1節で述べたように，大統領がアクターに直に接触している様子は，元来観察が難しい。したがってこの2つの変数は，実際の接触の有無を記録したものではなく，接触したことが記事に記されるほどに大統領側が積極的にはたらきかけたことを示す，近似的な指標である。*CQ Almanac* の記事を選んだ理由は，新聞と比べて，年代を通じて記述が均質であると判断されるためである。以上より，現時点で利用しうる変数の中ではこれがベストであると考える。第3に，一般国民への説得の頻度を示す変数として，年頭に行われる一般教書演説において，大統領がそれぞれのアジェンダに言及した文の数をカウントした。こちらも年代ごとやアジェンダごとの均質性が最も高いと考えられることから，この指標を変数として採用した。(14)

統制変数は，まず分析1と同じく，議会中心アプローチが関心をもつ分割政府と上院の議席率である。大統領の側の文脈的要因として，直前の大統領選挙における得票率も投入した。他方，分極化の影響を検証することを目的に，分極化の程度を示す変数や，これと大統領の立法活動の変数との交差項を設けることはしなかった。交差項と立法活動の変数の間に0.95を超える高い相関があり，これらをモデルに加えると多重共線性（multicollinearity）の問題が生じるからである。そこで次善の策として，データを第95議会（1977-1979年）からとそれ以前とに分けて，それぞれの分析結果を比較するという方法を採用した。

その他，政策の特性によって立法の帰結が異なることが考えられるため，3つのダミー変数を加えた。それぞれ，予算や歳出法案は，毎年必ず成立させねばならないために妥協が行われやすいであろう（Binder and Lee 2013, 64-65）ことを考慮し，予算・歳出に関わる議案であることを示すダミー変数，憲法の修正の決議は3分の2の特別多数が必要なかわりに大統領は拒否権を行使できない特殊な採決であるため，これを示すダミー変数，そして，イデオロギー色の強いアジェンダは大統領野党からの抵抗を受けやすい可能性を考慮し，そのアジェンダが大統領与党のイデオロギーに関わるかどうかを示すダミー変数である。

以上の変数の説明の要約を兼ねて，記述統計を表4-5で提示しておいた。

第4章 大統領アジェンダの成否の計量分析

表4－5 分析2の記述統計（全期間）

A：従属変数

帰結[1]	N	割合（％）
勝利	110	59.78
妥協	20	10.87
敗北	54	29.35

B：独立変数

変数名	N	平均値	標準偏差	最小値	最大値	変数の説明
一般議員との接触[2]	184	0.293	0.457	0.000	1.000	大統領野党の一般議員との接触。Yes＝1：No＝0
指導部との接触[2]	184	0.130	0.338	0.000	1.000	大統領野党の指導部との接触。Yes＝1：No＝0
演説の長さ[3]	184	9.065	15.878	0.000	128.000	一般教書演説において言及された文の数（セミコロンも文の区切りとみなす）
分割政府[4]	184	0.386	0.488	0.000	1.000	議会多数派と大統領の政党が異なるか。Yes＝1：No＝0
上院議席率[5]	184	0.548	0.079	0.429	0.680	大統領与党の上院での議席率（第3党・無所属は除外）
大統領得票率[6]	184	0.544	0.039	0.497	0.620	大統領選挙における大統領の得票率（第3党・無所属は除外）
予算歳出法案[1]	184	0.103	0.305	0.000	1.000	予算法案または歳出法案。Yes＝1：No＝0
憲法修正決議案[1]	184	0.027	0.163	0.000	1.000	憲法修正の決議案。Yes＝1：No＝0
イデオロギー的法案[7]	184	0.620	0.487	0.000	1.000	大統領与党が推進するイデオロギーに関連する法案。Yes＝1：No＝0

各変数の出典
＊1：各年の *CQ Almanac* および Mayhew（2011, 42-47）を基に筆者作成。
＊2：各年の *CQ Almanac* を基に筆者作成。
＊3：Adler and Wilkerson（2015）を基に筆者作成。
＊4：筆者作成。
＊5：Ragsdale（2014, 516-519）。
＊6：Ragsdale（2014, 125-127）。
＊7：Mayhew（2011, 42-47）。

第Ⅱ部　ミクロ・レヴェルの実証分析

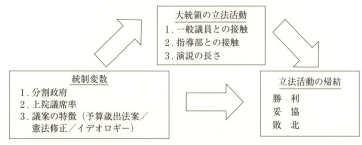

図4-1　大統領の立法活動の逐次モデル

分析結果

　分析結果に移る前に，議会中心アプローチの立場から予想されうる批判に対応しておく。それは，大統領は，立法の成功のみを目的とする合理的なアクターであり，成立する可能性が高いと判断したアジェンダに集中的にリソースを投入するのではないか，ということである。1つは，独立変数と従属変数が互いに影響しているという，内生性（endogeneity）の可能性である。しかしこれは理論的にまずありえない。因果関係というものは，原因が結果に時間的に先立っていなければならず，時間的に後の事象である立法の成否から，前の事象である大統領の行動を説明することはできないからである。また，本書の理論にしたがえば，大統領は必ずしも立法の成功のみを目的とするアクターでもなければ，その目的のために合理的に行動するだけの能力をもつとも限らない。

　もう1つの可能性は，大統領アジェンダの成功に影響しているかもしれない統制変数が，大統領アジェンダの成功だけでなく，大統領がどういった立法活動を行うかという判断にも影響している，ということである。つまり，図4-1のような逐次モデル（recursive model）を考える必要はあるのかもしれない。逐次モデルでは，2本のモデルを別々に推定しても推定結果にバイアスをもたらすことはない。しかし，分析結果が出揃った後でそれを解釈するときには，2本のモデルの結果を合わせて考える必要はある。

　そこで，仮説検証のためのモデルでは独立変数である，3種類の大統領の立法活動を従属変数とし，統制変数を独立変数とした回帰分析を行った。表4-6がその結果である。最も重要な分析結果として，上院議席率や大統領得票率

表4−6 大統領の行動の決定要因（全期間）

A：一般議員との接触（プロビット回帰）

	係数	標準誤差	P値
分割政府	0.569†	0.336	0.090
上院議席率	0.938	2.066	0.650
大統領得票率	−0.968	2.615	0.711
予算歳出法案	0.138	0.322	0.669
憲法修正決議案	−0.416	0.668	0.534
イデオロギー的法案	−0.376†	0.208	0.071
定数項	−0.546	1.730	0.753
Log likelihood	−106.380		
Number of obs	184		
Prob＞chi2	0.126		
Pseudo R2	0.045		

B：指導部との接触（プロビット回帰）

	係数	標準誤差	P値
分割政府	0.815†	0.459	0.076
上院議席率	2.270	2.811	0.419
大統領得票率	−0.584	3.234	0.857
予算歳出法案	0.686†	0.352	0.051
憲法修正決議案	（分析から除外）		
イデオロギー的法案	−0.601*	0.256	0.019
定数項	−2.171	2.209	0.326
Log likelihood	−62.396		
Number of obs	179		
Prob＞chi2	0.006		
Pseudo R2	0.115		

C：演説の長さ（OLS）

	係数	標準誤差	P値
分割政府	−3.820	3.998	0.341
上院議席率	−29.961	24.235	0.218
大統領得票率	−25.980	31.154	0.405
予算歳出法案	2.323	3.915	0.554
憲法修正決議案	−8.310	7.536	0.272
イデオロギー的法案	2.030	2.503	0.418
定数項	39.812*	20.023	0.048
Number of obs	184		
Prob＞F	0.501		
Adj R-squared	−0.004		

注：**：$P<0.01$；*：$P<0.05$；†：$P<0.1$

といった，議会中心アプローチが大統領に有利と主張する条件は，大統領がどういう立法活動をするかという判断に影響を及ぼしていない。統計的に有意といえる知見は2つだけである。1つは，分割政府の場合，大統領は大統領野党の一般議員や指導部とより接触していることである（予測確率の違いを計算すると，対一般議員19.8パーセント・対指導部15.1パーセント）。これは，アジェンダの成立可能性を大統領が見越してというよりも，大統領と議事手続の権限を有する大統領野党が接触しているという，実務的な理由によるものであろう。厄介なのは，もう1つの有意な結果である，イデオロギー的法案の方である。たしかに，大統領野党が抵抗しそうなイデオロギー的な法案については，大統領野党の議員と接触する確率は低下する（対一般議員13.0パーセント・対指導部12.9パーセント）。このことの解釈は難しいが，1つ言えそうなのは，イデオロギー的なアジェンダは，直前の選挙の公約であるがゆえに推進せざるをえなかったり，大統領与党をまとめるためだったりといった，成立だけでなく政治的な目的で推進しているであろうものが多いことである。もしそうだとすれば，むしろこれは，本書を通して批判している，「大統領は立法の成立のみを考える」という議会中心アプローチの主張に反する知見となる。これらをまとめれば，イデオロギー的な法案は政治的な含意が相対的に強いという点も含めて，大統領は，自分をとりまく状況が有利な場合にアジェンダを推進するのではなく，自らが必要だと判断するアジェンダについて議会にはたらきかけているということが言えるであろう。

　以上を踏まえて，大統領の立法活動の効果に関する分析，すなわち，仮説2aと仮説2cの検証に移る。表4-7が，「勝利」・「妥協」・「敗北」の3つのカテゴリーを示す質的変数を従属変数とした多項プロビット（multinomial probit)・モデルによる回帰分析の結果である。多項プロビット・モデルにおいては，3つのカテゴリーのうち1つをベース・カテゴリーに設定し，そのベース・カテゴリーと残り2つのカテゴリーそれぞれとの比較によって，各独立変数の影響およびそれがどの程度統計的に有意であるかが示される。ここでは「勝利」をベース・カテゴリーとした分析結果を提示しているが，どれをベース・カテゴリーに設定しても分析結果に違いはない（ただ，「妥協」と「敗北」の比較は表示されないので，必要な点のみ注で言及する）。表4-7の上半分は，「勝利」と「妥

第4章　大統領アジェンダの成否の計量分析

表4－7　大統領アジェンダの帰結の決定要因（全期間）

	係数	標準誤差	P値
勝利	（ベース・カテゴリー）		
勝利対妥協			
一般議員との接触	1.356**	0.418	0.001
指導部との接触	－1.328*	0.632	0.036
演説の長さ	0.000	0.013	0.995
分割政府	－0.639	0.653	0.328
上院議席率	－8.072†	4.537	0.075
大統領得票率	－7.507	5.864	0.200
予算歳出法案	0.985†	0.522	0.059
憲法修正決議案	0.299	0.000	1.000
イデオロギー的法案	0.135	0.400	0.736
定数項	6.681	4.436	0.132
勝利対敗北			
一般議員との接触	－0.681†	0.383	0.075
指導部との接触	－0.264	0.502	0.598
演説の長さ	0.006	0.009	0.484
分割政府	－0.182	0.495	0.713
上院議席率	－4.206	3.029	0.165
大統領得票率	－0.808	3.871	0.835
予算歳出法案	－0.463	0.540	0.391
憲法修正決議案	13.290	0.000	1.000
イデオロギー的法案	0.074	0.313	0.814
定数項	2.255	2.555	0.377
Log likelihood	－143.655		
Number of obs	184		
Prob＞chi2	0.0555		

注：**：$P<0.01$；*：$P<0.05$；†：$P<0.1$

協」の比較，下半分は，「勝利」と「敗北」の比較である。いずれも，係数が正ではなくて負である方が，「勝利」の確率，つまり大統領にとって望ましい帰結を生み出す確率が高くなることを意味することに注意して，表の分析結果を御覧頂きたい。

仮説2aを検証するために投入した2つの独立変数は，どちらも，2つの比較のうち1つのみで，仮説どおりの結果を示している。一般議員との接触の場合，「勝利」の確率は，「敗北」との比較では有意に上昇するが，「妥協」との比較では，仮説とは逆に低下する。これとは逆に，指導部との接触は，「妥協」との比較では勝利の確率を上昇させる一方で，「敗北」との比較では統計的に

第Ⅱ部 ミクロ・レヴェルの実証分析

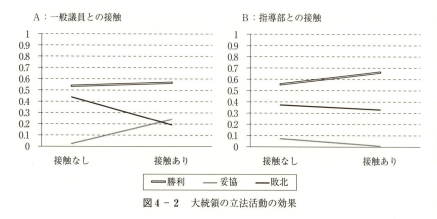

図4-2 大統領の立法活動の効果

有意な効果がみられない。これは興味深い知見である。つまり、大統領は、一般議員と接触するようなアジェンダでは議案の内容で妥協することも厭わないが、指導部と関わるようなアジェンダでは、「のるかそるか」(take it or leave it)の交渉をしている傾向が読みとれるのである。[15]

多項プロビット・モデルにおいて独立変数の効果の大きさを解釈するためには、そのモデルが生み出す予測確率を独立変数の値に応じて求め、その変化をみることが有用である。図4-2は、その「一般議員との接触」ダミーと、「指導部との接触」ダミーの予測確率（それぞれ、他のすべての独立変数の値を平均値に保ったとき。以下も同様）の推移を図示したものである。横軸は接触がある場合とない場合、縦軸はそれぞれについての予測確率である。まず、一般議員との接触の方は、接触があった場合、「妥協」の確率が顕著に上昇し（0.0240から0.242）、「敗北」の確率は低下している（0.438から0.192）一方で、「勝利」の確率はわずかにしか上昇していない。ここから読みとれることは、大統領は、このままでは通らないアジェンダについて、一般議員と妥協を伴う交渉をすることで成立にもちこむことができる、ということであろう。一方、指導部との接触の方は、一般議員との接触よりも効果が緩やかであるが、こちらは、接触を行った場合は「勝利」にもちこむ確率が0.106上昇している（0.556から0.662）。これも、大統領は、指導部と接触することで勝負をかけるという、表4-7の係数の解釈と整合的である。以上、大統領野党との接触は、一般議員と指導部

122

と，それぞれ異なるメカニズムで大統領にとって望ましい帰結につながっていることが明らかになった。仮説2aは支持される。

これとは対照的に，「演説の長さ」変数の方は，統計的に有意な結果を得られていない。すなわち，仮説2cは支持されない。一般国民への説得は，大統領アジェンダにとって望ましい効果がないという点は，先行研究および本書全体の理論のとおりであるが，ここで提示した仮説のように，大統領アジェンダを積極的に妨げる効果までは確認できなかった。もう1つ，統制変数について指摘すべきことは，議会中心アプローチに関わる変数は，概して理論どおりの分析結果を示していない。「勝利」対「妥協」における「上院議席率」が有意に大統領の立法を助けているだけである。とくに，「分割政府」には何の影響もない。帰無仮説が棄却されないという知見のことを null finding というが，これは非常に重要な null finding である。「分割政府は大統領にとって不利になる」という先行研究の議論は，議会中心アプローチにとって有利な知見を生み出すバイアスをもった点呼投票のデータが生み出したものに過ぎない，ということを明らかにしているからである。大統領が本当に関心をもったアジェンダに限定した場合，分割政府が大統領の立法活動に与える負の効果は消え去るのである。前節で，本章の関心から外れる点呼投票での勝率の分析をわざわざ行った意義はここにあるのである。

最後に，仮説2bと仮説2dの検証を行う。すなわち，大統領の立法活動の効果は，分極化がはじまる前と後とでは変化があるのか。先に述べたように，こちらについては，交差項を設けることができなかった関係上，統計的に厳密な検証をすることができない。ここでは，分極化の前と後とでデータ・セットを分け，それぞれについて，全期間のデータと同じモデルで計量分析を行った。まず表4−8は記述統計である。

表4−9は，表4−6と同様，大統領は，自らに有利な条件下でより活発であるか否かを確認するための，大統領の立法活動の決定要因の回帰分析を行った結果である。こちらはほとんどの変数が統計的に有意な傾きを示していないことから，概して大統領は，自らをとりまく状況とは無関係にアジェンダを推進していることがわかる。あえて1点だけ指摘しておくと，指導部との接触(B)がイデオロギー的な法案においては少ないという傾向は，分極化がはじまって

第Ⅱ部　ミクロ・レヴェルの実証分析

表 4 - 8　分析 2 の記述統計（分極化以前と以後の比較）

A：従属変数

帰結	1949-1977年		1977-2009年	
	N	割合(%)	N	割合(%)
勝利	58	62.37	52	57.14
妥協	10	10.75	10	10.99
敗北	25	26.88	29	31.87

B：独立変数

変数名	1949-1977年					1977-2009年				
	N	平均値	標準偏差	最小値	最大値	N	平均値	標準偏差	最小値	最大値
一般議員との接触	93	0.247	0.434	0.000	1.000	91	0.341	0.477	0.000	1.000
指導部との接触	93	0.075	0.265	0.000	1.000	91	0.187	0.392	0.000	1.000
演説の長さ	93	6.376	8.643	0.000	48.000	91	11.813	20.522	0.000	128.000
分割政府	93	0.290	0.456	0.000	1.000	91	0.484	0.502	0.000	1.000
上院議席率	93	0.560	0.093	0.429	0.680	91	0.536	0.059	0.450	0.616
大統領得票率	93	0.559	0.046	0.501	0.620	91	0.528	0.022	0.497	0.592
予算歳出決議案	93	0.054	0.227	0.000	1.000	91	0.154	0.363	0.000	1.000
憲法修正決議案	93	0.000	0.000	0.000	0.000	91	0.055	0.229	0.000	1.000
イデオロギー的法案	93	0.581	0.496	0.000	1.000	91	0.659	0.477	0.000	1.000

注：各変数の説明と出典は，表 4 - 5 を参照。

第4章　大統領アジェンダの成否の計量分析

表4－9　大統領の行動の決定要因（分極化以前と以後の比較）

A：一般議員との接触（プロビット回帰）

	1949-1977年			1977-2009年		
	係数	標準誤差	P値	係数	標準誤差	P値
分割政府	-0.011	0.507	0.983	0.843	0.553	0.128
上院議席率	-0.974	2.539	0.701	1.669	4.668	0.721
大統領得票率	2.998	3.506	0.392	-5.597	7.321	0.445
予算歳出法案	0.418	0.602	0.487	-0.017	0.396	0.965
憲法修正決議案	（分析から除外）			-0.513	0.704	0.466
イデオロギー的法案	-0.365	0.320	0.254	-0.406	0.297	0.172
定数項	-1.649	2.045	0.420	1.512	5.115	0.768
Log likelihood	-49.856			-54.489		
Number of obs	93			91		
Prob＞chi2	0.503			0.256		
Pseudo R2	0.042			0.067		

B：指導部との接触（プロビット回帰）

	1949-1977年			1977-2009年		
	係数	標準誤差	P値	係数	標準誤差	P値
分割政府	4.008†	2.217	0.071	-0.842	0.827	0.309
上院議席率	16.170	10.281	0.116	-11.105	6.883	0.107
大統領得票率	-1.419	5.583	0.799	12.578	10.220	0.218
予算歳出法案	（分析から除外）			0.843†	0.446	0.059
憲法修正決議案	（分析から除外）			（分析から除外）		
イデオロギー的法案	0.406	0.544	0.455	-1.467**	0.406	0.000
定数項	-11.695†	6.265	0.062	-0.611	7.445	0.935
Log likelihood	-19.847			-29.987		
Number of obs	88			86		
Prob＞chi2	0.057			0.000		
Pseudo R2	0.188			0.299		

C：演説の長さ（OLS）

	1949-1977年			1977-2009年		
	係数	標準誤差	P値	係数	標準誤差	P値
分割政府	-6.614*	3.218	0.043	-6.817	8.636	0.432
上院議席率	-25.727	15.733	0.106	-42.249	74.011	0.570
大統領得票率	-15.074	21.196	0.479	135.222	117.750	0.254
予算歳出法案	-0.092	3.997	0.982	0.564	6.187	0.928
憲法修正決議案	（分析から除外）			-14.678	10.568	0.169
イデオロギー的法案	0.219	1.999	0.913	1.092	4.738	0.818
定数項	31.015*	12.524	0.015	-33.665	81.574	0.681
Number of obs	93			91		
Prob＞F	0.237			0.680		
Adj R-squared	0.021			-0.023		

注：**：$P<0.01$；*：$P<0.05$；†：$P<0.1$

表4-10 大統領アジェンダの帰結の決定要因（分極化以前と以後の比較）

	1949-1977年			1977-2009年		
	係数	標準誤差	P値	係数	標準誤差	P値
勝利	（ベース・カテゴリー）			（ベース・カテゴリー）		
勝利対妥協						
一般議員との接触	0.777	0.708	0.272	2.010**	0.683	0.003
指導部との接触	0.163	1.330	0.902	−1.708†	0.918	0.063
演説の長さ	0.039	0.030	0.195	−0.001	0.016	0.932
分割政府	−0.449	1.107	0.685	−1.048	1.294	0.418
上院議席率	−10.759†	6.492	0.098	−3.076	10.524	0.770
大統領得票率	−15.992	10.062	0.112	6.616	15.198	0.663
予算歳出法案	3.771**	1.427	0.008	−0.435	0.914	0.634
憲法修正決議案	（分析から除外）			0.123	0.000	1.000
イデオロギー的法案	−0.422	0.722	0.559	0.193	0.620	0.756
定数項	12.575†	7.324	0.086	−3.464	10.995	0.753
勝利対敗北						
一般議員との接触	−1.227†	0.656	0.062	−0.406	0.524	0.438
指導部との接触	1.193	0.917	0.193	−0.942	0.728	0.195
演説の長さ	0.022	0.024	0.340	0.002	0.010	0.816
分割政府	−0.428	0.772	0.579	0.044	0.871	0.960
上院議席率	−6.373†	3.828	0.096	0.864	7.598	0.909
大統領得票率	−1.057	5.145	0.837	12.092	12.032	0.315
予算歳出法案	−9.867	0.000	1.000	−0.315	0.619	0.611
憲法修正決議案	（分析から除外）			12.923	0.000	1.000
イデオロギー的法案	−0.033	0.477	0.944	−0.020	0.498	0.969
定数項	3.574	3.242	0.270	−7.203	7.844	0.358
Log likelihood	−64.971			−67.556		
Number of obs	93			91		
Prob>chi2	0.288			0.474		

注：**：$P<0.01$；*：$P<0.05$；†：$P<0.1$

からみられるようになったものだということである。このことだけは割り引いて次の分析結果を理解する必要がある。

表4-10は，データ・セットを2つに分けて，それぞれについて表4-7と同じ分析を行った結果である。おそらく，それぞれNが半分になったことが原因で，統計的に有意な結果が少なくなっている。それでもなお，一般議員や指導部との接触は，すべての係数についてではないにせよ有意な結果を示している。一般議員との接触は，敗北よりは勝利，勝利よりは妥協の確率を高める

第4章　大統領アジェンダの成否の計量分析

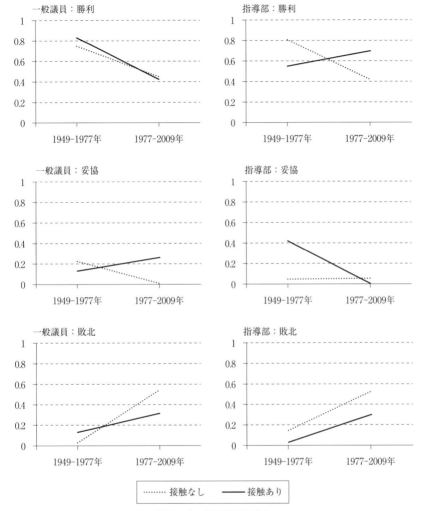

図4-3　予測確率の変化

ことや，指導部との接触は，妥協よりは勝利の確率を高めることは，データ・セットを分けてもある程度は言えることであろう。とくに「勝利」と「妥協」の比較については，厳密な仮説検定こそ行っていないが，分極化以前のデータでは統計的に有意でないものが，分極化以後では有意になっているということは，仮説2bが正しいことを示していると言えよう。これとは逆に，分極化の時代には演説はより大統領の立法を妨げるという仮説2dは全く支持されない。

　大統領野党との接触の効果が，時間を経てどう変化したかを直感的に把握すべく，図4-3では，モデルが示す従属変数の予測確率の変化を，大統領が接触を行った場合とそうでない場合とに分けて図示した。第1章～第3章の他の図のように，時間を横軸にとった。それに伴って，接触の効果の大きさは，図4-2では直線の傾きで示されていたのが，図4-3では，実線と破線の間の位置関係として表現されている。実線の方が破線よりも高い位置にあればあるほど，正の効果があるということである。

　図4-3からわかることは，第1に，「一般議員との接触」の方は，それがもたらす効果の大きさの変化は，「妥協」と「敗北」について顕著にみられるということである。第2に，「指導部との接触」の方は，まず，「妥協」に注目すべきである。分極化以前の時代では，大統領が指導部と接触する場合は「妥協」の確率が上昇していたのが，分極化以後ではそれがなくなっている。対して，分極化の時代においては，指導部との接触は「勝利」につながるという傾向が顕著になっており，「敗北」につながる確率も緩やかに上昇している。これら2点から，先にみた，一般議員との接触は妥協を促し，指導部との接触は妥協を排して勝負にもちこむ，という傾向は，主に分極化以後の時代にいえることがわかる。

4　小　括

　本章の分析結果は，本書が拠って立っている，大統領アジェンダの成否は大統領の行動によって説明されるという大統領中心アプローチを，部分的に，しかし意義のある形で支持するものである。主な知見は重要な順に以下のとおりである。第1に，大統領が大統領野党と直接接触した場合は，一般議員との接

触は妥協，指導部との接触は大統領アジェンダの原案どおりの通過と，それぞれ違うメカニズムで，大統領にとって有利な帰結をもたらす，ということである。第2に，その傾向は，分極化が進行するにつれてとくに顕著になっていることもわかった。第3に，これらとは対照的に，大統領の演説には大統領アジェンダを成立させる効果がないという先行研究の知見は補強された。第4に，本書が批判している議会中心アプローチ，とくに，「分割政府と分極化は大統領アジェンダの成立を妨げる」，という議論は，重要法案については誤りであることや，そういった影響があるにしても，それはアジェンダ・セッティングの局面に限定されるものであり，しかも分極化は何ら関係がないことを明らかにした。とくに1点目と2点目は，大統領は大統領野党の一般議員（委員長も含む）に対しては政策の内容で花をもたせ，指導部に対してはアジェンダの通過と引き換えに別のものを与えていることを示唆している。本章のデータからは示されないが，第2章の理論にしたがえば，その「別のもの」が政策の内容でないとすれば，おそらく政治的な何かであろう。

　しかしこの結論は，様々な点において留保が必要である。1つは，直接的接触の操作化がやはり困難であること，本章の分析ではNがそれほど多くないこと，そして，大統領アジェンダの基準が逆に厳しい可能性があることなどである。そのため，ここでの結論も不確実なものであると言わざるをえない。これを改善する作業は今後の課題としたい。とはいえ，大統領と議員の間の直接的な接触を，定量的あるいは体系的に捉えようとした研究は，これまでほとんど行われてこなかった[18]のであり，本章の分析が，そういった研究がこれから増えてゆく契機となれば幸いである。

　ただ，以上の不十分な点は，依然として，立法における大統領の影響力を過小評価している方向のものである。まず，本章は，「重要法案」に分析を絞りはしたものの，その重要法案同士については均質に扱っている[19]。たとえば，第103議会（1993-1995年）においては，クリントンの医療制度改革への熱心さは，実際には他の法案と比べて抜きん出ていた。また，大統領の立法活動は，実際には法案が正式に提出される前からはじまっている。政権内で立案される法案もあれば，あるいは，大統領就任以前の選挙戦の段階から改革案の議論がはじまっている法案もある。こうした，就任以前の大統領選挙にまで遡り，その成

否が政権の帰趨まで左右する，といったような最重要のアジェンダを集中的に分析することが大事である。これが次の2つの章の課題である。

注
(1) ただし，大統領は，提案の実現可能性，すなわち議会の状況や大統領のリソースに応じて議会に示す提案を決定しているという見方もある（たとえば Light 1999）。しかし，第2章で論じたように，大統領は実現可能性「のみ」を考えてアジェンダを提示しているのではない。このことは本章第3節のデータ分析においても確認する。
(2) 直接的接触の効果ではなく，どういう場合に大統領が直接的接触を行うかを論じた研究として，Beckmann (2016) は，大統領の面会や電話の行動を記録した *Daily Diary* を用いて，大統領がリソースをより有している場合（支持率が高いときやハネムーン期）や，大統領野党の指導部が議会をより掌握している場合（議席率と大統領野党のイデオロギー的凝集性）に，大統領と大統領野党の指導部はより接触していることを実証している。
(3) 逆に大統領がメディアに影響されてメッセージを発しているという説（Edwards and Wood 1999）もある。両者の折衷説として，Eshbaugh-Soha and Peake (2011) は，大統領とメディアの影響は双方向的で，顕在化していない争点の場合，大統領はメディアの報道内容に影響を及ぼすと論じている。
(4) 数少ない例外として，Lockerbie and Borrelli (1989) は，*Newsweek* 誌のコラムの内容分析によって大統領のスキルを測定し，スキルが大統領の点呼投票の勝率に影響していることを実証している。
(5) ここでいう重要立法とは，その立法が行われた時代に，重要な立法であると主要な新聞が判断した立法（Sweep 1）と，各政策分野の専門家が事後的に重要であると評価した立法（Sweep 2）である。
(6) さらにここで使用しているのは，Theriault (2008) が出版された後の年代にまで拡張されたリストである。このデータを提供くださった Sean Theriault 教授，および仲介の労をとってくださった若尾信也氏に感謝申し上げる。また，外交政策については，もう1つの Mayhew (2011) のリストには含まれていないため，このリストからも除外した。
(7) Mayhew (2011) が大統領任期の後半の会期を分析から除外している理由は，大統領アジェンダの立法は選挙の直後に集中して行われるからである（たとえば Light 1999）。加えて，大統領任期の後半の会期は，再選を目指す大統領とそうでない大統領とでは行動パターンが異なることが考えられ，大統領ごとのデータの均質性が損なわれるおそれがある。
(8) 第107議会（2001-2003年）については，2001年6月6日までは統一政府であったが，ここでは分割政府に分類している。
(9) 分極化を表す他の変数として，会期が進むごとに単線的に分極化が進行すると仮定し

第4章　大統領アジェンダの成否の計量分析

て西暦を用いたり，両党のDW-NOMINATEの平均値の差（図1-1を参照）を用いたりしたが，いずれもここで紹介する本節の分析結果と実質的な違いはみられなかった。
(10)　下院議席率と上院議席率との間の相関は，大統領アジェンダの割合を従属変数とする分析では0.85，点呼投票の勝率を従属変数とする分析では0.84と高いために，多重共線性の問題を避けるべく片方のみを投入した。どちらを投入しても，主たる独立変数に関わる結論には違いはみられなかった。
(11)　交差項と他の独立変数との相関係数は，最も高いもので0.712であり，どちらの分析においても，VIF（Variance Inflate Factor）の平均値は，それぞれ4.17と3.21と，基準である10を下回っている。これらから，多重共線性の可能性は考慮しなくてもよいと判断される。
(12)　歳出法案において，法案は成立したものの大統領アジェンダに関わる部分が削除された場合は，「敗北」に分類した。
(13)　大統領はもちろん，明らかに大統領の意を受けて接触している副大統領・補佐官・閣僚等もコーディングの対象とした。非公式な手紙のやりとりも含めた。逆に，公聴会での証言など，通常の立法過程の手続の中での直接的な接触は対象から外した。
(14)　就任1年目に成立したアジェンダは就任2年目には言及されないのではないかという疑念が生じうるが，実際には業績誇示のために頻繁に言及されるため，この点はさほど問題ではない。1つ問題があると考えられるのは，ニクソン・カーター・レーガンの3政権は，就任した年に一般教書演説を行っていないことである（それらの年の一般教書演説は退任直前の前任者が行っている）。念のため，この3つの会期に限って変数の値を倍にして同じ回帰分析を行ったが，実質的な結論は変わらなかった。
(15)　表4-7ではわからない，「妥協」と「敗北」の比較は，ベース・カテゴリーを「敗北」にして分析を行ったところ，「一般議員との接触」と「予算歳出法案」のみが，正で有意な結果（P値は，前者が0.000・後者が0.018）を示している。
(16)　表4-10には示されていない，ベース・カテゴリーを「敗北」にして「妥協」と「敗北」の比較を行った場合，分極化以前も以後も，「一般議員との接触」のみが正に有意（P値は，分極化以前が0.016，分極化以後が0.001）であった。
(17)　もう1つ，本章での重要な変数である大統領野党との接触に関する変数2種類が，ところどころ有意な結果を示さなかった原因として考えられるのは，これらの変数は接触の有無のみを示すダミー変数であって，同じ接触があった場合でも，その程度までは測定していないことである。次章以降の事例研究でも一部明らかにするが（とくに第6章第2節のレーガンの事例），大統領が集中的に大統領野党を説得した事例においては，それが立法の成立を促す効果は非常に大きい。
(18)　これを行っている最新の研究としてBeckmann（2016）。これに関連して，筆者は日本の首相が他のアクターと面会した記録について，他の研究者と定量的なデータ・セットの作成と分析を行っている（たとえば待鳥2012，第3章；松本2015a）。このような分析が可能となる前提として，そもそも政治指導者の行動が公開されていることが必須である。筆者の知る限り，体系的・均質にそういったデータを得ることができるのは，

アメリカの大統領と日本の首相についてのみである。ただしこういった面会のデータでは，個別の議案と面会との対応関係がわからないので，本章の分析には向かない。

(19) 本章で用いた大統領アジェンダのリストを作成した Mayhew（2011）は，それぞれのアジェンダの重要度を4段階で評価している。このアジェンダの重要度に応じた重み付けを行ったデータを用いて，本章の分析の追試（replication）を行ってみた。結果，上院議席率が高いほど「勝利」の確率が上がるという「議会中心アプローチ」を支持する知見や，逆に，分割政府の方が「妥協」よりも「勝利」の確率が上がるという，「議会中心アプローチ」に反する知見が一部得られた。しかし，ここでの主な結論である直接的接触の効果については結論が変わらないこと，重み付けを加味することによって議論がより複雑になること，最重要のアジェンダについては次章以降で分析することなどから，本章では，重み付けを行わないデータ・セットを用いた分析の結果のみを提示した。

第5章
大統領の政策アイデアと沈黙とレトリック
―― 第1次クリントン政権の比較事例研究 ――

Speech is silver, silence is golden.

（雄弁は銀，沈黙は金。）

　第4章では，大統領がどのような手段を用いて立法活動に関わるかが大統領アジェンダの成否を規定することを，定量的な分析によって明らかにした。とはいえ，この分析だけでは，大統領の立法活動とその帰結について解明されない。大統領が発するメッセージの内容や，立法活動と帰結の間の因果メカニズムは，数量的なデータによっては十分には表現されないからである。加えて，定量的な分析は，重要な議案とそうでない議案を均質に取り扱うきらいがある。大統領は，自らが望む立法の実現に向けて，時間・人員・予算といったリソースを用いるが，そのリソースの配分は均質ではない。それぞれの大統領には，失敗する可能性を承知の上でリソースを注入する最重要の案件というものがあるのである。なぜ特定の案件がそういった重要なアジェンダとして位置づけられるようになるのか。それはその時々の社会の要請であったり，突発的な事件への対応であったりするものもあるが，その多くは，選挙時の公約を中心とした大統領個人の主張や，さらにはそれを規定する経歴や生い立ちにまで起因する。こういった最重要の立法を特別なものとして扱わずしては，大統領の立法活動の研究としては不十分であろう。

　そこで本章と第6章では，大統領の活動の内容と分極化の程度の2つによって立法過程の帰結が異なりうることを，複数の事例研究によって実証する。第2章の理論的検証に基づき，より厳密にこれを表現すると，以下の仮説となる。また，表5－1は，これらの仮説を表にまとめたものである。ここでいうコミュニケーション言説とは，一般国民への説得や，中道的・超党派的なレトリックを指す。大統領与党寄りのレトリックもこちらに含まれる。対して調整言説と

は，アクターとの直接的な接触や，大統領野党に政治的得点を与えるレトリックを指す。

　　仮説1：コミュニケーション言説による大統領の立法活動の効果
　　　仮説1a：コミュニケーション言説による大統領の立法活動によって，大統領が何もしない場合と比べて，大統領与党の議員は，大統領の立場を支持するようになる。
　　　仮説1b：その効果は，分極化が進行するにつれて強くなる。
　　　仮説1c：コミュニケーション言説による大統領の立法活動によって，大統領が何もしない場合と比べて，大統領野党の議員は，大統領の立場を支持しなくなる。
　　　仮説1d：その効果は，分極化が進行するにつれて強くなる。
　　　仮説1e：コミュニケーション言説による大統領の立法活動は，大統領が何もしない場合と比べて，大統領の最重要立法の成立を阻害する。
　　　仮説1f：その効果は，分極化が進行するにつれて強くなる。
　　仮説2：調整言説による大統領の立法活動の効果
　　　仮説2a：調整言説による大統領の立法活動によって，大統領が何もしない場合と比べて，大統領与党の議員は，大統領の立場を支持するようになる。
　　　仮説2b：その効果は，分極化が進行するにつれて強くなる。
　　　仮説2c：調整言説による大統領の立法活動によって，大統領が何もしない場合と比べて，大統領野党の議員は，大統領の立場を支持するようになる。
　　　仮説2d：その効果は，分極化が進行するにつれて強くなる。
　　　仮説2e：調整言説による大統領の立法活動は，大統領が何もしない場合と比べて，大統領の最重要立法の成立を促進する。
　　　仮説2f：その効果は，分極化が進行するにつれて強くなる。

　本章では，クリントン政権第1期を「典型事例」(typical case) と捉えて，各

第5章 大統領の政策アイデアと沈黙とレトリック

表5-1 第5章・第6章の仮説

	コミュニケーション言説による立法活動	調整言説による立法活動
大統領与党への影響	大統領をより支持する（仮説1a／1b）	大統領をより支持する（仮説2a／2b）
大統領野党への影響	大統領をより支持しない（仮説1c／1d）	大統領をより支持する（仮説2c／2d）
大統領の最重要立法の成立	阻害する（仮説1e／1f）	促進する（仮説2e／2f）

　仮説のa・c・eを，3本の立法の事例研究とその比較によって明らかにする[1]（分極化の効果に関する各仮説のb・d・fは次章で検討する）。クリントン政権を選んだ理由は，第1に，独立変数（立法活動の内容やレトリック）と従属変数（議員の反応や立法の帰結）どちらにもヴァリエーションがみられることである。このことは，キング・コヘイン・ヴァーバ（2004, 165-167）が推奨する，独立変数にヴァリエーションをもたせる事例の選択によって従属変数のヴァリエーションを説明するという目的に資する。第2に，統一政府であった第103議会（1993-1995年）において必ずしも立法に成功せず，逆に分割政府であった第104議会（1995-1997年）においても重要な立法に成功していることから，統一政府と分割政府の違いを重視する議会中心アプローチへの反論を行うことである。

　以下，様々な立法の中でも3つに絞って，それぞれの事例を扱った既存の研究に依拠しつつ，事例研究を行う[2]。次節では，これら3本の事例に共通する背景である，ニュー・デモクラット（New Democrat）や彼らの政策アイデアが登場し，1992年の大統領選挙で勝利するまでの過程を述べる。加えて，クリントン個人の政権運営のスタイルや，なぜクリントンが一連の改革案を政権の主要アジェンダとして推進したのかを明らかにする。第2章で述べたように，大統領は立法の通過「のみ」を目的とするという意味での合理的なアクターではない。大統領の政権運営のスタイルや大統領アジェンダの内容の多くを規定するのは，生い立ちから大統領戦での勝利に至るまでの大統領の経歴である[3]。大統領アジェンダが登場する背景まで述べるのは，大統領は議会の反応を織り込んでアジェンダを提示しているという，議会中心アプローチが指摘するであろう内生性の疑いを否定するためでもある。

第2節では，クリントン政権が最も精力を注入した医療制度改革が，大統領の積極的な立場表明や中道的なレトリックが原因となって，当初の超党派的な支持が次第に失われて廃案となった過程を分析する。第3節では，NAFTAへの議会の承認の過程を分析する。第4節では，上下両院の多数党が共和党に移った後の1996年に成立した一連の福祉改革の立法過程を扱う。第5節は，以上の3つの事例を要約し，代替的な説明に対する若干の検討を加える。

1　クリントン政権登場の背景

「第三の道」の起源：ニュー・ディール連合の崩壊と DLC の登場

クリントン政権の立法アジェンダの核となったアイデアの直接の起源は，1980年の大統領選挙に求められる[4]。この選挙では，新保守主義的な経済政策を掲げた共和党レーガン候補が，現職のカーター候補を破って大統領に就任した。この選挙結果を「ニュー・ディール連合の崩壊」と評する議論は少なくない（たとえば砂田 1999, 273）。ニュー・ディール「連合」と呼ばれるゆえんは，南部の保守派と，人種差別に否定的な北東部のリベラル派という本来相容れない勢力が共に民主党の支持基盤となっていたことによる。それら勢力を結びつけていたのは，再分配を重視する経済政策であり，それを理論的に支えていたのが，ケインズ主義的な経済学の考え方であった。そのアイデアの限界が，主に，1970年代の2度にわたる石油危機と「スタグフレーション」(stagflation) という現象によって露呈し，さらに一般有権者のムードも急速に小さな政府を志向する方向に変化した。このことが，レーガンの勝利や，ニュー・ディール連合は崩壊したという認識につながったのである。

ここでのポイントは，ケインズ主義的な経済政策へのオルタナティヴとして，どういった政策アイデアが現れたのかである。有効需要の創出を政府の役割であると捉えたケインズ主義にかわるものとして，需要ではなく供給側に関心が向くのは自然な発想であった。民主党では，当時好調な経済成長を果たしていた国（主に日本）で行われていた，官民協調による産業政策を導入すべきという主張が展開された（Graham 1992；佐々木 1993a；松本 2002／2003；宮田 2001）。対する共和党側のケインズ主義へのオルタナティヴは，言うまでもなくレーガ

ンの「サプライ・サイド経済学」（supply-side economics）であり，具体的には減税や規制緩和などといった政策の形をとって現れた（これについては次章第2節で事例研究を行う）。

　実は共和党の中でも，民主党と同じように，供給側を刺激する手法として政府の役割をむしろ増やすことや，政府と民間が協調することもまた有効であるという認識は，このころには現れていた。たとえばレーガン政権は，自らが組織した，「ヤング委員会」と通称される，大統領産業競争力諮問委員会が，その報告書である通称「ヤング・レポート」（Young Report）を1985年1月に公表したのを境に，アメリカ経済の国際競争力が低下しているという事実を認識するようになり，議会民主党主導の通商法案に対して妥協的な態度をとる方向に転じた。保護主義的な政策手段や特定の産業に肩入れするようなことに対しては，市場原理をゆがめるものとして強く拒否したものの，官民協調による国際競争力の強化という考え方は，レーガンが1980年の大統領選挙で掲げた「強いアメリカの復活」という目標と整合的であった（松本 2002／2003）。あるいは，レーガン政権を継いだブッシュ（父）政権が推進した教育改革や科学技術政策も，同じような発想に基づくものであった。

　つまり，経済を回復させるために政府と民間が協調する，というアイデアの「総論」は，エリート・レヴェルでは，早い段階から超党派的な浸透がみられたのである。別の言い方をすれば，「大きな政府」と「小さな政府」という対立軸とは独立した，政府の能力への信頼に基づいて政府による細かな管理を重視するか否かという，「革新主義」（progressivism）と「ジャクソニアン民主主義」（Jacksonian Democracy）という対立軸があり，エリート内部で前者が優位に立つようになったのである。そしてこの革新主義の優位は，有権者の側にもみられた。待鳥（2003a）はこれを「マクロ・トレンド」と名づけ，この時代に連邦政府の予算編成の手法が変化したことを論じている。

　とはいえ，アイデアの「総論」が超党派的に浸透していることは，「各論」にあたる改革案への超党派的な支持には，直ちにはつながらない。アイデアを実現させる手法をめぐっては，保守とリベラルの対立軸と関連づけられた対立や，本書が主に論じている党派的な対立が生じることは十分に考えられることである。このことは次節以降で明らかにするとして，ここでは民主党の側で如

何にしてこのようなアイデアが登場したかをみておく。1984年大統領選挙の大敗を受けて，後に「ニュー・デモクラット」と呼ばれる，ニュー・ディール的な政策路線に不満をもつ南部選出の議員や知事たちは，クリントンが大統領選挙に出馬する際の足がかりとなった，民主党指導者会議（DLC: Democratic Leadership Council）を1985年2月に結成した。DLCはほどなく，幅広い党員に門戸を開き，多様なイデオロギーや意見を戦わせる場となることによって支持を拡大させる「ビッグ・テント戦略」（Baer 2000, 83）を採用した。ところが，候補者が乱立（7人の小人と揶揄される）した1998年大統領予備選挙では，多くの候補が予備選挙での勝利目当てにDLCのメンバーとなり，DLCは自らのアイデンティティを見失うこととなったばかりか，本選挙でも共和党から政権を奪うことはできなかった。この反省を踏まえて，DLCは，政策アイデアの先鋭化と，DLCの中から大統領を生みだすことに専念する方針に転換した（Baer 2000, 120, 192; From 2013, 101-103）。クリントンも，後に副大統領に指名されるゴア（D:TN）上院議員もDLCのメンバーであった。この路線転換に伴ってDLCの南部色は薄れ，多くの南部選出ではない政治家，たとえば，ジョー・リーバーマン（Joe Lieberman; D:CT）上院議員がDLCのメンバーとなった。1989年には，DLCの設立者のウィル・マーシャル（Will Marshall）が中心となって，独自のシンク・タンクである進歩的政策研究所（Progressive Policy Institute：以下，PPIと略記）を設立させ，雑誌 *American Prospect* を創刊させた。

　この転換の集大成となったのが，PPIが1992年12月に刊行した *Mandate for Change*（アメリカ民主党・進歩的政策研究所（PPI）1993）であり，これがDLCの事実上の政策綱領となった。そのアイデアの特徴は，以下のとおりである。まず，DLCの政策アイデアの根幹となる理念として，PPIは，機会・責任・コミュニティ・民主主義・企業家精神に富む政府の5つを掲げている（アメリカ民主党・進歩的政策研究所（PPI）1993, 11）。中でも，「機会と責任」，あるいはこれに「コミュニティ」を加えた点はDLC設立当初から一貫して提示されていたものである（たとえばFrom 2013, 88）。この「機会と責任」とは，一方では保守派の経済政策と異なり，政府が機会の平等を提供するものであり，他方，リベラル派がいう結果の平等までは政府は提供せず，国民個々人が結果に責任を負うことで自助努力を促すものである。

第5章　大統領の政策アイデアと沈黙とレトリック

　より具体的な政策提言のレヴェルにおいては，ケインズ主義的な経済政策が対象としていたデマンド・サイドへの介入ではなく，サプライ・サイドの競争力強化に重点を置く。その手法は，市場原理の重視や減税といった，共和党の新保守主義と共通するものや，ニュー・ディール的な公共投資の拡大まで様々であるが，DLCの政策アイデアとしての独自性を最も体現しているのは，政府と民間部門の協調という手法である。医療制度改革における「管理された競争」という理念も，福祉改革において政府が職業訓練を促すという発想も，政府と民間の関係を敵対的なものと捉える認識からは現れてこないものである。

クリントン個人に関する要因

　以上のような文脈で登場してきたのが，クリントンである。クリントンは，1979年から（1981年からの2年間の落選期間をはさんで）深南部のアーカンソー州の知事を務めていた。1986年には，既にニュー・デモクラットに通じる独自の政策アイデアを公に述べていたし，知事の任期中には，ニュー・デモクラットの主要政策の1つである福祉改革を推進した（Siegel 2012, 166-168）。1990年からは，DLC設立メンバーの1人であるアル・フロム（Al From）からのオファーに応じて，DLCのトップである議長職（Chair）を務めていた。その交渉の際にフロムは，クリントンに，DLCの綱領を策定する権限を与える非公式な提示を行ったという（Baer 2000, 163；From 2013, 111-116）。クリントン政権の閣僚やスタッフの選択も，ゴア副大統領を筆頭に，DLCメンバーを中心としたニュー・デモクラットに偏ったものであった。

　したがって，クリントンの改革アイデアの源泉は，第一義的には前項で述べたDLCのそれである。大統領選においてクリントンは，ニュー・デモクラットの理念や政策アイデアを忠実に訴えている。たとえばクリントンは，1991年11月3日に大統領選挙への出馬表明演説において，「わたしたちがつくりださなければならない変化は，リベラルでもなければ保守的でもない。そのどちらでもあり，どちらとも違うのです。（中略）政治を行動の代用物にしてしまった空疎なレトリックに関心はないのです」（クリントン・ゴア 1993, 194）と述べている。

　しかし，クリントン個人に特有の政治手法などを知るにはそれだけでは不十

分である。第2章で論じたように,大統領のスタイルやスキルといった属人的な要因も,大統領がなぜある行動をとったのか理解する上では考慮に入れねばならない。そこで以下,クリントンの経歴などを簡単に紹介する。クリントンは,アーカンソー州のホープ(Hope)という小さな町で,1946年8月に誕生した。実の父親は,母親がクリントンを出産する前に交通事故で亡くなったため,クリントンは実の父親を知らない。母親の再婚相手はアルコール依存症であり,度々家庭内で暴力をふるった。幼いころから優秀で,学校では一番でなければ気が済まないクリントン少年は,家庭内では,いかに母や弟が父の暴力を免れるかに腐心したという(たとえばクリントン 2004, 上巻58-78;ポーティス・アレン 1992, 14-15;シーヒー 2000, 103-119;Siegel 2012, 148-149)。

そのクリントン少年が政治を志すきっかけとなったのは,17歳のときに首都ワシントンD. C. を訪れ,地元選出のウィリアム・フルブライト(J. William Fulbright;D:AR)上院議員やジョン・F・ケネディ(John F. Kennedy)[10]大統領と面会したことであると言われる(ポーティス・アレン 1992, 17;クリントン 2004, 上巻103-104;Siegel 2012, 150)[11]。その後のクリントンのキャリアは政治家を一直線に目指すものであった。ジョージタウン大学にて国際関係論を専攻し,ローズ奨学生としてオックスフォード大学に留学,帰国後はイェール大学のロースクールに進学した。法律家を目指した理由も,やがては政界を志すためであったという(クリントン 2004, 上巻293)。修了後,アーカンソー州に戻り,法律家として弁護士事務所と大学に勤める。その傍ら連邦下院議員選挙に立候補し,そのときは惜しくも落選するものの,2年後の知事選挙で当選し,史上最年少知事として全米に名を轟かせる。1度落選したが,その後は安定した人気と政権運営で,民主党のホープとして全国的にも認知されるようになる。知事在職中の最大のアジェンダは教育改革であった。教育が経済成長の根幹であるという発想は,後のDLCの政策路線と共通する特徴である。

以上の経歴にも起因するクリントンのパーソナリティや政権運営のスタイルは,以下のように複雑で多様な側面をもつものであった。第1に,二面性をもつパーソナリティである。一方で,クリントンは一番でないと気が済まない負けず嫌いである。そして短気であり,物事がうまくゆかないときはすぐにスタッフを怒鳴り散らすことも少なくなかったと言われる。他方で,クリントンは人

から好かれることを強く意識しており，また実際にその能力が高かった。この二面性は，幼少期のころから形成されたものであるとしばしば指摘されており，それが「口先ウィリー」(Slick Willie)（たとえばクリントン 2004, 上巻711）と揶揄される源でもあった。(12)

　第2に，その「負けず嫌い」と「人に好かれたがること」の2点が，仕事のスタイルともつながっていると言われる。それは，クリントンは自分で働かないと気が済まず，政権内の政策決定過程のあらゆることに関与しようとした（藤本 2001, 85）し，またそれを十分にこなすだけの頭脳を備えていた（Greenstein 2000, 187-188）。政策オタク（policy wonk）と呼ばれることもしばしばであった。クリントンは，Barber (1972) の分類にしたがえば，活動的でありかつ仕事を楽しむタイプであるActive-Positiveの大統領であると言えよう。これが，ミクロな管理という手法を好むニュー・デモクラットのアイデアとマッチしたし，おなじ南部でも，「ポピュリスト」(populist) として2度の大統領選挙を戦った，テキサスの大富豪ロス・ペロー（Ross Perot）との主要な対立軸となった。

　第3に，他方で，クリントンの「人に好かれたがる」性格は，とくに政権発足当初，地元仲間や身内に甘い人事や政権運営につながった。最初の首席補佐官として指名されたのは，幼稚園時代からの地元の友人である，マック・マクラーティ（Mack McLarty）であった。閣僚や補佐官の人事の多くも，カーター政権の人脈の他にはロバート・ライシュ（Robert Reich）や，ストローブ・タルボット（Strobe Talbott）ら，ローズ奨学生の仲間が多かった。(13) きわめつけは，最重要アジェンダとして位置づけていた医療制度改革について，ホワイト・ハウス内に設置したタスク・フォースの座長に，ヒラリー夫人（Hillary Clinton；以下，「ヒラリー」と表記）を指名したことである。こうした南部的な猟官人事や，ローズ奨学生仲間といった，FOB（Friend of Bill）と呼ばれた人たちを重用する「お友達内閣」的な政権運営は，公私混同との批判を受けたし，「少年サッカーのチーム」のようだとも評され（たとえばGreenstein 2000, 186），政権内部の混乱や一連のスキャンダルの発覚など，おしなべてうまくゆかなかった。本書の理論にしたがえば，身内に甘いということは，政治的に敵対する勢力の反感を買うことを意味し，立法活動の失敗につながる。クリントン政権初期の政権運営は，この，数人の身内によって構成されるインナー・サークルを中心

にしつつも，クリントン本人がすべてに関わるものであり，指揮系統を欠くものであった（藤本 2001, 89）。

ところが第4に，「負けず嫌い」と「人から好かれること」の矛盾から導き出される特徴として，理想主義的で自らの政策目的に忠実なときもある一方で，ひとたび政治上の逆境に立たされると，実利主義的な政治家の姿が顔を出す（モリス 1997, 31-33）。モリス（1997）は，これを「ボーイスカウト・モード」と「政治家モード」と呼んでいる。政治家モードのクリントンは現実的で柔軟であり（藤本 2001, 31），対立するアクターとの妥協によって勝利を勝ち取ることも厭わなかった。(14) クリントンは，1994年の中間選挙の敗北前後を境に，これまでの失敗を反省して「政治家モード」へと転換し，政権運営の改善に努めた。このことが大統領としてのクリントンが成長し，2期8年を最後は高い支持率を維持したまま終えたことの一因であったとも言えよう。たとえばモリス（1997）は，猟官人事に基づくホワイト・ハウス内の非効率的な運営や，リベラルな政策路線を改めたことを指摘しているが，他にも様々な改善点が指摘できる。身内とだけではなく，必ずしもクリントンと親しくない政権スタッフや大統領野党と激しく対立しながらも協調関係を構築できるようになったことが，クリントンの立法活動の失敗と成功を一貫して論じる上での大きな骨格であろう。(15)

次節以降では，以上のようなクリントン政権の政策アイデアと意思決定のスタイルが，個別のアジェンダの提案とその帰結にどう結びついたのか，事例研究によって明らかにする。

2　中道的なレトリックによる失敗：医療制度改革

本書の理論を検証するための事例の1つ目として選択されるべきは，いうまでもなく，クリントン政権の最大の立法アジェンダであった医療制度改革である。クリントン政権の医療制度改革をめぐる先行研究は，立法過程の政治学的な分析に限ってもまとまった論文や文献が複数出されている（たとえばHacker 1997；Skocpol 1997；天野 2009；2013；水谷（坂部）2007／2008／2009；山岸 2014）。本節は，立法の失敗について，これら先行研究の説明を排除するものではない

第5章 大統領の政策アイデアと沈黙とレトリック

し，本書の説明である．大統領が積極的に立法に介入したことが「決定的な」原因であったと主張するものでもない．本節の目的は，むしろこうした主要な先行研究に依拠しつつ，大統領の立法活動とその帰結の因果関係に関する本書の理論が，この事例にもうまく当てはまることを実証することである．[16]

医療制度改革の前史

アメリカの医療保険は，民間企業，とりわけ企業雇用者が提供する保険が中心となっている．他方で，連邦政府が公的な医療保険を提供するというアイデアや，国民のすべてが何らかの形で医療保険に加入するというアイデアは，20世紀初頭の革新主義の時代から既に存在していた．これを部分的に実現させたのが，1964年に成立した高齢者向けの「メディケア」と低所得者向けの「メディケイド」（Medicaid）であった．それが，次第に医療費が高騰するようになり，それに伴って保険料も高額なものとなり，保険に加入しない国民（いわゆる無保険者）が増加したり，保険料を負担する企業の経営を圧迫したりするに至って，アメリカの医療保険制度は問題を抱えていることが認識されるようになりつつあった．しかし，政府による国民皆保険の実現を目指す民主党とそれに消極的な共和党の間には改革アイデアに大きな相違があり，医療保険の問題は，経済領域における保守とリベラル，あるいは，「大きな政府」と「小さな政府」の間の選択という文脈で論じられるのが常であった．

この対立軸とは異なる次元から医療制度改革を位置づけようと試みたのが，クリントンの改革案である．その伏線となったのは，1991年11月にペンシルヴェニア州で行われた上院補欠選での，ハリス・ウォフォード（Harris Wofford；D：PA）候補の当選である．国民皆保険の必要性を訴えたことが，ウォフォードの勝因であったといわれる．この補選を機に，医療制度改革は政治アジェンダとして急浮上したのである．

医療の問題が政治的にも受けがよいこと，そしてDLCやクリントンの革新主義的な政策アイデアが医療制度改革と相性がよいことから，大統領選挙の段階からクリントン陣営が医療制度改革を最重要の選挙公約と位置づけたのは自然な流れであった．[17] 以下のフレーズは，クリントンの選挙参謀を務めたジェームズ・カーヴィル（James Carville）が，選挙本部の壁に掲げたとされる標語で

ある。カーヴィルは，この3つの事柄に集中するよう運動員に促すためにこれを掲げたと言われている。

"Change vs. more of the same
The economy, stupid!
Don't forget health care."[19]
変化か現状維持か
問題は経済だ，馬鹿者！
医療保険を忘れるな。(筆者訳)

このフレーズは，2行目の，"The economy, stupid!"のみが広く知られている。これは，現職ブッシュ(父)候補の経済政策の不備をクリントンが突いた戦略を象徴するフレーズとして頻繁に言及されるものである[20]。しかし，このフレーズのポイントは，「経済」が，3行目の「医療保険」と，1行目の「変化」と並んで提示されていることである。これは医療保険がトップの選挙公約であるとクリントン陣営が認識していたことを示すものであると同時に，医療制度改革を道徳の問題ではなく経済の問題として考えている(西川 2016, 105)ことを示すものであろう。

実際，クリントン政権は，医療制度改革の本質は，「管理された競争」方式であることを再三強調していた。この方式は，既存の民間保険市場を基礎としつつ，政府が部分的に市場に介入することで，国民皆保険と保険料の抑制を両立させることを意図したものである(水谷(坂部) 2008, 249-250)。政権にとっては，この改革案は，旧来のリベラルな政策と新自由主義的な経済政策の特性を併せもつものであった[21]。そもそも，「管理された競争」という考え方は，元々は，共和党ニクソン政権が推進したものであり，政府による国民皆保険を頑なに主張していたエドワード・ケネディ(Edward Kennedy；D：MA)上院議員やウィルバー・ミルズ(Wilbur Mills；D：AR)下院歳入委員長ら議会民主党との間でうまく意見がまとまらずに，廃案になったものであった(山岸 2014, 121-123)。したがって，医療制度改革を行うこと自体は元より，クリントンの改革アイデアについても，超党派的な合意を得られる見通しは，当初は高かったと言える。

1992年大統領選挙において，クリントンは，従来のリベラルからの脱却を訴える選挙戦略を採用していた。医療制度改革についても例外ではなかった。7月16日に行われた民主党全国大会での候補者指名受諾演説において，クリントンは，市場原理主義に基づく現状の医療制度を批判しつつ，「しかし皆さんは自分がやるべきことはやらねばならない。それは病気の予防，出産前の健康管理，子供の予防接種などだ。これらによってお金が節約され，家族を悲惨な状態から救うことができる」(山岸 2014, 134) と述べ，連邦政府の役割の拡大については明言を避けつつ，個人の責任についても同時に訴える，というようにして民主党リベラル派との違いを示した (山岸 2014, 134)。さらにクリントンは，9月24日，はじめて自らの具体的な改革案を発表する。その内容は，予算総枠制度の導入（連邦政府が医療費の上限を設定すること）や，保険料率に対する規制強化，また国民皆保険を実現するための，中小企業を含む企業雇用者に対する従業員への保険料負担の義務づけなど，連邦政府の権限を強化するリベラルな要素を含んでいた。クリントンはこれを，「予算総枠制度下での管理された競争」と表現している (天野 2009；Skocpol 1997；Hacker 1997)。

この具体案を提示したことは，大統領選挙で勝利を収める上では合理的な選択であったといえる。この案は，リベラル派にも DLC 側にも配慮して党内をまとめることを目的としていたし (Hacker 1997, 168；天野 2009, 133-137)，ブッシュ（父）やペローとの討論会においても医療制度改革に積極的な姿勢を見せたことが大統領選挙の勝利の一因であったという指摘は多い (天野 2009, 136；水谷（坂部）2008, 240)。しかしながら，以下でみるように，選挙期間中にこのような具体案を出したことが，政権発足後の医療制度改革について，行動の選択の幅を狭めることになったのである。

医療制度改革の立法過程１：政権内での排他的な法案作成

政権が発足した直後の1993年１月25日，クリントンは，国民医療制度改革に関するタスク・フォース (Task Force on National Health Care Reform) を創設した。クリントンは，その委員長にヒラリーを指名し，さらに経営コンサルタントでローズ奨学生仲間のアイラ・マガジナー (Ira Magaziner) が首席顧問として，実務上の指揮をとった。当初，ヒラリーやマガジナー，さらには民主党の

議会指導部は，フィリバスターの対象外となる予算調整法案（budget reconciliation bill）に医療制度改革を含めることを考えていた。しかし，医療制度改革を所轄する上院財政委員会のダニエル・パトリック・モイニハン（Daniel Patrick Moynihan；D：NY）委員長が，（本章第4節で扱う）福祉改革の方を重視していたばかりか，そもそも医療制度改革を早急に行うことに懐疑的であったり（Berman 2001, 27；クリントン 2004，下巻37），上院の議事規則の権威であるロバート・バード（Robert Byrd；D：WV）議員が，予算調整法案に予算以外のことを含めることに反対したりしたことから，クリントンは，医療制度改革を先送りし，まずは予算調整法案を中心とする経済対策に集中する方針をとった。統一政府とはいえ，上院の民主党の議席数は53であり，もし共和党がフィリバスターを仕掛けてくれば，医療制度改革はその場で葬り去られることになった（クリントン 2004，下巻37-38）。共和党との超党派的な多数派を形成しない限り医療制度改革は成立しないことが，予算調整法案による立法という手段を選ばなかった段階で確定したのである。

改革案の作成過程は，報道担当大統領補佐官のジョージ・ステファノプロス（George Stephanopoulos）らの助言にしたがって（山岸 2014, 136），極端に秘密主義的に行われた。議会関係者は政権側から相談はされたものの案を示されることはなかったし，メディアも排除された（Hamilton 2007, 99-100）。政権側は幅広い支持を得られる改革案の作成を目指していたが，この複雑で秘密主義的な立案過程や，さらには作業が遅れたことは物議を醸した（Cohen 1994, 224）。タスク・フォースは5月まで作業を行い，その後，閣僚や補佐官らとの調整を経た結果，政権側の医療制度改革案は，1,342ページにわたる詳細で複雑なものとなった。その内容は概ね，選挙戦で公表されていた「予算総枠制度下での管理された競争」に基づくものであった。改革案は，8月初旬に，政権の最初の課題であった財政再建を達成するための包括予算調整法案が可決・成立したことを受け，次のトップ・アジェンダとして位置づけられることとなった。

政権案が公になるまでの間，議会では，包括的な立法が成立することに対する期待が党派を問わず高まっていた（*CQ Almanac* 1993, 338）。議会民主党は，政権案の作成過程を静かに見守っていたばかりか，指導部は，政権案が公になった後に速やかに行動に移れるよう準備を進めていた（Cohen 1994, 224）。共和

第5章 大統領の政策アイデアと沈黙とレトリック

党については，クリントンは，ボブ・ドール（Bob Dole；R：KS）上院院内総務に，立案の共同作業を提案したが，ドールはそれを断り，まずクリントンが独自の法案を提出し，それを検討して後から妥協案を出す旨返答した。ドールは元々医療制度改革に関心をもっていたことから，クリントンは，このドールの返答を額面通り受け止めていたようである（クリントン 2004，下巻127-128；Klein 2002, 122）。しかし両者の真意はどうであれ，両院の指導部と妥協を模索するところから立法過程をはじめなかったことは結果的に誤りであった。共和党指導部は政権案に関わらなかっただけに，後になって躊躇なく独自の対案を出すことができたのである（Hill 1999, 119-120）。

医療制度改革の立法過程2：テレビ演説による中道的な立場表明
　政権案は，1993年9月22日にクリントンが上下両院合同会議（Joint Session）で演説し，その模様が全米にテレビ中継されることで，はじめてその概略が公になった。このときの演説は，最初，プロンプターに誤った原稿が映し出されるというハプニングにみまわれたが，クリントンの演説の調子は最高に良かった（ステファノプロス 2001，上283）。この演説では，できるだけ簡潔かつ率直に問題を説明し，改革案の基本原則を述べたとクリントン本人は記している（クリントン 2004，下巻129）。
　この演説の特徴としてここで指摘しておくべきことは2点である。第1に，クリントンは，この改革案は超党派的なものであるとのレトリックを前面に押し出したことである。改革案は，市場メカニズムを基調としつつ必要が生じた場合にそれを制限するものであるといった説明や，元々はニクソンの案であることを指摘したこと（山岸 2014, 137-138）がこれに該当する。もう1つは，これとも関連して，クリントンの演説が，コミュニケーション言説の典型であったことである（Hamilton 2007, 181-183）。演説のハイライトは，新たに導入する「医療保険カード」の試作品を提示し，このカードが全国民に医療保険と医療へのアクセスを保障すると明言した場面である（*CQ Almanac* 1993, 338；Skocpol 1997, 4）。クリントンは他にも，連邦政府による国内政策の中でも最も幅広く支持されている1935年社会保障法に言及したり（Skocpol 1997, 1-2），医療制度改革を冷戦の勝利など外交政策の成功と対比させたり，「すべての国民」に対

する訴えかけであることをしきりに強調した。

この演説の翌週に，ヒラリーも，多くの団体や上下両院の委員会で演説を行ったり，その前後から，全50州で3,000万ドル規模の広報活動を行ったりといった，まるで選挙運動のような活動によって，医療制度改革への支持を訴えた（Hamilton 2007, 173, 219）。たしかに，こういった一般国民への説得活動が功を奏し，有権者の支持の拡大には，短期的には成功した。この演説によって，大統領の支持率は10ポイント近く上昇し，同改革の支持調達能力の高さを改めて示した（水谷（坂部）2008, 253；Pious 2008, 193）。また，この演説の直後は，医療制度の専門家も概ね無理のない実行可能なものと評していた（クリントン2004，下巻131）し，多くの共和党議員たちも政権案を作成した努力を評価し，妥協案を作成することに積極的な姿勢をみせていた（クリントン 2004，下巻140-141；Hamilton 2007, 183）。

しかし，このクリントンの演説こそが医療制度改革のピークであり，また，皮肉なことに，失敗のはじまりであったのである。その発端は，演説の直後から，共和党保守派や医療保険業界からの，反医療制度改革キャンペーンがはじまったことである。中でも最も有名なものは，中小保険会社の団体であるアメリカ民間医療保険協会が，「ハリーとルイーズ」という架空の中間層夫婦が政府案を批判するというテレビCMを1年間流しつづけたことである。このCMは，改革が「何千もの官僚組織」を新設して，医療の「配給制」や「何億ドルもの増税」を帰結すると主張するものであった。政権案が市場メカニズムを基調としている面には言及されず，「大きな政府」の面のみが攻撃されたのである（水谷（坂部）2008, 254-255；Hamilton 2007, 221-222；Harris 2005, 114）。

10月27日に政権案が議会に送付されて，11月20日に法案（下院H.R.3600；上院S.1757）(25)として正式に議会に提出されたのを契機に，反発はさらに強まった。まず，政権案をめぐる民主党内での対立が表面化した。無数の利益団体が個別の委員会に圧力をかけることによって，委員会内や委員会間の所轄をめぐる争いが生じたのである（Foley 1999, 32；Hill 1999, 121）。これに対して指導部は，法案を3つの委員会に（さらに法案の一部を4つの委員会に）付託（refer）し，委員会通過後の法案を一本化する作業を規則委員会に行わせる方法をとった。規則委員会にこうした権限を与えることは異例であるが，実質的にはその一本化

作業に指導部が関わることが当初から想定されていた。しかし，民主党内の対立は，こうした委員会政治によるものよりもイデオロギー的なものの方が強かった。元々ニュー・デモクラットもリベラル派も自らの立場を譲らなかったし，政権案はリベラルであるという世論の認識が広がりはじめたことが，DLC系の民主党議員の態度をさらに硬化させた。10月6日にDLC系のジム・クーパー（Jim Cooper；D：TN）議員が独自の法案を提出し，さらに年末に，DLCは大統領が提示した原案を支持しないことを明らかにしたことで党内の分裂は決定的となった。少なくとも政権案はこのままの状態では通過せず，より穏健な方向へと修正を行って，超党派的な多数派形成を行わねばならないことが明らかとなった。

より致命的であったのは，大統領に対する共和党の反発である。この時期の共和党は，政権の多様な諸政策を一貫して「大きな政府」と定義づける戦略を追究し，現にそれを有権者に印象づけることに成功していた。それは医療制度改革についても同様であった。（水谷（坂部）2008，254-255）。とりわけ，下院共和党の実質的な指導者になっていたニュート・ギングリッチ（Newt Gingrich；R：GA）院内幹事は，秋までには，民主党がどのような改革案を出してきても反対することを決めていた（Hamilton 2007, 221；山岸 2014, 138）。ギングリッチ本人の言葉によれば，医療制度改革の可否が，「下院支配を勝ち取る足がかり」と気づいた途端，共和党は襲いかかった（ステファノプロス 2001，下114）のである。

だが，医療制度改革が失敗に終わった最も直接的な原因は，下院共和党よりむしろ，当初は改革に積極的だったドール率いる上院共和党が反対に回ったことであった。決定打はまたしてもクリントンの立場表明であった。1994年1月25日の一般教書演説で，クリントンは，決意の強さを国民に伝えるべきとの何人かの補佐官の助言にしたがって，手にもっていたペンを振り上げながら，「アメリカ国民全員に医療保険を保障しない法案が送られた場合，このペンをとって拒否権を行使し，最初からやりなおしてもらわざるをえない」と述べた（クリントン 2004，下巻176-177；藤本 2001, 105）。拒否権の行使が示唆されたのは，医療制度改革に限らず，政権発足後はじめてのことであった（Foley 1999, 32）。

多くの論者が，このパフォーマンスは，政権発足以降最悪の政治的失敗であ

ると評している(たとえば Hamilton 2007, 261-262；Harris 2005, 110-111；Klein 2002, 124-125)。クリントン本人は後に，本当は超党派的なアプローチを考えており，国民皆保険からの妥協もやぶさかではなかったと述べている(クリントン 2004, 下巻176-177)。しかし，真意がどうこうよりも，メッセージがどのように受け取られるかの方が，立法過程を説明する上では重要である。現に，ドールをはじめとする改革案反対派は，「法案審議への不当な圧力だ」と強い反発を示した(藤本 2001, 105)し，直後のドールの演説は終始政権案を攻撃するものになり，視聴者を政権案からさらに離反させる効果をもった(Hamilton 2007, 262-263；Pious 2008, 198)。

　以上のような共和党の対決姿勢が功を奏したのは，この改革の失敗の要因として先行研究の大半が指摘しているように，政権が作成した法案が複雑で扱いにくいものだったこと(たとえば Drew 1994, 308-309；Pious 2008, 183；Harris 2005, 114；Hill 1999, 121；松原 1998, 108)に起因する。第1に，大統領が具体的な案を提示したことにより，具体的な批判をいかようにも行いやすくなった(Harris 2005, 111-112)。改革プログラムの複雑さは，それ自体，「官僚主義」とのレッテルを貼られやすく，改革案を「大きな政府」と関連づけようとする，共和党のコミュニケーション言説に対して脆弱であったのである。

　第2に，それに対して政権側が有効な反論を行うことがなかった(Skocpol 1997, Chapter 3 and 4)。改革案が複雑であるために，この反対派からの攻撃に対して，政権側が有効でかつわかりやすい反論を行うことが難しかった(Sinclair 1996, 113, 118)し，94年の春ごろまで，政権側が本格的に論陣を張ることはなかった。[27] 現に，改革案に対する世論の支持も，改革案が公表された時点では60パーセントだったのが徐々に低下し，94年初頭にはついに反対が賛成を上回るに至ったのである。94年3月10日に発表された『ウォール・ストリート・ジャーナル』と NBC ニュースの世論調査によると，政府の改革案に対しては半数以上が不賛成であったが，望ましい医療保険制度についての質問では，60パーセント以上の人が，政府案に盛り込まれた主な条項をそれと知らずにすべて支持したという(クリントン 2004, 下巻203)。

医療制度改革の立法過程3：民主党内での妥協

　上院共和党が態度を硬化させ，実質的な会期末である10月まで残された時間がなくなるにつれて，医療制度改革を会期内に成立させられないとの見通しが支配的となった。政権側に残された戦略は，自らの案に対して妥協を行い，より穏健な上院において超党派的な立法を追求することのみであった。

　クリントンは，法案を議会に提出した当初から，超党派的な立法を各委員会に求めていた。しかしそれは上院財政委員会を唯一の例外として叶わなかった。[28]下院では法案は3つの委員会に付託されたが，歳入委員会と教育・労働委員会ではかえって政権案よりもリベラルな案が党派的に通過し，エネルギー・商業委員会では，6月28日に，ジョン・ディンゲル（John Dingell；D：MI）委員長が，指導部に対して，委員会として政権案に賛成できない旨を伝えた。上院では，6月9日，ケネディ労働委員長率いる労働委員会でS.1757が承認された。賛成票を投じた唯一の共和党議員であるジム・ジェフォーズ（Jim Jeffords；R：VT）は，細部の修正を少々施せば，あと数人の票を得られるだろうとの楽観的な見通しをもっていた（クリントン 2004，下巻212）。しかしその2日後にドールが，さらに数日後にギングリッチが，いかなる医療制度改革法案をも阻止することを明言した。医療制度改革は「共和党にとって政治的な危機」であるとして（たとえばBennett 2014, 87），かねてより民主党との徹底抗戦を唱えていた保守派の論客ウィリアム・クリストル（William Kristol）からの意見書をドールも受け取って，5月末には徹底抗戦する方針を固めた（クリントン 2004，下巻212）のである。その理由としては，ドールは自らが大統領選に出馬することを考えており，党内保守派からの説得あるいは圧力に応じた（山岸 2014, 139；天野 2009, 160-161；Skocpol 1997, 163）ことが挙げられる。医療制度改革を成立させると民主党の業績になってしまうことを懸念したのである（Klein 2002, 122-123）。

　7月に入って，上下両院の民主党指導部は，各委員会が納得ゆく法案を作成できなかったことを受けて，政権案やいくつかの委員会案をベースに法案の作成作業をはじめた。少数党である共和党はこの作業には加わらなかった。その最中の7月19日，クリントンは全国知事会での演説で，「あらゆる解決策を受け入れる」と述べ，はじめて政権案から妥協することを公言した。2日後の7月21日，トム・フォーリー（Tom Foley；D：WA）下院議長，ディック・ゲッパー

ト（Dick Gephardt；D：MO）下院院内総務，ジョージ・ミッチェル（George J. Mitchell；D：ME）上院院内総務の3人も，クリントンに対して妥協するよう求めた。下院では，7月29日にゲッパートが，下院民主党議員総会において，歳入委員会を通過した法案をベースとした指導部案を公表し，多くの民主党議員がこれを支持することで固まったが，上院案の経過をみてから立法を進めることになった。その上院民主党は，8月2日にミッチェルが，国民皆保険を先送りして保険加入率を2000年までに95パーセントに引き上げることを目指すことと，企業主への保険負担量の義務も設けない修正を加えた法案を提出した。クリントンはこの修正案に支持を表明し，ようやく共和党穏健派への説得を開始したのである。

しかし，法案が上院本会議を通過することはなかった。まず，民主党保守派が法案の推進に消極的であった。指導部案の審議が進まないことを捉え（その間，共和党は40時間にも及ぶフィリバスターを行使していた），ミッチェルとドールは，17日に，両党の穏健派が検討していた超党派案を審議する意向を表明した（松原 1998, 103-104）。そこで19日，共和党穏健派のジョン・チェイフィー（John Chafee；R：RI）議員と民主党保守派のジョン・ブロー（John Breaux；D：AL）議員を中心とした，およそ15〜20人からなる，主流派（Mainstream Group）と自称する超党派グループが独自の妥協案を公表するが，案自体に欠陥があったこともあり，この案でも共和党保守派と民主党リベラル派の支持は得られなかった。それ以上に致命的だったのは，ドールの態度が強硬であったことである。ドールはフィリバスターを継続できる40人以上の共和党議員を固めることに成功したのである。9月26日にミッチェルが公式に会期中の法案成立を断念することを表明し，これによって医療制度改革法案の成立を目指したクリントンの立法活動は失敗に終わった。

以上のように，クリントン政権が，排他的に政策立案を行い，具体的なところについてまで立場表明を行ったこと，さらにその後も愚直なまでにニュー・デモクラットのアイデアに忠実であったことが，医療制度改革の失敗の原因であった。より直接的には，いくつかの先行研究は，民主党内の意思統一がうまくゆかなかったことを失敗の原因とみなしている（たとえば水谷（坂部）2008；天野 2009, 第3章）。しかし，本節の議論は，民主党内の問題よりも，大統領の

コミュニケーション言説に基づく立場表明が議会共和党の立場を硬化させたことにより重点を置く。クリントンも後に，ドールやチェイフィーと接触して共和党案を取り込むことを考えるべきであったと後悔している（Bennett 2014, 88）。つまり，法案不成立の最も決定的な原因は，大統領の立場表明が共和党の態度を硬化させ，上院でフィリバスターに及んだことである。

3　沈黙と議員個人への説得による成功：NAFTA

　医療制度改革の失敗とは対照的に，クリントン政権最初の2年間における最大の成功は，下院における NAFTA の承認法案の成立であったと言われる。NAFTA とは，1994年1月1日に発効した，アメリカ・カナダ・メキシコの3国による自由貿易協定である。

　この成功の要因は，クリントン政権が，議員個々人を相手に行った説得活動であることは既に指摘されている（たとえば Uslaner 1998a；待鳥 2016, 157-160）。しかし最終的な採決の結果は，共和党が賛成132・反対43であり，民主党が賛成103・反対156である。民主党政権と，（指導部を含む）共和党議会が，例外的な連合を形成したのである。

　この結果だけをみれば，NAFTA の事例は，「大統領の立法活動が議会を党派的にさせる」という，本章の仮説に対する強力な反証例であるかのようにみえる。しかし，採決に至るまでの過程を詳細に検討すると，むしろ逆に，議員は政策選好とは異なる党派的な思惑によって行動している部分が大きいことや，クリントン政権と議会共和党の連合が成立したのは採決の直前であったことがわかる。つまり，立法の結果ではなく過程に着目すると，この事例は，かなりの程度本章の仮説を支持するものであることがわかる。

NAFTA 承認の前史

　NAFTA の直接的な起源は，1988年にメキシコの大統領に就任したカルロス・サリナス・デ・ゴルタリ（Carlos Salinas de Gortari）大統領が，メキシコを自由経済体制に全面的に転換させる方針を示したことであり，NAFTA はその試みの最高点に位置するものであった（*CQ Almanac* 1993, 173）。これを受けて，

当時のブッシュ（父）政権は，カナダ・メキシコの両国と交渉を行い，1992年12月17日に協定の調印を行った。クリントン政権の課題は，これを議会に批准させることであった。

　20世紀後半においては，自由貿易は，輸出企業や農業からの支持を受けた共和党が推進する政策であり，労働組合の支持を基盤とする民主党はこれに消極的である（たとえば Nollen and Quinn 1994）。NAFTA は隣国 2 国との間での自由貿易を推進するものであるから，NAFTA もまた同じような保守－リベラルの対立軸において理解することも可能かもしれない[31]。

　しかし NAFTA をとりまく事情は単純ではない。NAFTA は，以下にみるように，保守とリベラルが理念のレヴェルで対立する政策では必ずしもなく，政策過程の中で，そのようにフレームされた政策である。ニュー・デモクラットたちにとって，単に自由放任主義に基づく貿易政策は，アメリカ産業の競争力強化のための戦略が入り込む余地がなく不十分であり，他方リベラル派が唱える保護主義は，貿易をゼロ・サムゲームとみなす誤りを犯しており，歴史的にも失敗であるとしており，自由放任主義か保護主義かといった誤った二極化からの脱却することは重要な主張であった（アメリカ民主党・進歩的政策研究所（PPI）1993, 146-151）。その点 NAFTA は，自由貿易の拡大を基調としつつも，カナダ・メキシコと組んで，日本や成立したばかりの EU（ヨーロッパ連合）といった経済大国と競争するといった戦略性をもつものであり，市場原理を活用しながらも政府が選択的に介入する，という手法は，DLC の政策アイデアの根幹と整合的なものであった。共和党のブッシュ（父）政権も，当初は NAFTA に消極的であったが，1990年 6 月になって交渉に舵を切った。その動機は，多国間貿易協定である GATT のウルグアイ・ラウンドの交渉が思うように進捗しないことであった。ブッシュ（父）は，「アジアやヨーロッパは結束して地域的な貿易ブロックを形成しつつあり，アメリカも隣国との関係強化を構築するだけの理由がある」（*CQ Almanac* 1993, 173）と述べている。アジアやヨーロッパとの「競争」という観点からの NAFTA 支持は，ニュー・デモクラットと同じようなアイデアを共和党側も潜在的には共有していたことを示している。

　しかし NAFTA は，政策の内容・政治的な状況の両面において，民主党だけでなく共和党からも反発される可能性をもつ，厄介なものであった。「貿易の

第5章 大統領の政策アイデアと沈黙とレトリック

自由化」という側面は，リベラル派（とくに労働者）から強い反発を受けた。同時に，特定の国だけを対象に自由化を行うことは，自由貿易を推進する立場からも，理念的な反発が強いものである。政治的にも，NAFTA は，1992年大統領選挙においてもブッシュ（父）が「自由化」というレトリックを駆使しながら，自らの業績誇示の手段と再選後の公約として強く推進したものである。この経緯から，NAFTA は「共和党の案」だとして民主党内から反対の声が上がる可能性があった。逆に，ブッシュ（父）の路線からの修正あるいは転換は，たとえそれが交渉相手国（とくにメキシコ）との交渉によって余儀なくされたものであっても，共和党からは「骨抜き」と批判される余地を生んでしまうものであった。

NAFTA 承認法案の立法過程１：曖昧な態度

　さて，その NAFTA に対してクリントンが最初にとった方針は，立場を表明しないことであった。元々 NAFTA を推進したのは，前任のブッシュ（父）政権であった。それが1992年の大統領選挙において大きな争点になった理由は，次期大統領をめぐる選挙戦と，条約の締結のためのカナダ・メキシコとの交渉が同時期に行われていたからである。一方で，NAFTA に強硬に反対していたのは，AFL-CIO（アメリカ労働総同盟・産業別組合会議）を中心とする労働組合であり，労働組合と密接な関わりをもつゲッパート下院院内総務を中心とする下院民主党であった。クリントンは，ニュー・デモクラットと伝統的な民主党支持連合との間の板挟みにあったのである。

　そのため NAFTA 推進派のブッシュ（父）や，NAFTA への反対を梃子に有権者の支持を拡大させていたペローとは対照的に，選挙期間におけるクリントンの態度は，まさに「煮え切らない」(waffling) (*CQ Almanac* 1992, 156) という表現が適切であった。クリントンの政策アイデアの供給源であった DLC は明確に NAFTA 支持を表明していたし（たとえばアメリカ民主党・進歩的政策研究所(PPI) 1993，第 4 章），クリントン本人も

"I will support a free-trade agreement with Mexico so long as it provides adequate protection for workers, farmers and the environment on

第Ⅱ部　ミクロ・レヴェルの実証分析

both sides of the border."[32]

　私はメキシコとの自由貿易協定を，両国の労働者および農業従事者，そして環境が保護される限りにおいて支持する。(筆者訳)

と条件付きで賛成の立場であったが，[33]（とりわけ基幹産業の）労働組合が既に強硬に反対していた（Siegel 2012, 180）。眼前の選挙を勝ち抜くためには，明確に賛成を表明することで労働組合の支持を失うことは避けねばならなかったのである。

　ところが，その曖昧な態度を，10月11日の大統領候補討論会でブッシュ（父）から攻撃されたことにより，クリントンはやむなく，労働者と環境の保護に関する補完協定（sidenote）を結ぶことを条件に，NAFTAを支持することを表明せざるをえなくなった（*CQ Almanac* 1992, 156；クリントン 2004, 上巻720）。その後NAFTAは12月17日に締結され，それを推進したブッシュ（父）は落選した。NAFTAの帰趨は後任のクリントン次第となったが，その見通しは補完協定のまとまり方次第となった。1993年3月17日にはじまった，補完協定をめぐるカナダ・メキシコとの交渉は難航したものの，8月15日にようやく，締約国は，各国の環境法と労働法を順守することと，それに違反した場合の罰則などを定めた補完協定について合意に至った。[34]クリントンは，選挙戦において具体的な立場表明を避けたことによって，過去の発言に拘束されることなく補完協定をめぐる交渉を優位に進めることができたと言えよう。ただ同時に，世論の支持も議員の支持もこの時期は大きくなく，NAFTAが議会で承認される見通しは，それほど明るいものではなかった（Hamilton 2007, 177）。政権内でも，共和党大統領が推進し，かつ多くの民主党議員が反対する議案は失敗に終わる危険が高いとして推進に消極的な意見が強かった（Harris 2005, 95）。

NAFTA承認法案の立法過程2：中道的な立場表明

　補完協定の成立を受けて，9月14日，クリントンは，この補完協定の署名式の場で，NAFTAを推進する立場を公に明確にした。さらに本章の仮説にとって注目すべきは，そのメッセージの内容である。クリントンは，「NAFTAに関する論争は，変化を受け入れて明日のために雇用を創出するか，昨日の経済

構造を維持することを望んで，それを拒否するかの争いである」(*CQ Almanac* 1993, 176) と述べ，公式に議会に対して批准を求めたのである。同時にクリントンは，NAFTA の批准は超党派的・中道的な政策であることを強調した。演説の中で補完協定に言及するなど労働組合への配慮を示したことはもちろんのこと，この署名式にジェラルド・フォード (Gerald Ford)，カーター，ブッシュ（父）の大統領経験者 3 名も出席し，それぞれ NAFTA への支持を唱えた（クリントン 2004, 下巻126-127) ことからもそれはうかがえる。

　しかしその直後の各アクターの行動は，超党派的なクリントンの立場表明とは裏腹に，党派的なものであった。いざ議会に対して批准を要求したものの，クリントン本人は弱気であった。ギングリッチを中心とする下院共和党は，NAFTA が医療制度改革と並んでクリントンの最優先事項になったことや，補完協定の内容が，ブッシュ（父）が締結した条約からの後退であること，クリントンが NAFTA に対して不熱心であり，支持表明が遅きに失したことなどを理由として，政権との対決姿勢を明確にしていた。そのためクリントンは，共和党から十分な賛成票が集まることは期待できないと判断していたのである。一方で，労働組合・消費者団体・環境保護団体は共同で，メキシコと交わした補完協定の内容は不十分であるとしてすぐさま不満を表明した。当然，労働組合との関わりの深い民主党議員やリベラルな民主党議員も反対であった。もう 1 つの反対勢力は，ワシントンの外から発言を繰り返す超党派的な勢力であった。その代表格は，先の大統領選挙で NAFTA に強硬に反対したペロー，環境保護論者のラルフ・ネーダー (Ralph Nader)，共和党保守派のパット・ブキャナン (Pat Buchanan)，民主党の黒人指導者のジェシー・ジャクソン (Jesse Jackson) といった，錚々たる面々であった。

　以上から，クリントンは何らかの策を講じない限りは，批准に必要な票を固められないことは明白であった。最初にクリントンがとった手段は，超党派的な多数派形成ではなく，民主党指導部との接触であった。クリントンはとくに，労働組合とのつながりが深いと同時に DLC の設立メンバーでもあったゲッパートと，秘密の話し合いをもつことを選択した。ゲッパートもまた NAFTA に対しては大統領／DLC と反対派議員／労働組合との板挟みの中で，クリントンの動向を静観していたが，補完協定の内容が不十分であるとして，9 月21

日に反対の立場を表明していた。さらに，クリントンを支持していた共和党議員が，こうした水面下での工作に気づいて，ゲッパートの賛成を得るために妥協すれば共和党が反対に回るだろうと警告した。結局，ゲッパートを説得する手段はないと政権は判断し，交渉を打ち切った（ウッドワード 1994，440-441）。

　下院での審議は主に歳入委員会・貿易小委員会で，上院の審議は主に財政委員会で，それぞれ始まった[(35)]。その間政権側からは，NAFTAによって職を失った労働者の再教育プログラムや環境保護対策，およびそれらのための財源が提示された。これらはいずれも，民主党議員の浮動票を固めることや法案審議へのモメンタムを保つことには資したものの，民主党の反対派を懐柔するには不十分であった。とくに下院院内幹事のデヴィッド・ボニアー（David E. Bonior；D：MI）は強硬であり（Sinclair 1996, 110），10月下旬には，NAFTAに反対する議員票として，否決に追い込めるだけの209票を固めたと表明するに至った。フォーリー下院議長は，個人的にはNAFTAには賛成の立場であったが，このように党内，とくに指導部が分裂している状況では，党指導部が主導する形の多数派形成を行うことができないと判断するに至った（*CQ Almanac* 1993, 177-178）。他方，共和党も，法案に賛成の見通しであったギングリッチら27人の下院議員が，財源をめぐって反対に回る可能性を示唆する手紙を送るなど，批判を強めていた。

NAFTA承認法案の立法過程3：共和党寄りの立場表明と個別議員への説得

　したがって，法案H.R. 3450が正式に下院に提出された11月3日の段階でも，採決をめぐる票読みは微妙であった。ここで政権がとった手段は2つであった。

　1つは，よく知られている，民主・共和両党の個別議員に対する説得活動である。しかしこれは，クリントンが勝算をもって行ったものとは到底いえず，とくに民主党議員に対する多数派形成として議会指導部を使うことができなくなった段階でやむなく行使した，最後の手段だったのである。クリントンが態度を決めかねていた民主党議員に対して行った説得の内容は，ニュー・デモクラットのアイデアに沿ったものであった[(36)]。具体的には，高技能高賃金の雇用の創出や，NAFTAが成立しない場合に増加するであろうメキシコからの不法移民の問題，日本やドイツとの競争といった点を説いたのである（*CQ Almanac*

第5章　大統領の政策アイデアと沈黙とレトリック

1993, 172-173)。また，一般的に大統領が大統領野党の一般議員に接触することはあまりなく，クリントンの場合も例外ではない。クリントンは共和党議員に対しては，民主党議員ほどには頻繁に接触しなかったが，それでも個別に説得活動を行ったこと自体が異例であった。クリントンが共和党議員に送った手紙には，「来年の中間選挙では，党派の区別なく，NAFTA賛成議員がこの問題で反対派から攻撃を受けないようにしたい」(松原 1998, 78)という内容のものすらあった。クリントンとゴアが電話をしたり直接会ったりした議員は200人に達し，閣僚がかけた電話の数は900回にのぼったという（クリントン 2004, 下巻144)。

　もう1つの手段は，一般国民への説得である。その目的は，NAFTAに対する世論の支持を上昇させることで，中間的な立場にあった両党の議員の票を取り込むことであった。政権を代表してゴアが，11月9日にCNNの番組『ラリー・キング・ライブ』で討論を行った。討論の相手として選ばれたのは，共和党のブキャナンでも民主党のジャクソンでもなく，第三の大統領候補であったペローだった。討論は，冷静に自由貿易の利点を説き，ペローの議論の不備を突いたゴアの圧勝であった(Drew 1994, 344-345 ; Harris 2005, 101 ; Sinclair 1996, 111)。この討論の後に行われた世論調査では，ペローに対して悪い印象をもつ有権者が39パーセントから51パーセントに急増し(Bailey 1999, 95)，NAFTAに賛成する有権者が23ポイントも増えていた（西川 2016, 138)。

　この一般国民への訴えは，議会共和党指導部を動かすことになった。議会共和党の建前上の批判は，クリントンのNAFTAに対する不熱心さであった。しかし，政権側の説得活動やペローへの攻撃はその理由づけを否定するには十分であり(Bailey 1999, 96)，採決直前になって，ギングリッチは賛成に転じせざるをえないと判断して共和党議員に動員をかけることを決断した。ギングリッチは，共和党の票をとりまとめる転機となったのは，クリントンが労働組合の「柔軟性に欠ける戦術」を非難したことであり(松原 1998, 78)，「労働組合と対峙する危険を冒すクリントンに背を向けるわけにはゆかなかった」と述べている(*CQ Almanac* 1993, 173)。指導部の方針が固まったことを受けて共和党議員が一気に賛成に転じたことで，NAFTA承認法案はようやく成立をみたのである。ギングリッチにとって，NAFTAは通れば自分の手柄になるし，通らな

159

ければ民主党を非難することができる(ステファノプロス 2001, 上308)もので あった。最後になってクリントンが労働組合を切り捨てるレトリックに訴えた ことと,共和党にとっても大統領選を戦った敵であるペローを攻撃したことに よって,大統領野党に政治的得点を与えたことが,ギングリッチが決断を下す 上で重要な要因となったのである。

11月17日に行われた本会議の採決の結果は,234対200(民主党 103-156;共和党 132-43)であった。共和党の賛成票は,共和党指導部が約束していた110票 を大きく超える132票であった。その後同法案は上院で61対38(民主党 27-28; 共和党 34-10)で通過し,12月8日に大統領の署名によって成立した。

4 曖昧な立場表明と保守的なレトリックによる成功:福祉改革

本章で取り上げる最後の事例は,1996年に成立した,個人責任・就労機会調 停法(Personal Responsibility and Work Opportunity Reconciliation Act of 1996:以下, 「福祉改革法」と略記)の立法過程である。その主な内容は2点である(根岸 2006, 143-152;西山 2008, 266-267)。第1に,要扶養児童家庭扶助(Aid to Families with Dependent Children:以下,AFDCと略記)の廃止と,一時的生活保護(Temporary Assistance for Needy Families:以下,TANFと略記)や児童支援強制制度 (Child Support Enforcement:CSE)の導入である。簡単にいえば,これまで,社 会福祉を義務的経費として貧困者に提供していたのを,福祉受給者に勤労の義 務を課し,給付期間を,継続して2年まで・生涯で5年までに制限するもので ある。第2に,これまで連邦政府が受給資格を定め,州政府に連邦補助金を支 給していたのが,福祉改革法では,州政府に対して一括補助金(block grant) を導入することで連邦政府から州政府に交付される財源に上限が設けられた一 方,資金の運用や政策の執行に関して,州政府の裁量が大幅に増大した。つま り,連邦はこれまでの社会保障法で定められていた受給資格を厳格化し,さら に州政府はそれよりも厳しい基準を適用することができるようになったのであ る。

この改革は,政策を執行するためのコストや,機構の整備の必要性など,「小 さな政府」という保守派の主張とは相容れないと同時に,福祉受給者に労働の

義務を課し,勤労倫理や遵法意識などの価値観を身につけさせることで社会秩序を維持するという,保守的な性格を持ち合わせているものである(西山 2008, 266-268)。州の裁量の幅を増やすという点では,とくにレーガン以降共和党が進めてきた政策路線と合致するものでもある。したがって,クリントンがこの福祉改革を推進した動機も,ニュー・デモクラットの政策アイデアを実現させる一環として理解されるべきものである。そして,クリントン政権と議会共和党の間では,早くから福祉改革の主要な内容については合意がみられていた。にもかかわらず,立法は困難をきわめ,クリントンは拒否権を2度にわたって行使し,成立が危ぶまれた。そこには,政策の内容をめぐる争いだけでなく,大統領が関わることによる党派的な対立が絡んでいたのである。

1996年福祉改革の立法過程や内容を論じた研究は非常に多い(たとえば Weaver 2000; Heclo 2001; 西山 2008,第8章; 根岸 2006)。さらには,同改革を論じた研究の決定版ともいえる Weaver (2000) は,政治アクターの戦略的な選択だけでなく,様々な文脈的要因にも依らなければこの事例をうまく説明できないことを主張している。それでもなおこの事例を取り上げる理由は,第1に,先述したように,大統領の立法活動とその帰結のメカニズムを知るためには,大統領にとってトップ・アジェンダとなった立法を選択せねばならないことである。福祉改革の事例は,この基準を十分満たす。第2に,先行研究が多いにもかかわらず,本書の関心である,大統領の立法活動とそれに対する議会の反応という観点からの議論は少ないことである。(40)そこで以下,本章の仮説を検証することを目的とし,同法案の立法過程を分析する。

福祉改革の立法過程の前史

1935年に制定された社会保障法が定めていた AFDC は,国民の勤労意欲を失わせるものであり,対象となっている貧困層に対しても,依存心を助長するばかりでなく社会から疎外するものであるとして,一般国民の間でも不人気な政策であることは早くから明らかになっていた。連邦議会や各種団体の提言においても,1980年代後半には,家族の責任と就労重視の方向については超党派の合意が形成されつつあった(根岸 2006, 第2章)。このことから,民主党の新たな姿を考える上で避けて通ることのできない重要争点として,福祉と市場原

理の融合は，DLC結成の最初期から取り上げられていた問題であった（西山 2008, 287）。リベラル派にとっても，AFDCは，貧困を生み出す根本的原因と考えられた社会構造の変革が伴っていないだけに，擁護が難しい政策であった（西山 2008, 276）。

それだけに，現状の福祉を叩くことはDLCやクリントンにとっては容易であったし，リベラル派との差別化を図ることで有権者の支持を得やすい政策であった。DLCやクリントンが提示した改革アイデアの供給源の代表格は，ハーヴァード大学ケネディ・スクール教授のデヴィッド・エルウッド（David T. Ellwood）であった（Weaver 2000, 133-134）。給付制限を設けることなど，福祉改革の根幹はエルウッドの提案（たとえばEllwood 1988）に起源をもつ。加えてエルウッドは，アメリカの貧困問題の根本には，とくに長期にわたって福祉に依存している，子どもを養いながら生計を立てている母親の問題があると指摘した。エルウッドの改革アイデアは，貧困問題を家族の問題と位置づけることや，母親に対する職業訓練などの点において，「機会と責任」に加えて共同体の役割を重視するDLCの根本的な思想と親和的であった。

もう1つの背景は，州レヴェルで，連邦の福祉改革法の先駆けとなる改革が進行していたことである。福祉改革法のもう1つの柱である州への権限移譲は，既に1962年の同法の改正で導入されたウェイヴァー条項（waiver authority）に基づいた申請を州が連邦に出すことによって，州政府は福祉受給資格の設定について裁量を得ることができるようになっていた（根岸 2006, 94-100）。石川（2014）によれば，1987年以降，福祉拡充を意図したウェイヴァー条項の運用はなくなる一方で，縮減を意図した運用が突如増大した。さらに，ウェイヴァー条項を用いた裁量を得るには，「実証実験」と呼ばれる州政府独自の政策案の提出とその実施が求められる。この州レヴェルでの実証実験が，連邦レヴェルでの福祉改革へのアイデアの供給源となったのである。クリントン本人は，1986～87年にかけて全米知事協会会長として積極的に連邦議会での福祉改革法案の立法化をはたらきかけただけでなく，当時の政権と積極的に情報交換を行い，政権側の既存の制度内でのウェイヴァー条項の運用拡大に尽力した（石川 2014, 197-198）。

クリントンは，1992年の大統領選挙において，旧リベラル派への攻撃材料と

して，福祉改革に言及した。その選挙運動の際に放映したテレビCMで使われた，

"The end of welfare as we know it."
われわれが知っている福祉は終わる。（筆者訳）

という有名なフレーズがある。ここでのポイントは，後半の"as we know it"である。これは，福祉をなくすのではなく，「新しいタイプの福祉は導入する」ことを暗に示すメッセージであり，ニュー・デモクラットのアイデアに沿った改革を行うことを簡潔かつ印象的に述べたものである。クリントンの選挙公約は，給付期間を2年と明言した点以外は，エルウッドの政策案よりも詳細を述べることはなかった（Weaver 2000, 223）。ただし，この「今ある福祉を終わらせる」というスローガンの下に改革案を提示したことは，有権者に強くアピールした。しかしこれが諸刃の剣であり，このスローガンは，現状を否定して保守派寄りの改革を行うとの含意をもつものであったし，コストや実現可能性をあまり真剣に考えないものであった。このような立場表明を行ったことが，後に，改革の具体案をめぐる共和党とのバーゲニングを行う手段として拒否権を行使することが，不人気な現状を擁護すると受け取られかねないようになり，クリントンは不利な立場に追いやられることになった（Weaver 2000, 224）。

このように，DLCもクリントンも福祉改革に積極的であったにもかかわらず，クリントン政権は，統一政府下の第103議会（1993-1995年）には，これを積極的に推進しなかった。その最大の理由は，医療制度改革に集中することであった（Weaver 2000, 228-230；Heclo 2001, 189；西山 2008, 289-290）。これは単に優先順位の問題ではない。クリントンは，医療制度改革と福祉改革は一体のものであり，先に医療制度改革を行うことによって，福祉が抱える問題をとりあえずは緩和させられると考えたのである。しかし政権内の内在的な論理がその他のアクターに受け入れられるわけではなかった。クリントンは「今ある福祉を終わらせる」という選挙公約をないがしろにし，「リベラルな」医療制度改革を追求するリベラルな大統領であるとのラベルが貼られたのである。

政権案は，形の上では，1994年6月に上院案 S. 2224・下院案 H.R. 4605とし

て議会に提出されはしたが，委員会にて審議されず，そのまま廃案になった。その理由は，政権案に対して民主党リベラル派が難色を示したことや，共和党が独自にH.R. 3500を提出しており，176人中160人の下院共和党議員が共同提出者に名を連ねるなど，独自の案に固執したことである (Weaver 2000, 235-237)。しかりより大きな理由は，「今ある福祉を終わらせる」という「ニュー・デモクラット」のレトリックに基づいた大統領の立場表明が，共和党を刺激したことである。1994年の夏ごろ，ギングリッチ率いる下院共和党は，中間選挙での勝利の見込みが出てきたことで，福祉改革についてもよりラディカルな案を提示するようになったのである。もちろん現状の福祉を改めることは共和党にとっても望ましい政策であるが，有権者の支持の高い福祉改革をクリントン主導で成立させた場合，クリントンが業績誇示を行う余地を与えてしまう。それよりも，政権案をつぶして引き続き福祉改革を選挙のアピール材料とし，中間選挙で多数党の地位を得て，議会主導で改革を行えば，クリントンの案よりも望ましい改革案を実現させられる可能性が出てくるのみならず，共和党の政治的得点となると，共和党側は判断したのである (Weaver 2000, 248, 261-262)。

　この思惑どおり，1994年11月に行われた中間選挙において，共和党は上下両院で多数派を奪回した。上下両院で多数党になるのは，実に第83議会 (1953-1955年) 以来のことであった。この選挙では，ギングリッチを中心に，中間選挙のキャンペーンの柱として『アメリカとの契約』(*Contract with America*) (Republican National Committee 1994) という政策文書を作成し，すべての共和党候補がこれに署名して選挙運動を行った。[43]『アメリカとの契約』は，有権者の多くにはあまり理解されず，多数党が交代した原因は，『アメリカとの契約』の内容を有権者が積極的に評価したからではないと言われる (たとえば砂田 1999, 388-389)。しかし，新たに多数党の地位を得た共和党，とくに下院共和党では，『アメリカとの契約』に起因するアジェンダは有権者の支持を得られると認識されていたため，妥協をするようなムードはなかった (Berman 2001, 46)。下院指導部にとっては，『アメリカとの契約』への署名を理由に所属議員を統制することは容易であった。

第5章　大統領の政策アイデアと沈黙とレトリック

福祉改革の立法過程1：曖昧な態度

　多数党が交代した第104議会（1995-1997年）における立法過程は，議会共和党主導で進められた。ここでまず重要なことは，クリントンは福祉改革を医療制度改革と一体のものとして考えていたのに対して，「リベラルな政策」とのレッテルを貼られたことで失敗した医療制度改革との関連づけが，ここで共和党の方から福祉改革の案を出すことによって，途切れたのである。もしクリントンが，民主党が上下両院で多数党であった第103議会で福祉改革を行っていれば，議会共和党は，医療制度改革とのつながりを理由に政権案に反対したであろうことは，本章第2節の医療制度改革をめぐる党派間対立の過程から容易に想像できる。

　一方，クリントン政権の側でも，福祉改革を行う動機はより高まっていた。クリントンにとっても，福祉改革は，自らの選挙公約のうち，共和党主導の議会との妥協が可能な，残された数少ないものであったのである（西山 2008, 291；Weaver 2000, 270-271）。1994年中間選挙の前後から，クリントンは，選挙コンサルタントのディック・モリス（Dick Morris）をアドヴァイザーとして起用した。そのモリスが提示したのが，いわゆる三角測量戦術（または「トライアンギュレーション戦術」）（triangulation）である。これは，民主党と共和党の従来の見解の間にあるだけではなく上でもある立場を打ち出し，両党から出されたアイデアの良いところを組み合わせるだけでなく，旧来の民主党の方針を変えることを意図したものである（たとえばモリス 1997, 128-129, 499-500）。モリス本人は，この三角測量戦術を大統領に採用させることによって，大統領就任後2年間のクリントンがリベラルに振れていたのを中道に戻した，と自任している（モリス 1997）が，本書はこれとはやや異なる見方をとる。ここまで論じてきたようにクリントンは，少なくとも経済政策については，一貫してDLCの路線を追求していたにもかかわらず，自らが立法に関わったことによって，リベラルである「と認識された」のである。三角測量戦術と，それまでのクリントンのニュー・デモクラット路線との決定的な違いは，クリントンが，議会共和党だけでなく，議会民主党からも距離を置いたことである。

　他方，共和党の方も，立法の主導権を握ったとはいえ，クリントンや議会民主党と妥協せねばならない状況に置かれていた。共和党は上下両院で多数党と

なったとはいえ，その議席数は，下院は435議席中230議席，上院は100議席中52議席と，いずれもそれほど大きいマージンを有していなかった。この数字は，大統領が拒否権を行使する以前の問題として，いずれかの院の本会議の場でわずかな共和党議員が反対票を投じただけで，法案は議会を通過しなくなることを意味するものであった。その上，下院共和党は，『アメリカとの契約』で100日以内に対策を立てると明言した関係上，迅速にラディカルな改革案を推進せねばならない状況であった（西山 2008, 291）。以上より，福祉改革が超党派的に実現する可能性は，第104議会がはじまった当初から高かったと言えよう。

　『アメリカとの契約』の内容を反映させた法案 H.R. 4 は，第104議会の初日の1995年1月4日に提出された。この時期のクリントンの態度は曖昧であった。クリントンは，中間選挙での敗北の翌日に共和党との協力を約束すると共に福祉改革に対する支持を表明したり（クリントン 2004, 下巻257），1月24日の一般教書演説の中で，共和党と共に福祉改革に取り組む姿勢を述べたりした。他方クリントンは，同演説の中で，福祉改革の推進を訴えつつも，「われわれは労働と相互責任は求めるが，単に貧しいから，若いから，あるいは未婚であるからというだけで人々を疎外してはならない」とし，「貧困を罰するような」如何なる改革案に対して反対することを述べている（*CQ Almanac* 1995, 7-36）。委員会での審議が行われていた時期も，クリントンは，共和党案を強く批判したかと思えば超党派的な立法を訴えたりもしたし，具体案も出さなければ拒否権行使に言及することもなかった（Weaver 2000, 286）。

　このような大統領の曖昧な態度に対して，下院共和党は，当初は妥協を行う必要性を感じていなかった。大統領は拒否権を行使することで現状を擁護しているとみなされることを嫌うだろうとみていたからである（Weaver 2000, 286-287）。法案は，歳入委員会ほか3つの委員会で審議された。いずれの委員会や小委員会でも，大半の修正案や法案の採決はほぼ党派ごとに分かれた。民主党議員から出された，共和党穏健派との連合を模索するような修正案は，ことごとく共和党側が結束して否決した。3つの委員会を通過した法案は，規則委員会によって H.R. 4 として一本化され，本会議に提出された。本会議では，共和党議員が提案したいくつかの修正案を可決した以外はすべて，共和党指導部の方針が貫徹された。民主党議員からの修正はもちろん，共和党議員からの修

正も，共和党内の結束に響きかねないものはすべて排除された。3月24日に下院本会議は，H.R. 4 を234対199（民主党 9-193；共和党 225-5）というきわめて党派的な採決結果をもって可決した。

　他方，民主党議員は，大統領が明確に立場を示さないことを反映して，当初は十分に結束していない状態であった。まず，民主党議員は元々，現状維持を志向するリベラル派と，改革を志向する保守／中道派に分かれていた。大統領が，共和党案と断固戦うとも妥協するともつかないメッセージを発していたことによって，保守／中道派議員が共和党案に賛成する可能性が考えられた。この状況の中で，保守派のネイサン・ディール（Nathan Deal；D：GA）下院議員を中心に作成された，1994年の政権案よりは保守的な対案，H.R. 1267が本会議に提出された。これに対してリベラル派を含む民主党議員が結束して賛成票を投じたのである。その理由は，1つは，民主党から共和党案に対する賛成票が出た場合，その後の上院や両院協議会（Conference Committee）でのバーゲニングに影響すると考えたからである。もう1つは，政権側がこの修正案に支持を表明したことである。民主党からの対案が出たことは，共和党にとっては，一方では大統領から譲歩を引き出すことに成功したことを意味したが，他方では，H.R. 4 に対してほぼすべての民主党議員が反対したという事実は，上院での交渉を不利にさせるものであったし，後に大統領が拒否権を行使する口実を与えることになった（Weaver 2000, 288-289）。

福祉改革の立法過程2：上院案支持と下院案拒否の立場表明

　共和党所属の知事や上院議員だけでなく，一部の下院共和党議員も，『アメリカとの契約』に定められた案は厳しいと内心では思っていた。とはいえ，下院共和党議員の間では，『アメリカとの契約』にしたがわねばならないとの圧力が強く，法案を修正することは難しい状況であった。法案が成立しないという，クリントン政権にも共和党にも望ましくない結果を避けるには，政権や（少なくとも一部の）民主党議員との妥協を，立法の主導権を握る議会共和党の側から行わねばならなかった。この役割を担ったのは，下院ではなく上院共和党の穏健派議員であり，指導部であった。

　法案の審議にあたった委員会は，下院と同じく3つである。福祉改革の大半

の内容を所管する財政委員会を司る,ボブ・パックウッド(Bob Packwood;R:OR)委員長は,独自の法案を超党派で作成することも検討していたが,結局下院案をベースに審議を進めることにした(Weaver 2000, 294-295)。同委員会の案は,5月26日に,12対8（民主党1-8；共和党11-0）で承認された。その内容の根幹は,政権案や下院案と同様,最終的に福祉改革法の中心となる,AFDCの廃止とそれにかわる（最終的にTANFと呼称される）2年間の給付制限付きの一括補助金を盛り込んだものである。他方で,州に課す財源や受給資格などについて下院案よりも穏健なものであった。これは,1つはパックウッドが共和党の中では社会争点に対してリベラルな議員であったことによる（CQ Almanac 1995, 7-44；Weaver 2000, 295）ものであり,もう1つは,上院共和党は下院よりも穏健派が多く,穏健派が離反することを未然に防ぐためであった。[45]

それでも,法案作成過程から排除された民主党議員は財政委員会の案に反発していた。民主党の筆頭少数党委員のモイニハンは,共和党案は元よりクリントンにも批判的であった(Weaver 2000, 301)。上院民主党指導部はモイニハンよりは穏健ではあったが,6月8日,上院民主党指導部は,"Work First"と称する自らの対案S. 1117を提出した。クリントンは上院共和党案に対しても拒否権の行使は明言しないものの批判を行っており,上院民主党がこの対案を提出したのは,大統領がこの案を支持して共和党案に拒否権を行使することで,共和党がこの対案を軸に妥協に応じることを期待してのことであった(CQ Almanac 1995, 7-47；Weaver 2000, 307-308)。

下院よりは穏健な上院財政委員会を通過した下院案H.R. 4は,上院の共和党保守派にとっても批判の対象であった。最大の論点は,連邦の資金を各州へ配分する方式と,下院案には含まれていた,非嫡出子の誕生(out-of-wedlock birth)を抑止するための施策の欠如である。前者は1人あたり収入が高い州にとって不利なものであり,後者は南部選出の保守派が反対した（保守派は概ね下院案に賛成であった）。[46] ドールが中心となって共和党内での調整を行ったが,それに時間を費やしたため,法案が本会議で審議されたのは9月に入ってからのことであった。[47]

9月6日にはじまった本会議での審議は,財政委員会が通過させたH.R. 4に対して,共和党穏健派と民主党議員の一部がより穏健な案を模索する作業が

中心となった。ここでクリントンが、ラジオ演説を通じてようやくシグナルを出した。それは、原則として上院案を支持することと、両院協議会において保守寄りの修正が行われた場合は拒否権を行使することであった。これによって上院の民主党議員は法案に反対することが難しくなった（Weaver 2000, 312）。上院本会議は、その直後の9月19日に、ドールがとりまとめた修正案を反映させた H.R. 4 を、87対12（民主党 35-11；共和党 52-1）で可決した。大半の民主党議員は賛成票こそ投じたが、内容には依然問題があるとして消極的な態度であった（*CQ Almanac* 1995, 7-48）。共和党議員は、大統領の立場表明は議会指導部が中心となった案の追認であったので、結束して賛成に回らざるをえなかった。10代の母親を受給対象から除外する内容が外されたことを理由に法案の内容に不満を抱いていた保守派も、上院での修正よりも両院協議会での巻き返しに期待するようになった（Weaver 2000, 313）。法案可決後、クリントンは改めて、この超党派的な妥協を歓迎し、下院案よりも上院案に近いものを送付するよう求めた（*CQ Almanac* 1995, 7-48）。

福祉改革の立法過程3：共和党寄りの立場表明と共和党指導部との接触

　上下両院で通過した法案 H.R. 4 の相違点を解消するための両院協議会は、10月24日にはじまった。両院協議会では民主党の委員はほとんど無視され（*CQ Almanac* 1995, 7-35）、上下両院の共和党委員の間の交渉となった。さらに、法案の大部分は予算調整法案に含まれることになり、予算調整法案と福祉改革法本体の2本の法案の審議が同時並行で進むことになった。7年間で均衡財政を達成することを定めた予算調整法案の両院協議会案は、11月17日に、上下両院をほぼ全員の共和党議員の賛成（と、ほぼ全員の民主党議員の反対）をもって通過した。予算調整法案の形式をとることの上院指導部からみた利点は、1つは共和党内をよりまとめやすくなることであり（Weaver 2000, 257-258）、もう1つは、第2節でも述べたように予算調整法案はフィリバスターの対象にならないことである。H.R. 4 自体は、福祉改革の根幹部ではなく、学校給食への給付を州の裁量にするか否かをめぐって意見がまとまるのにさらに1か月を費やし、両院協議会案が12月21日に下院を245対178（民主党 17-173；共和党 228-4）で、翌22日に上院を52対47（民主党 1-45；共和党 51-2）で、それぞれ通過した。

ほぼすべての民主党議員が反対票を投じたのは，両院協議会案が上院案よりも保守寄りであったことだけでなく，両院協議会での審議に民主党委員が実質的に関われなかったことが理由である。

クリントンは，12月6日に予算調整法案（H.R. 2491）に対して，翌96年1月9日にH.R. 4に対して，それぞれ拒否権を発動させた。ここで重要なことは，クリントンが拒否権を行使した理由は，前者はメディケアやメディケイドの削減に対してであり，後者は，フード・スタンプ（food stamp）・学校給食・移民への給付といった問題であり，TANFの廃止自体には異議を唱えなかったことである。クリントンは，H.R. 4に拒否権を行使した際に，現状の福祉システムは「壊れており，修復せねばならない」としながらも，共和党案は「人々を福祉から労働へと促すにはほとんど何にも」ならないと述べている（*CQ Almanac* 1996, 6-4）。さらに1月23日の一般教書演説において，クリントンは，有名な「大きな政府の時代は終わった」という発言を行った。この旧来のリベラル派を切り捨てるレトリックは，共和党がひきつづき福祉改革を推進することを追認するものであったと言えよう。ただクリントンは超党派的な福祉法案を送付するよう求め，超党派的な法案には「速やかに署名する」（*CQ Almanac* 1996, 6-4）ことを表明した。

党派間対立をさらに煽ったのは，これまで意見をまとめられなかった全国知事会（National Governors' Association）が，2月6日に，両院協議会案に近い改革案とメディケイドの改革案を公表したことである（Weaver 2000, 321）。これがドール以下の議会共和党をさらに強気にさせ，福祉改革とメディケイドを単一の法案として再提出する動きがみられたのである。これに対して議会民主党は即座に反対の意思を示し，大統領もそうした法案には拒否権を行使することを述べた。3月22日，新たにH.R. 3507とS. 1795が上下両院にそれぞれ提出された。新たに提出された法案がメディケイドと一体の改革となったことから，民主党は一致して反対に回った。[48]

この段階において共和党は，この法案について妥協せずに来たる大統領選の争点にすることと，妥協した上で成立させることの二択を迫られたのである。そして共和党の選択の結果は，次第に前者から後者へと方針を変更させるものであった。この転換の要因は，第1に，予算をめぐる対立が連邦政府の閉鎖に

まで至ったことについて，世論は議会共和党に問題があると判断したことである（砂田1999, 397-398）。有権者の支持が高い福祉改革においても妥協せずに廃案に追い込んでしまえば，さらに有権者の不興を買って再選にひびくことを，とくにシニオリティの低い下院議員が懸念するようになった（*CQ Almanac* 1996, 6-11）。

　第2に，共和党の大統領予備選挙は，穏健派のドールが勝利する情勢が3月上旬には明白になった。95年9月にクリントンが承認した上院案はドールがとりまとめたものであり，福祉改革法案を成立させることは，ドールの政権担当能力を測る意味をもつようになったのである。ドール本人はクリントンと功績を共有することに消極的であったが，6月11日に大統領選に専念するため議員を辞職してからは，ギングリッチや，後任の上院院内総務であるトレント・ロット（Trent Lott ; R : MS）に法案の成立を求めるようになった（*CQ Almanac* 1996, 6-11）。さらに，このドールの案に反対していた保守派のフィル・グラム（Phil Gramm ; R : TX）は予備選から撤退してドール支持を表明していた。大統領候補をドールに一本化することは，福祉改革についてもドールの穏健な案で一本化することにつながったのである。

　そして第3に，大統領の「大きな政府の時代は終わった」というレトリックの影響である。この演説を機に大統領の支持率は上昇に転じ，福祉改革に対する世論の関心の高さが改めて浮き彫りになった。95年の予算審議につづいて福祉改革についても反対を続けることによって，共和党は統治能力に欠けるという印象を有権者に与えることを，共和党は懸念せざるをえなくなった。

　決定打となったのは，法案が6月に上下両院で委員会を通過した後の7月に入って，両院の指導部が，メディケイドの部分を削除することを決定したことである。これによって民主党の穏健派・保守派も賛成に転じた。下院予算委員会にてとりまとめられていたH.R. 3734は同委員会を通過後，指導部によってメディケイドの部分が削除され，その後速やかに，両院の本会議での採決と両院協議会での承認が済まされた。両院協議会においては，共和党委員は民主党委員も審議に加わることを認めた。法案の実質面のみならず，その過程についても，最後になって超党派的な立法が実現したのである。その一因は，法案審議の過程でクリントンが，さらなる譲歩を共和党にはたらきかけるなど，法案

に署名するとも拒否権を行使するともつかない曖昧なメッセージを送っていたことである。実際にクリントンには，議会がまとめつつある法案の中に，移民の受給資格の問題など，受け入れられない部分が残っていたのである。さらに法案の成立を後押ししたのは，上下両院の共和党の指導部であった。とくに6月に上院院内総務に就任したロットとクリントンは，主にモリスを通じて非公式に接触しており (Harris 2005, 230-231；Heclo 2001, 193-194；モリス 1997, 432-439)，その過程で，法案の内容について譲歩するに至ったのである (Heclo 2001, 193-194)。以上の事実は，単に折衷的な立場を表明するだけでは大統領野党を説得できないのであり，調整言説に頼ること，およびそれによって，ギングリッチやドールに政治的得点を与えることが大事だったことを示している。

　7月31日，閣僚や補佐官たちとの長い協議の後，クリントンは，法案の不十分な部分は後に改正するとの含みをもたせつつも，法案に署名することを表明した。クリントンの支持を受けて，上院は同日に78対21（民主党 25-21；共和党 53-0）で，下院は翌8月1日に328対101（民主党 98-98；共和党 230-2）でそれぞれ両院協議会案を承認し，8月22日，クリントンはH.R. 3734に署名をし，ついに福祉改革法は成立した。

　ただ，福祉改革の成果をめぐって，クリントンと議会共和党は互いに自らの業績であることにこだわった。両党の議員はこのなりふり構わぬ大統領の態度にあきれたのか，法案署名式には誰も出席しなかった (松原 1998, 216)。ギングリッチは，クリントンが法案に署名した理由は「それを避けられなかったからであり，再選を考えたからである。これが唯一の理由だ」(*CQ Almanac* 1996, 6-24) と述べた。超党派的に成立した立法とはいえ，党派間の政治的な対立は残ったままで，後味のよいものではなかったのである。

5　小　括

　以上本章は，大統領は自らが推進するアジェンダを実現させるためには，むやみに立場を表明しないことや，大統領野党に政治的得点を与える交渉やレトリックを用いることが有効であることを，第1次クリントン政権が推進した最重要の立法3本を事例に実証してきた。表5－2は，この3つの事例における

第5章 大統領の政策アイデアと沈黙とレトリック

表5-2 第5章の事例のまとめ

	医療制度改革			NAFTA			福祉改革		
大統領の立法活動の手段	1. 政権内での排他的な法案作成	2. テレビ演説による中道的な立場表明	3. 民主党内での妥協	1. 曖昧な態度	2. 中道的な立場表明	3. 共和党寄りの立場表明と個別議員への説得	1. 曖昧な態度	2. 上院と下院支持案と拒否の立場表明	3. 共和党寄りの立場表明と共和党指導部との接触
	沈黙	コミュニケーション言説	コミュニケーション言説	沈黙	コミュニケーション言説	調整言説	沈黙	コミュニケーション言説	調整言説
大統領与党への影響（仮説1a／2a）	・超党派的な立法の可能性	・党内の対立の表面化・指導部は党内の調整を行って立法を推進する方針	・下院は指導部案でまとまる・上院はまとまらず	・補完協定の成立を静観する姿勢	・指導部は大統領と民主党指導部の連携を模索・しかし党内は指導部をまとめもらず	・指導部は分裂・代わりに大統領が個別議員の支持を説得	・共和党との妥協案の模索	・指導部と大半の民主党議員は大統領支持で固まるリベラル派は妥協を支持せず	・両院協議会の審議に加わる
大統領野党への影響（仮説1c／2c）	・超党派的な立法の可能性	・一致して政権を攻撃するように	・妥協案の作成から排除されたことに反発・一部上院議員による調整も失敗	・補完協定の成立を静観する姿勢	・補完協定内容で大統領の不熱心さを批判	・共和党指導部による共和党議員の動員	・下院共和党は民主党との妥協せず・上院は民主党との妥協を模索	・両院協議会で民主党を排除	・最終的には大統領と妥協する
法案の成立の可能性（仮説1e／2e）	・世論の支持は高い	・共和党は反対でまとまる	・上院共和党のフィリバスターが致命的	・世論の支持は高くない・大統領は公約に縛られずに他国と交渉	・共和党が反対に回っても成立しなく、民主党の多数派は反対	・共和党が賛成に転じ、民主党のリベラル派を除く超党派的な賛成により成立	・大統領が拒否権を行使するかどうか不明	・大統領は拒否権を行使する、法案の根幹部は支持する	・民主党リベラル派を除く超党派的な賛成により成立

仮説を支持する	仮説を部分的に支持する	仮説を支持しない

大統領の行動とその帰結が，本章の仮説をどの程度支持するものであるかを要約したものである。大統領の行動だけでなく，法案の中身によっても議員の行動は規定されるものであり，必ずしも大統領の行動がすべてを説明するわけではない。それでもなお，大統領の行動はこの3つの事例の展開をある程度一貫して説明していることがわかるであろう。

つまりそれは，同じアイデアであっても，それを推進するための手段やレトリックによって，その成否が変わるということである。第2章で述べたように，アイデアとレトリックは別であることが実証されたのである。クリントンが推進したニュー・デモクラットのアイデアは，既存の保守ともリベラルとも異なるものであり，そのアイデアを実現させるための政策手段も必ずしも単純なものではなかった。有権者はもちろんのこと，有権者からの票によって職を得ている議員も，既存のものを手がかりに新しいものについて判断を下すものである。新しいアイデアは，それを総花的に訴えて選挙での漠然とした支持を集めるには有効であったのかもしれないが，それを正直に推進するだけでは説得力もなければ実現もしないのである。政権発足当初のクリントンは，DLCのアイデアや選挙公約に基づいた立法をきわめて忠実に実現しようとした。この時期のクリントンは，モリス（1997）がいう「ボーイスカウト・モード」の大統領であり，政局に鈍感であった。結果，医療制度改革は既存のリベラルの文脈で理解され，NAFTAは，リベラルな保護貿易とも保守的な自由貿易とも批判される余地を与えてしまい，クリントン本人についても，リベラルな大統領であるとの認識が広まるに至った。クリントン本人にはそのような意図はなく，自らの真意とのギャップに不満を抱いていたようである（From 2013, 212）。他方，1994年中間選挙の敗北後に福祉改革がうまく進んだのは，アイデアのレヴェルでクリントンが保守化したのではなく，既存の保守－リベラルの対立軸，あるいは共和党と民主党の対立軸の文脈に落とし込んで，旧来のリベラル派を切り捨てるというレトリックに訴えたからである。

以上の主張を補強すべく，これらの大統領アジェンダの成否について，本章の説明とは異なる既存の説明をいくつか取り上げ，それに対する反論を加えたい。第1の説明は，議会中心アプローチによる説明である。つまり，ニュー・デモクラット的な改革と称するものの中でも，保守的な方向の改革は成功し，

そうでないものは失敗したに過ぎない、という説明である。この時代、有権者の間では、およそリベラルと名がつくものは不人気であった。このムードを足がかりに、議会共和党が凝集性を高めて議会多数派を確保した1995年以降はその傾向がさらに強化されたという。第2の説明は、伝統的な大統領中心アプローチが強調する、大統領のスキルによる説明である。期待されただけのパフォーマンスを上げることができなかった最初の2年間は、クリントン本人の政治的な稚拙さや、各種スキャンダルが足を引っ張ったと言われる。つづく2年間では、議会共和党とも民主党とも距離を置き、独自の立場から国の統合を目指す「三角測量戦術」に転換したことなど、スキルを高めたことによって、議会と渡り合うことができたという説明である。

　どちらの説明も決して誤りとは言えない。しかし、第1の説明だけでは、クリントンが統一政府の下で立法に失敗し、分割政府の下で成功したことをうまく説明できない。逆に第2の説明だけでは、他の大統領のケースにもあてはまるような知見を導き出すことが難しい。この時期のクリントン政権は、徹底して、ニュー・デモクラットのアイデアが中道的で新しいものであることにこだわっていた。問題は、なぜある提案が「保守的」あるいは「リベラル」と認識されたり、「巧い」「下手」と認識されたりするに至ったのかである。大統領の行動は、その巧拙というよりも、受け手である議会がそれをどう受け取るかによって異なる帰結を生み出すのである。

　第3の説明は、本章の議論は、クリントンやこの時期の議会政治の特殊性に起因するものではないか、というものであろう。しかし実は、「中道派」あるいは「超党派」を唱えて大統領選で勝利し、当選後に、大統領の立法活動によって議会の党派対立が深まる、というパターンは、議会の分極化が進行するにつれて次第に顕著にみられるようになったものである。このことを確認するために、次章では、クリントン以外の大統領について、本章と同じような事例研究を行う。

注
（1）　クリントン政権第1期は、非常に活発な立法活動が行われたため、二次文献の量も非常に多い。個別の立法に関する研究や当事者の回顧録は次節以降で引用するが、ここで

は，クリントンの政権運営を論じた主要な文献をここで紹介しておく。英語では，Bennett (2014); Campbell and Rockman eds. (1996); Cohen (1994); Drew (1994); Hamilton (2007); Harris (2005); Herrnson and Hill eds. (1999); Klein (2002); Siegel (2012, Chapter 6); Takiff (2010); Walker (1997)。日本語では，五十嵐 (2001, 第 3 章, 補論); 砂田 (1999, 第 9-10 章); 藤本編 (1995); 藤本 (2001); 松原 (1998); 西川 (2016) など。

(2) 本章および次章の事例研究は，事実関係の記述に関しては，とくにことわらない限り，各年の *CQ Almanac* に依拠した。

(3) 生い立ちまでをも議論に含めるのは，科学的な政治学が確保すべきとされている「反証可能性」に抵触するとの批判がなされるかもしれない。しかし，本章を含む本書全体において検証されるべき主たる因果関係は，大統領の立法活動を独立変数とするものであり，その背景として独立変数の特質を「理解」するここでの議論は，この因果関係の検証には直接影響しない。

(4) ただし，DLC の設立メンバーの 1 人である From (2013) は，ニュー・デモクラットの思想的起源は，ケネディ大統領や，1972 年大統領選挙におけるエドマンド・マスキー (Edmund Muskie) 候補に遡ると述べている。

(5) 供給側に着目するというアイデアは，民主・共和両党どちらにおいても潜在的には 1980 年代以前から浸透しており，その起源として，サプライ・サイド経済学に近い発想の経済政策が，既にカーター政権の後半から行われていたという指摘もある (室山 2002)。

(6) DLC の結成からクリントン政権末期までの過程は，Baer (2000) を参照。当事者の視点からは From (2013) が参考になる。DLC とニュー・デモクラットについては，日本語では，松岡 (1994); 吉野 (2003); 西川 (2016, 37-40) を参照。

(7) この「機会と責任」という理念が主に念頭に置いているのは，(白人) 中間層の生活の向上である。その意図は，中間層を新たな支持連合に取り込むことであるのはもちろんであるが，それだけではない。ニュー・デモクラットは，中産階級は勤勉で，家庭やコミュニティを大切にするといった，アメリカの伝統的な規範を守るアメリカ国民であるとの認識を有していた (たとえばクリントン・ゴア 1993, 190, 224)。つまり，ニュー・デモクラットのアイデアは，文化的な面においても保守とリベラルの二面性をもつものであった。

(8) ちなみに，この時期の DLC やクリントンのアイデアは，後に「第三の道」と呼ばれ，1990 年代後半に，西欧の社民主義政党内の改革や，それを受けた中道的な政策転換につながる。ただし，その具体的な内容は，イギリスやヨーロッパでいう「第三の道」とは多くの点で異なる。

(9) 両者の違いをあえて挙げるならば，クリントンとゴアが選挙戦の過程で政策を論じた著書 *Putting People First* (クリントン・ゴア 1993) では，DLC や PPI の文書以上に経済の競争力の強化が全面に唱えられていた。

(10) DLC の核となる「機会と責任」という言葉は，元々はケネディ大統領のものであるという (From 2013, 15)。

第**5**章　大統領の政策アイデアと沈黙とレトリック

(11) クリントンの生い立ちから大統領就任までについては，主にクリントン（2004）；ポーティス・アレン（1992）；シーヒー（2000）；西川（2016，第1章・第2章）；Bennett（2014, Chapters 1 and 2）；Siegel（2012, 148-166）；Takiff（2010, 9-144）を参照。
(12) 本書の関心から外れる事柄であり，また筆者は必ずしもこれを支持するものではないが，クリントンが度々起こした女性関係のスキャンダルや，それらの疑惑が浮上した際に嘘をつく傾向がみられた原因を，母親とのつながりや家庭の平穏に飢えていた生い立ちに求める議論もみられる（たとえばシーヒー 2000）。クリントン本人も，アルコール中毒者の家族がその当人と暮らしつづける場合，自己防衛から現実を否認してしまうことがあると述べている（クリントン 2004，上巻84）。
(13) これは，民主党が12年間も政権から離れていたために人材が不足していたことも大きな原因であろう。
(14) これを捉えて，クリントンにはイデオロギー的な原理原則はなかったという議論も少なくない。しかし本章での議論は，以下で明らかにするように，柔軟であったのはレトリックや大統領野党との交渉のレヴェルのことであり，原理原則のレヴェルではクリントンはニュー・デモクラットのアイデアに一貫して忠実であった，というものである。
(15) 大統領が学習することや成長することもまた，「議会中心アプローチ」が見落としていた点である。「学習」という要因は，次章第3節で事例研究を行うオバマ政権の医療制度改革における重要なポイントである。
(16) このことは，統計学的な発想に基づいて理論の検証のために事例研究を行うという，キング・コヘイン・ヴァーバ（2004）の指針に，本書の事例研究6本は基づいていることを示している。詳しくは附論Eを参照。
(17) 紙幅の都合上，立案過程の記述は大幅に省略している。最もまとまった研究としてHacker（1997），日本語では中井（1999／2000）をそれぞれ参照。
(18) カーヴィルは，クリントンの選挙運動の前にはウォフォードの選挙運動に従事していた（Pious 2008, 184）。
(19) 引用元は，*New York Times*, October 31, 1992：6。
(20) クリントン陣営が経済政策を中心に掲げたもう1つの理由として，クリントンは国政の経験がなく外交を苦手としていたことや，民主党が12年間の間政権を離れていたことから外交政策の人材が不足していたことといった，消極的な事柄が指摘できる。
(21) さらにクリントンは，医療制度改革を，アメリカ企業の国際競争力の強化という文脈においても，企業の労働コストの削減・労働市場の柔軟化・政府による企業への支出の余地の拡大などを理由に正当化していた（水谷（坂部）2008, 240-241）。
(22) いずれもヒラリー本人の希望を反映させた人選であったが，2人とも医療保険制度に関しては何の経験もなく，とくにマガジナーはタスク・フォース内を含む政権内での評判も芳しくなかった（Drew 1994, 193-195, 305-308；Hamilton 2007, 224-227；Harris 2005, 116-117；シーヒー 2000, 271-272）。
(23) モイニハンが，医療制度改革と福祉改革についてクリントンと敵対的であった理由は，モイニハンが社会福祉問題の専門家であり一家言を有していたことの他，1992年民主党

第Ⅱ部　ミクロ・レヴェルの実証分析

予備選挙でクリントンと争ったボブ・ケリー（Bob Kerrey；D：NE）上院議員を支持していたからだという見解もある（Klein 2002, 124；Walker 1997, 184）。

(24)　ただし政権内では，ヒラリーが推進する医療制度改革の他にも，後述のNAFTAや，ゴアが推進する行政改革のどれを優先するかをめぐり意見が分かれていた（ウッドワード 1994, 434-435；Drew 1994, 265-290）。

(25)　議会指導部による法案の提出作業が遅れた主な理由は，この時期の議会がNAFTAの承認法案の審議で忙しくしていたことである。

(26)　南部選出のDLC系議員が政権案に反対した主な理由は，政権案が，雇用主に対して雇用者の保険料の8割を負担することを義務づけた条項を含んでいたことである（水谷（坂部）2008, 251-252）。

(27)　その大きな要因は，医療制度改革に関わる政権スタッフが，同じ時期に包括予算調整法案やNAFTAにかかりきりになっていたことである（Skocpol 1997, 90）。

(28)　1994年の前半までは，共和党のドールも民主党のモイニハンも，政権側が妥協に応じることで法案を成立させることを期待していた。にもかかわらずそれができなかったのは，政権側，とりわけヒラリーの非妥協的で感情的な対応に問題があったという指摘もある（たとえばHarris 2005, 116；Siegel 2012, 184）。

(29)　クリントンの医療制度改革が失敗した原因として，アメリカの政治制度が分権的であるために包括的な改革がそもそも難しいことを指摘する論者も多い（代表的な議論としてSteinmo and Watts 1995）。しかし本節でみたように，この立法過程の前半は改革が成功する可能性は高かったし，次章第3節で分析するオバマの医療制度改革は，今後廃止される可能性はともかく一旦は立法に成功していることから，この議論はあまり正しくないと考えられる。

(30)　政権との徹底抗戦で一致した後の共和党は，この民主党内の亀裂をむしろ歓迎し，それを煽ることすら行った。クリストルは「きたるクリントンとクーパーとの間の妥協を破談に追い込む」とのメモを共和党に送った（天野 2009, 145）と言われている。

(31)　NAFTA承認の立法過程に関する主要な説明は，NAFTAの承認に関わるアクター（主に議員）が代表する社会セクターに基づくものである。つまり，斜陽産業を代表するアクターと，先端産業を代表するアクターとの対立である。先行研究は，こちらの説明に基づく研究（たとえばBox-Steffensmeier, Arnold, and Zorn 1997；Uslaner 1998a）の方が中心である。ニュー・デモクラットに位置づけられるアクターは，その多くが，先端産業の国際競争力の強化を主張する議員であり，したがって，NAFTAの政策過程は伝統的な利益団体政治の文脈で理解すべきであるとの反論はありえよう。本書もそのことは否定しない。しかしこの利害対立が党派間の対立にもちこまれたという事実を記述することや，大統領の立場表明がその原因であるのを明らかにすることが，本書の課題にとってはより重要である。

(32)　引用元は，*CQ Almanac* 1992, 156。

(33)　1992年9月に出版された，クリントン・ゴア（1993, 68）では，NAFTAについてごく簡潔に「メキシコとの国境の両側の労働者，農民，環境が適切に守られるならば，同

国との自由貿易協定を支持する」と述べられている。
(34) これは，メキシコに労働基準と環境規制を守らせることで同国の生産コストを引き上げ，アメリカの国内工場がメキシコへ移転するのを防ぐことがねらいだった（松原 1998，76）。
(35) 実際にこの時期議会で行っていたのは模擬的なマークアップ（markup：条文ごとの修正作業のこと）であり，形式的には，これを踏まえて政権側で作成された H.R. 3450 が，ダン・ロステンコウスキ（Dan Rostenkowski；D：IL）下院歳入委員長によって11月3日に提出されたことを受けて審議がはじまっている。
(36) 輸出業が盛んな北東部・大西洋岸中部・太平洋岸地域を選挙区にもつ議員がその中心であった（Drew 1994, 341）。
(37) 具体的なデータは Uslaner（1998a, 353）を参照。
(38) ただし，Uslaner（1998b）は，NAFTA や自由貿易という考え方に対する世論の支持は，それ以前から堅調に上昇していたことを明らかにしている。しかし，ここでの関心は，世論の変化それ自体ではなく世論と議員行動の変化の関連であり，テレビ討論終了直後の世論調査の結果によって，態度を決めかねていた議員の投票行動が大きく変化したであろうことは見逃せない。
(39) このように，社会保障給付の条件として就労や職業訓練を課す考え方を，現在では「ワークフェア」（workfare）という。この概念の発展やアメリカ以外の国への波及の過程については，Peck（2001）を参照。
(40) 政権内での（主に現状維持派の保健福祉省と改革派の補佐官たちの間の）対立と調整の過程や，この事例でとくに重要であった州知事の役割など，本書の理論に関連しない事柄の記述は，本書の理論を検証する上で必要な場合にとどめる。
(41) たとえば，Weaver（2000, 225）によれば，選挙後にクリントン政権が行った世論調査において福祉改革は重要な公約の第3位に位置するものであった。ただし1位は雇用，2位は医療制度であり（Heclo 2001, 189），このことが，第103議会（1993-1995年）において医療制度改革を優先させる一因となった。
(42) 後にクリントンは，94年中間選挙での敗北を捉えて，ドールがいかなる医療制度改革法案も議事妨害でつぶすという姿勢を打ち出したときに，医療制度改革を先送りにしてかわりに福祉改革法案を採決にかけ，成立させるべきであったのかもしれないと述べている（クリントン 2004，下巻255-256；Harris 2005, 234；Klein 2002, 81）。
(43) 『アメリカとの契約』と福祉改革の関連は主に3つである。第1に，Weaver（2000）がいう「抑止アプローチ」，すなわち，10代での妊娠などを抑止する道徳的な側面が非常に強いことである。第2に，AFDC だけでなく，フード・スタンプやメディケイドなどといった連邦のプログラムを廃止し，一括補助金と共に州に移管することであった。第3に，『アメリカとの契約』の最重要項目である均衡財政の達成と関連して，クリントン政権の案は長期的には連邦政府の財政支出を削減するものの，短期的にはむしろ増大させると批判して，各種プログラムの削減や州への移管によって，短期的にも支出の削減を達成することを目指したことである。

(44) ディールはその直後の4月に共和党に移籍し、その後ジョージア州知事に転じた。
(45) さらに、パックウッドは、本会議での審議がはじまった翌日の1995年9月7日に、スキャンダルにより議員辞職を表明するが、このころには既に渦中に晒されており、その進退も不透明な状況であった。そのためパックウッドは、自らの立場を守るため、党指導部や党の様々な意見に耳を傾けざるをえない状況であった（Weaver 2000, 296）。
(46) この共和党保守派の反発の一因は、保守派の1人であるグラム議員が、ドールと同じく大統領選挙への出馬を目指していたからであり、安易にドールに政治的得点を与えることを嫌ったからであった（Weaver 2000, 304）。
(47) ドール個人は穏健で超党派的なアプローチを志向しており、とくに栄養プログラムを一括補助金に移管することに反対の立場であった。しかし大統領候補としてのドールは、自らの能力を示すために法案をまとめねばならない立場にあっただけでなく、下院共和党を中心とする保守派からの、均衡予算と減税を支持するよう求める圧力を受けていた。ドールの選択は『アメリカとの契約』への有権者の支持の程度次第であった（Weaver 2000, 298-300）。
(48) 前年に大統領が拒否権を行使した予算調整法案においてもメディケアの改革は盛り込まれていたが、このときは福祉改革もメディケアも、7年間で均衡財政を達成することを定めた法案の一部であった。両者が明示的に一体のものとして扱われたのはこの法案がはじめてである。

第6章
分極化の程度と大統領の立法活動
―― 異なる大統領の比較事例研究 ――

Laws are like sausages, it is better not to see them being made.
（法律はソーセージのようなものだ。つくられるところは見ない方がよい。）

　第5章につづいて，本章では，大統領が立法活動を行うことは，「他の条件が同じならば」議員の党派的行動を招き，それによって大統領アジェンダの実現が難しくなることや，大統領のレトリックによってはそれを回避することができることを，事例研究によって明らかにする。本章の事例研究の目的は2つである。1つは，第5章で得られた知見は，クリントンの個性やクリントン政権の時代に特有の文脈的要因によるものではないことを示すべく，クリントン政権との共通点が最も多いカーター政権とオバマ政権の事例と，共通点が最も少ないレーガン政権の事例を分析することである。もう1つは，逆に，クリントン政権の事例と他の事例との相違点を示すことである。これはつまり，分極化とは徐々に進行してゆく現象であり，大統領の立法活動が議員の党派的行動を促す効果の大きさは時代によって異なることを明らかにするためである。クリントン政権より前のカーター政権やレーガン政権の時期は，個別の議員が党の方針から逸脱した行動をとることはより顕著であった。これとは対照的に，オバマ政権期においては，分極化はさらに進行しており，立法過程はほぼ完全に両党の指導部が掌握している。

1　分極化初期の大統領：カーター政権のエネルギー改革[1]

カーター政権発足まで

　本章の3つの事例研究の1つ目は，カーター政権が最優先課題とした国家エネルギー法（National Energy Act）の立法過程である。カーターを選択した理由

は，1点を除き，前章のクリントン政権，とくに医療制度改革の事例と様々な点で状況が類似していることである。共通点は，民主党の統一政府であったこと，前職の大統領が共和党であったこと，カーターが既存のワシントンの党派政治との決別を訴えたことが当選に大きく貢献したこと，そして政権発足後に，そのようなスタイルや選挙時の公約に忠実に政権運営を行ったことである。他方，最大の相違点は，この時期は議会の分極化がはじまったばかりの時期であり，クリントン政権期よりもそれが十分に進行していないことである。第2章で理論的に検証したように，このような状況下では，同じ大統領の立法活動といっても，それが議会指導部や一般議員に及ぼす効果の大きさは異なる。

事例の背景として，カーターの政権運営のスタイルや大統領就任までの状況を，簡単に紹介しておく。クリントンと同様，カーターもまた，その思想や行動を，アメリカ政治全般における既存の保守－リベラルの軸に位置づけることは難しい。内政・外交両面において人権を重視するという面ではリベラルであるが，経済争点に関しては，財政規律を重視したり，行政改革や規制緩和に取り組んだりするなど，ニュー・ディール期のリベラリズムとは一線を画する。カーターの思想は，主に彼の出自から派生するパーソナリティから理解することが有益であり，そしてそのパーソナリティは，彼の政治スタイルやスキルと密接不可分のものであった。カーターを理解するポイントを簡潔に要約すれば，それは，「道徳」と「南部」の2点である。[2]

1つ目の特徴である「道徳」は，生まれ育ちや職歴から形成された彼のパーソナリティの根幹を形成するものである。第1に，カーターは，1924年に，ジョージア州の田舎町プレインズ（Plains）にて，大規模農場の長男として誕生した。少年期は大恐慌の最中であり，物質的に厳しい生活と，両親の厳格な教育を通じて，物質的な豊かさを必要としない楽しみや生きがいを見出す態度が形成されたという（カーター 2003a；2003b）。第2に，カーターは敬虔なバプティストである。成人してからは，職場や地域において聖書のレクチャーを毎週のように行っており，それは，海軍に所属していた期間も，大統領を退任してからも続いていたという（カーター 2003b）。第3に，カーターは，原子力潜水艦の設計に携わったこともある，元海軍の軍人でエンジニアである。カーター本人は，人生に最も大きな影響を与えた人物は，両親を除けば，合衆国原子力潜水艦隊

の父と呼ばれるハイマン・リッコーヴァー（Hyman G. Rickover）提督であったと述べている（カーター 1976）。厳しい上官の薫陶を受けたことから，頑固者であり，また，就任からしばらくの間は首席補佐官を置かず，万事自分で仕事をしないと気が済まない（Hargrove 1988, 235），完璧主義で仕事中毒の面が形成されたと言われている。(3)第4に，カーターにとって，海軍での任務は，厳格で確固たる基準に達しようとする熱心さ，過ちに対する改悛，赦しへの確信といった点で，敬虔な信仰と最も近い関係にあるという（カーター 2003b, 101）。以上の経験が，仕事の面でも道徳的にも，自他どちらに対しても，厳しさや厳密さを要求するスタイルに結びついたと言える。

　もう1つの特徴である「南部」は，前段で述べた「道徳」とも関連し，また時には矛盾を孕みつつ，政治家として後天的に形成されたカーターの特性である。カーターの政治キャリアは，ジョージア州の上院議員とその直後の州知事からはじまった。そこから形成された政治家としてのカーターは，ジャクソニアン民主主義の伝統を汲む，南部出身のポピュリストであった。それは第1に，庶民の力を強調して連邦政府の権力を攻撃することによって政治を運営するスタイルである。カーターは，このジョージアのやり方で連邦政治も務まるものだと考えていたようである。第2に，連邦政治に関しては全く未経験であり，議員等とのしがらみがなかったことから，ワシントン・アウトサイダーとして，連邦政府の肥大化を批判することができた。また，素人であったために，従来の保守−リベラルの軸とは異なるところから現れた新しい政策アイデアに対しても，柔軟な態度をとることができた。第3に，人事においてもジャクソニアンの伝統を継承し，政権発足後も，「ジョージア・マフィア」と呼ばれた，主に選挙戦のスタッフとして働いた側近で人事を固めた。

　この「道徳」と「南部」という2つの特性から導かれる，カーターの政権運営のスタイルは，どのようなものであったか。カーター政権と議会との関係を論じた最も包括的な研究書であるJones（1988）によると，カーターの方針は，"trusteeship"（管財人），つまり，一旦選挙で選ばれた後は，有権者（とくに利益団体）の短期的な利益に反してでも，長期的な公共の利益や国益を追求するというものであった。カーターは，組織化されていない有権者の声に応えることが大統領の責務であると考えており，そのことが，以下で分析するエネルギー

問題も含む様々な問題に対して，利益団体との調整ではなく包括的な解答を求める姿勢（Hargrove 1988, 230-231）につながった。さらに，それに応じた組織編成として，カーターは，議院内閣制のような政策立案スタイルを目指し，各省庁に包括的なプログラムを作らせ，それを閣議で審議した後に，議会に審議させることを目指した（Haas 1992, 58-59）。ところがカーターは，議会との関係はもちろん（Davis 1979），補佐官と省庁との連携にも無頓着であったようであり（Greenstein 2000, 140-141），思うように議会対策において統率力を発揮することができなかった（Haas 1992, 59；待鳥 2016, 155-157）。議会と妥協することや，スタッフが進言する政治的な駆け引きを考慮することは，カーターの道徳観に抵触するものだったのである（Hargrove 1988, 230-233；Greenstein 2000, 142）。

その傾向に拍車をかけたのが，ジョージア・マフィアで固めた補佐官人事である。大統領が議会を動かすには，妥協，調整，説得を重視する政治家的な現実主義が必要とされていたにもかかわらず，それがカーター自身ばかりでなく，ワシントン政治に未経験な彼のスタッフや政策科学的な発想をする彼のブレーンたちにも欠けていた（砂田 1999, 239）。立法スタッフの大半が，立法に関するスキルに欠ける選挙スタッフと重複していたのは，ジャクソニアンの伝統からすれば当然のことであった。そればかりか，カーター政権発足とほぼ同時期に下院議長に就任したティップ・オニール（Tip O'Neill；D：MA）の回顧録によると，カーターの補佐官たちは素人ばかりでワシントンのことを全く知らないにも関わらず，その態度はまるで喧嘩腰で，それが最後まで変わらなかったという（オニール 1989, 463）。つまり，カーターやその補佐官たちには，法案成立は議会との多数派形成によってはじめて成し遂げられる，という認識に欠けていたのである（Davis, 1979）。

さて，無名の候補者であったカーターは，1976年1月に，全50州のトップを切って行われたアイオワ州の党員集会において圧勝することで，"Jimmy Who?"というフレーズと共に候補者として急浮上し，その後は苦戦しつつも，民主党予備選挙を勝ち抜いた。しかし，指名に必要な代議員を確保したあたりから，メディアや共和党側から「ファジーなカーター」とレッテルを貼られるようになった。つまり，正直で誠実な人間だということはわかったが，政治家として

はどのような人間なのかわからないという評価である (有馬 2004, 169)。カーターは，大統領に当選して何をするのか，明確にしなければならない状況に立たされたのである。そこで登場してきたのが，「アメリカの限界」を訴え，一般国民を含むアメリカ全体の規律を回復させるような一連の政策アイデアであった。カーターは予備選挙からそうした主張をしてはいたが，本選挙でそれがより鮮明になった。これは，先にみたカーターのパーソナリティである「道徳」と，連邦政府による「大きな政府」への批判という点では，「南部」と，それぞれ整合的であった。エネルギー問題についても，そういった理念が具体的な形をとったものと理解するのが最も自然である。1973年の石油危機は，一般国民にとっては既に過去の記憶となっていたが，専門家や政治家・官僚の間では，依然として危機意識が共有されていた。この現状は，対立候補のフォードへの批判の材料ともなったし，カーターが好んだ包括的なアプローチの必要性を訴えるにはうってつけであった。以上の事情から，カーターはエネルギー問題に対して具体的な言及を行い，10月のフォードとの第1回討論でも争点として取り上げたのである。

　本選挙におけるカーター勝利の要因は，カーターの政策や指導力が評価されたわけでもなければ (有馬 2004, 172-175；砂田 1999, 229-231)，エネルギー問題が本選挙での主要な争点であったとも言いづらい。しかしここでの関心は，カーターが，「ファジー」という批判に対してどのように対応したかである。当選後の大統領は，程度の差はあれ，選挙戦における主張に拘束される。ましてやカーターは，生真面目で自分にも厳しく，しかも有権者との直接的な関係を重視する政治家である。選挙期間中の公約の内容が，政権発足後の政権運営のスタイルや政策の内容を強く拘束したことは想像に難くない。

　さらに，11月の大統領選挙および連邦議会選挙の結果は，大統領就任後のカーターの政権運営に対していくつかの重要な制約を課した。まず，大統領選挙の結果は，選挙人の数で297人対241人，得票率で50.1パーセント対48.0パーセントと，きわめて接戦であった。投票率も54パーセントと，当時の過去最低を更新した (砂田 1999, 229)。この結果では，カーターは有権者の負託を得たとも，議会民主党に対して貸しをつくったとも，とてもいえなかった。むしろカーターが議会に対して得たのは「貸し」ではなく「借り」であった (Haas 1992, 64-65)。

詳細な開票結果をみると，カーターの票や選挙人は，南部と北東部に偏る傾向にあったし，本選挙では，アウトサイダーであることよりも，従来の各地方党組織の幹部や労働組合による積極的な民主党票の掘り起こしが勝利に貢献した（砂田 1999, 230）。南部はともかく，そういった旧来のニュー・ディール・リベラルの勢力は，カーターが攻撃の対象としていたものであった。選挙での貸しに対して政権発足後のカーターが応えないことが，後の議会民主党との不和の伏線であった。

カーター政権のエネルギー改革１：政権内での排他的な立案過程

1977年１月20日の大統領就任演説において，カーターは，来たる４年間の潜在的な課題は「アメリカの限界」との闘いであるとの認識を示し（カーター 1982, 48-49），国民に対して自己反省と節制を訴えかけた。カーターが主に念頭に置いていたのはエネルギー問題であった。カーター自身も，エネルギー問題は1976年選挙において，それほど話題にならず，有権者の関心が高くないことを認識していた（カーター 1982, 157；Jones 1988, 136）ため，問題意識を喚起すべくこのような演説に及んだのである。

エネルギー問題に対する世論の関心は，カーターが予期しない要因によって一時的に高まった。この年の冬は記録的な寒波が到来し，北東部においてエネルギー資源の需要が逼迫したことにより，学校や工場の休業が相次いだのである。カーターは，議会に対して，州間の天然ガスの配分を行う非常権限を大統領に与える法律の制定を要求し，それを定めた緊急天然ガス法（Emergency Natural Gas Act）が２月１日に成立した。さらに，翌２月２日，カーターは，フランクリン・ローズヴェルトに倣って，「炉辺談話」と称した一般国民へのテレビ演説を行った。そこでカーターは，アメリカ国民に対してエネルギーの節約を訴えると共に，エネルギー省の創設を公表した（Slavin 1989, 68）。その後もカーターは，ホワイト・ハウスや全米各所で公開の討論会を開き，エネルギー問題の重要性を一般国民に対して訴えつづけた。そこには，一般国民の関心を継続させることで，選挙区民を通じて議員を動かし，エネルギー改革に反対するロビイストに対抗する意図があった（カーター 1982, 162-163）。

この緊急天然ガス法が早期に成立したことが，議会を知らないカーターに対

して，立法や世論について甘い見通しを与えることになってしまった。カーターは，政権発足日から数えて90日以内にエネルギー計画を策定し，議会に送付することを明らかにしたのである。政権内では，改革案を練る作業が政権発足直後から行われていた。改革の作成のスタイルは，エネルギー担当補佐官であり，エネルギー省発足後は同省の長官に就いたジェームズ・シュレジンジャー (James R. Schlesinger) に丸投げするものであった[4]。加えて，カーターが90日という期限を守ることを厳命したため，政策案の作成に従事したタスク・フォース（多くは経済学者からなる）は，内に籠って個別に案を作成せざるをえず，他の部署とはもちろん，タスク・フォースのメンバー内の意思疎通を十分に行う余裕もなかった。ましてや議会の主要メンバーに対しては，十分な相談がなされなかった。1977年の段階において，カーター政権と議会との関わり合いは，きわめて敵対的，あるいは控え目にいっても疎遠であった。カーターの議会対策は，議会担当補佐官のフランク・ムーア (Frank Moore) に丸投げであった (Jones 1988, Chapter 5)。ムーアもまたジョージア・マフィアの一員であり，カーターにしてみれば全幅の信頼を置く仲間であったが，それでは議会対策はうまくゆかなかった。大統領が議員に直にアプローチすることについても，「議員は相談されることを好む」ということにカーターは気づいていたが，それによって議員を満足させることを諦めてさえいた（カーター 1982, 123）。カーターは当初，後に最も法案に抵抗したリベラル派上院議員2人への接触すら行わなかったのである (*CQ Almanac* 1977, 740)。そしてシュレジンジャーを中心に作成された案はきわめて複雑であり，最初にカーターに提出された案に対しては，カーター本人ですら「複雑すぎる」と不平を漏らすほどのものであった（カーター 1982, 160-161）。その複雑な案の全貌を理解し，案の内容をめぐって議会と話をすることができたのは，シュレジンジャー以外には誰もいなかったという。議院内閣制のような立法過程を目指したカーターの意図は，そもそも政権内においてすら実現されていなかったのである。

　カーターのエネルギー改革への姿勢を最も強く示したのは，政権案がまとまったことを受けて4月18日にカーターが行ったテレビ向け演説である。この演説でカーターは，

Our decision about energy will test the character of the American people and the ability of the President and the Congress to govern this Nation. This difficult effort will be the "moral equivalent of war," except that we will be uniting our efforts to build and not destroy.[5]

我々のエネルギーに関する決定は，アメリカ人の特性，そして大統領と議会の統治能力を試すものである。この困難な努力は，破壊ではなく建設のために我々が団結するという点を除き，「倫理的には戦争に等しい」ものである。(筆者訳)

と述べ，エネルギー問題を「倫理的には戦争に等しい」問題と位置づけたのである。この演説は，後に，"Moral Equivalent of War (MEOW) Speech"と呼ばれることになる。この段階においても，法案の成立を果たすために議会と血みどろの闘いをしなければならないことを認識していなかったと，カーターは述懐している（カーター 1982, 153）。

議会における立法が実質的にはじまったのは，この演説から2日後・政権発足からちょうど90日目にあたる4月20日である。この日カーターは議会に出向き，上下両院合同会議で政権案を提示した。政権案の目的は，外国からの原油の輸入を減少させることであった。そのための手段はきわめて明快なものであり，主な内容は，原油と天然ガスの消費の抑制・石炭などの代替燃料の推進・国内の原油と天然ガス資源の開発などであった。ところがそれを実現させるための具体的な方策は，多様な課税や優遇措置や規制からなり，全部で113個にも及ぶ，相互に関連する提案であった。しかもカーターは，議会がそれを分けて別々に通過させるのではなく，包括的に審議することを求めた（Jones 1988, 138）。

すべての提案の内容を説明することは紙幅の都合上不可能であるので，ここでは，最後まで紛糾した天然ガスの問題（およびそれに関連する石油の問題）のみを紹介する。当時のアメリカでは，1954年以降，州間の天然ガスの取引価格は，100万立方フィートあたり1.46ドルという現状にそぐわない低価格に設定されていた。他方，州内の取引には連邦政府の権限は及んでいなかった。そのため，ガス会社は州内の取引を優先し，ガスを産出しない州への供給が滞って

いたのである。この現状に対する政権案は，連邦政府の価格規制を州内の取引にも拡大させることや，新たに発見・採掘される天然ガスの取引価格を石油のそれと同じ，または100万立方フィートあたり1.75ドルとすることなど，連邦政府の権限強化と価格の上昇を目指したものであった。

　ガス業界は政権案に反対であった。石油業界や，（石油を燃料とする）自動車業界も，天然ガスの扱いが先例となって，同じような規制がいずれ石油にも及ぶことを懸念したため，反対の立場を示した。かわりにこれらの業界が主張したのは，規制の完全な撤廃であった。カーターも1976年の選挙戦のころから，規制緩和には一定の理解を示していた。しかし，石油や天然ガスの急激な規制緩和は供給量の拡大につながらないことや，石油の価格規制を現段階で撤廃すれば，石油輸出国機構（OPEC）が設定するような高額で取引されることになり，それが天然ガスの価格にも及ぶこと，そしてそれが石油会社やガス会社に超過利潤を与えるとして，最終的にはこれに反対の立場をとった（Motter 1993, 584）。

　カーターの提案に対する議員の反応は，上下両院とも，党派・選挙区事情・シニオリティを問わず批判的であった。批判の内容は主に2点である。1つは法案の内容に関するものであった。政権案は，すべての議員が様々な理由で不満をもつものであった。エネルギー問題はきわめてローカルな課題である。議員は長期的でポジティヴな改革よりも短期的でネガティヴな影響の方に敏感に反応するものであり，選挙区民や利益団体が受け入れない限りは，法案には賛同できない。不人気な政策であることはカーターも認識していたが，カーターは国益を前提として考えており，政権案も，国民に公正な負担を強いるということを強調するよう配慮していた（カーター 1982, 160）。反ワシントンという観点からすれば，議員や利益団体と最初から融和的な姿勢をみせることは，そもそも考慮の対象外だったのである。

　議員たちのもう1つの不満は，政権から事前に相談がなく，しかも議会に案を出す前に一般国民への演説を行ったことであった（Jones 1988, 140）。そればかりかカーターは，4月18日のMEOW演説から9月の休会明けまでの間，議会に対して具体的なアクションを起こすことはなかった。議院内閣制のような立法過程を志向していたカーターは，とくに自らの党である議会民主党は大統

領の案に沿って粛々と法案を審議するのが当たり前のことのように思っていた節があり，カーターは議会を小馬鹿にしているとの認識が議会関係者の間に広まるようになった（Haas 1992, 66）。したがって，カーターにとっての生命線は高い支持率であり，それを梃子とした世論への訴えかけであった。政権発足から4月までのカーター政権の支持率は，一貫して60パーセントを超えており，MEOW演説も概ね好意的に受け止められていた。

カーター政権のエネルギー改革2：世論に訴えかける大統領 vs 議会

政権案は4月29日に議会に送付され，それを5月2日にジム・ライト（Jim Wright；D：TX）院内総務が1本の法案（H.R. 6831）を下院に提出する形で，形式的にも立法がはじまった。

下院における民主党の議席数は292であり，大統領の拒否権をも覆す3分の2以上の特別多数を擁していた。上院は61であり，こちらもフィリバスターを覆すだけの数をもっていた。つまり，上下両院共に，民主党議員の大半が賛成に回りさえすれば，共和党議員の動向はさほど問題とならない状況であった。ところが，このころの下院の情勢は，民主党が1955年以来続いていた多数党の地位を維持していたものの，党内は一枚岩ではなかった。従来のリベラルな北部民主党と保守的な南部民主党の対立はもちろんのこと，さらにこの時期の下院では，ウォーターゲート・ベイビー（Watergate Baby）と呼ばれる1974年初当選組や，それよりは数は少ないが1976年初当選組の存在感が大きくなっていた。彼らは，独自で選挙資金を集めるなど独立心が強く，政党規律にしたがわないばかりか，党組織やシニオリティ・システムに対する不信感すら有していた。この年からそれぞれ昇格していたオニール議長やライト院内総務にとっては，古参の委員長だけでなく，ウォーターゲート・ベイビーや，これまでよりさらに保守的な南部選出議員の集団であるボル・ウィーヴィル（Boll Weevil）と呼ばれる議員たちをどう扱うかは頭の痛い問題であった。

こうした懸念にもかかわらず，下院民主党指導部は，エネルギー法案については十分に所属議員を統制することに成功した（Green 2010, 130-133）。その手段は，既存の委員会を尊重しつつ，それとは別に，エネルギー問題に関する特別委員会（ad hoc committee）を組織し，各委員会で可決された案をここで一本

化する，というものであった。この委員会のメンバー40人の人選もオニールによって行われた。こうすることで，政権案が細かく分けられて審議に時間を費やすことも，特別委員会がすべての権限を握って既存の委員会や委員の顔をつぶすことも回避されたのである（オニール 1989, 481-483）。

　このような議事手続を議長が採用することが可能であった最大の理由は，1974年に行われた，法案を複数の委員会に付託する権限を議長に与えることを定めた下院民主党の規則改正であった。また，その権限の行使に対して大きな反発が起こらなかった理由は，他ならぬ政権側の議会対策が稚拙で，しかも政権が提出した法案がきわめて膨大で複雑なことにあった。誰かがまとめ役に徹しない限り，法案の審議は収拾がつかず，他の法案の審議にも影響が及ぶことは明白であった。オニールも，政権案が届くや否や，量があまりにも多く複雑であったことに頭を抱えた。通常通りの議事手続にのっとれば，政権案は17にも及ぶ委員会や小委員会で別々に審議されるものであった。にもかかわらずそこまでの権限の行使にオニールが及んだ動機は，カーターが既にエネルギー改革を主要なアジェンダとして設定している以上，この法案の成功が大統領だけでなく，党や，就任1年目の自らの評判の向上につながるとの認識があった（Green 2010, 130）。

　政権案は，部分ごとに5つの主要な常任委員会に付託され，オニールによって設定された期限である7月13日までに法案の審議・修正・承認が各委員会で済まされ，それが臨時委員会に送られて，全体の調整を経た上で本会議に諮られた。特別委員会が集約した法案（H.R. 8444）は，8月5日に，下院本会議で244対177（民主党：231-50；共和党：13-127）で可決された。その内容は，一部を除いて政権案のとおりであった。迅速かつほぼ原案どおりに本会議が可決した理由は，オニールが下院規則委員会に圧力をかけて，修正案の提出を部分的にしか認めさせなかったことである。それだけでなく，南部民主党議員と共和党議員が支持する天然ガスの規制緩和について，特別委員会のメンバーが党の引き締めに動いたり，オニール自らが採決の直前に演説を行ったりすることで，修正案を否決に追い込むことに成功したのである（Green 2010, 131-132）。下院共和党は，議事手続の面からみれば，民主党指導部に協力的であった。ただし，特別委員会の人選をオニールが行ったことについては，オニールはカーターの

手先であるとして，多くの共和党議員が不快感を示した。このことが，民主党議員の離反を補うだけの共和党議員からの支持を最後まで得られなかったことにつながったと言える。

　8月5日の下院での可決と夏季休会を経て，審議の焦点は上院に移った。ここで政権案の審議は大きく難航する。その第1の理由は，夏季休会をはさんだり，カーター政権の生命線である一般国民向けへのアピールが奏功していないことが明らかになったりと，改革へのモメンタムが失われたことである。政権発足当初は，一般国民の不満は主に石油会社に対するものであった（Motter 1993, 575）し，政権案が発表された直後は，その内容に対しては概ね好意的であった（Motter 1993, 578）。他方，ギャラップ社の調査によれば，エネルギー問題を深刻な問題と考えていない回答者の割合は常に5割を超えており（Motter 1993, 576），6月ごろにはエネルギー法案に対する懐疑的な声が本格化するに至った（Motter 1993, 579）。加えて，政権の最初の段階における一般国民へのアピールが，案自体はともかくそのレトリックが激しかったことが，抵抗する石油ロビーなどを煽ってしまった。石油会社・ガス会社・自動車会社のロビーは，6月ごろからエネルギー改革は価格規制の撤廃のみで十分とするキャンペーンを本格化させたのである。

　だが，政権案の審議が順調に進まなかったより直接的な理由は，上院での審議それ自体に求められる。下院におけるオニールと同じく，上院民主党の長であるバード院内総務も，政権案の成立に協力する姿勢を早々と表明し，下院案の成立の直後，エネルギー以外の議題を扱わないようにさせ，エネルギー問題に集中できる体制を整えた。ただし，バードは下院のように強権を振るうところまでは行わなかった。バードの方針は，議会の思いどおりに仕事をさせるための環境を整えることであった。また，バードも，オニールと同じく政権案には難色を示していたし，カーターの議会への関わり方にも，政権発足当初から批判的であった（Motter 1993, 581；カーター 1982, 123）。いずれにせよ，上院の院内総務には下院議長のような強い権限は与えられておらず，下院で可決・成立したオムニバス法案を，5つの法案として別々に提出・審議することを選択せざるをえなかった。

　このように法案が分けられたことが，委員長の権限の行使による議事進行の

第6章 分極化の程度と大統領の立法活動

遅滞につながった。5つの法案は，2つの委員会，すなわち，ラッセル・ロング（Russell B. Long；D：LA）委員長率いる財政委員会と，ヘンリー・ジャクソン（Henry Jackson；D：WA）委員長率いるエネルギー・天然資源委員会に付託された。ジャクソンの委員会では，ほぼすべての法案が政権案に近い形で承認され，本会議に進んだ。しかし，上院におけるキー・パーソンは，明らかにロングであった[7]。カーターも，法案が通るか通らないかはロングの出方次第であることは認識していたし，ロングとは9月以降，度々面会を行い，天然ガス問題と課税の問題における両者の相違を埋める努力を行っていた（Motter 1993, 584）。しかしカーターの見通しは甘いものであった。ロングは，カーターとの交渉の中では，「他の議員の動向は知らない」と述べる一方で，石油産出州選出の他の議員たちと共に，政権案をつぶし，かわりに石油ロビーの意に沿った案の成立をうかがっていたのである（カーター 1982, 163-164）。ロングの財政委員会は，政権案をすべて否決した後，石油ロビーの意向に沿った，政権案とは大幅に内容の異なる法案を作成・承認させた。それどころか，政権案を支持しない保守派（ロングなど）と反対派の団体は，エドワード・ケネディや，バーチ・バイ（Birch Bayh；D：IN）といった大物リベラル派との連携を図っていた[8]。

カーターは，財政委員会でエネルギー税に関する政権案が否決されたことを受け，10月13日にこの年4回目のテレビ向け記者会見を行った。そこでカーターは，「石油危機が迫っている中で，石油会社が不当な利益を貪っている」（*CQ Almanac* 1977, 710）と述べて利益団体を批判した。さらにカーターは，民主党上院議員の進言を受け，ロングとジャクソンの2人をホワイト・ハウスに呼んで調停を試みた。ことの発端は天然ガスであったが，両者の間は，審議の主導権をどちらの委員会が握るかをめぐって，感情的な争いにまで発展していた。提案の内容については，ジャクソン案の方が政権案に近かった。他方，カーターは，ロングについては個人的な関係は良好としながらも，ジャクソンに対しては「最悪」と表現している。激しいやりとりの結果，上院本会議で審議する法案をロングの財政委員会の案で一本化すること，および，両院協議会において下院と合意・修正された案を上院本会議で再度審議することで話がつけられた。

こうして審議は本会議に移った。上院では，本会議においても委員会のメンバーが議事の遅滞を中心とする手段に訴えることは下院よりは可能であったし，

仮に指導部が裁量の範囲内で法案の通過を強行したところで，それが強権的だとの批判を受けるのは当然であった。現に，リベラル派のハワード・メッツェンバウム（Howard Metzenbaum；D：OH）や，ジェームズ・アバレスク（James Abourezk；D：SD）が，ケネディやバイの意を受け，天然ガス関連の法案を対象に，9月下旬からフィリバスターの行使に及んだのである。彼らが行使した手段は，クローチャーが可決されても，それ以前に出されていた定足数確認の動議や修正案に対しては適用されないという，制度の抜け穴を突くものであった（*CQ Almanac* 1977, 735）。

バードは，共和党のハワード・ベイカー（Howard Baker；R：TN）院内総務と共に特別委員会を組織し，このようなクローチャー後のフィリバスターを制限する提案を行うよう指示した（*CQ Almanac* 1978, 5）。これに基づき，10月3日に，バードが本会議において強権的な態度に転じ，クローチャーにしたがうことと，あらゆる修正案の審議は議事手続に反する遅延行為に該当すると主張した。議長を務めていたウォルター・モンデール（Walter F. Mondale）副大統領はこれに合意し，このときアバレスクが求めていた定足数の確認を否決させた。副大統領が上院本会議の議事を司ることは憲法に定められている権限であるとはいえ，その権限を，しかも，紛糾している事案の審議をめぐって行使することは稀なことである。上院民主党議員の間では，法案の内容だけでなく，カーター・モンデール・バードの手法に対して，「嘘つき」や「独裁者」といった批判が相次いだ（Motter 1993, 582）。結局，天然ガス法案は，翌10月4日に，価格規制の撤廃を中心としたロングの財政委員会の案が，発声投票にて可決された。

その後，10月31日にエネルギー税関連の法案が可決されたことで，上院においてすべての法案が可決された。しかしそれらは，政権案や下院案と比べて大幅に現状維持的なものであった。(9) こうして，カーターにとって「下院が可決したひとつの"良い"法案と上院が可決した5つの別々の法案」（カーター 1982, 167）ができあがり，両院で成立した法案をすりあわせるため，両院協議会が開かれることとなった。5つの上院案のうち3つ（石炭への転換の推進・公共料金の改定・省エネの推進）については下院案（およびジャクソンの上院エネルギー委員会に近い案）で合意が得られた。しかし，両院協議会の議題が，天然ガスに関する

法案に移った12月2日以降、審議は完全に膠着した。大統領と下院の案のすべてを削除するという上院案に固執するか、価格の上限のわずかな上昇についてのみ下院案を受け入れるか、という点で、上院の両院協議会委員が9対9の半々に分かれたのである。法案の通過を目指すカーターにしてみれば、両院協議会の委員であった上院の民主党議員と、その背後にいるロビイストを何とかしないといけないことが、再度明白になった。

カーター政権のエネルギー改革3：個別の議員への接触と政権案からの妥協

ところが、1978年に入って、エネルギー法案は可決・成立に向かって大きく動き出すことになった。その大きな要因は、カーター政権の立法活動が、以下の3点において大きく変化したことである。第1に、物事に優先順位をつけることに政権が意識的になったことである。第2に、その最優先事項としてエネルギー法案が位置づけられたことである。これにより、大統領だけでなく民主党議会指導部にとっても、エネルギー法案は、政治的には是が非でも成立させなければならない案件となったのである。そして第3に、政権側の立法活動が、世論への訴えかけから、議会との緊密なやりとりへと大きく舵を切ったことである。その背景には、反ワシントン的なアプローチやそれが立法を中心とした政策実績につながらないことに対して、メディアが厳しい評価を行うようになり（Motter 1993, 582）、カーターの支持率も急落したことがある。

カーターは、3月9日の記者会見において、これまで価格規制の拡大を強く推進する態度であったことから転じ、段階的な規制緩和であれば容認する発言を行った。4月12日、カーターは下院共和党の両院協議会委員と個別に面会し、両院協議会を通過したものであれば何でも支持をするとの旨を伝えた。これを受けて、両者の歩み寄りは大きく前進するようになった。両院協議会の主要な委員は4月21日に、次いで両院協議会全体としては5月24日に、天然ガスに関してついに妥協に至った。ところが、8月になっても、選挙区事情から、何人かの両院協議会の委員が署名を渋った（カーター 1982, 175）。これに対して、このころから、モンデールを含む閣僚やスタッフは、個別の議員へのロビイングをさらに強化させた。その中心人物であったシュレジンジャーは、連日のように議会に足を運び、議員のひとりひとりと会って長時間話し合い、上下両院

の本会議で過半数を得られるよう工作を行った。その工作の対象は，最終的には535人の全上下両院議員に及んだ（カーター 1982, 175）。このロビー活動の甲斐あって，天然ガス法案に関する両院協議会の報告書は，8月18日に署名され上院に送付された。

この段階で政権が支持していた法案は，当初の政権案ではなく，両院協議会委員との約束どおり，両院協議会案であった。リベラル派議員にとっては，この案に天然ガスの規制撤廃が含まれたことは，法案自体を葬り去る強い動機となったし，ロングや共和党議員など規制緩和派の議員にとっても物足りない案であった。両院協議会案は，妥協の産物であっただけに，強い反対者は居こそすれ，積極的な支持者はいない状態だったのである。この段階においても，最も積極的に上院議員にはたらきかけたのは，政権側であった。カーター自らのロビー活動も盛んであった[10]。議会指導部の側も，バードが，上院がこの法案を通すか通さないかで，上院院内総務としての自分の力量が判断されると，会う議員ごとに訴えていた（カーター 1982, 176）。それらの甲斐あって，送付から40日後の9月27日に，天然ガス法案は，57対42（民主党：40-22；共和党：17-20）で可決された。

審議の焦点は下院に移った。オニールを中心とする下院指導部は，上院で天然ガス法案が紛糾していた間も，個別の議員を説得する活動を続けていたが，両院協議会がエネルギー法案のすべてについて合意しない限り審議を進めないことにしていたため，公式の審議は，両院協議会からの最後の報告（燃費が悪い車への課税に関する法案他）が行われた10月12日からであった。下院規則委員会は，エネルギー法案をオムニバス法案として一括して採決するか否かをめぐって丸1日を費やした。委員会の採決の結果は8対8であった。ここで民主党指導部と政権側は民主党規則委員に対してロビイングを行った。その結果，3人の民主党委員が態度を変え，翌13日，規則委員会は9対5で一括して採決することを認めた。

これを受けて，下院本会議にて，両院協議会を通過したすべての法案をオムニバス法案として一括して採決することを求める動議をめぐる採決が行われた。これがこの法案の成否を最も決定づけるものであった。天然ガス法案に反対する勢力は，1977年の夏と同じく，共和党議員の大半と，石油・天然ガスを産出

する選挙区選出の民主党議員，そしてリベラル派の民主党議員であり，党派構成の面からみれば，ある程度の民主党議員が反対に回っても，一定の共和党議員が賛成に回れば可決にもちこめるはずであった。ところが下院では，78年秋は77年夏とは大きく状況が異なっていた。下院選挙はすぐそこまで迫っており，共和党は選挙が近づくにつれて態度を硬化させ，大統領に失点をつけることで選挙戦を有利に進めようと考える議員が増えていたのである。これでは，上院のように大統領や政権スタッフが個別議員に説得活動を行ったとしても，共和党議員に対しては，思うようにはゆくはずもなかった。それでも政権スタッフや下院民主党指導部は，個別の議員の説得を続けた。採決の結果は，207対206（共和党：8-127；民主党：199-79）であった。最後の賛成票を投じたのは，共和党議員のトマス・エヴァンズ（Thomas B. Evans; R: DE）であった。

以上，「大統領が立法に介入した場合，他の条件が同じならば，議員はより党派的に行動する」，という本書の理論の妥当性は，上院と下院とでは異なる。下院においては，カーターの立場表明を受けてオニール議長を中心とする指導部が民主党をまとめることに成功したが，共和党との超党派的な多数派は形成されなかった。とくに，最も紛糾した天然ガスの価格規制問題は，政権側が「段階的な規制撤廃」の支持に転じてからも，議会共和党が乗ってこなかった。これは，改革案の内容にではなく，大統領と多数党議会指導部の党派性に反応したからである。他方上院においては，本書の理論はあまり支持されない。上院では「手続的分極化」ははじまっておらず，民主党議員の離反によって膠着したのである。[11]

2 大統領の立法活動による分極化の定着
：レーガン政権の81年税制改革

レーガン政権発足まで

レーガン政権の立法活動に関する諸条件は，クリントン政権のそれとは最も共通点が少ない。それは，共和党の大統領であること，中道ではなくイデオロギー的に極端とされるアジェンダを提示したこと，にもかかわらず，超党派的な多数派を形成して立法に成功したこと，その理由として，就任当時の選挙結果によって有権者から負託を与えられていたことが指摘されていること，など

である。以上から、レーガン政権の最大の内政アジェンダであった1981年税制改革法（Economic Recovery Tax Act of 1981）の成立は、保守のムードが優勢な時代において、実力のある共和党大統領が登場したことによって改革が進んだというストーリーによって説明されることが多い。したがって、この事例は、一見、本書の1つ目の理論である「大統領の立法活動は議会を党派的にさせる」にとって最も不利な事例である。

このような、理論にとって最も不利であろう事例は、Eckstein（1975）がいう「決定的事例」（critical case study）である。つまり、こういった事例において理論の正しさが検証されることで、他の事例についてはなおのことその理論が事例を正しく説明するであろうことが推測されうるのである。以下で実際に明らかにするように、この事例は本書の理論をむしろ一定程度は支持するものである。同時に、この理論が全面的には支持されないということは、「大統領の立法活動が議会を党派的にさせる程度は、分極化の進行につれて大きくなる」という本書の2つ目の理論を支持するものである。

事例に入る前に、背景となるレーガンの政権運営のスタイルについて、これまでの経歴やパーソナリティによって説明することを試みる。レーガンは、貧しいアイルランド系移民の家に、2人兄弟の次男として、1911年に、中西部イリノイ州のタンピコ（Tampico）という田舎町にて生を受ける。楽天的な母に対して、父は靴のセールスマンの仕事がうまくゆかず、アルコール依存症の症状を示していた。家庭内が難しいことを悟られないために、レーガンは、楽観的で社交的な振る舞いを身につけたと言われる（五十嵐 1992, 10）。長じても、レーガンは体制に迎合することが多く、離婚・党籍の変更・大統領選挙への出馬といった、人生の大事な局面の多くにおいて受け身であった。さらに成長の過程で、朗読や演劇に目覚めることによって、「愛されること」がレーガンの最大の特技となり義務となった（村田 2011, 19；レーガン 1993, 45）。大学生活を経て、レーガンは俳優を志すようになり、地元中西部のラジオ局のスポーツ・キャスターを経て、ハリウッドで俳優活動をはじめる。この間、アメリカは大恐慌からニュー・ディール、第二次世界大戦という激動の時代であり、当時のレーガンはニュー・ディーラーの民主党員であった。

それが共和党の保守派となり政治家となった経緯は、村田（2011, 129）によ

第6章　分極化の程度と大統領の立法活動

れば，3つの段階に分けられる。第1に，映画俳優組合での活動における共産主義者との戦いを通じて確立した反共主義である。第2に，ハリウッド時代の重税の苦しみとジェネラル・エレクトリック（General Electric）社で行った社員向けの教育から明確になった，「小さな政府」を標榜する経済保守の立場である。レーガンは，この社員教育の過程は悪くない修行の場であり，「ほとんど政治学の大学院コースに等しいものになった」と述べている（レーガン 1993, 166-171）。第3に，共和党への転向と1964年のゴールドウォーターの応援を経て1966年にカリフォルニア州知事選挙に勝利し，その任期中に学生運動と対峙した経験から，法と秩序を重視する保守的立場を鮮明にしたことである。

このような経歴に起因するレーガンのパーソナリティは，クリントンやカーターと同じように，時には矛盾する2つの側面をもつものであった。「グレート・コミュニケーター」としての面と，受け身で内省的な面である。そのせいかレーガンは，しばしば「大統領役を演じていた」といわれる。レーガン本人も，1988年12月22日に行われたテレビのインタヴューで，大統領職を務める上で俳優の経験が何か役に立っているのか，という問いに対して，

> There have been times in this office when I have wondered how you could do this job if you hadn't been an actor.
> 大統領を務めていると，俳優を経験していない者にこれが務まるのだろうかと思うことがある。（筆者訳）

と述べている。

そして，この二面性から派生するレーガンの仕事のスタイルは，政権の中と外で大きく異なる（Greenstein 2000, 150-151）。まず政権内においては，自分は基本的な目標を指示するだけで十分で，その目標を実現するための具体的な政策の検討は他の閣僚や補佐官に任せておけばよいと考えていた。むしろレーガンが重視したのは，そのような政策の検討よりも，自らの提示した目標に国民の支持を集めるようアピールすることであった（五十嵐 1992, 16）。そのためレーガンは，スタッフに対しても徹底的に話のわかりやすさを求めた。ただし，次項で事例研究を行う減税については，仕事をしないレーガンが本気で取り組ん

だ数少ない案件の1つだった（ストックマン 1987, 275）。

　他方で，議会や一般有権者といった政権外のアクターとの関係は，カリフォルニア州知事の経験以降，妥協的で，合意を重んじる「政治家」であった（村田 2011, 130；Mervin 1990, 122-123；Broussard 2015, 105；オニール 1989, 511）。それは，本心を表さない性格，あるいは俳優として培われた能力に起因するとの指摘もある（Greenstein 2000, 157）。この傾向は，議会の大統領野党との関係においてとくに顕著であった。レーガンは，大統領野党と効率的な実務的関係を樹立することの重要性を，知事時代の経験から認識していた。レーガンは補佐官たちに，「俺が直接連絡を取った方がいい議員たちの名前を教えろ。あとは自分で何とかするから」と言っていたという（オニール 1989, 513）。とくに下院議長のオニールとの関係は，イデオロギー的には厳しく対立しながらも，同世代で同じアイルランド系であることもあって，政治の場から離れた個人的な関係は良好であったと言われている（Matthews 2013；レーガン 1993, 303；オニール 1989, 第14章[21]）。

　これとは対照的に，大統領与党に対しては，立法府と行政府という権力分立の論理よりも，党としての一体性を重視した。レーガンは，ホワイト・ハウス入りするとすぐに，スタッフを使って，共和党議員に党員としての矜持を保つように厳しく指導した。結果，以前はとくに北東部出身の20～30人の共和党議員の票を，民主党は常にあてにすることができていたのが，それができなくなった（オニール 1989, 512-513）のである。

　さて，その保守派とされながらも必ずしもイデオローグではないレーガンが1980年大統領選挙に当選した要因は，共和党と民主党それぞれに求めることができる。まず，共和党内での保守化の進行である。その直接的な起源は，レーガンも関わった1964年のゴールドウォーターの大統領選挙であり，さらには自らのカリフォルニア州知事としての業績や，1976年大統領予備選挙における現職フォード候補との対決であった。この予備選挙以降，レーガンは党内保守派を中心とした組織固めを着々と行っていた（砂田 1999, 260-262）。とくに本節で事例研究を行う経済政策については，ニュー・ディールの例を含めてこれまでの政策転換を図った大統領が多かれ少なかれ試行錯誤的であったのに対して，レーガンは，一連の包括的な経済財政政策を事前に用意した（砂田 1999, 284-

285)。これに着手したのは1975年12月のことであり，レーガンは，シカゴ大学教授ミルトン・フリードマン（Milton Friedman）ら9人の経済学者やエコノミストから顧問として協力を得られることになり，当時シカゴ大学に在職していたサプライ・サイド派のアーサー・ラッファー（Arthur Laffer）ら5人と会談した（五十嵐 1992, 64-65）。これがレーガンと，その理論的な支柱となったサプライ・サイド経済学との最初の出会いである[22]。

レーガンが当選したもう1つの要因は，対する民主党の現職大統領カーターの不人気，とくに，カーター政権が，インフレと失業の対策に終始有効な手を打ちえなかったことによる（砂田 1999, 254）。これに対抗して，レーガンが経済政策や，それに関連づけて現職の失政やリーダーシップを主張して選挙を戦った（Conley 2001, 95-115）のは自然な流れであった。加えて，カリフォルニア州知事としての実績や，穏健派のブッシュ（父）を副大統領に指名するなど，穏健で現実的な政治家として有権者に印象づける選挙戦略をとった（砂田 1999, 263-265）。

本選挙の結果は，数字をみれば，44州で勝利を収め，538人中489人の選挙人を獲得する，文句なしの圧勝であり，レーガンもこのことを喧伝した。議会選挙でも，下院は民主党が過半数を維持したものの34議席を失い，さらに上院の共和党の議席数は53となり，1955年以来の過半数を獲得した。しかし勝因として当初認識されたのは，ABC（All But Carter：カーター以外なら誰でも）とまで言われたカーターに対する不信任であり，投票率も低ければ，レーガン本人への支持も，政権発足直後の支持率は過去最低の51パーセントであった。また，ジョン・アンダーソン（John B. Anderson）候補が共和党予備選挙から撤退して無所属で出馬したことは，不人気な民主党現職と新鮮味を感じない共和党保守派に満足できない有権者に第3の選択肢を示し，党派を越えてリベラル派を結集しようという意図に基づいたものであった（砂田 1999, 263）。以上のように，選挙戦や政権発足直後は，レーガンに対する期待は低いものだったのである[23]。

今でこそレーガンは歴史に残る大統領の1人として認識され，とくに共和党においては神格化すらされているが，現在の評価に基づいて過去を語ってはいけないのは，歴史学だけでなく，理論を検証するための事例研究においても同

様である。レーガン政権最初の2年間の業績は,経済状況も好転せず,支持率も上がらず(砂田 1999, 292),「失望」とも評されるものであった。そのような中で,レーガン政権の経済政策の根幹の1つをなす税制改革については見事な成功を収めたのである。(24) その主な要因は大統領の立法活動である。以下,事例研究を通じてこのことを実証する。

レーガン政権の税制改革1:保守的な立場表明

1981年1月20日の大統領就任演説で,レーガンは,「今日の危機にあっては政府は解決策ではない。むしろ問題の根源だ」という有名なフレーズを述べている。最大の選挙公約であった経済が,政権発足最初期のトップ・アジェンダとなったことは言うまでもない。つづく2月18日,レーガンは上下両院合同会議での演説において,「経済再建計画」を発表した。歳出削減・減税・規制緩和・通貨供給量抑制の4つの柱からなる計画の中で最もイデオロギー的で,また従来の政策路線の大転換を意味する提案が,減税計画であった(砂田 1999, 285-286)。減税は,81年7月から個人所得税を3年にわたって10パーセントずつ(合計で30パーセント)削減することと,企業に対する減税(形式的には,減価償却制度の単純化・短縮化と,投資税額控除の引き上げ)の2つを柱とするものであった。

レーガンは,最も論争的な個人向け減税について,「これまでの税制『改革』のようにどの層から課税するかではなく,この減税案は,すべての国民に等しく減税を行うことによって,国の繁栄を拡大させ,国の収入を増やし,すべてのアメリカ人にとって機会を増大させるものである」(*CQ Almanac* 1981, 95)と述べている。従来の保守的な経済政策とは一線を画すサプライ・サイド経済学のアイデアに則っていることと,「すべての」国民を対象とすることを強調することの2点において,保守的であると同時に中道的・超党派的なレトリックを含む立場表明であったという見方もできる。

この当初案が提出された時点では,法案が可決する現実的な見通しは,ほとんどないものであった。これほど大規模な減税は過去には例がないばかりか,減税の理由として経済成長を挙げることは当時としては異端の考え方だったからである。サプライ・サイド経済学のアイデアに沿った減税法案は,上下両院

の提出者である、ジャック・ケンプ（Jack Kemp ; R : NY）下院議員と、ウィリアム・ロス（William V. Roth Jr. ; R : DE）上院議員の2人が、ケンプ・ロス法案とも呼ばれる法案を1976年に提出したころから全国的に力をもち出した（土志田 1986, 56）が、この法案は下院本会議で否決されていた。民主党議員の主流派は同法案に反対していたし、このころから議会共和党も民主党保守派のボル・ウィーヴィルたちも支持はしていたが、それは決して熱狂的なものではなかった（Mervin 1990, 110）。経済成長のための減税というアイデアは、レーガンと共和党が1980年大統領選挙においてこの提案を取り上げるようになって、はじめて注目されるようになったのである（*CQ Almanac* 1981, 91）。それでもなお、1981年に第97議会がはじまった当初の議会は、サプライ・サイド経済学に沿った減税を擁護するにはきわめて冷たい環境にあった（ストックマン 1987, 278）。[25]

この政権案に対して、下院では依然多数党の地位にあった民主党は、新たに歳入委員長に就任したロステンコウスキが、4月9日に対案を公表した。その理念は政権案とも共有しつつも、案としては翌会計年度に400億ドルの減税という穏健なものであった。この対案に対して、政権側は敬意は示しつつも「取るに足りない」とし、また議会共和党も、下院歳入委員会少数党筆頭委員のバーバー・コナブル（Barber Conable ; R : NY）が、この案はロステンコウスキがいうような超党派の合意が得られるものではないと述べた。

3月上旬に、オニールと下院共和党指導部は、大統領の経済政策を審議日程に乗せることに合意し、オニールは、予算と減税に関する法案を8月1日までに投票にかけることを約束した（オニール 1989, 517）。議事日程の設定の権限を握る下院議長が、わざわざ敵に塩を送るようなことを行った理由は、オニール本人によれば、大統領の提案を手続的に阻止することで国民の反感をかった場合、82年の中間選挙で負けるかもしれないことを懸念してのことであった（オニール 1989, 518）。その一方でオニールは反対運動の準備にとりかかった。オニールは、レーガンの支持率が低下しだしたのを見越して、3月31日に行われるAFL-CIOの会合で、政権案を批判する予定にしていた（五十嵐 1992, 114）。

ところがその前日の3月30日に、誰も予想しなかった事態が発生する。大統領暗殺未遂事件である。レーガンの支持率は、この偶発的な出来事によって、

就任直後の51パーセントから66パーセントに急上昇した。この機会を捉えて、レーガンは、退院から間もない4月28日、上下両院合同会議にて演説に打って出た。演説を行うことを認めたのはオニールであった。暗殺未遂事件以降、オニールに対してもレーガンを支持する手紙が急増し、レーガンにチャンスを与えるのもやむをえないと判断したのであった（五十嵐 1992, 114）。レーガンが議場に入ると、数分にわたって拍手が続き、演説の途中では40人もの民主党議員が立ち上がって拍手をした。レーガンは、「あの経済パッケージにも見込みが出てきたようだぞ」と思い、「あれだけ歓迎されるのなら、狙撃されるのも悪くはないかもしれんね」と冗談を述べている（レーガン 1993, 370）。

しかし、この演説の効果は、レーガンにとって有利なものばかりではなかった。この演説の直後から、民主党指導部が本格的な反対工作に乗り出したからである。オニールは、レーガンがニュー・ディール以降積み上げてきたものを完全に壊す意思をもっていることが確認されたとして、減税、歳出削減問題について、民主党議員たるものは、たとえ支持しようと考えるだけでも、党指導部からの容赦ない懲罰の対象になろうというお触れを出した（レーガン 1993, 370）のである。

つまり、政権・共和党側も民主党側も、妥協の可能性については仄めかしつつも、双方から最初に出された提案における減税額の隔たりは大きく、それに伴って互いの案に対する評価は厳しいものがあったのである。一連の大統領の立場表明の結果、一方あるいは双方が妥協を切り出すか、あるいはそのきっかけがない限り、審議は進まない状況になったのである。

レーガン政権の税制改革2：民主党との妥協と個別議員への説得

このレーガンの演説までの間、ジェームズ・ベイカー（James Baker）首席補佐官や立法担当の政権スタッフは個別の議員と交渉を行っており、レーガンも後からこれに加わった。レーガンは怪我の身であるにもかかわらず、69回にもわたって議員との面会を行い、面会した議員の数は467人にのぼった。またレーガンは、個別の議員に何度となく電話をかけた（Pemberton 1997, 101）。

レーガンは、しばらくは一切の妥協に応じない態度をとっていたが、事態は完全に膠着していた。また、下院では、レーガン政権の経済政策の1つの柱で

ある予算法案が可決されたことから，次の税制改革の方に焦点が移った。このタイミングで，レーガンは6月4日に，初年度については減税額を原案の10パーセントから5パーセント（累計では30パーセントから25パーセント）に修正し（1982会計年度の減税額でみれば，539億ドルから374億ドルに減少），その開始を10月1日まで遅らせることなどを盛り込んだ妥協案を提示する。こうした新しい提案は，議会共和党と，指導部に敵対的な一部の下院民主党議員の支持を集めた。現にレーガンのねらいは，民主党のボル・ウィーヴィルであった。レーガンは彼らとの朝食会で，来たる82年選挙において，法案に賛成票を投じた民主党議員の対立候補である共和党候補の応援を行わないことすら約束している（Pemberton 1997, 103）。ボル・ウィーヴィルの側でも，2年生議員のケント・ハンス（Kent Hance；D：TX）が，5月ごろからこの修正案に賛同する民主党議員の取りまとめに奔走していた（ストックマン 1987, 286）。

 それでも，レーガンが支持を期待していた50人程度のボル・ウィーヴィルの態度は真っ二つに割れ，政権案を支持する議員は，共和党のすべての議員と合わせてもいまだ過半数に届かなかった。加えて，民主党主流派は，政権との妥協を受けて，2年間の減税という譲歩案をまとめていたが，3年間の減税にこだわる政権案が公表されたことに反応して，この譲歩案に固執するようになった。レーガンも，「3年間・25パーセント」以上の妥協に応じる姿勢がないことを政権内で強調するようになった（ストックマン 1987, 287）。

 共和党が多数党となっていた上院では，6月18日に財政委員会が法案の作成に着手しはじめた。合衆国憲法の規定上，歳入に関わる法案は下院が先議権を有する。下院に先立って上院が審議を進めることは，形式的には別の法案であっても，憲法の理念にはもとる行為である。それでも急いで審議を行ったドール財政委員長の意図は，速やかに審議するよう下院歳入委員会に圧力をかけることであった（*CQ Almanac* 1981, 97-98）。6月25日に同委員会が19対1で政権案とほぼ同じ内容の法案を可決させた。

 党派的な対立の主戦場であった下院では，政権案である H.R. 3849 は，共和党のコナブルと民主党のハンスが共同提出者となったことから，コナブル・ハンス法案と呼ばれるようになっていた。30パーセントから25パーセントへの妥協を経たことに加えて，超党派的な立法の体裁が整ったのである。しかし，民

主党指導部や歳入委員会が，この法案の審議を促す政権や上院からの圧力を拒絶し，歳入委員会主導で独自の減税法案の作成に取り組んだのである。民主党案の骨子は，2年間で15パーセントの減税を行い，さらにその内訳は，低所得者層が主に恩恵を被るものであった。レーガンは，この民主党案は全国民に等しく減税を行うことで経済を刺激するというレーガンの理念を実現させるには不十分なものと捉えていた（レーガン 1993, 373）。

この法案が委員会で承認され，本会議に送付される直前の7月24日になって，政権側は最後の妥協案を提示した。その妥協案の内容は，法案の骨子を残しながらも，態度を決めかねている，主に南部から選出されているボル・ウィーヴィルを取り込むために，石油業者への優遇措置をはじめとする様々な選挙区向けの規定を添加したものであった。同じ日にレーガンは，下院共和党議員に対して，「来る決定的な数日間」に対して，お互いに忠実であるよう強く求めた（*CQ Almanac* 1981, 100）。レーガンの議会への圧力は，共和党のみならず，キーマンであったロステンコウスキーにまで及んだ。7月上旬にシカゴのロステンコウスキーの選挙区を訪れた機会を利用して，彼こそが減税案の運命を掌中に握っているのだと選挙民に強調し，手紙を書くよう呼びかけた。このスピーチの後，ロステンコウスキーのもとには何百通もの手紙が殺到し，その結果，彼は下院民主党指導者の中では多少とも和解的な姿勢を見せるようになったという（レーガン 1993, 372）。採決の直前には，レーガンは，大統領の別荘であるキャンプ・デーヴィッド（Camp David）に14人の態度未確定の議員を招き，バーベキューを行った（最終的にはそのうち11人から賛成票を得た）。そこで，個別の議員との間で，他の法案への支持や，議員が反対する法案への拒否権行使を約束した（Pemberton 1997, 103）。つまりは，大統領自らが率先して票の取引まで行っていたのであり，「現代大統領制」の確立以降でも，大統領がそこまで行った事例はおそらくあまりないであろう。

レーガン政権の税制改革3：テレビ演説による非党派的な立場表明

こうした，妥協や直接的な接触といった「調整言説」による議員への説得活動に加えて，レーガンが勝利した決定打は，7月27日に行ったテレビ向け演説であった。「ここ20年近くではじめての，すべての人への実質的な減税です」「ど

うかあなたの上院議員と下院議員にもう一度手紙を書いてください」などと強く訴えたのである。斎藤（斎藤・古矢 2012，260-261）は，「レーガンのレトリックは，1964年演説のときから，きわめて非政治的・非党派的であった。イデオロギーをアメリカの伝統的な生活信条と結びつけ，それを非党派的・非政治的な言葉，単純明快な伝統的道徳の言葉で一般の人々に訴える。それによって，ワシントンから超越した国民的指導者としてイメージさせることに成功した」と述べている。

その効果はてき面であり，一般市民が一斉に連邦議員に電話をかけはじめたのである（五十嵐 1992，116）。結果，歳入委員会案ではなく政権案が本会議にかけられることになった。対する民主党指導部は党内の締め付けを行い，おそらくそれには一定の効果はあったと思われるが，立場を決めかねていた議員の多くはレーガン支持に回った。採決の前日，オニールは，大統領とそのスタッフ，そしてレーガンのテレビ演説に動員された有権者によって敗れたと，事実上の敗北宣言すら行っている（*CQ Almanac* 1981，103）。

29日に行われた上下両院の本会議での採決結果は，上院は89対11（民主党 37-10；共和党 42-1）と圧勝であった。下院も，238対195（民主党 48-194；共和党 190-1）であった。48人もの下院民主党議員が党指導部の方針に逆らって政権案を支持した。ふたをあけてみれば48人は予想以上の数字であった。とくに南部選出の民主党議員は，賛成が36人，反対が43人であった。その後法案は，両院を通過した法案のわずかな相違点を調整するための両院協議会，および協議会案を承認する両院の本会議を速やかに通過した。同法案は，同じくレーガンの経済政策の柱であった予算調整法案と共に，8月13日に大統領が署名し，成立した。レーガンは，「求めていたものの95パーセントは得ることができた」と誇った（*CQ Almanac* 1981，91）。レーガンは，妥協はしたが，業績誇示はしっかりと行ったのである。

以上，同法は，共和党が結束して支持し，民主党のボル・ウィーヴィルの支持を加えて成立したものである。これは分極化以前の時期に特有の，共和党と南部民主党の保守連合による勝利であるようにみえる。またこの事例は，Canes-Wrone（2006）が論じる，大統領は，支持率や政策への支持が高いときには世論に訴えて支持を調達する，という典型例である。それが可能であったのは，

分極化がそれほど進行していなかった時代だったからであると言えよう。

同時に，この事例は，分極化以前と以後の過渡期に位置づけられる時期のものであり，そればかりか，この立法こそが，長期的にみて分極化の進行を促したと言うこともできる。まず，共和党の側からみると，当初レーガンは党の主流を代表していたわけではなかった。逆にレーガンは，この1981年税制改革法の立法を通じて，共和党の結束の強化と政策路線の転換を同時に達成させたという方が適切である。ましてや，その税制改革法の内容は，1980年予備選挙の際に，対立候補であったブッシュ（父）から，「ブードゥー」（呪術）と揶揄されるほど党内を割る争点であり，経済学的にも異端に属するものであった。しかし共和党では，同法案の採決の段階においては，ほぼ全員が賛成票を投じた。これはこれまでにはなかったことである（Fleisher and Bond 1983, 754-756）。

民主党の方では，カーターの事例と同様，主に下院において手続的分極化が進行していた。上院では民主党議員の多くが同法案を支持していたことから，下院の民主党議員の多くも本心では賛成であったことがうかがえるが，党指導部が強いからこそ，多くの下院議員が党指導部の政権との対決姿勢にしたがったのである。党指導部にしたがわなかったボル・ウィーヴィルたちも，ある議員は後にDLCやブルー・ドッグ連合を結成して党に残るが，やがてある議員は落選や引退によって退場し，この事例において代表的な役割を果たしたグラム予算委員やハンスは，共和党に移籍した。南部における共和党の優位が，この事例を契機にさらに進行したのである。

3 さらに分極化が進行した時代の大統領
：オバマ政権の医療制度改革

オバマ政権発足まで

本章で分析する最後の事例は，オバマ政権の医療制度改革である．「患者保護並びに医療費負担適正化法」（PPACA: Patient Protection and Affordable Care Act）の立法過程である。これはクリントン政権が行おうとしたものと同様，政府による国民皆保険を目指すものではなく，既存の民間保険中心の医療制度を柱としつつ，無保険者の数を減らすための様々な政策手段を政府が講じるものである。その内容は，保険加入の義務づけ・「医療保険取引所」の創設・低

中所得者を対象とする財政的支援の提供・メディケアの拡張・民間保険の規制・財源・その他，の7点に分けられる（天野 2013, 77-78）。法案の形成過程や修正案の具体的内容については，既に先行研究が多く出されている（たとえば Jacobs and Skocpol 2011；2012；Sinclair 2012；Rom 2012；Patel and Rushefsky 2014, Chapter 10；天野 2013；山岸 2014, 第4章；武田 2010）ので，本節ではその説明は必要最小限にとどめ，本書全体の関心である，大統領の行動とそれに対する議会の反応を中心に検証する。

　この事例も，第1節のカーターのエネルギー改革と同様，クリントンの医療制度改革と多くの共通点をもつ。民主党の統一政府であったこと，前職が共和党の大統領であったこと，そして，大統領に当選した大きな要因が，従来の党派的な対立軸を越えた政権運営を行うことを選挙戦において訴えたことであり，また政権発足後も中道的・超党派的な改革案を提示したことである。ところが，この事例は，クリントンの医療制度改革の事例とは2つの相違点が存在する。1つは，立法過程の前半にあたる政策立案の段階においてオバマは細部に関わらず，議会に「丸投げ」をしたことである。もう1つは，この本書全体における主要な独立変数である大統領の行動との「交差項」をなすもの，すなわち，大統領の立場表明が議員の党派的行動を促す効果の大きさを規定する，議会の分極化の程度である。次項で明らかにするように，オバマが次第に立法に関わるようになってからは，立法過程は極端に党派的なものになったのである。

　前の2節と同じく，立法過程の分析に入る前に，その背景として，オバマの政権運営のスタイルと，大統領就任までの過程について簡単に触れておく。オバマの政権運営のスタイルを論じる上での起点となるのは，オバマはアメリカ合衆国初の黒人の大統領であり，アメリカがついに奴隷制からはじまる人種差別の壁を乗り越えた象徴である，との認識を「捨てる」ことである。オバマ本人の手による自伝（オバマ 2007a）に詳しいように，むしろオバマは，幼少期から思春期にかけて，自分のアイデンティティの所在に苦悩しながら成長した。母はカンザス州の保守的な白人家庭に生まれ育ち，母が学生生活を送っていたハワイで誕生したオバマ自身も，主に母方の祖父母の下ハワイで育てられた。オバマの黒人としての血筋は父から受け継いだものであるが，父はケニアからハワイ大学に留学していた学生であり，奴隷としてアフリカ大陸から連れてこ

られた黒人の子孫ではない。さらに母が実の父と離婚した後に再婚した相手はイスラム教徒のインドネシア人である。オバマは大学卒業後にシカゴに移り，コミュニティ・オーガナイザーの活動をはじめてからしばらくも，アメリカの伝統的な黒人社会に受け入れられることが難しかった[33]。また，オバマが政治家を志した契機は，コミュニティ・オーガナイザーの活動の過程で，法律を学ぶことが世の中を変える上で有用であると認識したことによるものであり，政治家としてのオバマは，黒人社会の一員となることを「自らの意思で」選び取ったことの延長線上にある。

　以上の経歴から派生するオバマの政権運営のスタイルは，Barber (1972) の分類に則せば，カーター・レーガン・クリントンと同じようなActive-Positive型であるといえよう。しかし，そのActiveの内容は，細部にまで関わったカーターやクリントンのそれとは明らかに異なるし，対外面においてのみ活動的であったレーガンとも異なる。オバマのスタイルもまた，その内部で互いに矛盾する側面をもつ（たとえばマーシャル 2008）。第1の側面は，2004年の民主党全国大会における有名な「ひとつのアメリカ演説」に典型的にみられる，雄弁で理想主義的な「改革者」としての側面である。オバマがこのような主張を行ったのは，分極化が進行するアメリカ政治や多様な人種・民族・宗教を抱えるアメリカ社会を憂いてのことだけではなく，特定のアイデンティティをもたない出自と無縁ではない。その改革の内容も，オバマは特定のイデオロギーや社会集団にコミットすることは好まないことから，本書が取り上げたその他の大統領と同様，従来の保守とリベラルの対立軸を越えたものを志向している。オバマには，同じイリノイ州の政治家であった，エイブラハム・リンカーン(Abraham Lincoln) を意識するなど，伝統を重んじる傾向が度々みられ，「オバマコン」(Obamacon) という言葉も生まれたように，保守派からの受けがよい面ももつ（松本 2010a, 46）。

　ところが第2に，オバマは現実主義的な「調整者」である。この側面は，コミュニティ・オーガナイザーや法律家としての活動を通じて培われた，個別の案件への高い調整能力（渡辺 2009, 225-226）と結びつく[34]。オバマの思想は，基本的に政治イデオロギーではなく憲法学者の思考であることがしばしば指摘されているが，それは，異なる立場の人たちが出会って話し合える場という討議

民主主義（たとえば渡辺 2009, 227-229），あるいは熟議民主主義やプラグマティズム（たとえばクロッペンバーグ 2012）に則ったものであるとしばしば言われる。要するにオバマは，議論の力を信じており（マーシャル 2008, 165-166），実際に，会議ではすべての参加者の意見を聞こうとし，できるだけ多くの異なった意見や政策選択肢をインプットして熟慮の上，決定に至るという（砂田 2009, 194）。

「改革者」と「調整者」の両者から導かれるオバマの政権運営のスタイルは，初期のクリントンの，南部的な情実人事やアマチュア的な仕事ぶりとは大きく異なる。「改革者」オバマは，様々な改革を同時並行で行おうとする貪欲さをもっている。同時に，「調整者」オバマの仕事の進め方はきわめて実務的であり，政権内部を掌握する能力が高く，エラーが少ない。ただし細部については，すべてに関わろうとしたクリントンとは違って部下に丸投げをし，自らは大所高所からものをみたり雄弁を振るったりするタイプであるとも言われる。吉崎（2010）は，オバマは，「マネージャーとしては優秀であるが，リーダーとしては大風呂敷に過ぎる」と評している。オバマは，大統領の役割として「調整」が必要であるという認識こそもっていたにせよ，それは主に，議会対策を担当する補佐官やスタッフに任せ，自らが調整者として関わることは，重要な局面とオバマが判断した場合に限られていたようである。

さて，以上のような特徴をもつオバマが行った選挙戦の特徴として最も指摘されるべきことは，その具体的な内容のなさである。オバマは演説の達人であり，選挙戦においても，"Yes, we can"や"Change"といった有名なフレーズを流行させた。しかしオバマのChangeは，少なくとも政策論については無内容だからこそ人気を集めたのである。これに対して予備選挙の対立候補であったヒラリーは，夫の選挙戦のときと同じように，個別の政策について具体的なところにまで踏み込み，丁寧に政策を説明していた。

この両者の違いは，ヒラリーが最も力を注いできた医療制度改革についてとくに顕著であった。2007年2月10日にオバマは大統領選への立候補を表明し，その演説で，1期目終了までに国民皆保険を成立させることを述べはしたものの，それ以降は医療問題に積極的に取り組む姿勢をみせなかった。むしろ民主党内での候補者指名過程においては，医療制度改革への具体性と熱意のなさを，ヒラリーや他の候補者から指摘されていた（Jacobs and Skocpol 2011, 54；山岸

2014, 170)。クリントン政権のころとは異なり（あるいはクリントンの立法活動によって医療制度改革がすっかり党派的な争点になってしまったことによって），このころには，医療制度改革は民主党の悲願となっていた。党内の予備選挙を勝ち抜くためには，このオバマの曖昧な立場は不利に作用するものであった。

オバマが医療制度改革に積極的な姿勢をみせるようになったのは，予備選挙の勝利が事実上確定した2008年6月に入ってからであった。これは，ヒラリーの支持者をつなぎ止めるためであったと言われる（山岸 2014, 173；Jacobs and Skocpol 2012, 34）。しかしオバマは本選挙に至っても具体的なことはあまり言わず，とくに個人に対する保険加入の義務化について明確に約束することを避けた。その理由は，共和党からの攻撃を避けることと，無党派層の票を失うことをおそれたことといった，政治的な計算に基づくものであった（Jacobs and Skocpol 2012, 36）。

このように立場を明示しなかったことは，クリントンの医療制度改革の事例とは対照的に，政権発足後に改革を行う圧力から免れ，自由に行動できる余地を与えた。政権発足直後のアメリカ政治の状況は，医療制度改革を含む新しいアジェンダを推進することを許すものではなかった。それは，きわめてこの時期に固有の要因，すなわち2008年9月に発生したいわゆる「リーマン・ショック」に端を発するアメリカ国内外の厳しい経済状況である。就任直後のオバマの70パーセントを超える高い支持率は，通常ならば，新しいアジェンダを推進する追い風になるはずである。しかし同時に，複数の世論調査が，オバマ政権に求めることとして，目の前の経済危機への対応という回答が多数にのぼることを明らかにしていた（たとえばJacobs and Skocpol 2011, 62）。ましてや，オバマ当選の重要な要因の1つは，有権者が前政権の経済運営の実績の批判的評価として「業績投票」(Fiorina 1981) を行ったことであった。オバマもこのことにはきわめて自覚的であった。オバマは，当選前後から，チェンジよりも経済危機について語ることが圧倒的に多くなったという（砂田 2009, iii）。オバマの就任演説も，選挙戦のときのような明るい未来を語るものではなく，抑制的なものであった（砂田 2009, 4）。現に政権発足直後のオバマは，リーマン・ショックの後処理として，景気対策法案や金融関連法案の成立に奔走した。

またこの時期は，閣僚等の人事をめぐってこれまで以上に上院共和党の抵抗

が強く,その対応に時間を費やした。実はこれは医療制度改革に大きく関連する事象である。なぜなら最も人事で躓いたのが,保健福祉長官に任命される予定だったトム・ダシュル(Tom Daschle ; D : SD)前民主党上院院内総務が,2月3日に辞退に追い込まれた件だったからである。これは,直接的にはダシュルの納税漏れが発覚したことを受けた自発的な辞退であるが,問題はもっと根深い。1つは,上院におけるダシュルの位置である。ダシュルは10年にわたり民主党の上院院内総務を務めており,議会共和党にとっては長年の仇敵であった。しかも,2004年中間選挙でダシュルが再選に失敗し,ちょうど入れ替わる形でオバマが上院議員に選ばれた際,ダシュルのスタッフをオバマが引き継いでいるし,2008年大統領選挙においても,ダシュルはオバマの後見人を自認している。もう1つのポイントは,ダシュルは医療制度を知りつくしており,ホワイト・ハウスに新設される医療制度改革本部の本部長を兼務することも内定していたことである。オバマが,医療制度改革の責任者として,かつての議会の大物であり後見人であり専門家であるダシュルを起用することは,医療制度改革に対してオバマが本気であり,しかもホワイト・ハウスや民主党主導でことにあたることを印象づけるには十分であった。つまり,この人事をつぶすことには,オバマが医療制度改革を進めることを牽制する意図があったものと思われる。

オバマ政権の医療制度改革1:議会任せの法案作成

オバマが医療制度改革に本格的に着手したのは,上記の緊急性を要する法案が一段落した3月のことである。それに先立つ2月22日,オバマは,上下両院合同会議での演説で,包括的な医療制度改革を行う必要性を訴えた。その内容は,医療問題を個人の権利の問題としてというよりも,個人と企業の経済問題と位置づけるものであった(山岸 2014, 178)。改革案の内容も,「管理された競争」というアイデアに沿った(すなわち政府による国民皆保険を回避する)ものであり,また2006年にマサチューセッツ州で,共和党のミット・ロムニー(Mitt Romney)知事のイニシアティヴによって成立した皆保険制度と同じ方向性のものであった。これらのことから,このオバマの立場表明は,クリントンの医療制度改革と同様,中道的・超党派的なレトリックに基づいたものであったと

言えよう。

　オバマは，ダシュルの人事が失敗したころから，立法に向けての戦略を改めることになる。それは，クリントンの失敗の経験から学ぶものでもあった。第1に，閉鎖的な政策立案を行ったことで主要な団体の抵抗に遭遇したクリントンの経験に学び，オバマは，こうした団体と絶えず交渉を行った（Jacobs and Skocpol 2011, 63-64；2012, 69-70）。その象徴となったのが，3月5日に開催された医療制度改革のためのサミットである。この会合には，民間保険・医師・病院・ビジネス・製薬産業・そして共和党議員などが招かれ，対話を行ったのである（天野 2013, 79-80）。オバマは「調整者」として改革に着手しはじめたのである。団体側も，オバマの高い支持率から今回こそは何らかの法案成立は必至とみて，政権との妥協点を探ろうとした（武田 2010, 190）。この交渉が功を奏し，7月に提出された議会民主党案に対して，アメリカ医師会・アメリカ看護協会・製薬業界は賛成の立場を表明した。

　第2に，オバマは，ホワイト・ハウスがガイダンスを提供しつつも，議会に対して，問題の詳細に関して徹底的に議論するように促すことを決定した。これも，大統領自らが議会に介入することが法案成立の妨げとなったクリントンの失敗から学んだことであると言えよう（CQ Almanac 2009, 13-3）。オバマはわずか4年であるが連邦上院議員を務めていたことから，議会対策の重要性は少なくとも認識しており，おそらくは自らの経験不足も認識していたと思われる。オバマは，上院の大物議員であるジョー・バイデン（Joe Biden；D：DE）を副大統領に，当選直後には，オバマと同じくシカゴ選出のラーム・エマニュエル（Rahm Emmanuel；D：IL）下院議員を首席補佐官にそれぞれ配置した。オバマ自身は，議会からは距離を置き，議会対策は，こうした議会に通じた人材に丸投げをするというスタイルをとったのである。

　連邦議会が改革案の審議をはじめたのは，4月に入ってからである。下院では，数か月の審議を経て，7月14日に法案がエネルギー・商業，歳入，教育・労働の3つの委員会に提出され，採決にかけられた。しかしながら，採決ではすべての共和党議員と一部の民主党保守派が反対にまわった。上院でも，医療教育労働年金委員会と財政委員会が審議を行い，前者の委員会で法案は党派的に通過した。とはいえ，他の案件が強い政党間対立を見せていたのとは異なり，

超党派的に法案が可決・成立する可能性も残されていた。医療制度改革を訴えるオバマ大統領は，一部の穏健派共和党議員からも好意的に受け取られており，さらには1994年以来の民主党の統一政府が実現したことによって，議員の中でも何らかの医療制度改革が行われるのではないかという思いが広がっていた（山岸 2014, 178）。その中心となったのは，上院財政委員会である。同委員会に所属する民主党3名・共和党3名の議員が非公式な交渉を行っていた。この「6人のギャング」(Gang of Six) と呼ばれた議員たちは，マックス・ボーカス（Max Baucus ; D : MT) 委員長と，同委員長と個人的にも親交が深いチャック・グラスリー（Chuck Grassley ; R : IA）少数党筆頭委員を中心に法案の作成作業を行っていた。

オバマが超党派的な立法を模索した理由は，アメリカ政治全般において党派的な対立が深刻化する状況からの"Change"を目指したからだけではない。民主党が必ずしも一枚岩ではなかったため，フィリバスターを回避するために必要な60票を得るために一部の共和党議員の票を必要としたからである（Jacobs and Skocpol 2011, 70）。民主党内の最大の対立軸は，「パブリック・オプション」(public option) と呼ばれる内容を法案に含めるか否かであった。パブリック・オプションとは，無保険者や中小企業に対して政府が公的医療保険を提供するものであった。⁽⁴⁰⁾ナンシー・ペロシ（Nancy Pelosi ; D : CA）下院議長を含むリベラル派は，パブリック・オプションを含まない法案は骨抜きであるとの立場であったが，財政保守派のブルー・ドッグ連合は，コストの観点から反対であった。オバマはこれらの問題について立場を明らかにせず，民主党内の調整や党派間の調整を議会に委ねていたのである。

オバマ政権の医療制度改革2：テレビ演説による中道的な立場表明
オバマの超党派的な立法を求める姿勢とは裏腹に，その可能性は，8月の夏季休会のころから少しずつ低下しつつあった。ティー・パーティー運動（Tea Party movement）など保守系活動家の圧力や，法案がリベラルな方向に形成されてゆくことによって，真剣に超党派的な法案を作成しようとする共和党議員は減少しつつもあったのである（天野 2013, 216-218）。政権側は，各地でタウン・ミーティングを開き，一般国民への説明を試みたものの，これが逆効果で

あり，強硬な反対派からの攻撃に晒されることになった。上下両院の共和党指導部からも，「6人のギャング」のメンバーなど，民主党と交渉していた議員に対して圧力がかかったとの話もある（Jacobs and Skocpol 2011, 72）。少なくとも，上院財政委員会主導の超党派的な立法は，不可能ではないにせよ非常に時間を費やすであろうことは明らかであった。

　こうした超党派的な立法の可能性が完全に潰えたのは，議会が再開された週の9月9日である。これ以降，議会における中心的な案件は，ほぼ医療制度改革一色になり，また，その内容はきわめて党派的な対立となった。この日オバマは，上下両院合同会議で医療制度改革を訴えた。これまで，超党派立法への努力を尊重して，法案作成作業を議会に任せていたものの（砂田 2009, 148），当初の目標である1年以内の可決・成立が危うくなってきたことに業を煮やして，ついに自ら乗り出した格好である。その背景には，クリントンが議会の法案審議を待ちすぎたことから医療制度改革が中間選挙の争点となってしまったことへの反省や（Sinclair 2012, 207），強い対応をとるようにとの議会民主党指導部からの圧力（Sinclair 2012, 209）もあった。大統領が議会に出向くこと自体も稀なことであるし，しかもその内容が，特定の立法の成立を訴えるものであるのも異例中の異例のことである。この日のオバマの演説の特徴は2つである。1つは，大統領が何としても改革を実現しようとする意思を力強い言葉で表明し，その立法化に自らも乗り出そうとする積極的な姿勢を示したことである。他方でもう1つの特徴は，幅広い国民の支持をひきつけるために，具体的な政権案を提示することはなかったことである。[41]

　しかしこの演説が，同法案の通過にもオバマの政権運営全般にとっても，悪い影響を及ぼしてしまった。第1に，ちょうど16年前の同じ9月，同じ統一政府の下，同じく上下両院合同会議で熱弁をふるったクリントンの場合，その直後に支持率が10ポイントも上昇したが，オバマの場合はそのようなことはなかった。オバマは，一般国民の多くが国民皆保険を求めていないという事実を読み損ねたのである。医療制度改革に熱心なあまり，雇用対策や景気回復をなおざりにしていると有権者が感じたからだとの指摘もある（藤本 2013, 50）。

　第2に，本書の理論が示すように，大統領の立場表明は，「他の条件が同じならば」，大統領与党に所属する議員を結束させ，大統領野党の議員の支持を

失う。たしかにこの演説は民主党議員には好評であり（Sinclair 2012, 210），議事運営を握る議会民主党を刺激したことが，法案が年内に両院を通過したことに寄与した（Jacobs and Skocpol 2012, 54-55）。しかし同時に，議会共和党の態度はこれまで以上に硬化し，ここで超党派的な合意がほぼ不可能になったのである。ましてや，クリントンの時代と異なり，医療制度改革は国論を二分する争点となっていたのであるから，オバマの立場表明に反発する共和党支持者が，議会共和党の強硬な態度を後押ししたことは想像に難くない。共和党が改革案を「オバマケア」（Obamacare）と名づけて，改革案への批判をオバマへの批判と結びつけるようになったのは，このころである。

　ここから先は，上院案も下院案も，原案に反対する中道派の民主党議員との交渉にほぼ費やされた。下院では，妊娠中絶のための保険の使用を認めないようにする修正を認めた上で，11月7日にわずか5票差で可決された（220-215；民主党：219-38；共和党：1-177）。共和党からの賛成はわずか1人であった。より難航したのは上院である。民主党内をまとめる作業は，ハリー・リード（Harry Reid；D：NV）上院院内総務を中心に行われていたが，共和党からの賛成票がほぼ見込めない以上，60票を確保するためにはすべての民主党議員の賛成が必要であった。オバマも12月7日に議会に出向き，12月15日に上院民主党議員全員をホワイト・ハウスに招いたり，態度を決めかねている民主党議員や一部の上院共和党議員と対話したりした（*CQ Almanac* 2009, 13-12）。指導部はようやく民主党議員全員と，民主党と院内会派を組む無所属議員2人の賛成を固めることに成功し，同法案を12月24日に可決させた（民主党：60-0；共和党：0-39）。民主党内での最大の争点であった，下院案に含まれていたパブリック・オプションは，上院案には含まれないことになった。同法案の成立に向けて，残るは両院協議会による一本化と，一本化された法案の上下両院での承認だけとなった。しかしこの投票結果は，共和党のフィリバスターに対抗するために必要な60票を失い次第，直ちに同法案は成立しなくなることを浮き彫りにしたのである。

　そしてこの60票を失うという事態は現実のものになった。翌2010年1月19日に行われた，マサチューセッツ州上院補欠選挙で，共和党候補者のスコット・ブラウン（Scott Brown；R：MA）候補が勝利したのである。このことは様々な点

において医療制度改革にとって痛手であった。上院で1つの党が60以上の議席を有することはそもそも稀であり，60議席を失ったことが騒がれるようなことは，かつては考えられなかった。それだけ上院の議事運営が，かつてないほどに党派的なものになっており，本章第1節のカーターの事例とは異なり，フィリバスターが党派的に用いられるものに変質していることの証左である。その他にいくつか象徴的なこととして，マサチューセッツは50州の中でも最もリベラルな州であること，この補欠選挙が行われた理由は長年にわたって医療制度改革の中心的人物であったエドワード・ケネディの死去であること，民主党候補の敗因は医療制度改革に対するマサチューセッツ州民の反発であると言われていること，そして，その医療制度改革は，元はマサチューセッツ州の医療制度改革をモデルにしたものであることである。この敗戦は，議会民主党にとってはあまりにショッキングであり，選挙後1週間ほどの間，党内は混乱状態に陥った (Jacobs and Skocpol 2012, 107-108)。

オバマ政権の医療制度改革3：オバマ主導の党派的な立法活動
　上院で60議席を失ったことを受けて，オバマは，法案を議会で通過させるための策を練り直さねばならなくなった。上院補欠選挙の直後，議会共和党指導部は，物事に柔軟に対応する姿勢をみせていた。しかしその条件として，医療制度改革をすべて白紙に戻すことを要求したことから，共和党との妥協を図るという選択肢は真っ先に消えた。まじめに両院協議会を開いても，両院協議会案を再度上院で可決させることはできなくなった。かといって，既に上院本会議を通過した上院案を下院に丸呑みさせることも難しかった。下院は民主党リベラル派が多く，とくにパブリック・オプションを含めない上院案に対して，一定以上のリベラル派が反対票を投じれば，法案は下院で廃案となる。ここにおいて，オバマの医療制度改革は，廃案の手前にまで追い込まれたのである。
　ここでオバマが下した決断は，まず上院で12月に可決されたより穏健な法案を下院で可決させた上で，後から上下両院の民主党の間で合意した修正案を予算調整法案として上下両院で可決させる，という戦略を採用することであった（天野 2013, 82, 85）。既に前章第1節・第3節で紹介したように，予算調整法案は単純多数で可決可能であり，この法案の形式をとることでフィリバスター

を回避できる。ただしこの戦略は，オバマ政権にとって大きな賭けであった。なぜならば，予算調整法案という形にすると，それがもし上院で否決されれば，もはやそれを修正することは許されず，法案は廃案になるという規定であったからである（山岸 2014, 188）。

オバマは2月22日に，はじめて自らが望む立法の内容を明言した。それは既に上下両院の民主党指導部の間で合意に至ったものであり，パブリック・オプションを除外したものであった。さらにオバマは，2月25日に両党の議員を招いて，再度改革に対するサミットを開催した。議論の様子はテレビでも放映された。オバマがこれを開催した目的は，表向きには共和党に対して立法に参加する機会を与えるものであった。しかしそれが不首尾に終わるや，有権者に向けて，共和党の非妥協的な態度を批判した。あるいはこれがオバマの真意であったのかもしれない。さらにこの会議によって，民主党議員に対しては，大統領自身が法案を成立させるために積極的な役割を果たしているところを見せつけることに成功したのである（山岸 2014, 189）。

この民主党議員を固める戦略は，メディアを通じた手段だけでなく，個別的な接触によっても行われた。オバマは，保守派のブルー・ドッグ連合，パブリック・オプションを法案に含めることに固執するリベラル派，中絶に関する条項が不十分であるとするプロ・ライフ派の議員それぞれと，個別に面会を行い，説得活動を行った（山岸 2014, 191-193）ことで，党内の引き締めにも成功したのである。オバマはこの説得活動のために外遊を2度も延期するにまで至った。

3月21日に，下院本会議は上院を通過した H.R. 3590（共和党は全員反対，民主党は34人が反対）と予算調整法案の H.R. 4872をそれぞれ可決し，同法の成立は事実上確定した。以下の引用は，その直後のオバマの演説である。

> Tonight's vote is not a victory for any one party; it's a victory for them. It's a victory for the American people, and it's a victory for common sense.[(42)]
> 今夜の投票は，どちらかの政党の勝利ではない。これは彼らの勝利である。これはアメリカ人の勝利であり，常識の勝利である。（筆者訳）

第Ⅱ部　ミクロ・レヴェルの実証分析

　この発言は，医療制度改革に強硬に反対しているアメリカ人は，あたかも，ここでいうアメリカ人には該当しないことを意味するような発言であり，超党派的な政治を目指すという Change が，1年経って，すっかりリベラルな改革を行う Change にすり替わっているように読める。ここにおいて，オバマは自らの立法活動により国を分断してしまったのであり，立法には成功した一方で，「ひとつのアメリカ」を実現するという意味での Change は自らの所業により失敗に至ったのである。

　この事例については後日談，すなわち，法案成立後にも対立がくすぶりつづけていることに触れざるをえない。まず，この事例は，「立法には特別多数の賛成を必要とする」という本書の理論に対して，形式的にはそれを覆すものである。その原因は，オバマが予算調整法案の形式で法案を提出する戦略を採用したことで，上院のフィリバスターを回避したことにある。この手法についてオバマは，上院議員時代の2005年，「政策転換のためには間違った方法である」と批判していた（山岸 2014, 188）。特別多数の賛成を回避する議事手続の行使は，その場はそれで通るかもしれないが，多数党が入れ替わったときに自分たちの首を絞める。

　より重要なことは，特別多数の賛成を経ない立法は，たとえ一度成立しても，絶えずその正統性に疑問が呈される余地を与えてしまうことである。現に民主党は法案成立直後から共和党からのオバマケアをつぶす動きに直面している[43]。「オバマケア」という言葉は，当初反対勢力から批判の言葉として用いられたものであった。これを一時はオバマ本人がむしろ喜んで使用するようになった。オバマは自らの医療制度改革を業績誇示として用いることができる一方，非難を回避することもできなくなったのである。2013年秋に開始したオバマケアのウェブ上のシステムの不調も，あるいは今後発生するあらゆるトラブルや政策上の失敗も，その非難はオバマのところへ向かうこととなったのである。

4　小　　括

　以上3本の事例研究は，第5章冒頭で提示した仮説をどの程度支持しているのか，表6-1に要約している。とくに重要なことを3点述べておく。

第6章 分極化の程度と大統領の立法活動

　第1に,「大統領が立法に介入することは,他の条件が同じならば,議会を党派的にさせる」という本書の理論は,クリントン以外の事例もある程度正しく説明する。クリントンとよく似た状況に置かれていたカーターの事例とオバマの事例は,それぞれ,大統領の立法活動の手段やレトリックが議員の行動や立法の帰結にとって重要であることを明らかにした。他方,クリントンと最も状況が異なる事例として取り上げたレーガンの事例を通じては,大統領が提示する改革アイデアが,客観的にみて保守的かどうかではなく,他のアクターにどのように認識されるかがカギであることが明らかとなった。その認識を左右するのは,同じくレトリックや他のアクターとの接し方であった。その意味で,レーガンの事例は本書の理論を反証するものではなく,むしろある程度は支持する事例であると言えよう。また,表6-1の中では網掛けで表現されているとおり,年代の新しい事例ほど仮説がより当てはまっている。つまり,同じような行動を大統領がとっても,それが議員の行動や立法が成立する可能性に及ぼす影響は,時代によって異なるのである。

　第2に,本章の分析の副産物として,大統領の主要な立法アジェンダの帰結が,当該のアジェンダに対する議会の党派的行動という短期的なものだけではなく,それが長期的に定着することも明らかになった。レーガン・デモクラットという現象,そしてそれらの代表であった保守的な民主党員の共和党への鞍替えは,分極化が進行してゆく1つのプロセスとして理解できよう。オバマの事例も,重要な立法を通すために例外的に用いた議事手続が党派的対立の遺恨を生み,またこれが先例となって,次の重要な立法において同じような党派的な議事手続が用いられる可能性を生むのである。つまり,ここまでは大統領が行う個別の立法活動の帰結に作用するものとして分極化を捉えてきたが,マクロ歴史的にみれば,重要立法に対する大統領の行動が分極化を進行させるという逆の因果関係を同時に考えることもできるのである。この点は次章で再度触れる。

　第3に,注意して読み解かねばならないのはオバマの事例である。立法の最終局面においては,オバマは民主党を固めることで立法を成立させた。これはもちろん本書の仮説に反するものであるが,実はそれ以上の意味をもつ知見である。オバマは,この仮説の前提である「特別多数を必要とする議会制度」を

第Ⅱ部　ミクロ・レヴェルの実証分析

表6-1　第6章の事例のまとめ

	カーター：エネルギー改革			レーガン：1981年税制改革			オバマ：医療制度改革		
	1. 政権内での排他的な法案作成	2. 世論に訴えかける大統領vs議会	3. 個別の議員との接触と政権からの妥協	1. 中道的な立場表明	2. 民主党との妥協と個別議員への説得	3. テレビ演説による非党派的な立場表明	1. 議会任せの法案作成	2. テレビ演説による中道的な立場表明	3. 大統領の党主導の党派的な立法活動
大統領の立法活動の手段	沈黙	コミュニケーション言説	調整言説	コミュニケーション言説	調整言説	コミュニケーション言説	沈黙	コミュニケーション言説	コミュニケーション言説
大統領与党への影響（仮説1b/2b）	政権案に批判的	・大統領が支持した両院協議会案への反発が一部残る		・サプライサイド経済学は共和党内でも異端	・民主党指導部が党内の引き締めを始める	・党内はほぼ賛成でまとまる	・概ね改革を支持・パブリック・オプションをめぐる党内の不一致はみられる	・大統領が支持した民主党指導部による派閥工作が奏する	
大統領野党への影響（仮説1d/2d）	政権案に批判的	・上下両院どちらも、民主党主導の立法過程に反発	・下院は中間選挙が近づくにつれ硬化・上院は半数が賛成	・民主党指導部は態度を硬化・民主党保守派の支持まとまりはじめる	・民主党指導部の党内の拘束の強化・民主党保守派の指導部からの離反		・概ね改革の反対・一部上院議員は交渉に応じる	・法案に反対の姿勢をとる	・法案への反発はあるが、法案成立も遺恨が残る
法案の成立の可能性（仮説1f/2f）	・下院は民主党指導部の方針次第・特別多数を確保していない上院では前途多難	・民主党内での調整が難航・共和党も多くの議員が反対	・上院は超党派的に成立・下院は党派的に成立	・民主党主導の下院でも可決する可能性は乏しい	・法案成立に必要な支持だけ民主党の多数派は確保できず	・共和党議員の固い支持・一部民主党議員の支持による過半数確保	・一部の共和党議員の支持を待って成立する可能性は有	・上院民主党が60議席を割ったため、そのままでは法案の成立は不可能に	・通常の議事手続きでは成立せず、単純多数による党派的な成立

仮説を支持する　　仮説を部分的に支持する　　仮説を支持しない

回避する議事手続を用いたのである。これが例外的な現象であるのと長期的に定着するのとでは大きな違いである。この問題は第8章で再度述べる。

　以上が本書の理論とその実証分析の結果である。第7章と第8章は，これを踏まえた結論と含意である。本書全体の結論を述べる前に，第7章では，ここまでの本書の知見がアメリカ政治のマクロ歴史的な説明に対してどういった含意をもつのかを論じる。

注
（1）　本節は，松本（2012／2012）の内容を短縮して再収録したものである。
（2）　カーター本人も，この「道徳」と「南部」という2つが，カーター以前の大統領とは異なる政権運営のスタイルの源であることは認識しており，また，従来とは異なるタイプの大統領であろうとしたとも後に述べている（Hargrove 1988, 230；Greenstein 2000, 128）。
（3）　このことは，アイゼンハワーのような問題の本質をつかむ力や，ニクソンのような長期的な目標を設定する能力が，カーターには欠けていたとの指摘（Greenstein 2000, 142；Siegel 2012, 57, 65-66）と表裏の関係であると言えよう。
（4）　シュレジンジャーは，元々は経済学者でありこの分野の専門家であったが，他方で，その尊大な態度を理由にフォード政権の国防長官を更迭されたこともあり（後にカーターからも同じ理由で更迭される），調整能力には疑問符がつけられていた。
（5）　Woolley and Peters. "The American Presidency Project" より引用。
（6）　彼らが要求した議会改革により，下院には172の小委員会が登場しており，中には小委員長ポストを得て，そこを拠点に政策企業家的に振る舞う議員も登場していた（Haas 1992, 64）。これを捉えて，1970年代の議会民主党は政党規律が最も緩んでいたという見方が通説である（たとえば砂田 1999, 237）。
（7）　唯一の例外は天然ガスの価格規制の問題であり，委員会での投票が9対9に分かれたため，賛成の勧告を付さずに本会議に報告された。
（8）　リベラル派が政権案に反対する理由は，主に天然ガスの価格規制の緩和に対するものであり，この点では完全な自由化を目指すビジネス・ロビーとは逆の立場であったが，政権案を廃案または修正に追い込むという点では利害が一致していた。
（9）　上述した天然ガスの他，下院案との主な違いは，原油税の導入と公共料金の改定が否決されたこと，公益事業・製造業向けの原油・天然ガスへの課税や省エネのための規制が下院案よりも緩やかなものになったこと，高燃費車への課税にかわって高燃費車の製造の禁止を定めたことであった。
（10）　たとえば，8月30日には，製紙・繊維・ガラス製造業等，9月6日には，保険・鉄鋼・自動車・建設・航空産業の経営者やロビイストをホワイト・ハウスに招いて天然ガス法案の説明を行って支持を求めたり，8月31日には，複数の上院議員宛に，法案の成立を

促す書簡を送ったりした。
(11) 大統領のスキルを重視する Greenstein (2000, 141) は，第 5 章第 2 節で論じたクリントンの医療制度改革の失敗とカーターの失敗の類似点として，タスク・フォースへの過度の依存と，そのタスク・フォースを賛否両論あるトップが率いていたこと，秘密主義的で議会との相談を経なかったこと，複雑な法案を作成したことといった問題があったと指摘している。
(12) この時代の保守主義については，本書は，佐々木 (1993b) の整理を前提としている。
(13) レーガンの経歴については，本人の回顧録（レーガン 1993），および日本語で書かれた最も本格的な伝記である村田 (2011) を主に下敷きにしている。英語による伝記は多数にのぼるが，代表的なものである Cannon (2000) と，比較的新しい Broussard (2015) を主に参照している。
(14) このときの所得税の税率は94パーセントであり，家を購入するにも不自由したという。レーガンは，減税によって勤労意欲を促し税収を増やすというアイデアは，サプライ・サイド経済学を採用したのではなく，俳優時代の経験に基づく常識であると述べている（レーガン 1993, 300-302；五十嵐 1992, 101-102）。レーガンの経済政策は，当初は揶揄を込めて「レーガノミックス」(Reaganomics) と呼ばれるようになり，その根幹はサプライ・サイド経済学と共通するが，両者は同一のものではない。レーガン政権の行政管理予算局長官を務めた，サプライ・サイド派の代表的な論客であるストックマン (1987) は，レーガンおよび側近の補佐官や閣僚たちが，サプライ・サイド経済学の理解があやふやで，主に予算削減について，してはならない妥協をしたとして批判している。
(15) レーガンの保守化の理由として，本人たちは否定しているが，ナンシー夫人 (Nancy Davis) との再婚を指摘する議論もある（リンゼイ 1981, 56-58）。
(16) 演説やメディア対応のうまさは言うまでもなく，その内容も明るいメッセージやジョークばかりであった。しかしレーガンには内省的な面やよそよそしいところもあり，その本当の人格や本心は，他人はもちろん，家族にもよくわからなかったと言われている（村田 2011, 84-85；五十嵐 1992, 10）。
(17) 感情をコントロールする能力を大統領の重要なスキルと捉える Greenstein (2000, 157) によれば，このような性格ゆえに，レーガンは，ソ連と交渉を行うときには，自らの保守主義的なイデオロギーを簡単に忘れることができたという。
(18) 引用元は，Cannon (2000, 32)。
(19) ただ，この原理原則を非常に強く設定したがゆえに，政権内で物事の優先順位をつけることが容易であり (Greenstein 2000, 150)，それが効率的な政権運営につながったとするならば，レーガンはただ何もしない大統領だったとの理解は誤りであろう。
(20) この，政権内の仕事の進め方についても無関心であったことが，（逆に細部に口を出し過ぎたカーターと同じように）政権内の指揮命令系統の混乱やスタッフ間の権力抗争を招いた（村田 2011, 158）と言われている。ただしそれが顕著になるのは，1981年3月に発生した暗殺未遂事件の後であり (Pemberton 1997, 100-101)，また，減税につ

(21) Matthews（2013）は，個人的な関係だけでなく，政策決定においても次第に両者は妥協を行うようになったことを述べているが，本節の事例である1981年の税制改革においては，両者はきわめて敵対的であった。
(22) ところで，このサプライ・サイド経済学は，単に保守的な政策であるだけではない。第5章第1節でも紹介したように，サプライ・サイド経済学は，供給側を刺激することで経済政策を行うという全く別の視点を提供したものである。供給側に着目することは，ニュー・デモクラットのアイデアと共通しており，ニュー・デモクラットのアイデアが潜在的に共和党にも受け入れられていたのと同様，サプライ・サイド経済学も，潜在的には，民主党側の一部にも支持を得られる可能性をもっていた。
(23) このことは，有権者の負託は，大統領選挙のデータだけからは決まらないことを意味する（Sinclair 1985）。第1に，実は得票率でみれば僅差だったのだが，議会選挙での共和党の議席増などを喧伝することで，自らのアジェンダの正統性を訴える環境を整えたとの指摘がある（Edwards 1989, 213-214；五十嵐 1992, 112）。第2に，その負託の訴えは，就任直後のアジェンダ・セッティングとの関連ではじめて意味をもつ。レーガンは複数のアジェンダを一度に進めるのではなく，1つのアジェンダに集中してリソースを投入したのである。
(24) レーガンが提示した改革案の内容，および最終的に立法化された政策の内容の紹介は，事例を記述するために必要最低限にとどめる。サプライ・サイド経済学のアイデアからその実現までに至る改革案の内容は，土志田（1986）；渋谷（1992）を参照。
(25) ストックマン（1987, 278）は，民主党だけでなく共和党の議員がサプライ・サイド経済学のアイデアに基づいた一律の減税に消極的であった理由として，税控除を勝ち取ることによって利益団体から票を得ることを議員は好むことを指摘している。
(26) ただし，政権発足4か月後の支持率を過去の大統領と比べた場合，アイゼンハワー・ケネディ・ジョンソンは70パーセント以上であり，ニクソンとフォードもそれぞれ65パーセントと64パーセントと，レーガンのそれと遜色ない。さらにレーガンの支持率はその1か月後には10ポイント急落し，減税法案が可決されても上昇に転じなかった（Mervin 1990, 113）。この点からも，レーガンは自らは何もせず，高い支持率を背景にアジェンダを実現させたという説明は，減税法案についてはあまりあてはまらないことが言える。
(27) 5月末に一部の民主党議員が提案した対案には，不労所得に対する最高税率を70パーセントから50パーセントに引き下げる提案や，所得税率のスライド制が含まれていた。実はレーガンは，これらを原案に含めることを検討していたものの，民主党からの反対を懸念して要求しなかったのであり，これに「渋々と」同意し，偉大な超党派的解決策であると歓迎したと述べている（レーガン 1993, 371-372）。
(28) 現にレーガン政権の1期目は，減税以外に目立った成果もなければ，点呼投票における大統領の勝率も悪い。レーガンの真の成果は，予算法案と減税法案によって，アメリ

第Ⅱ部　ミクロ・レヴェルの実証分析

カの経済政策の方向性を転換させたことである（Mervin 1990, 123）とも言われる。
(29)　グラムは1982年11月に，予算委員の職を解かれる処分を議会民主党から下され，それを受けて翌年1月に議員を辞職し，その補欠選挙に自ら共和党から立候補して当選している。この処分は民主党が政党規律を行使した例とみなすのが通常であるが，他方で，グラムが下院議員の間で共有されている規範を破ったために，党指導部主導ではなく一般議員からの圧力によって処分されたという説明もある（Baker 1985）。
(30)　本節の記述の一部は，松本（2010a）と重複する。
(31)　オバマに関する文献は，政権発足の前後から，日本語のものも含めて大量に出版された。その数があまりに多いため，ここでは，本章の議論を進める際に引用したものに限定して紹介することを御了承頂きたい。オバマの生い立ちを含む経歴については，オバマ（2007a）；渡辺（2009）；マーシャル（2008）；クロッペンバーグ（2012）など。政権発足前の政策提言については，オバマ（2007b；2009）；ワグナー（2008）。政権発足後については，現状では同時代的な分析が大半である。Skocpol and Jacobs（2011）；Dowdle, Raemdonck, and Maranto eds.（2011）；Rockman, Rudalevige, and Campbell eds.（2012）など。日本人の手によるものは，久保編（2010a）；吉野・前嶋編（2010；2012；2014）；藤本（2013）など。
(32)　ただし，ハワイで過ごした学生時代においてそのような姿は見受けられなかったという当時の同級生の証言もある（たとえばワグナー 2008, 52；ミリキタニ 2009；75-77）。
(33)　これが叶ったのは，シカゴの法律事務所の同僚であったミシェル・ロビンソン（Michelle Robinson）と結婚してからのことである。
(34)　1つ指摘できる特徴は，カーター以降の大統領から続いた，反知性主義・反ワシントンからの決別である。オバマが社会的に頭角を現した最大の要因は法律家としての明晰な頭脳であり，オバマ本人はそれを隠そうとしない。またオバマは大統領就任までの4年間，連邦上院議員を務めている。議員経験者が大統領に就任するのは，下院議員を2期4年だけ務めたブッシュ（父）以来であり，現職の議員が大統領選挙で勝利するに至っては，1960年のケネディ以来である。
(35)　とくに，初代首席補佐官であったエマニュエルの役割が大きかったことがしばしば指摘される。エマニュエルは，補佐官就任前はニュー・デモクラットに属する下院議員であり，民主党下院議会総会（House Democratic Caucus）会長の時代に，リベラル派のペロシ下院議長の右腕として緊密な関係にあったとされる（廣瀬 2010, 39-40）。
(36)　選挙戦から政権発足までのオバマの医療制度改革に対する態度は，とくにことわりのない限り，山岸（2014, 169-175）に依拠している。
(37)　その例外として，オバマは選挙前の段階で医療制度の問題が党派的な対立の道具になっていることを問題視し，様々な具体的な解決策を提示している（オバマ 2007b, 28, 202-207）。
(38)　ただし，それに先立つ立法措置として，景気対策法案において医療制度関連の内容を盛り込んだことや，ブッシュ（子）政権が延期させていた，児童医療保険プログラムを拡充させるための法案の署名を行っている。

(39) しかし，ロムニーは後の2012年大統領選挙において，オバマの医療制度改革を強く批判している。
(40) パブリック・オプションに関する詳細は，天野（2013, 107-125）。
(41) このようにオバマがトップ・ダウン型のリーダーシップを発揮しなかったことについては，改革を支持する勢力にとっては不満であった（Jacobs and Skocpol 2011, 68）。
(42) Woolley and Peters."The American Presidency Project"より引用。
(43) もちろん，医療制度改革をめぐる党派的対立が続いた理由は，党派的に法案が成立したことだけではない。たとえば山岸（2014, 202-203）は，アメリカの政治制度に権力の抑制と均衡（三権分立や連邦制）が組み込まれていることや，同改革の仕組み（改革が少しずつ執行されることや，改革の進み方についての不確実性が高いこと）を指摘している。

第Ⅲ部

マクロ・レヴェルの含意と結論

第7章
分極化と大統領のマクロ歴史的説明

　ここまで，現代大統領制の下での大統領は，立法活動を通じて超党派的な多数派を形成して国をまとめてきたのが，分極化の進行につれて，大統領の立法活動がむしろ議員の党派的な行動を促すようになったために，それが難しくなってきていることを論じてきた。より正確には，大統領が党派的に行動しているのではなく，そのように議会から認識されるようになったのである。そして，分極化という新たな環境の下では大統領が立法活動に成功する方法もまた変化してきているのであり，無闇に立場を表明しないことや，立法活動を行う場合は，世論への訴えかけではなく，大統領野党への説得活動や大統領野党に政治的な得点を与えるレトリックが重要になってきていることを論じた。

　以上のような本書の知見は，アメリカ政治をマクロ歴史的な視点からみた場合，どのような含意をもつのであろうか。これを考えることが本章の課題である。その取りかかりとして，第1節では，分極化のマクロ歴史的な帰結に関する既存の研究をリヴューする。とくに，責任政党政府論という，現状分析と規範的な提言が一体となっていた議論は，むしろ現在の分極化した議会政治を期待するものであった。他方で，現在行われている分極化の帰結に関する議論は，どちらかといえば分極化をネガティヴに捉えるものが主流である。なぜそのようなギャップが生じているのか。それは，責任政党政府論は大統領を考慮に入れていない不十分な議論であったことに求められる。第2節では，逆に，大統領の側からみた政党政治のマクロ歴史的な議論をリヴューする。まず，大統領選挙を通じて争点を介した有権者と政党の結びつきが急激にかつ周期的に変化するという，政党再編成論と呼ばれる一連の見方を批判的に検討し，つづいて，その政党再編成論への批判から出てきた各種の議論を紹介する。こちらは逆に，大統領が受ける制度的制約，とくに議会やその変化にあまり関心を払っていないことを指摘する。第3節では，以上の2つの点および本書のこれまでの知見

に基づいて,本書のマクロ歴史的な現代アメリカ政治の見方として,「大統領に起因する分極化」という議論を,試論的に提示する。

1　分極化のマクロ歴史的帰結：責任政党政府論を中心に

分極化の帰結1：民主主義の実体的側面

　二大政党,より具体的には議会の分極化は,長期的にはアメリカの政治にとってどのような帰結をもたらすと考えられるのか。(1)民主主義体制においては,政治アクターの行動や政治制度がもたらす帰結は,「民主主義のパフォーマンス」(democratic performance) として論じられることが多く,それはしばしば,民主主義の実体面と手続面に分けて考えられる。(2)

　実体面から論じることにする。実体面は,法案を中心とする政策の質(内容)と量(生産性)に分けることができる。議会の分極化の帰結に関しては,政策の内容に悪い影響を及ぼしているという議論が有力である。まず,分極化は悪い政策を生み出しているという議論である。第1に,アメリカのような多様な人々が共存している国においては,これまで議会は政党規律が弱いことによって,マイノリティにも配慮した政策を実現させてきた。ところが,政党の規律が強くなることは権力の集中につながる。権力が集中している状態は,責任の所在が明確であると同時に,多様な利益を集約することには適さないものである(たとえばレイプハルト 2014)。その結果,社会の少数派に配慮せず,多数党指導部の意に沿ったような政策がより生み出される傾向がみられるようになる(たとえばAldrich and Rohde 2000, 34) と言われる。第2に,分極化によって有権者の所得や生活水準の格差が拡大するという議論がある。その理由は,分極化によってグリッドロックが生じやすくなり,そのため格差の拡大を生み出している現状の政策が変更されないことや (McCarty, Poole, and Rosenthal 2006),共和党大統領の時代に富裕層を優遇するような経済政策が採用されたために格差が拡大していること (Hacker and Pierson 2005 ; Bartels 2008) などが指摘されている。しかし,こうした「分極化は偏った政策を生み出す」という議論には実証的な観点からの異論も強く (Brady, Ferejohn, and Harbridge 2008, 191-195 ; Lee 2015, 274-275 ; 同じく, Mayhew 2011),十分に合意されているとは言い難い。

したがって，これを前提とするのは，少なくとももうしばらくは控えた方がよさそうである。

　分極化の実体面に関しては，偏った政策が実現されるということ以上に，権力が分立していることによって政策が決まらないという議論の方が，圧倒的に数が多い。そもそもアメリカの政治制度は，厳格な権力分立を基礎としている。とりわけ分割政府の下では立法の生産性が低下すると言われてきた。分極化と立法の生産性の関係については，この分割政府との関連で注目されるように(3)なってきた。そこで，「分割政府は立法の生産性を低下させる」という通説をめぐる論争から触れることにしたい。この通説に対する代表的な反論であり，この論争の契機となったMayhew（1991）は，重要な立法が成立する本数は統一政府と分割政府ではさほど変わらないという分析結果を提示している。同じように，Fiorina（2003, 87-91）は，分割政府が立法の生産性を下げるという議論は理論的にも実証的にも根拠に乏しく，むしろ世論が支持する政策については分割政府の方が立法は成功しやすいと論じている。

　なぜ統一政府と分割政府で立法の生産性に違いがないと理論的に考えられるのか。それは，1つは，大統領と議会の間には，それぞれが所管している仕事の違いや，選出されている選挙区の違いが存在するからである。統一政府であれ分割政府であれ，議会と大統領はそれぞれの役割や選挙区事情の違いに起因する異なる政策選好をもっており，双方の熟慮や妥協なくして立法は難しいからである。もう1つの説明は，統一政府においてもグリッドロックは生じることである。第2章で触れたようにアメリカの立法過程には，大統領の拒否権の他，二院制や上院のフィリバスターといった特別多数を必要とするルールが存在しているからである（Krehbiel 1998；Brady and Volden 1998；Binder 2003）。これに対して，やはり分割政府は立法の生産性を下げるという実証的な反論も多数出されている。たとえば，Mayhew（1991）がいう「重要立法」の定義を問題にする研究（たとえばColeman 1999；Howell et al. 2000）や，大統領主導の立法と議会主導の立法を分けて考えなければならないとする研究（たとえばJones 2005），分割政府では成立に至らなかった重要法案が多いという研究（Edwards, Barrett, and Peake 1997），法案の成立数ではなく，成立率でみるべきとする研究（Binder 2003），どの程度大統領と議会の間での妥協がなされたかを分析し

ている研究（Barrett and Eshbaugh-Soha 2007）などである。

　この論争とは別のところから，分極化は立法の生産性を低下させるとの研究が現れている（たとえばBinder 2003；McCarty, Poole, and Rosenthal 2006；Brady, Ferejohn, and Harbridge 2008, 195-205；Mann and Ornstein 2012）。分極化が立法を妨げる理由は，有権者の眼前で，相手の党の主張が極端であることを印象づけるために，戦略的に合意に至らないような行動が生じるためであるとされる（たとえばGroseclose and McCarty 2001;McCarty, Poole, and Rosenthal 2006, Chaprter 7)。この議論の流れが，分割政府と立法の生産性をめぐる上記の論争と結びつき，この論争を止揚するような議論をするようになった。つまり，分極化と分割政府（たとえばCameron 2002；Binder 2003）の両方，あるいは両院間の政策選好の違い（Binder 2003）が，複合的に立法の生産性に影響するという議論である。現状では，この説が最も有力であると言えよう。すなわち，分極化も部門間対立も，単独では立法の生産性に影響するというよりも，分極化かつ分割政府の状況下で大統領が立法に絡んだ場合に立法は通りにくくなるということである。本書第4章で行った大統領の勝率の分析もこれを支持する。

　しかし，「立法の生産性」という定量的な基準でみた場合ではなく，政権の帰趨を左右するような最重要な立法に限った場合は，分割政府や分極化が立法を妨げることは必ずしも自明ではない（Mayhew 2011）。本書では，その理由として，大統領がどのような立法活動を行ったのかがきわめて重要になることを論じてきた。大統領が大統領野党を懐柔することに成功する場合は，分割政府であれ分極化が進んでいる状況であれ，超党派的な多数派によって立法に成功するのである。

分極化の帰結2：民主主義の手続的側面

　結局のところ，分極化と立法の実体面の関係については，いまだ確たる結論が出ていないのが現状である。分極化の帰結のもう1つの側面であり，民主主義のパフォーマンスを評価するもう1つの基準は，「手続」である。すなわち，政策の質や量の善し悪しとは別に，民意がどの程度適切に政治に反映されているかが問題になる。民意は必ずしも選挙や政党を通じて反映される必要はなく，利益団体を通じて良い民主主義が実現されるという見方（たとえばTruman 1951）

もあるが，やはり，合衆国憲法を中心とする法体系に鑑みれば，選挙を通じて民意が反映されることこそが，アメリカの民主主義の本筋である。では，二大政党の分極化という現象は，この民主主義の手続論に照らせばどのように評価されるであろうか。実体面とは違って，こちらについては否定的な評価の方が現状では優勢である。

　まず肯定的な見方から紹介するならば，二大政党の分極化とはすなわち，政党がきわめて弱いとされてきたアメリカにおいても，政党を中心とした政治が実現することを意味する。これは実は，今から50～60年ほど前のアメリカの政治学者たちが理想としてきたアメリカ政治の姿である。こういった政治のあり方を責任政党政府論という。責任政党政府論は，第二次世界大戦直後に，アメリカ政治学会（APSA: American Political Science Association）において，E. E. シャットシュナイダー（Elmer Eric Schattschneider）を座長として組織されたタスク・フォースの報告書（American Political Science Association 1950）が提言したものである。(8)

　責任政党政府論が問題にしたのは，当時の政党が，州や都市のボスが支配するローカルな組織の緩やかな連合体にしか過ぎず，全国レヴェルでの政党が，有権者に対して責任を果たせるだけの一貫した政策を作り出すことができないことであった。とくに批判の対象となったのは，特殊利益に固執して党としてまとまろうとしない個々の議員であり，より端的には，南部選出の民主党議員や，彼らが割拠する委員会であった。この状況に対して，責任政党政府論は，イギリスを代表とするウェストミンスター型民主主義にみられるような政党政治を望ましいものとした。(9) つまり，エリート・レヴェルでは，2つの政党が明確に異なった綱領を提示し，それを競わせる形で選挙を行い，選挙によって議会の多数派を得た政党が有権者の負託に応えるために，多数党の指導部が，強い政党規律をもって，多数党の議員を統制する。これが議会内政党の説明責任の向上にも資すると考えられた。

　より観察可能な評価基準として，Polsby and Wildavsky（1971, 225）は，責任政党政府論の提唱者たちが最良の政党であるとする基準を4つ示している（同じく，Ranney 1975, 42-45）。それは，第1に，有権者に対して政策的なコミットメントを行うこと，第2に，政権を獲得した場合それを実行する意思および

能力を有すること，第3に，政権についていない場合，政府の政策に対する対案を準備すること，第4に，2つの政党は，互いに大きな違いのある選択肢を有権者に提示することである。

　この4つの基準を，分極化の進行を経た現在の政党は満たしているだろうかと問われれば，政党の様々な側面の中でも最もその方向に向かっているのは，議会内政党である（Sinclair 2002；Rae 2007）。中でも，明らかに責任政党政府論が示した基準を満たすようになったのは，政党間の政策の違いに関する第3と第4の点である。このことは，これまでの章で明らかにしたとおりである。次いで，第1の点である，有権者に対する政策的なコミットメントについても，ある程度はその方向への変化がみられる。選挙における有権者とエリートとの関係は，直接的には，選挙区から選出される議員とその選挙区に住む選挙区民との関係である。分極化の時代においては，予備選挙における候補者の「個人化」が進んでいるという指摘や，それによってかえって議員の自律性が低下したために，対立する政党の政策をつぶすことはできても，ある政策の実現について党内でまとまることは難しいという評価（岡山 2015）もある。しかし，議会指導部は，年々各選挙区の候補者に対して有形無形の影響力を行使するようになったり，議会指導部主導で有権者に対してキャンペーンを行ったりするようになっている。そしてそれに政策的な色合いが強く伴うことが散発的ながら生じている。その例が，1994年の『アメリカとの契約』や，2006年や2010年の議会少数党によるコミュニケーション戦略であった（松本 2014）。評価が難しいのは第2の点である。議会内政党の指導部が党の政策路線を実現させる「意思」を有するようになっていることは間違いないにせよ，「能力」となると，厳格な権力分立制に基づいているアメリカの連邦政治においては，大統領を考慮に入れなければならない。実はこれが，ここで本書が導出したい責任政党政府論の最大の問題点である。このことについては後述する。

　ところで，このように，現状分析のレヴェルにおいては概ね責任政党政府論が訴えたとおりに政党が変化しつつあるのとは裏腹に，これに対する規範的な批判が年々強くなっている。その批判は，「誰に対して」「誰が」責任を果たしているのか，責任政党政府論が描いたとおりの形にはなっていないことによる。

　まず，責任政党政府論がいう「責任」を果たす対象は一般有権者である。報

告書の中でも，政党が極端なイデオロギーに基づいて政党規律を行使することの危険性は指摘されていた（American Political Science Association 1950, 20-24；同じく，Green and Herrnson 2002, 4）し，そもそも委員長のシャットシュナイダーの別の著書では（たとえばシャットシュナイダー 1964；1972），政党は利益団体とは違って，社会集団同士の紛争を解決する役割を果たすものであることが前提とされていた。それが，議員が，新たに台頭してきたアドヴォカシー的な団体や政党活動家を中心とした党派的な有権者を専ら代表して，少なくともそれよりは中道的な一般有権者に責任を果たそうとしないのは，責任政党政府論が想定していなかったことである（同じく，Bawn et al. 2012）。また，議会内で分極化が進行することによって，議会内における議員同士の礼節が損なわれていることが指摘されている（Uslaner 1993）。さらにそれが議会の外に波及し，党派性が必ずしも強くない大多数の人びとに対しては疎外感を与え，それがひいては政治不信につながる（キング 2002）という議論もある。実際に政府や議会への信頼が低下しているというデータもある（Brady, Ferejohn, and Harbridge 2008, 187-191）。

　もう1つの「誰が」という点については，当初から批判されているように，責任政党政府論は，西欧とアメリカとの統治機構の違いを全く考慮せず，責任の所在としての大統領，あるいはアメリカの統治機構における権力分立制の意義を過小評価している（Ranney 1951；Sinclair 2002；Jones 2002）。現に，元々のタスク・フォースのレポートは，大統領の位置づけを必ずしも明確にしておらず，大統領に積極的に責任政党政府を率いることを求めているのか，大統領が議会内政党の活動を阻害する危険性を指摘しているのか，よくわからない。とくに，責任政党政府論は，これが提示された後から頻発するようになった分割政府の下での状況を考慮に入れていない。分割政府は，政策の実体面において立法の生産性を下げるのか否か，明確な結論が出ていないことは既に述べた。手続論からみても，分割政府は，責任政党政府論がいうような強い政党が生まれた場合，（少なくとも世間の）通説どおり，部門間対立が政党間対立と組み合わさることで互いに責任を相手に負わせるようになるのか，逆に分割政府を生み出したのは世論の意思であり，また議会と大統領は共に世論に責任を負うことができるのか。これらは議会だけをみていてもわからない。大統領の意思や

行動、さらには議会と大統領の相互作用を実証的に観察しなければならない。

　結局のところ、現代のアメリカの政治は、政党が弱いから悪いのか、それとも政党が強いから悪いのか。規範的な議論に大きなブレが生じていることは明らかである。少なくとも言えそうなことは、規範論がブレている理由は、規範論の前提となる現状認識が不十分なのであり、政党が強くなっているにせよ、その性質についてより実証的な考察が必要だということである。とくに、以上の議論が見落としている大統領をより考慮に入れることが必要なのである。[10]

2　大統領の側からみたアメリカ政党政治の歴史

政党再編成論とその批判

　そこで本節では、大統領の側からみたアメリカ政治のマクロ歴史的な変化について検討する。議会の側からではなく、（少なくとも暗黙のうちには）大統領の側からこれを捉えてきた議論の代表は、政党再編成論というものであった。この議論自体、以下でみるように、その定義を少しずつ変えてきているが、最初にそのおおよその内容を簡単に紹介するならば、政党再編成論とは、アメリカの政党システムを、5〜10年の間に政党再編成と呼ばれる大規模な変化の生じる再編成期と約30年にわたる安定期の繰り返しとして捉えるものであり、政党再編成は特定の重大事件を機に、あるいは社会、経済の趨勢的な変化が頂点を迎えることによって、生じると捉えるものである（岡山 2004, 23；同じく、藤本 1988, 109-111, 129-133）。ところが政党再編成とは客観的に観察できるものではなく、以下でみるように、アメリカを研究する政治学者と政治史学者が、建国以来のアメリカの政党システムの歴史を記述し説明するために生み出し、発展させてきた概念である[11]。すなわち、ここで問題にされるべきは、政党再編成というよりも、政党再編成「論」である。そこでまず、政党再編成論がどのように学術的に発展してきたかを概観する[12]。

　政党再編成の萌芽となる概念を確立させてそれを世に知らしめたのは、「決定的選挙」という概念を提示したKey（1955）であると言われている（Mayhew 2002, 7；同じく、Key 1959；Campbell et al. 1960）。Key（1955）によれば、アメリカの大統領選挙は、決定的選挙とそうでない選挙に二分され、決定的選挙にお

いてはこれまでと違った選挙結果が現れ，その新たな傾向は，その後数回の選挙においても継続する。これより少し遅れて，シャットシュナイダー（1972［原著1960］）は，政党再編成論のもう1つの基礎となった，「紛争の転移」（conflict displacement）という概念を提示している。これは，社会を分断するある争点が浮上したとき，その争点が，これまでの対立軸にかわって新たな政党間の対立軸になるというものである。これら2つの概念を中心に整理し，初期の政党再編成論の決定版となったのがBurnham（1970）である。加えてBurnham（1970）は，政党再編成はおよそ30〜36年のサイクルで生じるという新たな論点を唱えて，さらにそれを強調した。その急激な変化が生じる理由としては，社会の変化に対してアメリカの制度が漸進的な政策の変更という形で対応できないがゆえに，ある出来事が引き金となってその政治的な緊張が一気に噴出するからだと述べている。

　ところで，Burnham（1970）が大規模な政策の転換（以下，「政策革新」〔五十嵐 1992〕と表現する）という点を指摘したことによって，1980年代に入ると，政党再編成の研究関心は，選挙中心の数量的分析から，徐々に再編成の政策的意味の分析へと移るようになった（ジョーンズ 1991, 107；Rosenof 2003, 131, 145-146）。さらに，政策面にまで議論が拡張されたことで，必然的に政党再編成は決定的選挙の後に大統領や議会（Brady 1988）が行う政策革新や，それに対する評価となるその次の選挙まで含めた，長期的な過程を経て生じるものとして捉えられることになったのである。

　この政策面を政党再編成論に加えることで，この分野の集大成となった代表的な研究は，Sundquist（1983［初版1973］）と，Clubb, Flanigan, and Zingale（1980）である。Sundquist（1983, 15）は，政党再編成は選挙のデータの分析だけでは理解することができないような，複数の事象が連鎖的に生じるものであるとし，3つの主要な政党再編成とその他の小規模な政党再編成の観察の一般化として，16もの事象を指摘している。その内容の大筋は，政党再編成は，既存の政党間の対立軸を横切るような対立軸が重要になることで開始し，その新たな対立軸の両側に既存の政党が対峙する，あるいは新たな対立軸の一方を代表する新たな政党が生まれることによって終了する，というものである（同じく，岡山 2004, 24）。Clubb, Flanigan, and Zingale（1980）は，政党再編成における

エリートの役割や，それが議会や州政治の党派構成にも長期的な影響を及ぼすことにまで理論を拡張させ，変数同士の相関関係を分析したり，サーヴェイ・データを併用したりと，当時としては先進的な手法を用いてこれを実証している。

ところが，ニュー・ディール連合が成立した1930年代以降については，誰がみても明らかな政党再編成は起こっていない(14)。これを捉えて，まず，政党再編成論全体を擁護した上でこの修正を試みる立場が登場した。過去の政党再編成と比べれば明確ではないものの，1960～1980年代にかけて政党再編成が起こった，あるいは起こりつつあるという議論（たとえばPhillips 1969; Norpoth 1987）や，この時期の政党再編成は主に南部において起こったという議論である（たとえばPetrocik 1987）(15)。つづいて，安定期と再編成期の間に質的な違いを認めないような見方がある。これを「趨勢的な再編成」(secular realignment) という。この概念は，「決定的選挙」という概念を提示したKey (1959) によるものである。このヴァリエーションとして，民主党に政党帰属意識をもつ有権者が1970年代ごろから減少したことを「脱編成」(dealignment) と捉えた議論（たとえばWattenberg 1998）(16)や，下院で多数党が共和党に交替してそれが定着した1994年と1996年を趨勢的な再編成と捉える議論（Abramowitz and Saunders 1998）などもある。

これに対して，政党再編成論という理論自体を捨てるべきだとの根本的な批判が，政治学における実証分析の発展と共になされるようなった。その代表は，Mayhew (2002) による実証と理論の両面にわたる批判である。実証的には，これまでの政党再編成論が指摘する政党再編成の15の特徴を抽出し，それぞれについて検証している。その結果，3回の決定的選挙（1860年・1896年・1932年）が，それ以外の選挙と明確に区別される特徴はないとしている。理論の面での批判は，政党再編成論はあまりに社会決定論的であり，選挙政治は歴史的な要因だけでなく短期的な要因，すなわち偶発的な出来事・それも含めた政治アクターの短期的な選挙戦略・合意争点 (valence issue) によっても左右されるというものである (Mayhew 2002, 147-153)。

最も根本的な批判は，政党再編成論は科学的に検証しようがないものだというものである（たとえばCarmines and Stimson 1989, 25-26）(17)。第1に，政党再編成論はミクロ的な基礎に欠けている概念であり，とくに，そもそもなぜ30～36(18)

年周期で発生するのか，理論的な根拠に乏しい。サイクルが生じているという主張の根拠として Burnham (1970) が提示しているのも選挙結果のデータとその分析のみであり，しかも，そのデータ分析は何らかの理論や仮説が先に立てられて，それを検証するために行われているものではない。第2に，ある選挙が決定的選挙であるか単なる例外であるかは，その後数年続く過程をみなければ判別できない。政党再編成論は，過去を振り返る理論としては有効だとの主張（たとえば Silbey 1991；Rosenof 2003）はあるのかもしれないが，これは理論ではなく，経験則でしかない。科学的な政治学の中でも厳格な立場からは，理論は未来の事象を予測しようとしなければならないのであり，これでは理論としての意味をなしていない。第3に，政党再編成論は，これが発生する因果メカニズムを詳細に説明する方向に理論を発展させてきたが（たとえば Sundquist 1983, Chapter 13），ただでさえ政党再編成が発生したかどうかを判断するための観察である大統領選挙の数が少ないのに，いたずらに変数を増やすのは，キング・コヘイン・ヴァーバ (2004) がいう科学的な因果的推論の指針に真っ向から反するものである。

大統領の役割を重視する議論

結局のところ，Burnham (1970) からその後の研究 (Clubb, Flanigan, and Zingale 1980；Sundquist 1983) までにかけて一通り揃った政党再編成の諸特徴をすべて満たす事象も生じていなければ，これを全く満たさないことも起こっていない。このことから，政党再編成論をめぐる議論は，研究者の世界では，この中途半端に発生しているものを「政党再編成」と表現するかしないかという解釈学に陥ってしまっている，というのが現状である。ここでより建設的な論じ方は，このフル・セットの政党再編成論の何が誤っていて何が正しかったのかを明確にして，正しい部分のみを残すことであろう（「政党再編成」という言葉を残すか捨てるかという問題はとりあえず置いておくとして）。政党再編成の主要な特徴として，それが発生したと判定される条件が緩い順に，①争点を介した有権者と政党の結びつきの変化，②決定的選挙の存在，③周期的な再編成の発生，の3つに絞って，本書のこれまでの議論を踏まえた本書の立場を述べる。

まず，1932年の大統領選挙を境に，明確な決定的選挙は発生していないにも

かかわらず,有権者と政党の結びつきのあり様は,ニュー・ディール連合のそれとは明らかに異なる(たとえば久保 2009, 71-72)。少なくとも,①争点を介した有権者と政党の関係に何らかの変化が生じているという点は正しい。政党再編成論に最も批判的な Mayhew (2002) も,趨勢的再編成の存在は認めている。②については後述する。逆に明らかに捨てられるべきものは,Burnham (1970) が提示した③周期的な再編成という点である。これは,政党再編成論の内部で矛盾が生じていることによって説明される。Burnham (1970) が,政党再編成は社会の緊張によって生じると述べているのに対して,政策面を強調する後期の政党再編成論は,政党再編成を推進するエリートの積極的な役割がなければ,仮に決定的選挙が発生したとしても,政党再編成が完了する可能性は消滅してしまうことを論じる (Rosenof 2003, 131)。少なくともどちらか一方は誤っているのであるが,本書のここまでの議論にしたがえば,捨てられるべきは明らかに前者の方である[20]。つまり,政党再編成とは「起こる」ものではなく,エリートが「試みる」ものとして捉えられるべきなのである。

さて,政党再編成論を批判し,かわってこのエリートの役割を正面から論じているのが,Carmines and Stimson (1989) の「争点の進化」(issue evolution) という議論である。争点の進化論は,一般有権者や政党活動家にキューを与えるエリート(大統領・連邦議員・知事)の役割を重視する。また,争点の進化論は,有権者と政党の結びつきの変化がはじまる決定的な契機というものはあるが,その後は急激にではなく漸進的に変化すると主張する。同書が実証の例としている人種に関わる争点については,1964年の民主党ジョンソンと共和党ゴールドウォーターとの間の大統領選挙がこの決定的な契機にあたる[21]。この争点の進化論は,アメリカ政治研究における断続均衡 (punctuated equilibrium) モデル(たとえば Baumgartner and Jones 1993)に属するものであり,比較政治学や国際関係論においてアイデアの長期的役割を論じる研究(たとえば Gourevitch 1986; Goldstein and Keohane 1993; Katzenstein, Keohane, and Krasner eds. 1999)とも多くの共通点をもつ。これら一連の理論で強調されるのは,既存の政策アイデアが解決できない危機に対処するような新しいアイデアを提示して,そのアイデアの説得力によって新たな多数派連合を形成・定着化させるアクターの役割である。さらにその危機は,客観的に測定されるというよりも,複数のアク

ターが共有する主観として認識されるものであり，政治アクターが自らのアイデアを喧伝するための方便でもある。争点の進化論においては，とくに，社会の少数派を代表する政党にとっては，多数派を二分するような争点を持ち出して多数派を奪回しようとする動機をもつ (Carmines and Stimson 1989, 6-7)。アイデアを主張することと権力を得ようとする行為は，多くの場合密接不可分であり，アイデアは単なる権力獲得のための道具であるとの指摘すらある（たとえば Shepsle 1985)。

　その争点の進化論の不備を指摘しているのが，西川 (2015) である。共和党の保守化の起源とそのメカニズムを説明することを主な目的とする同書は，争点の進化論が政党「間」の対立関係をみているのに対し，共和党の保守化の起源はそれよりも古い共和党内部の争い，すなわち，アイゼンハワーが共和党を中道化させて民主党と競合しうる政党に変化させようという試みにあることを論じている。その理論的説明として西川 (2015, 12) は，大統領が，大統領与党の戦略や組織のあり方を自分に有利なように改変しようという「与党の大統領化」(presidentialization of political parties)[22]を試み，それに失敗した場合に，党内でより急進的な勢力が台頭し，分極化が進行すると論じている (西川 2015, 282-290)。

　これらエリートの役割を重視する議論が解き明かしていないのは3点である。第1に，エリートや政策の役割を強調するのならば，大統領だけではなく議会の中で起こっていることも論じなければならない。大統領が政策革新を行おうとしても，重要な改革には立法を伴うものである。そして，立法を行う場である議会は，厳格な権力分立制をとるアメリカにおいてはきわめて自律的な組織である[23]。第2に，大統領が分極化を促すという議論は後述する本章の結論とも共通するが，そのメカニズムは，党内の対立を重視する西川 (2015) と政党間の対立を論じている Carmines and Stimson (1989) とでは，相互に排他的ではないにせよ異なる。これは観察の対象としている時代の違いにもよると考えられる。前者が議論の対象としているのは主にアイゼンハワーであり，他にはそれ以前の大統領のみである。後者は1960年代の人種問題の他にも，その後は人工妊娠中絶・女性の権利・同性愛などの問題でも争点の進化が起こっているとしている (Carmines and Wagner 2006)。仮に両者どちらも正しいとするなら

ば，1960年代以前と以後との間にどういった違いがあるのかを説明せねばならない。第3に，どちらの議論も，大統領候補や大統領は自らの政党の勢力拡大を目指すとしているが，実際に起こっているのは，少なくとも1960年代以降については，支配的な政党が入れ替わるような政党再編成ではなく，政党間の勢力関係が拮抗した状態に，緩やかかつ安定的に収束してゆく「分極化」である[24]。この点は，政党再編成論との関連で言えば，上記②決定的選挙の有無という論点ともつながる。つまり，1930年代半ば以降は急激な変化は起こっていないにせよ，それまで（少なくとも1860年と1932年）にはこれが実際に生じていた。これを例外的な事象と扱うべきか（Mayhew 2002, 162-165），それとも，決定的選挙というのはやはり過去にはあって，それが何らかの体系的な理由で起こらなくなったと考えるべきなのか。であるならば，なぜ現在ではこれが起こらなくなっているのか。

3　大統領に起因する分極化

　ここまで，アメリカ政治のマクロ歴史的な議論について，分極化の帰結に関する議論は大統領を，大統領の側からみた議論は議会を，それぞれ考慮していないことを論じた。また，1960年代ごろを境に何らかの変化があって，それを考慮すべきであると指摘した。以上の文献リヴューおよび本書第6章までの議論を踏まえれば，アメリカの政党政治のマクロ歴史的説明について，どのようなことが言えるのか。以下，試論的に述べる。

　まず，1960年代前後の変化とは，1つは政党組織の変化に伴う大統領のあり方の変化である。第2章第3節で紹介したように，この変化は大統領候補に「政党の顔」としての役割をより負わせるものである。予備選挙と党員集会による新たな大統領指名過程は，党内の大統領候補に政策を競わせることになり，必然的にそれに勝利した候補者の政策には，一般党員の支持という正統性が付与されることになった。西川（2015）がいう「与党の大統領化」は，大統領与党・大統領野党を問わず，政策面に関しては常に起こるようになったと言えないだろうか。同じことを責任政党政府論の観点から捉え直すと，1960年代の変化は，かつてのローカルな党組織にかわって大統領候補や大統領個人が，大統領選挙

と党大会を通じて，有権者に対して政策へのコミットを行うようになったことを意味する。そして，同じ変化が二大政党のどちらにも起こることによって，本選挙もより政策をめぐる争いへと変化した。

ところが，このような変化が起こった時期は，偶然にももう1つの変化である議会の分極化がはじまった時期と重なる。要するに，大統領と議会内政党それぞれが，独自に責任政党政府論が求めていたように変化をしているものの，その間の調整がうまくついていないのである。より具体的にいうと，権力分立制を基調とする合衆国憲法と議院内閣制的な政党政治は，元来原理的にうまく噛み合わない（Mann and Ornstein 2012）のであり，大統領選挙に関わる全国的な政党組織の整備と議会の分極化という，これも別々に生じた2つの制度の変化によって，それが顕在化したのである。そして，この分極化の時代においては，本書がここまで論じたように，大統領の立法活動が議会を党派的にさせるだけではない。争点の進化論が論じたように，大統領候補や大統領が既存の政党間の対立軸を横切る政策革新のアイデアを持ち出すことによって，それが党派を割る争点となり，長期的に定着するのである。これを「大統領に起因する分極化」と名づけることにする。その内容は以下の3点である。

1点目は，現代大統領制における大統領は，常に「与党の大統領化」を通じた党勢の拡大を試みるようになったということである。第5章・第6章で明らかにしたように，少なくともニクソン以降の大統領は，選挙戦において，既存の保守－リベラルの対立軸を越える政策アイデアを訴えてきた。その典型例は第5章で取り上げたDLCによる大統領擁立であった。他の大統領や大統領候補についても，程度の差はあれ同じような傾向が，一貫して観察できる。ニクソンは「静かなる多数派」（silent majority）の支持の拡大をねらい，カーターはワシントン政治からの脱却を主張し，ブッシュ（子）は自らの思想を「思いやりある保守主義」と名づけた。2008年大統領選挙でChangeを訴えたオバマもまた，その典型である。レーガンもまた，当時としては異端だった経済政策を掲げた。

2点目は，「選挙における勝利と政策革新の成功は，トレード・オフの関係となった」ということである。選挙に勝利した大統領が政策革新を通じた与党の大統領化を完遂するには，議会が大統領の意思に呼応して法案を作成・修正

し，可決させなければならない。しかし，議会が分極化し，特別多数を必要とする議会制度が存在している状況下では，超党派的な特別多数を形成することがこれまで以上に困難な仕事となっているのである。

そして本書はここに，現代大統領制の限界をみる。まず，第1章で紹介したように，有権者や議会の分極化の中長期的な原因が，選挙政治における全国的な二大政党制の組織化（政党の周辺に位置する政治的インフラストラクチャーの整備や，利益団体と政党の結びつきの強化を含む）と役割の拡大であるとするならば，新しいアイデアを掲げて公職に就こうにも，まず既存の政党での支持を固めなければならない。そうなれば，いくら既存の党派対立・イデオロギー対立を越えたアイデアであり，そういった主張を行おうとも，それが党派的な選挙政治の中で提示されるだけに，むしろそれが党派的対立を促すようになるのである。さらにその新たな党派的対立軸の発生と定着は，既存の対立軸を党派横断的な争点に変えるという「紛争の転移」（シャットシュナイダー 1972）ではなく，既存の保守－リベラルの対立軸を強化する「紛争の拡張」（conflict extension）（Layman, Carsey, and Horowitz 2006 ; Layman et al. 2010）を起こすのである。[28]

その典型例は，第5章第2節で事例研究を行った，クリントンの医療制度改革である。クリントンの失敗は，単なる立法活動の失敗ではなく，アメリカの政府や政治のシステムの歴史を決定づける瞬間であった（Skocpol 1997, 8-9）。政治的には，これまでは必ずしも党の対立軸となる争点ではなかった医療制度改革をクリントンが（本人の意図とは離れて）党派的な争点にしてしまったことによって，既存の保守－リベラルの対立軸の中に医療制度改革が含まれてしまったのである。もう1つの例は，レーガンの減税法案である。こちらは法案自体は超党派的な多数派によって成立したが，共和党はこれを契機に「レーガンの党」になり，レーガンに呼応した保守的な民主党議員の多くは，引退や共和党への移籍という形で退場したのである。第6章までのミクロの分析においては，分極化の「結果」として，大統領の立法活動が議会の党派的行動を促すことを論じてきた。しかし同時に，マクロ的にみた場合には，重要立法における大統領の立法活動は，それ如何によっては長期的に分極化を進行させる「原因」にもなるのである。

最後の第3の点は，「選挙における勝利と政策革新の成功のトレード・オフ

第7章　分極化と大統領のマクロ歴史的説明

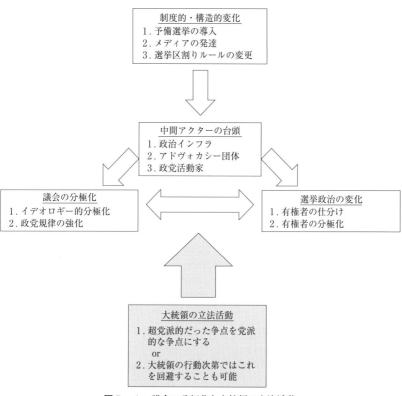

図7−1　議会の分極化と大統領の立法活動

をどの程度解消できるかは，大統領のスキル次第である」ということである。大統領が積極的に立法に関わることで議会が党派的になるとすれば，大統領は，何もしないことや，業績誇示を自党で独り占めしないよう議会との関係を工夫することが，政策革新のためにも，分極化の進行を促さないためにも肝要である。この戦略によって成功したのが，クリントンのNAFTAや福祉改革であった。分極化の時代において大統領に求められるスキルとは，かつてNeustadt (1990［初版1960］) が論じたような，自らが前に出て「説得する」力ではない。有権者との約束である政策革新を目指しながらも議会と適度な距離を置くという，互いに矛盾することを両立させられる能力である。具体的には，選挙戦も含めて，無暗に個別の案件に対して関わりすぎないこと，立法に関わる場合は，

タイミングや，影響力行使のチャネルの使い分け（一般国民への説得活動・議会指導部や議員への説得活動・大統領権限に由来する単独的な行動），あるいは「行政の長」としての超党派的な政策アイデアを「政党の顔」としての主張と受け取られないようにレトリックを工夫することが大事である。

以上の議論の要約として，図7－1は，分極化の原因をまとめた図1－4に，大統領を加えたものである。本書の結論部となる次章では，本章の議論をさらに進めて，現代大統領制が限界を迎えている現在において，望ましい大統領のあり方とはどのようなものであるか，さらに論じる。

注
（1） 分極化の帰結に関する包括的な研究は，Nivola and Brady eds.（2008）。リヴューは，Layman, Carsey, and Horowitz（2006, 100-103）；Sinclair（2007, Chapter 10）；Schaffner（2011, 538-545）；Barber and McCarty（2013, 35-45）；Lee（2015）などを参照。
（2） 分極化の帰結は，ここで論じるものの他にも，討論の中身・メディア戦略・議員と選挙区利益との関係・有権者の議会への評価（さらには政治不信）などいろいろある（Schaffner 2011, 542-545）。
（3） 分割政府と法案の生産性に関するリヴューとして，Coleman and Parker（2009）；Binder（2011）を参照。
（4） 本書では，議員の党派的行動やそれを支える制度の発達は，どちらの党においてもみられることを論じてきた。どちらの党がよりその傾向が強いのかは，本書は問題にしないが，長年超党派的・中立的に議会政治を論じてきたMann and Ornstein（2012）は，共和党においてそれがより顕著であると指摘し，これを強く批判している。とくにギングリッチやそれ以降に登場してきた共和党の有力議員の行動という属人的な要因を指摘している。
（5） 逆に待鳥（2009a）は，世論が合意を促す場合があることを論じている。しかし本書は，第2章で述べたように，分極化が進行するにつれて，世論は党派的なキューにより反応し，それに議会指導部や議員がより応答するようになっていると捉えるものであり，この点には否定的である。
（6） ただし，Jones（2001）は，分極化の程度や大統領与党の議席率をコントロールした場合，分割政府は生産性に有意な影響をもたないことを実証的に明らかにしている。
（7） これに対する批判として，たとえばロウィ（1981）。
（8） 責任政党政府論に対する主な論評は，Ranney（1962）；Kirkpatrick（1971）；Green and Herrnson eds.（2002）；Rae（2007）など。
（9） これも1つの規範にしか過ぎないし，本書がこれを望ましい政治のあり方であると捉えているわけではない。ここでは，現在のアメリカ政治が，どの程度責任政党政府論の

第7章 分極化と大統領のマクロ歴史的説明

基準を満たしているかという実証的な側面のみを論じていることに注意。

(10) ここまで，便宜上，実体論と手続論を分けて論じてきたが，責任政党政府論やそれに対する後続の議論は，必ずしも両者を明確に区別していない。実際に，政策に対する責任の所在が曖昧なものになることがグリッドロックの根本的な原因なのであれば，この点において，手続論は，実体論とは無関係ではいられなくなる。

(11) 元々はアメリカを論じるためのものであった政党再編成という概念を他国あるいは民主主義国一般の選挙政治や政党政治に応用した議論はいくつかみられるが，それは有権者と政党の結びつきに関する部分のみであり，30年のサイクルで政党再編成が起こることなどの議論は導入されなかった。以下，アメリカの政党再編成論についても，とくに批判の対象とするのはこのサイクルをめぐる点であるので，これを取り入れていない他の国の議論は，ここでは扱わないことにする。

(12) 政党再編成論をめぐる研究は，その数が膨大であり，これをリヴューするだけで独立した研究書レヴェルの分量になってしまう。したがって，本節では，本章の結論を導出するために必要最小限な文献の紹介にとどめ，代表的なリヴューをいくつか挙げることをもってかえたい。ここでのリヴューが主に参考にしたのは，以下の3つの業績である。まず，政党再編成論への批判も含めて最も包括的に論点を整理している Bass（1991）である。とくに同書の文献リストは，1990年ごろまでの業績を網羅している。第2に，同じく政党再編成論を整理し，その上でこれを全面的に批判している Mayhew（2002）である。最後に，Rosenof（2003）は，政党再編成という概念が登場・発展してきた学説史である。日本語では，政党再編成論の全盛期から批判が出はじめたころの研究として，藤本（1988）；今村（1990）；川人（1991）。さらにその後の政党再編成への批判をも踏まえたリヴューとして，坂部（2003/2005/2006）；岡山（2004；2005, 11-26）。

(13) サイクル論は，歴史家のシュレジンジャー（1988）によっても強調された見方である。

(14) Burnham（1991）は，政党再編成論批判への反論として，1968〜1972年にかけて再編成は起こったと主張している。しかし同時に，この時期の再編成は新たなタイプのものだとして，政党再編成論の事実上の修正を行っている。政党再編成論を最も擁護する立場からも修正が行われているということは，1930年代以降は明らかな政党再編成は起こっていないとみて間違いないことをむしろ裏書きしている。

(15) これと関連して Nardulli（1995）は，それよりも細かい215の地域別のデータによって，政党再編成の程度は地域ごとに濃淡がみられることを明らかにしている。

(16) 脱編成を論じた議論も，「再」編成への批判的なトーンを別にすれば，それが1930年代から30年後に起こっていることを指摘していることから，Burnham（1970）がいう30年サイクル説の影響下にあったと言える。しかし，この脱編成論は，分極化が進行している現在からみれば，見事に誤った議論であることは自明であろう。1980年代当時の政党再編成論と脱編成論の関連，および両者の誤りをいち早く指摘した研究として，今村（1990）を参照。

(17) 同時に，政党再編成論が科学的な検証にたえないものであって，曖昧な解釈の余地を残していることこそが，ジャーナリストや政治学者の同時代的な分析が，直近の選挙は

再編成であったかどうかをむやみに議論することや，選挙に勝った勢力が再編成が起こったと喧伝することの温床になってしまった。このことを，理論の濫用あるいは誤用と批判する研究者も少なくない（たとえば Rosenof 2003 ; Gaddie 2012, footnote 1）。

(18) Rosenof（2003）は，投票行動研究におけるミシガン学派（たとえば Campbell et al. 1960）が政党再編成論のミクロ的な理論的基礎を提供し，V. O. Key と互いに影響を及ぼしたことを資料などで実証しているが，そのミシガン学派による「政党帰属意識」という概念も多くの批判や代替的な理論的説明の台頭に晒されていることから，これをもって政党再編成論はミクロ理論的基礎に基づいた理論であるとは言い難い。これとは別の角度から，待鳥（2009a, 26）は，政党再編成論が有権者と政党の関係をうまく整理できないのは，アメリカの政党が全国的な有権者の関心に対して自律性をもっていて，政党や政治家の主体的な動き，あるいは政党内部組織についてのミクロな視点が十分に考慮に入れられていないことを指摘している。大統領個人の役割を強調する本書も，これと同じ立場である。

(19) 1960年代以降を「第6次政党制」と位置づけている文献も多いが，（たとえば藤本 1988, 125；西川 2011 : 187-193；岡山 2011, 117-120），これも，1968年を政党再編成の時期とみなしてよいのか，さらには，サイクル論が正しいならば現在は第7次政党制であるにもかかわらずそれがいつからであるのか示されていないことから，この時代区分を行うことについても，少なくとも再考の余地はあるだろう。

(20) Mayhew（2002, 153-156）は，政党再編成論は，チャールズ・ビアード（Charles Beard）（ビアード 1974 ［原著1913］）やマルクス主義のような，ゼロサムの経済的な階級対立を前提として歴史を描いているものであり，歴史の適切な理解を妨げると断じている。この Mayhew（2002）の議論は，政党再編成論が描いた政党の対立軸は，それ以外にも人種など地域的なものが加わることもあるため，そこまで言い切れるかどうか，筆者は懐疑的である。

(21) この議論への反論として Schickler（2016）は，1964年大統領選挙より30年ほど前から，一般有権者・州政治・連邦議会といったレヴェルでは趨勢的な変化が起こっていたことを論じている。

(22) この議論の背景となっている Galvin（2010）は，大統領や大統領候補は党組織を食いつぶすという説に対して，主に共和党の大統領についてはその限りではないことを論じるものである。しかし筆者は，マシーン政治を行っていたローカルな政党組織と全国的な政党組織は質がちがうものであり，ローカルな政党組織が崩壊した1960年代以降については，別個に議論すべきではないかと考える。

(23) Carmines and Stimson（1989）は議会についても論じているが，両者の間の相互作用までは論じていない。

(24) 二大政党の勢力の拮抗の一側面として，第二次世界大戦以降に分割政府が頻発していることを位置づけることもできる。この分割政府の頻発を捉えて，川人（1991）は，「スプリット・レヴェル再編」という見方を提示し，従来の政党再編成論を批判している。

(25) 大統領がより有権者向けに政策にコミットするようになった点として，世論調査の技

術の発達に伴って，就任後の大統領も絶えず世論をみながら政権運営を行う「永続的選挙運動」（permanent campaign）と呼ばれる現象が1970年代後半からはじまったことも指摘できる。
(26) 分極化の時代において，大統領が政策革新を起こせない別の説明として，久保（2009, 72）は，予備選挙による公認候補決定方式の重要な機能の1つとして，政党の政策的・イデオロギー的変化が，（党執行部が公認候補を決定する日本や西欧とは違って）緩慢にしか進まないように枠をはめることであると述べている。
(27) 以下の議論の内容は，かつて筆者が「構造に制約された政党再編成」と名づけたものと同じである（松本 2009／2010）。筆者が知る限り，意図的に政党再編成を起こすことを訴えた最初の言説は，ニクソンの南部戦略に影響を与えた Phillips（1969）である。
(28) 現代のアメリカ政治において生じている現象は，これまでの党派的対立軸がなくなる「紛争の転移」なのか，それが残存する「争点の進化」なのかという論争は，2000年代に入っても続いている。本書は後者の立場であるが，前者（Miller and Schofield 2003；2008；Schofield and Miller 2007）と後者（たとえば Carsey and Layman 2006；Layman and Carsey 2002a；2002b；Layman, Carsey, and Horowitz 2006；Layman et al. 2010）に共通する点として，どちらも，政党活動家が候補者の選出に果たす役割を論じていることが指摘できる。

第8章
「現代大統領制」を越えて

1　本書の要約

本書が明らかにしたこと

　本書の問いは，ニュー・ディール以降の現代大統領制の下での大統領は，立法に積極的に関わることによって超党派的に国をまとめる役割を果たしてきたのが，それができなくなってきているのはなぜか，というものであった。この問いに対する本書の答えは，大統領をとりまく環境や制度が変化したことであり，これについて3つの主張を行った。

　第1に，連邦議会において二大政党の分極化が緩やかかつ着実に進行し，そのため，大統領に期待される役割が，「行政の長」から「政党の顔」へと重点が移ってきたことである。それゆえ，「行政の長」としての大統領が超党派的に立法を行うことと，「政党の顔」としての大統領が権力を得たり維持したりすることとの間のトレード・オフが次第に大きくなってきたのである。つまり，議会の分極化が進行するにつれて，どちらかの党に所属している大統領が，中道的・超党派的に立法を行おうとし，それがいくら正直な意思表明であったとしても，大統領野党からは党派的な行動であると認識されてしまって抵抗に遭うために，その立法は容易に頓挫してしまう。政治の世界は，元々，何の理由がなくても党派に分かれて争うことが往々にして起こる。クリントンの医療制度改革がその典型であり，オバマの医療制度改革も，立法は実現できたにせよ，超党派での成立は叶わなかった。

　本書第2の主張は，それゆえに大統領が立法活動に成功している条件が変化していることである。積極的な立法府への介入ではなく，できるだけ自らの立場を表明することや立法府への介入を控えること，あるいは介入する場合は，

第8章 「現代大統領制」を越えて

大統領野党と政策面で妥協したり政治的な得点を与えたりすることが，大統領が望む立法を実現する上ではとくに必要となっている。クリントンのNAFTAや福祉改革は，大統領が議会，とくに大統領与党と距離を置いたことによって，これらが党派的な争点に発展するのを避けることができ，立法にも成功した。このような立法活動のあり方は，現代大統領制のそれとは大きく異なる。制度上の権限をもたない大統領に，非公式な活動を担わせてきた現代大統領制は，既に限界に達しているのである。

　本書の最後の主張としては，これらミクロな事象の観察から得られた知見をマクロ歴史的なアメリカ政治の研究の中に位置づけることを試みた。すなわち，大統領候補あるいは大統領が独自の改革アイデアによって政策革新を起こそうという試みは，分極化が進行するにつれて難しくなり，大統領は，政治的な権力を獲得・維持することと，自らが推進するアイデアを実現させることとの間のトレード・オフにより迫られるようになっている。同時に，この権力と政策のどちらをとるか，あるいはどの程度両立させられるかもまた，依然として大統領の行動によって左右される。とくに，大統領が積極的に立法に関わることによって，これまで党派性を有していなかった争点が党派的なものになってしまうことが起こるのである。このことは，分極化によって行動を制約されるようになっている大統領が，逆にマクロ歴史的にみた場合，分極化の原因となっていることを意味する。これを本書では，「大統領に起因する分極化」と名づけた。現代大統領制は，立法における大統領の積極的な関与を要求する。しかし，その積み重ねによって分極化が歴史的に進行し，大統領の立法活動が難しくなっているとするならば，現代大統領制の限界は，皮肉なことに，現代大統領制によって生み出されたとさえ言えるのではないか。

規範論：「党派的なジャッジ」としての大統領

　本書はアメリカ政治の実態を分析することを目的とするものである。したがって，何が望ましい政治のあり方なのか，といった規範論に踏み込むことは，本書の関心事でもなければ，分析の客観性を保つためには慎むことが本来は望ましい。しかしながら，大統領に期待される役割は，「行政の長」として国民全体を代表することであれ，「政党の顔」として国民のおよそ半分を代表する

ことであれ，何らかの形で国民を代表することだということを前提とし，さらに両者のどちらを重視するべきかという難問はとりあえず置いておくならば，できるだけ両者を両立させられることが望ましい大統領のあり方であることは明らかであろう。また，現実の問題として，分極化の時代において，議会や有権者が大統領に期待する役割の比重が，「行政の長」から「政党の顔」に次第に移っている。これら2点を所与とすれば，望ましい大統領とはどのような大統領であろうか。

　まず，第1章で論じたように，選挙区利益を代表する議員および委員会政治を中心とした「教科書的議会」と，大統領の非公式な立法活動および超党派的な多数派形成を特徴とする「現代大統領制」は，同じコインの2つの側面であった。議会の分極化という形で前者が崩れているならば，この変化に大統領の側も適応してしかるべきである。大統領の立法活動によって議員の党派的な行動を促したり，それが分極化の進行という形で定着したりするのは，議会の方が変化しているのにそれに対応しきれず，現代大統領的に対応してしまっていることによるのではないか。つまり，党派間の対立が激しい時代において敵対する党派と合意に至るには，正直にアジェンダを提示するだけでは不十分なのである。選挙政治とも関わる立法の成功と超党派的な多数派形成という，次第に矛盾するようになっている目標を達成するためには，現在の大統領は，かつての大統領以上にリアリストでなければならない。

　この本書の実証的な知見を一歩進めて，ここで，分極化の時代において望ましい大統領は，「党派的なジャッジとしての大統領」であることを試論的に提示する。これは一見唐突なようであるが，実はそうでもない。アメリカは，裁判官や選挙管理の責任者といったジャッジに関わる役職を，党派的な選挙で選んだり，選挙で選ばれた公職者が指名したりすることが当たり前のように行われている，世界の中でも特殊な国である。もちろんそれに対する批判はアメリカ国内においてもあるにせよ，それでも曲がりなりにもそのジャッジの正統性が問われて国を割る危機が発生するまでは（南北戦争を除いては）至っていない。

　大統領は党派的なジャッジに徹するべきなのはなぜか。それは第1に，第5章・第6章で明らかにしたように，大統領候補が選挙時に具体的な公約を提示しても，政権獲得後にそれを実現するのが難しいということが，分極化の時代

において大統領が直面する問題である。より端的にいえば，政策志向の大統領がかえって立法に失敗する傾向がある。分極化の時代においては，たしかに大統領は「政党の顔」の役割が大きくなってはいるが，であるならば，党の政策面まで背負う必要はない。オバマが具体的な政策論にあまり踏み込むことなく大統領に当選したことや，またそれがゆえに，就任直後は立法活動においてフリーハンドを有していたことは，その好例である。

　第 2 に，本来立法は議会の仕事であるのだから，大統領は合衆国憲法第 2 条から直接的に導かれる，「行政の長」としての役割に徹するべきである。つまり，大統領は立法の細部に無闇に関わらないことが望ましいし，何か政策を行いたいならば，その手段は立法ではなく，行政命令など，行政権から派生するものを専ら用いるべきである。(3) 行政権に基づく政策手段は，大統領の単独主義的行動であるとの批判もあり，憲法に抵触するとの見解もあるが（具体的に何が違憲であるかは司法が判断することであるが），そもそも分極化の時代においては，議会の大統領野党が単独主義的なのであるから，大統領が立法的手段で政策を実現できないことを責められるいわれはないはずである。また，行政権に基づく政策手段は，立法とは違って，政権が交代すれば簡単に覆る。大統領選挙において有権者が選ぶのは，第一義的には「行政の長」なのであり，大統領は，立法能力ではなく行政能力を評価されることを目指し，行政官として有権者に責任を負うべきである。

　第 3 に，大統領は「行政の長」や「政党の顔」である他に，国の威信を背負う国家元首である。であるならば，大統領は，何も立法活動を先導することによってではなく，国家元首として超然とジャッジの役割に徹することで，党のラヴェルの維持も国を統合することも果たしうる。法案は大統領が署名することによってはじめて法となる。ジャッジの役割は，最後に断を下すことである。その前に党派的に関わって（いるようにみなされて），ましてやそれに失敗しては，国家元首としての権威が揺らぐであろう。

2　今後の研究課題

さらなる分極化の進行

　本書では十分に論じることができず，今後の研究課題として残された点は，主には2点である。1点目は，本書を執筆している過程においても，分極化は進行し，それに伴う立法過程も変化しつづけていることである。そしてその一部は，本書の理論の前提を覆す可能性をもつ。[4]

　それは第1に，特別多数を必要としない議事手続の行使である。これについては，第6章第3節で論じたオバマの医療制度改革の事例においても言及した。さらにその後，2013年11月，フィリバスターを打ち切るクローチャーを可決させるのに必要な票数を特別多数の60から単純多数の51に変更させる議事手続の変更が，[5] 最高裁判事以外の人事案件においてついに行使されるに至った。人事だけでなく，通常の法案の採決についても特別多数を必要としないようになるならば，大統領選挙に勝利し上下両院の議会選挙で過半数を得た場合に限り，責任政党政府論がいうような，選挙公約を実行に移すだけの能力を政党がもつことができる可能性が高くなる。

　第2に，大統領の行動の変化である。大統領は，筆者が論じるまでもなく，既に議会に積極的に関わることから手を引いているのかもしれない。第3章のデータ分析が明らかにしたように，ブッシュ（子）とオバマは，点呼投票に対して立場表明を行う頻度が少ない大統領であった。これはこの2人の個性によるものか，大統領一般に共通する傾向となるのか。とくに，本書では直接論じなかったが，大統領が議会を通さない単独的な手段（たとえばHowell 2003；Rudalevige 2002）をより多く用いるようになっているのは，議会を通じて立法を行うことが困難であることを認識してのことなのかもしれない。中でも，梅川（2015，9-10）が論じる署名時声明は，議会との協力関係を前提としていないという点において異質であり，この使用が1970年代から増加・定着していることは，そういった認識を大統領がもっていることをとくに示唆する。[6]

　第3に，本書が前提とした議会政治の理論である，条件付政党政府論に対する疑義である。条件付政党政府論は，政党に所属する議員は，自らの（主に選

挙区や再選に関わる）利益に反しない限りにおいて議会指導部に権限を移譲することを論じるものである。分極化がはじまって以降，かつての委員会が強かった時代とは異なって，議会指導部と党所属議員が対立したことはほとんどなく，あったとしても概ね指導部が鎮圧してきた。また，議会指導部は党所属議員よりも概してイデオロギー的に極端であり (Jessee and Malhotra 2010)，それが手続的分極化を進めてきた。ここで，2015年秋に生じた，ジョン・ベイナー (John Boehner; R: OH) 下院議長とティー・パーティー運動の影響を受けた保守強硬派議員との間の対立と，その結果生じたベイナーの辞任劇と予算の成立をどう理解するか。最終的にはオバマ政権と合意して予算案を通したベイナーの勝ちとみるなら，これは，議員の意思を越えて，すなわち条件付政党政府論が論じた以上に，党指導部が強い権限を得ていることを意味する。他方，保守派議員が議長を引きずり下ろしたとみるならば，条件付政党政府論が予測するとおり議会指導部は議員からの委任の範囲のかぎりでしか権力をもっていないことを示すが，他方で，条件付政党政府論が前提とする，党所属議員のイデオロギー的凝集性が崩れつつあることを意味する。(7) どちらの見方をとるにせよ，（本書が直接的な対象とはしなかった）2013年以降のアメリカ政治を理解するには，本書の理論では説明しつくせない何かが起こっていることは間違いない。

　第4に，第1章や附論Bで紹介した有権者の分極化については，さらに重要な事象が生じている。2009年ごろから発生したティー・パーティー運動とウォール街占拠運動 (Occupy Wall Street) という2つの社会運動や，2016年大統領予備選挙に登場した，ドナルド・トランプ (Donald Trump) とバーニー・サンダース (Bernie Sanders) の躍進といった現象は，いずれも既存の党よりもイデオロギー的に極端なところから発生したものであり，それらが党内の分裂を起こしている。本書の理論が正しければ，こうした党内の分裂は一時的な現象である。分極化は緩やかかつ安定的に進行してきたものであり，政党間の対立が強い限り，政党内の分裂は次第に解消されると考えられるからである。しかし，本書が分極化の定義とした，「政党内のイデオロギー的凝集性の拡大と，政党間のイデオロギー距離の拡大」が，ここにきて同時に起こる現象ではなくなっているのかもしれない。であるならば，過去数十年の分極化とここ数年で起こるようになった政党内の分裂を同時に説明することが今後の研究課題と

第Ⅲ部　マクロ・レヴェルの含意と結論

なる。[8]

　これら4つの現象が，一過性のものであるのか長期的に定着するものなのかは，現段階では判断できない。もし前者であるなら，本書の理論が説明するとおりに今後の議会－大統領関係は展開するであろう。後者であるなら，本書が論じてきた経緯の末に，分極化や大統領のあり方は，質的な変化にまで至っているということである。であるならば，本書の理論は何らかの修正が必要になる。やや大げさに言えば，オバマ以降の大統領が経験する議会との関係は，本書がいう現代大統領制の「限界」を越えて，現代大統領制の「終わり」なのかもしれない。

行動論に基づくアメリカ議会研究の再評価

　今後の研究課題の2点目は，大統領だけでなく議会についても，合理的選択制度論に依拠しない研究，あるいは合理的選択制度論が置いている前提を緩めて事象を説明しようと試みる研究がもつ意義を確認することである。[9] 1つは議会指導部のパーソナリティに着目することであり，もう1つは政策過程への関心である。

　まず，本書は大統領個人に関わる要因を論じることが主眼であったので，議会指導部については，権限などの制度的要因の変化を論じるにとどめ，議長や院内総務などの属人的な要因は捨象した（実はこの点において，依然として合理的選択制度論が本書の基調となっている）。Strahan (2011, 377) は，合理的選択制度論による議会内政党の理論は，議会指導部の影響力の強さを論じながらも，指導者のパーソナリティに関心をもたなかったと指摘している。その理由は，議会指導部は，大統領と異なって，行動の目的について均質な仮定（望ましい政策の実現と議会での影響力の拡大）を設けることで済ませられると考えられてきたからである。

　たしかにこれまでの議会研究においては，このような仮定を置くことで現実を説明することに概ね成功してきた。合理的選択制度論に基づいて政党の強さを論じる多数党カルテル理論や条件付政党政府論においては，下院において議長に権限が与えられるのは，党に所属する議員が指導部に権限を委譲することが合理的であると判断したためであるという説明がなされている。つまり，議

員を「本人」(principal)，党指導部を「代理人」(agent) と捉える見方である。下院議長を論じた主要な先行研究も，下院議長に関わる政治制度は代理人に権限を委譲するという形で発達してきたこと（たとえばJenkins and Stewart 2013）や，実際にどの程度議長が権限を行使するかは，議員の事情，すなわち議員のイデオロギー分布や時代ごとの政策課題によって異なることを論じてきた（Peters 1997）。

しかし，議会指導部は所属政党の代理人と捉えるならば，そこには，リーダーの個性に起因するエージェンシー・スラック（agency slack：代理人が本人の利益から逸脱した行動をとること）が発生すると考えられる。Strahan (2007) は，下院議長が主体的にリーダーシップを行使できる場合が存在し，実際にそれを行使するかは下院議長のパーソナリティによることを論じている。さらにGreen (2010) は，下院議長の目的は，再選・政策実現・指導者としての目的など多様であり，どの場合によりどの目的を目指すのかを，事例研究によって論じている。これらの知見は，合理的な議員が下院議長に権限を与え過ぎたがゆえに，下院議長のパーソナリティという，合理的選択理論の枠組から外れる要因を考慮しなければ議員行動や立法過程が説明できなくなっていることを示唆するものである。

では，このような議会指導部の個人的要因を分析する方法とは何か。それは根本的には，議会政治研究における社会学的研究の復権までが視野に入る。Polsby and Schickler (2002) の，第二次世界大戦前後からの議会研究のリヴューによれば，議会研究のディシプリンの転換は，著名な研究が登場してそれが多くの後継者を生み出すことだけでなく，大きな出来事によっても起こる。1970年代の議会改革は，制度ならびに制度設計への関心を促し，合理的選択制度論に基づく議会研究の隆盛をもたらした。しかし，議会改革の意図を越えたことが現実に起こっているなら，それに応じてディシプリンを考え直す時期かもしれない。議会研究は合理的選択制度論の牙城であるというのはこの30〜40年ほどの現象にしか過ぎず，アメリカ連邦議会の研究は，非常に懐が深い。序章でも述べたように，アメリカ連邦議会の研究は，政治学におけるディシプリンの鑑である。政治学の醍醐味は，ディシプリンの多様性であり，アメリカ連邦議会の研究はその代表であると筆者は考える。

第Ⅲ部　マクロ・レヴェルの含意と結論

　このパーソナリティの要因の他，もう1点は，政策と権力の関係を問い直すことである。Theriault and Shafran（2013）は，議会研究は，政策に関する問いに答えるためには，点呼投票と空間投票モデルから離れて，政策過程の研究へ回帰すべきとの主張を行っている。本書の主張である政策と権力のトレード・オフという議論は，実はそれほど珍しいものではない。政策過程の研究では，政策過程と権力過程は別々の流れであるというのは，むしろ常識である（たとえばKingdon 1984；大嶽 1990）。ここ数十年の連邦議会研究，とくに議会中心アプローチや空間投票モデルの系譜は，権力と政策の関係にあまりに無頓着であった。

　本書の知見がとりわけ示唆することは，権力を得ることによって政策の実現が難しくなるようなことが起こりうることであった。この，政策と権力の関係，たとえば，政策が主か権力が主か，あるいは，政策と権力は（どのような場合に）トレード・オフの関係にあるのか，政策と権力は連動すべきか否か，といった問題を考えることはきわめて大きな課題として残されたままである。

3　本書の知見がもつ含意

アメリカ政治研究に対する含意：「必然」と「偶然」の境目はどこか

　最後に，本書の知見がもつ含意をいくつか指摘して，本書を閉じることにする。序章では，日本におけるアメリカ政治研究のディシプリンについて概観し，本書の立場として，トクヴィルたることを志さない，つまり，外国人の目からみたアメリカのデモクラシーとは何か，といった問いを追わないことを述べた。本書で論じてきた分極化と大統領の話は，アメリカに固有なことであるが，それはアメリカの政治文化の特殊性に根差したものではない。政治制度と有権者の社会構成，さらには目的合理的なアクターの行動によって，その大半が説明されるものである。しかし，こうした説明がすべてではないこともまた，本書が論じてきたことである。その成り立ちからしてあまりに特殊なアメリカの政治制度の観察に基づいて一般理論を構築するには限界がある。したがって，科学的な方法論に基づいて論じてきた本書は，最後は，アメリカ固有の文脈に寄り添った説明を行う重要性を再確認して終わることになる。

第8章 「現代大統領制」を越えて

　アメリカ政治研究における「地域研究・文化的アプローチ」は，アメリカ政治のマクロ歴史的な展開に関心をもつ。これに対して，本書が主に拠って立ってきた「ポリティカル・サイエンス・アプローチ」は，主にはミクロなアクターの行動を説明することに強みをもってはいるが，このミクロな行動の集積によって，マクロな現象に対しても何らかの説明を試みることによって，「地域研究・文化的アプローチ」と協働することも大きな課題である。第7章で論じたように，本書の知見は，この両者の協働の一環であった「政党再編成論」は，少なくとも決定論的なサイクル論の部分については捨てるべきであることを主張する。それにかわる本書の主張は，アクター（本書では主に大統領）の属人的な要因と，それとも深く関わる各種の偶然的な要因に，より関心をもつべきだということである。では，偶然と必然の境目はどこに存在するのだろうか。

　その手がかりの1つを提供するのが，アメリカ政治の歴史的な変遷を，現代の事象やそれを説明する理論との関連にも関心を払いつつ論じる，アメリカ政治発展論という見方である。これを提唱する代表的な論者であるSkowronek (Orren and Skowronek 2004) は，「併発」（intercurrence）という概念を提示し，それが，アメリカ政治の歴史的な展開を最もよく説明することを論じている。「併発」とは，同時期に複数の無関係な変動が併存して，それらが（うまくかみ合わない場合も含めて）互いに関連しながらアメリカ政治の全体的な姿に変化を及ぼしている，という見方である。本書が問題としている分極化という現象についても，この「併発」という概念がよく当てはまるように思われる。アメリカ政治は1960年代前後を中心に様々な制度や構造の変化を経験した。これらは必ずしも分極化の進行を意図したものではなかったが，偶然に相互に結びついてそれを促したのである。しかし同時に，政治現象の必然性を強調する新制度論においては，制度は互いに補い合う関係にあるとの見方（制度の相互補完性）（たとえば青木・奥野 1996）が強い。様々な変化は，たとえその出自は別々であっても，それらが結びつくポイントが存在し，分極化を促す方向に作用したと考えることができるのである。

　つまり筆者は，「併発」は，偶然と必然の間のどこかにある現象であると考える。そして第7章は，その必然と偶然が交わるポイントこそが大統領であることを示唆するものでもある。大統領が政策革新を起こそうとしても，特別多

数を必要とする立法の制度と議会の（およびその背後にある有権者の）分極化という2つの構造に阻まれて，必然的に分極化を促進してしまう。他方で，大統領のスキル，あるいはその背景をなす大統領の属人的な要因といった偶然の部分によって，それを回避することは，依然として可能である。

ただしこの他にも，分極化と大統領の関係についてはいろいろな説明が成り立ちうるはずである。いずれにせよ，歴史学者と政治学者が共同で仕事ができるポイントは，この数十年にわたって安定的かつ緩やかに進行し，そして偶然と必然の中間にある「分極化」という現象を解き明かすことではないか。

比較政治学への含意：「制度」と「人」の境目はどこか

同時に，特定の国の特殊性を強調する立場に立つ研究であっても，少なくともある程度は，他の国との比較に対して何らかの含意をもつものである。同じく序章では，アメリカは特殊な国であり，比較可能性を確認せずに安易にアメリカと他国（とくに日本）とを比較して，いずれかの国を論評するようなことを慎むべきと述べた。しかし，そこで紹介したSartori (1970) は，概念の抽象度を上げないままに比較を行うことを戒めたのであって，逆に言えば，抽象度の高い知見であれば，他国との比較に対して何らかの含意を得ることはできるはずである。また，外国人である日本人がアメリカ政治を学ぶ動機の1つとして，やはり比較，とくに日本との比較を外すことはできない。本書の知見が比較分析に対してもつ含意は，とくに執政の分野における「制度」か「人」かという問いに対するものである。具体的には4点である。

第1に，「制度」に基づく説明の強みである。比較政治学は，方法論をめぐって大きな争いが起こっている学問領域である（たとえばLichbach and Zuckerman eds. 1997；2009）。しかし，近年は明示的・黙示的に「合理的選択制度論」に依拠し，各国の政治制度の違いからアクターの行動や政治現象のヴァリエーションを説明する「比較政治制度論」（たとえば建林・曽我・待鳥 2008）が，少なくとも現代の先進民主主義諸国の政治を分析する上で優位な立場にあると言える。筆者も，各国の政治の一般的傾向を最も適切に説明するのは，比較政治制度論であると考える。分極化の進行につれて大統領は立法を行いづらくなるという本書の分析結果も，議会内政党の強い政党規律と大統領の権力の強さは反比例

第8章 「現代大統領制」を越えて

の関係にあるという，比較大統領制研究の知見（たとえばMainwaring and Shugart eds. 1997）と整合的である。また，実はアメリカ連邦議会と最も比較可能性が高い議院内閣制の議会は日本の国会である。両者は，政策別に組織された強い委員会制度・西欧の政党のように社会に根付いていない政党・小選挙区制といった共通点をもつ。アメリカの議会内政党は議院内閣制におけるそれに似てきているという指摘（たとえばMann and Ornstein 2012）もある。全く異なる統治機構の下で，両国の政党政治や議員行動に共通点がみられるならば，それは，個別の政治制度や政党組織自体にアクターの行動を規定する効果があることを意味する。

第2に，比較政治制度論は，「制度」か「人」かという問いに対しては，「人」の要因を意識的に説明から排除する。比較政治制度論は，制度は「ゲームのルール」であり，そのルールによって各国の政治現象の共通点と相違点を説明することを志向する。しかし，ゲームのメタファーを用いることが，むしろ合理的選択制度論によって説明できない事象があるということを自ら明らかにしているように思われる。あるルールに適合したアクターは，大体においてゲームに勝利するが，弱いアクターが勝つことも，ゲームの世界では起こりうるのである。これがゲームと呼ばれるもの一般の一番面白いところであろう（最初から完璧に勝敗が判明しているゲームは行われる意味も観察される意味もない）。大雑把に言えば，主に合理的選択制度論は一般的な傾向を，とくに心理学に依拠した行動論はアノマリー（anomaly：一般的な傾向から逸脱した事象）を説明するためのものであろう。アノマリーを説明することやそれを重視することは，科学的に厳密な検証が難しいという理由で避けられがちであるが，本書が論じてきたように，大統領が最も重視するような立法はやはりアノマリーであるし，そのアノマリーによってその後の歴史も大きく変わりうるのである。

第3に，制度の作られ方や使われ方を，比較政治制度論はうまく説明しない。制度は，複数の動機に基づいて設計されることも多ければ（Schickler 2001），それを設計したアクターの思惑どおりに機能しないこと（たとえばピアソン 2010, 151-157；福元 2007）もある。また，制度の変化によって，制度の設計者が予想した変化が生じるにしても，その変化は急激に起こるものか，漸進的に起こるものか，制度だけに関心を払っていては説明がつかない。合理的選択制

度論は制度の形成や運用をめぐる政治を捨象しているという批判は，その最初期から言われていたが（たとえばRiker 1980；河野 2002），いつの間にかあまり省みられなくなったように思われる。この問題に対し，第2章でも言及したRiker (1986) が提示した答えは，レトリックや選択眼といったアクターの行動であり，しかもそれは戦略ではなく，必勝法が存在しない「アート」であった。こちらはもう一方の極端な議論である。

しかし，「制度か人か」という問いについても，答えはその間のどこかにあるものと筆者は考える。であるならば問題は，両者の中間のどこに，どのような答えを見つけるか，である。分極化の時代の大統領を論じてきた本書が提示する答えは，「制度を使いこなす」ことである。同じ現代大統領制の下であっても，分極化が進行する以前と以後では，大統領の成功の仕方が変わってきている。分極化という環境的要因とは社会の要請と置き換えてもよい。それはすなわち，成功する大統領とは，社会の要請の変化を敏感に捉え，それに応じて「制度を使いこなす」大統領である。

第4に，このことは，政治指導者のリーダーシップの研究に対しても示唆を与える。ここまで本書は，大統領の行動に対して「リーダーシップ」という言葉を（引用部分を除き）使ってこなかった。「リーダーシップ」という概念自体，その定義からして混乱をきたしているからである。大統領がリーダーシップを発揮する対象は一般国民である（たとえばTulis 1987；Kernell 2006；同じく，Eshbaugh-Soha and Peake 2011, 56）という前提は，果たして正しいのか。そもそもリーダーシップとは，政治指導者が積極的に活動する意思や能力を指すのか，自らの思惑どおりに国を率いることができる状態やリソースを指すのか，何かしらの結果を上げることを指すのか（たとえばFine and Waterman 2008），あるいはそれらの関係はどうなっているのか。本書の知見は，リーダーシップの研究に対しては，研究コミュニティの間で合意を得られるような定義を確立することからやり直すことを求めるものである。国を率いようとする行動がかえって国を二分することもあれば，そのことを認識して「制度を使いこなす」政治指導者とは，必ずしも積極的に行動を起こす大統領でもないのである。

このアメリカの観察に基づく知見は，日本政治研究に対しても含意をもつ。日本の政治指導者は，受動的なリーダーシップしか行使してこなかったという

議論(たとえば Hayao 1993)や,さらにその背景にある,「日本人は主体性がない国民である」という日本人論に基づいた説明は,改めて積極的に否定されなければならない。日本人論自体の是非は置いておくにしても,それを政治指導者の行動に関する議論にまで拡張させるのは,明らかに無理がある。本書は,国民性においては日本と対極にあると俗にいわれているアメリカにおいて,政治指導者がしゃべらないことや,人目に触れないところで政敵と話をすることには意味があることを明らかにした。また,分極化の進行に伴ってそうした行動の重要性が高まっているということは,効果的なリーダーシップは,長期的に変化しない文化ではなく,より短期的な政治制度や社会の変化によって規定されることを意味するものである。

「必然」か「偶然」かという問いと,「制度」か「人」かという問いは,密接に関連している。政治の実態について,歴史的な立場から論じるにせよ,科学的な立場から論じるにせよ,おそらく真理は必然と偶然の中間に,そして,制度と人の中間に位置するものである。それぞれの境目を見極めることが,これからの実証的な政治学における重要な課題となってゆくのではないかと,筆者は思う。

〔附　記〕
　2016年11月8日に行われた大統領選挙の結果,共和党のトランプ候補が勝利し,第45代大統領に就任することが確定した。本書の理論に基づけば,この結果から何を読みとることができ,そして,2017年1月20日に発足するトランプ新政権はどのような展開を迎えると予想されるのか。
　まず開票結果について触れておく。今回の選挙の結果は,トランプ候補が泡沫候補扱いからスタートしたこと・過激な主張を行ったこと・投票直前の世論調査に基づく予想を覆して当選したことなどから,番狂わせという言われ方をされがちである。しかし,データをよくみると,過去20年ほどの選挙と似た傾向を示していることがわかる。選挙人を選出する50州とワシントン D.C. の計51の地域のうち45地域の勝敗が2012年大統領選挙と同じであること,民主党のヒラリー候補との差は,選挙人の数でも多くの州での開票結果でもごくわずかであること,一般投票(popular vote：全米の票を集計したもの)でみてもきわめて接戦であり,それどころかヒラリー候補の方が多

第Ⅲ部　マクロ・レヴェルの含意と結論

く票を得ていることなどである。分極化の時代には，有権者の大部分は候補者というよりも候補者が所属する政党に対して票を投じているからこそ，こうした継続性が現れるのだと思われる。とくに予備選挙の時期には共和党内でのトランプへの反発の声が強いと言われはしたが，それは一部の活動的な有権者であって，本選挙において共和党支持者の票が民主党へ流れたということも，おそらくあまりなかったのであろう。また，分極化とは緩やかかつ着実に進行するものであり，二大政党の勢力が五分五分に収斂するという特徴をもつ。この点でも，今回の選挙は，分極化の時代の特徴をよく表している。そして，今回の選挙戦は候補者同士の誹謗中傷が激しいことが特徴であったが，候補者は当選するために合理的な選択を行っているのだとすれば，それは有権者が求めていることなのであり，つまり，この選挙戦からは，有権者の分極化が根深いこと，あるいはこの選挙戦によってそれがさらに進行したことが想像できる。

　つづいて，本書の課題である大統領の立法活動との関連について述べる。議会選挙の方も共和党が上下両院で過半数を確保した。統一政府の状況が生まれたことと，アウトサイダーのトランプと（議会指導部を含む）党の主流との関係が今のところ良好でないことの2点から，トランプをとりまく状況は，1976年に当選したカーターのそれに最も近い。他方，1970年代後半との最大の違いは，議会の分極化の程度が異なることである。同じくこの分極化を前提とすれば，トランプ新大統領の政権運営は，どのようなものになると予想されるか。こちらの方は，本書の理論に基づいて予想を立てることが難しい。本書の理論によれば，大統領には大きなフリーハンドが与えられていて，その大統領の行動によって立法の帰結が異なりうる。しかし，そのトランプ大統領が何をするのか，選挙戦での一連の過激な主張は，どこまでが選挙向けの発言でどこからが本当に実行に移そうとしているものなのか，どのような関係を議会や有権者と構築しようとするのか，全く未知数だからである。

　予測が難しいことを承知の上で，本書の理論を前提に複数のシナリオを考えてみる。まず，トランプは，議会共和党との関係を修復しなければ，議会で何もできない。トランプがどう考えているのか現状ではわからないが，もし議会共和党を味方につけようと考えるなら，それはカーターの時代よりは容易であろう。分極化の1つの側面は，「政党の顔」としての大統領と，議会の大統領与党との緊密化であった。大統領選挙で有権者から選ばれたという大義名分をもつ以上，議会共和党は，選挙戦のときのように，トランプをないがしろにすることはもはやできない。トランプが議会共和党と妥協しないとしても，「与党の大統領化」は，ある程度は起こるものと思われる。

　逆に，議会民主党の方は，最初から非妥協的な姿勢で政権と対峙するであろうことは，簡単に想像できる。であれば，統一政府の状況下で大統領与党を味方につけていても，議会では特別多数を必要とする以上，立法による大統領アジェンダの実現は難

第8章 「現代大統領制」を越えて

しい。したがって，特別多数を迂回する議事手続を用いて立法を行うという手法に頼るか，大統領に与えられた行政的な権限を駆使して単独主義的に行動するかいずれかになる。これらはオバマ政権が辿ったのと同じ道である。

　もう1つ立法に成功する可能性として，トランプが選挙戦において訴えた政策は実現可能性に乏しいがゆえに，それを実行に移さなくても公約違反を責められることがかえってないのかもしれない。であれば，政権発足後のフリーハンドは，オバマ同様大きい。オバマが医療制度改革に着手したときと同じように，立法の細部を議会に任せることがより容易な状況であり，そのことによって議会に超党派的な多数派形成を任せるようにすることができるかもしれない。ところが，この場合はもう1つの不確定要因を考えなければならない。有権者である。もしトランプが議会と妥協したり議会に立法を任せたりして穏健な立法を行うような場合に，政党活動家をはじめとする，トランプを強く支持した有権者層がどのような反応を示すか，これがわからない。議員は再選を目的とするのであり，有権者層の一部だとはいえ，過激な声に反応する議員も少なくない。オバマ政権期のティー・パーティー運動や，その影響を受けた議員たちの特徴は，妥協を好まないことである。有権者の分極化の進行と同時に，共和党内での凝集性が低下しているという傾向が一過性のものであるか否かは現時点では判断が難しいが，もしこれが長期的につづく現象であるとすれば，トランプ大統領と議会との妥協による立法は難しくなることが予想される。（2016年11月16日）

注
（1）　当然ながら，現在のアメリカ政治を批判する議論の多くが議会の分極化を元凶とみなし，それを緩和するような改革を主張している（たとえばMann and Ornstein 2012）。とりわけ，予備選挙の改善や議会内政党の改革など，議会の分極化の原因と目されている制度を改めることが主張される。筆者の立場はこれを否定するものではない。しかしここでは，分極化の評価やそれを改める方法については踏み込まない。本書がここまで論じてきたのは，「分極化を所与とした場合の」大統領の立法活動に関する事柄であり，その前提自体を議論することは本書の対象外である。また，本書全般において示唆しているように，筆者は，制度を改めさえすれば問題が解決するといった発想に基づく改革には，やや懐疑的である。
（2）　砂田（2004）は，21世紀の大統領は，三角測量戦術をとったクリントンのように，積極的ではあるが，従来よりも限定的なリーダーシップの行使にとどまるであろう（そしてそれが望ましいあり方である）という，「ポスト・モダン大統領制」という概念を提示している。本書も概ね同じ結論であるが，その理由は異なる。本書は，砂田（2004）がその根拠としている大統領の威信の低下という点は誤りであると考えている。誰に対する威信の低下であるか，明確でないからである。もし一般有権者に対する威信の低下

を意味するのであれば，それが大統領主導の立法が難しくなっていることにまでつながるメカニズムが明らかでない。議会に対する威信の低下を意味するのであれば，明らかに事実の誤認である。第3章でみたように，大統領与党の議員の大統領への支持は強くなっている。
（3）　Mann and Ornstein（2012, 165-166）も同様に大統領の権限を強化すべきとしているが，その場合は，連邦準備制度（Federal Reserve Board）などの独立規制機関のような，専門的で超党派的な委員会制度を活用することを提言している。
（4）　これらについては松本（近刊）を参照。
（5）　この手続の変更は，俗に「核の選択肢」（nuclear option）と呼ばれる。2003年に連邦裁判所判事の人事をめぐって，多数党のロット上院共和党院内総務がこの言葉を使ったことから定着した。
（6）　さらに梅川（2016, 31-37）は，オバマ政権が大統領覚書（presidential memorandum）の多用や政府政策見解（statement of administration policy）の新たな運用といった，新たな単独的手段を用いていることを指摘している。
（7）　Rohde（2013, 861-862）も，ティー・パーティー系共和党議員とベイナーの関係について，条件付政党政府論の立場からの説明を試み，基本的には条件付政党政府論が正しいことを論じつつも，より体系的な分析が必要であることや理論の一部を修正する余地があることを述べている。
（8）　たとえば岡山（2015）は，分極化の時代においてもイデオロギー的凝集性は必ずしも高まらないことを論じ，その理由として，予備選挙の変化や利益団体の強化といった，分極化の原因としても指摘されている事柄を挙げている。
（9）　大統領研究の側でも，合理的選択理論に基づく大統領研究を牽引してきたMoe（2009）は，合理的選択理論が支配的な地位を占める時代は，政治学全般においても大統領研究においても終わりつつあることを論じている。その理由は，1つはアクターのミクロな現象を説明するためのアクターの合理性の仮定に対する批判として，「限定合理性」（bounded rationality）（サイモン 2009［原著1947］）を基礎とする認知心理学の復権と行動経済学の登場であり，もう1つは，その限定合理性やその他ランダムな要素も考慮して，合理的選択理論が説明できない各種のマクロな現象を説明するためのエージェント・ベース・モデリングの発達である。
（10）　本書は，議会におけるアジェンダ・セッティングの先行研究にはほとんど依拠しなかったが，この分野は行動論的な理論が一貫して強い（たとえばBaumgartner and Jones 1993；Jones 1995；Jones and Baumgartner 2005；Adler and Wilkerson 2012）。
（11）　であるならば，逆に，政策の実現を犠牲にして権力の維持増進を図るような行動も，政治の世界ではみられるであろう。このような「意図的な政策の失敗」という現象について実証的な知見を積み重ねることもまた，大きな研究課題である。
（12）　それどころか，予備選挙の導入や70年代の議会改革は，むしろ個々の有権者や議員個人の影響力の強化を促すものであった。たとえば，予備選挙という制度そのものは20世紀前半より存在しており，分極化という現象に対して中立であったが，それが分極化を

促すように機能した原因は，イデオロギー的なアドヴォカシー団体が大規模に予備選挙に介入するようになったことであった（久保 2009, 99）。逆に，アドヴォカシー団体が直に選挙政治に影響力を行使できるようになったのは，予備選挙が普及してからであるという見方もある（スコッチポル 2007, 第5章）。つまり，制度はそれを設計した人の意図どおりに作用するとは限らず，制度とアクターとの相互作用によってこそ何らかの効果を発揮するのである。

附論A
アメリカ連邦議会研究における3つの政党理論(第1章)

3つの政党理論

　議会内政党の役割をどのように捉え，そしてそれをどの程度重視するかという問題は，委員会制度に関する議論と並んで，アメリカ連邦議会研究における最大の論点となっている[1]。あるいは，委員会制度をめぐる3つの異なる理論が，議会内政党の役割や強さをめぐる3つの理論に姿を変えて発展してきていると言うこともできる。本論で述べたように，議会の分極化の研究は，アメリカ議会政治研究における「条件付政党政府論」がその起源であり，分極化を論じることは，それ自体が既に条件付政党政府論に，少なくとも暗黙のうちに依拠していることを意味している[2]。それゆえに，分極化という現象については，残る2つの政党理論から異議を唱えられる余地がある。なぜなら，残る2つの理論は，それぞれ，政党というものを全く考慮しなかったり，分極化が生じる以前から政党は強いものであったと論じたりするものであり，共に変化を重要視しないからである。

　そこでここでは，3つの政党理論（およびそれに関連して，委員会の機能に関する3つの理論）を概観し，相互間でどのような理論的・実証的な対立が行われているかを述べ，それを踏まえて，本書が条件付政党政府論を前提として議論を進める理由を述べる。

　まず，本書が前提とする条件付政党政府論は，議員個人の再選動機（メイヒュー2013［原著1974］）の中でも，委員会理論の3つの流れの1つである「分配理論」（distributive theory）（Shepsle and Weingast 1981；1987）が強調する地元選挙区の利益に最も重きを置いている[3]。分配理論，あるいはその延長線上に位置づけられる「交換理論」（exchange theory）（たとえばWeingast and Marshall 1988）とは，議員は再選を第一義的に考えるべく，地元利益の実現を，主に委員会を通じて目指すとされる。つまり，分配理論や交換理論は，メイヒュー（2013）の議論

を理論的に精緻化させ・定量的に実証したものとみることができる。そのメイヒュー (2013) の議論において政党が無視されていることを批判する形で現れたのが条件付政党政府論であるが，実は両者の親和性は高い。[(4)] 条件付政党政府論は，議会指導部に権限を委譲する程度は議員の選挙区事情に依存すると捉えているし，後に Mayhew (2001) も，指導部による政党規律の存在は否定しつつも，政党を論じなかったことは誤りであったことを認めている。

　2つ目の政党理論は，委員会は専門性と効率性の追求のために存在すると論じた「情報理論」(information theory)(Krehbiel 1991) の流れをくみ，それを本会議における議員と大統領の間の立法ゲームに応用したものである (Krehbiel 1998)。ここではこれを，「純粋多数派理論」(pure majoritarian theory)(Aldrich and Rohde 2000, 34) と呼ぶことにする。この理論においては，議会における立法は，大統領のイデオロギーと議員のイデオロギー分布「のみ」によって説明される。より正確に言えば，議員・大統領・政策案を一次元のイデオロギー軸に並べ，そこで軸 (pivot) に位置する議員の政策選好が立法に反映されると捉える。ここで重要なことは，Krehbiel (1991；1998) は，議員は再選を目指すがゆえに（メイヒュー 2013），議員のイデオロギーは，選挙区事情のみによって決まると仮定していることである。そして，立法は，本会議多数派，あるいは議会全体 (The Congress) の意思を反映したものとして捉えられる。他方，政党は理論的に全く扱われないどころか，その影響力は積極的に否定される（たとえば Krehbiel 1993；1999；2000）。本書の用語で言えば，議員が党派的に行動するようになっているのはイデオロギー的分極化のみによって説明されるのであり，手続的分極化は今も昔も生じていない，というのが，この理論の立場である。

　最後に，「多数党カルテル理論」(Cox and McCubbins 2006［初版1993］) は，他2つの理論は立法の実体面にしか着目をしないものであると批判し，それに対して，手続面，とくに多数党にとって不利な議題を審議させない「負のアジェンダ・セッティング」の側面を重視する。[(5)] Cox and McCubbins (2006) は，アメリカ連邦議会においては，この議事手続に関する制度が多数党に有利に設計されていると論じる。まず，委員会で承認されない法案は闇に葬り去られる。その委員会での議事進行を司る委員長ポストは多数党が独占し，しかも多数党の指導部の意向に沿った人選が行われている。本会議においても，下院の規則

附論 A　アメリカ連邦議会研究における3つの政党理論（第1章）

委員会や議長は，多数党指導部の意に沿った議事手続や議事日程を作成することができ，実際にそのようになっている。さらに，多数党は一貫してアジェンダ権力を独占していたことを明らかにしている (Cox and McCubbins 2005 ; 2006)。[6]

3つの政党理論に対する本書の立場

さて，このような大きな対立状況が十分な解決をみていないにもかかわらず，本書が条件付政党政府論に主に依拠する理由は3つである。第1の理由は何よりも，現に分極化が進行するにつれて，議会内外での立法過程が大きく変化していることである。これは本書全体を通じて実証的に明らかにされるとおりである。

第2の理由は，残る2つの理論との相対的な優劣である。まず，Krehbiel (1991 ; 1998) の理論に対しては，理論と実証の両面から多くの批判が行われている。理論的には，イデオロギーと党派性は相互に関連しつつも別の概念であるということを無視する議論は，アメリカ政治研究の基礎を踏まえていないと筆者は断言したい。実証面においては，多数党指導部は，少数党指導部と比べて様々な点で権力の大きさや得られる利益の大きさに違いがあること（たとえば Aldrich and Rohde 2000）が主に指摘されている。一般議員のレヴェルにおいても，たとえば，党籍を変更した議員の投票行動の研究 (Nokken 2000) や，議会内政党を有しないネブラスカ州議会の研究 (Wright and Schaffner 2002)，あるいは，中道的な議員がより党派的な投票をしたりイデオロギー的に分極化したりするようになっていること (Roberts and Smith 2003 ; Fleisher and Bond 2004)，引退する議員や別の公職を目指す議員とそうでない議員とでは投票行動が違うこと (Jenkins, Crespin, and Carson 2005)，イデオロギーとは関連性の薄い「良い政府」に関する事柄においても党派的行動がみられること (Lee 2009, Chapter 5)，本会議における採決の結果は概して多数党に望ましいようなものになっていること (Lawrence, Maltzman, and Smith 2006) など，政党が影響力をもっていることを示す事柄が無数に指摘されている。とりわけ本論との関係において，ここで最も述べておきたい実証面での批判は，指標のとり方に問題があることである。Krehbiel (1998) が自らの理論を実証するために用いている議員のイデオロギー指標は，第3章でも紹介している NOMINATE である。そ

こでも論じるように，NOMINATE は，議員個人のイデオロギーではなく議員の投票行動のパターンであり，そこには政党の影響力が既に反映されているのである。

多数党カルテル理論に対しては，実体と手続を分けて考えるという視点は筆者も支持する。しかし，Theriault (2008) が明らかにしたように，議案の内容と議事手続は別の概念であり，両者を分けて検討した場合，議案の内容をめぐってはそれほどまでに多数党指導部が支配しているとは言い難い（詳しくは第3章）。条件付政党政府論もまた，政党の凝集性の源泉の1つとして議事手続の変化に言及している。(7) 議事手続を重視する多数党カルテル理論が，本書で論じるような議事手続やその運営がより党派的なものに「変化」したことに関心を払っていないことは，どこか矛盾している。多数党カルテル理論のもう1つの問題は，条件付政党政府論と同じく，大統領を考慮していないことである。この問題は，多数党カルテル理論においてより深刻である。なぜなら，議事手続は主にアジェンダ・セッティングの局面におけるアクターの影響力の側面を問題にするものである。本書でも論じたように，この局面で大きな影響力をもつのは，議会だけでなく大統領だからである。アジェンダ・セッターとしての大統領の役割を正面から捉えなければ，本当に議会内政党が強いということは言えないのではないか。

しかしながら，本書は，純粋多数派理論にも多数党カルテル理論にも，部分的には基づいている。ではなぜ明確に残る2つの理論を排除できない，あるいはしないのか。そこで，本書が条件付政党政府論に依拠する第3の理由を述べる。それは，実証的な政治分析において，つまるところ理論とは，複雑な現実の中から何を強調して何を捨てるか，という問題であり，すなわち視点の違いである。ではその視点は何によって定まるのか。それは，何を論じたいかである。実証的な政治理論においても，何を従属変数として大事にするか，という問題には，価値の問題を完全には切り離せない（たとえば建林 2007）。「変化」を重視するというのは，従属変数に対するコミットの問題である。

本書は，議会の分極化という現象が，大統領制のあり方，さらには権力分立制のあり方にまで変化を及ぼしていることを論じている。しかしそういった議論を行うことが，変化していないこと，すなわち，純粋多数派理論がいう連邦

議会において議員は独自に行動することや，多数党カルテル理論が論じる政党は手続面において影響力を有していることを，否定するものではないにせよ，力点を置かない議論になってしまうというバイアスを本書は有していることを，ここで改めて述べておく。

さらに，条件付政党政府論を前提とした上で大統領個人の役割を主張することによって，本書は，理論的にも何らかの価値あるいは世界観にコミットしていることを述べておく。それは，制度だけでなくその運用，すなわち制度によって一意には定まらないような，議員や大統領の政治的な行動を重視していることである。既に多くの研究が問題にしているように，議員は全国的な利益と個別的な利益との板挟みにあっている。大統領もまた，本書で論じるように，権力を獲得することと，政策を実現させることの間のトレード・オフに次第に直面するようになっている。これら互いに矛盾する利益は，いずれも制度に根差したものである。このジレンマを解消する方法は法の文言には示されていないし，それぞれのアクターがどちらを重視するかは，人によって異なるものである。このジレンマの中でのアクターの行動は，そのアクター個人の選択の問題であり，これこそが政治である。このような制度が定めていない事柄を理解しようと試みることこそに，本書のもう1つのねらい（詳しい議論は第8章）がある。経済学でも法律学でもなく，政治学を学ぶことの意義は，まさにこの点にあるのだろうと筆者は考えている。

注

(1) アメリカ連邦議会における委員会理論に関するリヴューは，Groseclose and King (2001) や待鳥 (1996) を参照。政党理論に関するリヴューは，Strahan (2011) や廣瀬 (2004, 第7章) を参照。
(2) ただし，条件付政党政府論は，大統領を少なくとも明示的には理論に組み込んでいない。本書の試みは，その「条件」の1つとして大統領の立法活動を加えるものであり，つまり本書は，条件付政党政府論の修正を試みたものと言ってもよい。
(3) ただし，Rohde (2010) は，条件付政党政府論は，メイヒュー (2013) がいう再選動機だけでなく，Fenno (1973) がいう議員個人の政策選好も議員の行動目的であることを強調している。
(4) 分配理論の立場からも，たとえばHall and Shepsle (2014) は，このように議会指導部に権限が集中したことにより，シニオリティが多数党議員の再選に寄与する効果が小

さくなっていることを指摘することで，条件付政党政府論の修正を行っている。
（5） その他，条件付政党政府論と多数党カルテル理論の違いは，前者は，政党内のイデオロギー的凝集性が高い場合に政党指導部が強い権限を与えられるとしているのに対し，後者は，そうでない場合においても政党指導部は権限を行使すると論じている。この両者の折衷的な説明を試みる Lebo, McGlynn, and Koger（2007）は，政党指導部は，権限を行使することによって所属議員の再選可能性を犠牲にすることの便益以上に，立法を実現させて党の評価を高めることの便益が上回る場合に権限を行使すると論じている。
（6） 他方，本書は，採決ルールにおいては多数党の権限は大きく限定されている（たとえば Smith 2007）という見方に立つ。この見方は，3つの理論すべてに共有されているものである。
（7） 条件付政党政府論から多数党カルテル理論への応答も行われている。第1に，後者は負のアジェンダ・セッティングに関心を示す一方，前者は多数党が好む政策を通過させる「正のアジェンダ・セッティング」に関心をもつ議論であり，両者は互いに補い合う理論であること，第2に，正のアジェンダ・セッティングと負のアジェンダ・セッティングの区別は必ずしも明確でないこと，したがって第3に，多数党がもつ負のアジェンダ・セッティングの強さも条件付であることなどである（Finnochiaro and Rohde 2008；Rohde and Barthelemy 2009；Rohde 2013）。

附論 B
有権者レヴェルの分極化をめぐる論争(第1章)

有権者個人レヴェルの分極化か「仕分け」か

　第1章で主に論じたのは,議会における分極化である。エリート・レヴェルの分極化と有権者レヴェルの分極化(および仕分け)は,ある程度互いに影響し合うものであるとの見方を本書は前提としている。しかし,個人の政党帰属意識やイデオロギーのレヴェルにおいて分極化が起こっているかどうかという問題をめぐっては大きな論争が続いているため,この見方は本来前提としてはならず,それ自体を実証分析の対象としなければならない。そこで,本書全体の論旨の流れを損なわないよう,有権者レヴェルの分極化についてはここで簡単なリヴューを行うことをもってかえたい[1]。

　有権者がイデオロギー的に分極化しているという議論は,俗説や評論のレヴェルでは非常に多く行われており,「文化戦争」(Hunter 1992)という言われ方すらされている。2000年大統領選挙のころから,主に大手既成メディアによる報道を中心に,共和党が勝利をした州は「赤い州」,民主党が勝利した州は「青い州」とそれぞれ呼ばれるようになっている。「赤い州」は,主に,ミシシッピ川以西の山岳・農業地帯や,元来保守的な上に宗教右派の影響が強まっている南部諸州などであり,「青い州」は,伝統的にリベラルなニュー・イングランド諸州や,多様な人種や民族から構成される西海岸の諸州である。そして,それぞれの州においては,有権者のイデオロギーあるいは政策選好は,物質的な利害関係よりも根深い文化的なレヴェルにおいて異なっているため,有権者の政党帰属意識の分布や投票行動の傾向に大きな隔たりがみられるとされる。

　もちろん,州レヴェルの選挙結果の安定性をもって,アメリカが文化的に青と赤に分かれていると論じるのは誇張であるし,集計レヴェルの結果をもって[2]個人が分極化しているというのは,序章でも述べた生態学的誤謬の問題を考慮しない,粗雑な議論である。それでもなお,州レヴェルの選挙結果を論じるこ

とには一定の意義がある。Gelman (2009, Chapter 2) は，豊かな州においては文化的な争点において，貧しい州においては有権者の所得や経済的な争点において，それぞれ党派的な対立がみられることを明らかにしている。さらに Gelman (2009, Chapter 10) は，所得の高い有権者については文化的に対立しており，それが「青い州」と「赤い州」という選挙結果に反映していることを明らかにしている。

　集計レヴェルの選挙結果ではなく，個人を分析単位とした場合でも，有権者の投票行動の決定要因として，一度衰退していた政党帰属意識に基づく投票が復活してきたことが明らかにされている。たとえば Bartels (2000) は，NES が政党帰属意識の調査をはじめた1952年から1996年までの大統領選挙における NES データの分析に基づき，政党帰属意識に基づく投票が復活していることを明らかにしている。同じく，政党帰属意識という概念を提示した *The American Voter* (Campbell et al. 1960) の分析手法に忠実にしたがって直近の選挙を分析した Lewis-Beck et al. (2008) は，1950年代と有権者の政治意識や投票行動はあまり変わっていないという，驚くべき分析結果を出している（同じく，Miller and Shanks 1996）。あるいは，Bafumi and Shapiro (2009) は，政党投票が復活しているとしながらも，その内実は *The American Voter* で描かれたイデオロギー色の薄い政党との心理的な一体感ではなく，イデオロギーや争点に基づいたものであると論じている。

　ところが，以上の議論に対して，有権者個人のレヴェルでは分極化は起こっていないという見方が存在する。その代表である Fiorina ら（たとえば Fiorina, Abrams, and Pope 2005；Fiorina and Levendusky 2006；Fiorina and Abrams 2008；Levendusky 2009) が主に批判の対象としたのは，主にジャーナリズムや政治アクターの言説にみられるようになった文化戦争という言説であり，それは誇張であるという。その主な論拠は3つである。第1に，極端な争点態度やイデオロギーを有するのは政治的に活動的な一部の有権者であり，そういった有権者は若干増加しているものの，一般有権者の中で最も多数を占める層は，依然としてイデオロギー的に中道を占める人々であることである。第2に，その大部分の人々の投票行動や争点に対する態度が二極化しているのは，有権者の仕分けが起こっていることや，かつてより保守的な選択肢とリベラルな選択肢ばか

りが，エリートから提示されているからに過ぎないことである（同じく，Hetherington 2001；2009；Hetherington and Weiler 2009）。第3に，エリートの分極化が有権者の分極化に与える影響は未検証であるとしつつも，極端な一部の有権者によって選ばれたエリートが極端な政治を行うことによって，それが，とりわけ穏健な有権者の政治不信や投票率の低下を招いていることである（同じく，Galston and Nivola 2006；キング 2002）。

この一連の議論に対する反論を行い，厳密な検証をした結果，やはり有権者の分極化は進行していることを論じる代表的な論者は，Alan Abramowitz らである（たとえば Abramowitz and Saunders 2008；Abramowitz 2010；2013；Abramowitz in Fiorina and Levendusky 2006；同じく，Layman, Carsey, and Horowitz 2006, 102-103）。彼らは，NES 調査などの世論調査のデータ分析に基づき，上記の3つの点に対して反論を行っている（Abramowitz in Fiorina and Levendusky 2006）。第1に，活動的な有権者は Fiorina らがいうような少数派ではなく30パーセント程度・さらに選挙活動にまで関与する活動家は20パーセント程度と，それぞれ一定の割合を占めており，しかもその割合は1990年代後半を境にそれぞれ10ポイント程度増加していること，第2に，穏健な有権者とは，主に政治的知識に乏しく政治的に不活発な層であり，教育水準や政治的な知識・関心が高い有権者ほどイデオロギー的に分極化していること（Quirk 2013），第3に，エリートの分極化は政治不信や政治参加の低下をもたらすのではなく，逆に有権者の動員を促すこと，などである。

有権者の分極化に対する本書の立場

この論争の経過に対していくつかの事柄を指摘しておく。最も重要なことは，両者は対立しているようにみえながら，実は多くの点において共通点がみられることである。彼らの間の議論は，世論調査のデータを厳密に検証することによって，互いに反証可能性を有する意義ある論争になっている。そのことによって，この論争においては，両極端に属する議論は適切な形で排除されている。「文化戦争」や「青い州・赤い州」といった議論はどちらの立場からも否定されているし，逆に Fiorina らも，有権者の分極化は全く生じていないと主張しているのではない。有権者の意識ではなく行動のレヴェルにおいては二極分化

しているという認識は正しいとしているし，争点態度やイデオロギーの面でもある程度の分極化は生じていることは認めている。つまり，両者は，力点の置き方やその程度は異なれど，どちらも有権者に変化が起こっていることに関するデータを提示しているのである (Rohde and Barthelemy 2009, 292)。Schaffner (2011, 533) は，この論争は有権者の変化の捉え方の根本をめぐる違いよりも言葉づかいの違いによるところが大きいとまで述べている。

したがって，両者の論争のポイントは，大きな論点に絞れば，その変化について分極化と仕分けを厳密に区別すべきか，といった点，および，仮に両者を区別した場合，分極化の程度，あるいは有権者全体の中でもとくに分極化している人たちをどの程度重視するかという点の2つに絞られるといってよい。これらに対する本書の立場は，第1の問題については，それが，個人の意識レヴェルに起因する分極化であれ，単なる有権者の仕分けや有権者に与えられる選択肢の明瞭化に起因するものであれ，それが本書の主な対象である議会の分極化の原因となっているのであれば，本書の議論を進める目的にとっては，この問題に深く関わることの意義は薄い。山田 (2009, 139) は，政治心理学は概念を操作する学問であり，概念の異同についていちいち細かく議論するのは不毛であると述べている。第1章のリヴューが依拠している Layman, Carsey, and Horowitz (2006) もまた，Fiorina や Abramowitz らが「仕分け」と表現しているものも含めて，「分極化」と表現している。本書もこの表現にしたがうことにする。第2の問題については，本書は，有権者全体の中でも分極化している部分の有権者を重視する。Quirk (2013) は，この分極化か仕分けかという論争に対して折衷的な立場をとりながらも，議員は，活動的で分極化している一部の有権者にとくに反応していることを論じている。本書の立場もこれである。本書が説明したいことは議会の分極化であり，それを説明するものを重要視するのは当然のことである。

いずれにせよ，有権者レヴェルのイデオロギー的分極化については，議員のそれと比べて研究のはじまりが遅く (Fiorina and Abrams 2008, 565)，それだけに，いまだ十分に解明されていない点が多い。そのため，今後も継続的に研究が積み重ねられねばならないことは，言うまでもない。

附論 B　有権者レヴェルの分極化をめぐる論争（第1章）

注

（1）　有権者の変化のスピードについても，急激に起こるという「政党再編成論」に基づいた議論に対して，漸進的に変化するという議論がある。本書の知見は後者の見方を支持するものである。この点に関しては第7章で論じる。

（2）　文化，あるいは政治文化に基づいてアメリカの地域を分類する立場からも，この青と赤の分類は誇張であるという議論もある。たとえば，Chinni and Gimpel（2010）は，アメリカの文化は12に分類されるべきことを論じている。

（3）　このFiorinaらの見方を支持する別の知見として，たとえばPage and Jacobs（2009）は，経済格差の問題について，有権者は概して，保守的であると同時に機会の平等の保障については政府の介入を支持していると論じている。

（4）　これに対して，Fiorina and Levendusky（2006, 95-108）は，この反論は，不適切な世論調査の回答の操作化に基づくものがあるという再反論を行っている。

（5）　さらにStoker and Jennings（2008）は，分極化のメカニズムとして，世代交代や個人の変化の他，政党エリートの変化を指摘するが，このエリートの分極化は，有権者に短期的なキューを与えるという他の研究とは異なり，長期的な有権者の政党帰属意識に影響を及ぼすことを論じている。

附論C
議員のイデオロギーとその測定に関する補足（第3章）

　ここでは，本書の議論が煩雑になることを避けるために，議員のイデオロギーとその測定に関して補足的な議論を2つ紹介しておく。

党派性が先かイデオロギーが先か
　アメリカの政党政治は，西欧のように，社会における階級や階層に応じて左右のイデオロギーが定義され，それぞれを代表する政党が存立するような仕組みではない。アメリカにおいては，左右のイデオロギーは，ニュー・ディール期以降は，「保守」と「リベラル」という言葉で表現される。アメリカ政治研究の文脈においては，イデオロギーとは，複数の争点に対する態度（attitude）が結びついたものであると定義されることが多い（たとえばConverse 1964）。したがって，イデオロギーは単一の次元ではなく，複数の次元によって構成されるものとして捉える方がより現実に沿っている。どの程度の数の次元を想定するべきかは，それによって何を論じるかに応じて異なるが，現代のアメリカ政治においては，経済に関する対立軸（大きな政府と小さな政府）と，文化・社会的な争点に関する対立軸の2次元が想定されることや，それに加えて，場合によっては外交・安全保障に関する対立軸が加えられることが多い。[1]

　ところが，複数の対立軸が，保守とリベラルという単一のイデオロギーとして結びつくことには論理的な必然性はない。むしろ，異なる対立軸同士が，論理外在的な要因である「政党」によって結びつけられていると捉えることができるのである。飯田（2012）は，一般有権者を題材に，伝統的共同体と並んで政党が複数の政治的態度を保守主義として結びつけていることを論じ，共和党が強い地域の有権者ほど，複数の争点に対して保守的とされる態度をとっていることを明らかにしている。アメリカにおいては，政党間の対立こそがイデオロギー対立に先立っている，という立場も強いのである。このことを受けて，

有権者レヴェルにおいては、投票行動研究におけるミシガン・モデルおよび政党帰属意識という概念の登場（Campbell et al. 1960）以降、イデオロギーと政党は厳然と区別される概念である。

　これとは対照的に、本書が論じている議会の分極化については、党派性とイデオロギーの関係について検討が進められていないどころか、両者を混同する議論が多くみられる。第3章でも指摘したように、点呼投票指標の最大の問題点は、主要な指標が、軒並み党派性とイデオロギーが混在したものを測定していることである。元来、イデオロギーとは、独立した複数の対立軸によって構成されるものである。であるならば、第1次元と党派性との相関が高まっていること（たとえばLayman et al. 2010）や、第2次元以降のイデオロギーが、議員行動など各種の政治現象を説明する能力が下がっていたりすることをもって、分極化が進行していると捉えることもできる。NOMINATEの分析においても、第1次元や上位2つの次元のみによって議員の投票行動を説明できる程度が上昇していることが明らかになっている（たとえばPoole and Rosenthal 1997, 32; McCarty, Poole, and Rosenthal 2006, 23）。本書では本格的な実証の対象としなかったが、大統領や議会指導部の行動が刺激となって、対立軸の数を減らす帰結がもたらされる、というふうに捉えることもできるのである（Barber and McCarty 2013, 22-23）。

イデオロギー自体の測定

　では、このイデオロギーと党派性が混在している点呼投票指標から、イデオロギーの部分、すなわち議員の心の中のみを抽出して測定することは可能なのか。結論から述べれば、それは原理的に不可能である。研究者が観察できるものは、アクターが何らかの行動に及んだものに限られるのであり、そもそも行動というものは、イデオロギー以外の様々な要因によっても規定されるものだからである。

　とはいえ、そういった外的な影響を除去した指標の開発を試みた先行研究は多く存在する。大きく分けて2つの流れを紹介する。1つは、点呼投票を素材としつつも、イデオロギー以外の要因を除去する加工を施す試みである（たとえばLevitt 1996;Snyder and Groseclose 2000;2001;McCarty, Poole, and Rosenthal 2001;

Cox and Poole 2002; Clinton, Jackman, and Rivers 2004; Ramey 2015)。

　点呼投票以前の段階における議員行動を観察し，それを基に議員のイデオロギー指標を作成する試みもある。中でも最も研究が進んでいるのは，法案の共同提出 (cosponsorship) の分析である（たとえば Talbert and Potoski 2002; Alemán et al. 2009）。Talbert and Potoski (2002) は，共同提出は，議会指導部を含む他のアクターからの説得工作によって議員が議案に対する態度を変える以前の，議員の正直な (sincere) 政策選好がより強く反映されると主張している。しかし，共同提出は議員のイデオロギーではなく，別のものを表していることを指摘する研究もある（たとえば Koger 2003; Fowler 2006; Harward and Moffett 2010)[(2)]。

　議員のイデオロギーを測定しようとするもう1つの流れは，議員の行動を外から観察することではなく，議員に直に尋ねること，つまり，サーヴェイである。報道機関による議員サーヴェイもいくつか行われているが，アメリカにおいて最も大規模なものは，National Political Awareness Test (NPAT)（現在は Political Courage Test という名称）である。これは，有権者教育を目的とする非営利団体である Project Vote Smart が，（現職議員を含む）候補者を対象に，多くの政策争点に対する立場を尋ね，その結果をウェブ上で公開しているものである。そのサーヴェイに対する候補者の回答を素材にイデオロギーを測定し，分析に用いる研究がいくつか行われている（たとえば Ansolabehere, Snyder, and Stewart 2001a; 2001b; Erikson and Wright 2001)。しかしこの調査からイデオロギー指標をつくることに伴う問題は，回収率の低さと選択バイアスの問題（保守的な共和党候補ほど回答率が低い）であり，さらにこの数年，回収率も低下傾向にある。その回収率の低さは主に，この調査が選挙戦の最中に行われることに起因する。つまり，回答の内容は対立候補による攻撃の材料となりうるために，候補者は回答自体を拒否したりセンシティヴな質問項目を回避したりするのである。結局のところ，サーヴェイへの回答も，回答をしないということも含めて多分に議員の「行動」であり，そこには議員のイデオロギー以外の何らかの意図が混在していると言わざるをえない[(3)]。

　たしかに，イデオロギーと党派性を切り分けて考えるというここでの課題に照らせば，点呼投票よりも，それを加工した指標や，それ以前の議員行動やサーヴェイを素材とした指標の方が，相対的には議員のイデオロギーを適切に反映

しているであろうし，これらの指標と点呼投票指標との比較は，NOMINATE が党派性を強く含んだ指標であることの裏づけともなる[4]。しかし，いずれの方法も，NOMINATE との「相対的な」違いを確認することはできても，党派性やその他の要因を「完全に」除去できるようなマジック・ルールを確立するには至っていないのである。

　イデオロギーの測定は，アメリカ連邦議会研究に限らず，日本や西欧の議員や政党の研究においても，有権者の研究においても，難題である。結局のところ，議員の心の中にある「真の」イデオロギーを測定できるという考えに必要以上に固執することは建設的ではない。それよりも，それぞれの指標が作成された過程をよく理解することによって各指標が抱えるバイアスを認識した上で，TPO に応じて指標を使い分けることが肝要である。したがって，「イデオロギー」と「党派性」をとくに区別して議論する必要がないような研究においては，最も包括的かつ均質な NOMINATE を議員のイデオロギーとみなして分析に用いることは許容されるであろう。NOMINATE がここまで普及していることにも，相応の理由があるといえよう。

注
(1) この3つの対立軸を想定することが，現代政治学一般においても（久米他 2011, 第1章），あるいは日本政治研究においても（たとえば大嶽 1999）スタンダードであると思われる。
(2) Desposato, Kearney, and Crisp（2011）は，共同提出データからイデオロギーを測定する既存の研究は，データが発生した仕組み（data-generating process）を深く検討していないことや，推定のためのモデルの選択の違いによって得られる指標の値が大きく異なることといった，より根本的な批判を行っている。
(3) ここで紹介したもの以外に議員のイデオロギーの測定に用いられる議員行動としては，新聞記事の内容分析（たとえば Hill, Hanna, and Shafqat 1997），本会議における議員の発言を素材としたコンピュータ内容分析（たとえば Monroe and Maeda 2004）などがある。
(4) 点呼投票以外のものを素材にイデオロギーを測定することのもう1つの動機は，議員の点呼投票を説明する場合に，点呼投票指標を用いることに問題があることである。点呼投票指標に対して最も包括的な批判を行った Jackson and Kingdon（1992）は，点呼投票指標を独立変数として議員の投票行動を説明してはいけないと論じる。その理由は，理論的には，そもそも投票行動からつくられた指標から投票行動を説明するのはトートロジーだからである。方法論上の問題としては，点呼投票指標を独立変数として，党派

的な対立がみられるような事象（従属変数）を説明する場合，両方に党派性が含まれているために，両者の間に内生性が生じてしまう。そのため，点呼投票指標の変数の統計的有意性を過小評価してしまうからである。この論文の筆者の1人であるKingdon（1989）は，議員に対する聞き取り調査を行い，本会議の投票行動に際して議員が最も参考にするのは，同僚（colleague）の動向であると論じている。つまり，このKingdonらによる一連の点呼投票批判の根幹は，議員の投票行動はイデオロギーの近接性に基づくと捉える経済学（空間投票モデル）的な見方と，議員同士のネットワークに基づくと捉える社会学的な見方という，根本的な議会観，あるいはディシプリンの違いに根を下ろしているといえよう。2000年代におけるネットワーク分析の発展に伴い，この社会学的な見方に基づいて議会内の議員の行動を分析する研究が復活の兆しをみせている。たとえば，法案の共同提出を分析したFowler（2006）などである。

附論 D
点呼投票の計量分析と政策類型に関する補足（第3章）

　第3章の分析に対して最も起こりうる疑念は，大統領の立場表明と議員の投票行動の関係は，因果関係ではなく見せかけの相関ではないか，というものである。つまり，両者の背後には，「議案のタイプ」という第3の変数があり，大統領は元々党派的な争点になりがちな議案において立場を表明する傾向にあったり，年代が新しくなるにしたがってそういった議案が議会で扱われることが増えたりしているだけであり，それらを考慮した場合，大統領の立場表明によって議員の投票行動が党派的になるという関係が消える可能性が懸念されるのである。こうした疑念を払うためには，議案が扱う政策領域に関する変数を加えてこれを統制する方が安全であると判断し，第3章の分析では「外交・安全保障」と「特殊利益」という2つのダミー変数を加えた。ここではこの点をより深く検討すべく，点呼投票の分類に関する理論的な検討と，議案のタイプと大統領の立場表明の関係を検証するデータ分析の2つを行う。

政策類型論と点呼投票
　政策のタイプが政治を規定する，という議論は，理論的にはLowi（1964）とそれを発展させた研究（Lowi 1970；1972；1985）からはじまったものである。Lowi（1964）は，政策は，「分配」（distributive）・「再分配」（redistributive）・「規制」（regulative）の3つ（その後の研究では「体制再構成」〔constituent〕も含めた4つ，あるいは外交・安全保障政策を独立させた5つ）に分類することができ，それぞれに応じて政策決定過程が異なると論じた。とくに本書の議論との関連でいえば，再分配政策は党派的でかつ大統領が主導で立法を行う傾向にあり，逆に分配政策には大統領はあまり関わらないという点が重要である。その理由は選挙区事情である。すなわち，特定の便益を分配する法案は，議員が利益誘導を行うため，論争的にも党派的にもなりにくい（たとえばFiorina 1989）。他方で大統領は，全米

を1つの選挙区とした選挙によって選出されるがために，全国的な争点により関心をもつ（Peterson and Greene 1994）。

ところが，Lowi（1964）の元々の関心は，政策過程の事例研究を重ねることで政策類型を帰納的につくりだすことであり，演繹的に政策を分類する基準をつくることではなかった。そのためか，この類型論は，その定義に曖昧な箇所を残している（大嶽 1990, 25-26；Shull 1997）ことが難点であり，実際に点呼投票の分類を行う場合には，主観的な内容分析（subjective content analysis）に頼らざるをえない。つまり，Lowi（1964；1970；1972；1985）の定義に忠実にしたがえば「妥当性」（validity）が高い分類を行うことができるが，分類を行う人の主観による判断に頼らざるをえないがゆえに，「信頼性」（reliability）に問題が生じる。もう1つの問題は，主観的な内容分析は非常に労力がかかることである。本章の分析のように，上下両院あわせて1万本に近い点呼投票にコードを付与する作業を行うのは，現実的ではない。

これに対して，点呼投票と政策領域の類型化について詳細な検討を行っているShull（1997）は，類型論は，Lowi（1964）のように政策がもつ機能に基づく分類と，争点による分類の2種類があることを論じている。機能に基づく分類とは異なり，争点による分類は，付託された委員会など，外形的な基準による分類が可能である。一方で，争点による分類の問題点は，この分類が，Lowi（1964）の分類には必ずしもうまくなじまないことである。たとえば，政策領域による機械的な分類では，所得税に関する法案は再分配政策であるが，その中で特定の業種に対して別の税率を定める場合は，機能としては分配政策に分類されるべきである。つまり，争点ごとの分類は，信頼性は高いが，「政策が政治を規定する」という議論のための指標としては妥当性が高くないのである。

この一長一短ある分類法の中で，本書の分析において採用したのは，機能に基づく分類を行っているPeltzman（1984）である。Peltzman（1984, 199-200）は，主観的なコーディングを行って，4つの経済争点（予算－規制の軸と一般利益－特殊利益の軸に基づく4分類）・国内の社会政策・2つの外交政策（予算と決議案）の7つに点呼投票を分類している。この中で，一般利益と特殊利益を分ける基準は，大半の州に住む多くの人々が影響を受けるなら一般利益・そうでなければ特殊利益，というものである。この分類は，Lowi（1970, 321）が分配

附論 D　点呼投票の計量分析と政策類型に関する補足（第3章）

政策・規制政策と再分配政策を分ける基準として挙げた，政府の強制力が個人の行為に直接はたらくのか，それとも環境を介して間接的にはたらくのかという基準（同じく，大嶽 1990, 24）に近い．さらに，このコーディングのルールにしたがって，Poole and Rosenthal (1997) は，彼らが公開しているデータ・セットの1つである DW-NOMINATE Roll Call Coordinates and Issue Codes において，すべての点呼投票に，この Peltzman (1984) の基準に基づいたコードを付与している．指標の信頼性に多少の疑念があっても，既につくられているデータに基づいて分析を行うことが，追試の実行可能性を保つためにも望ましいであろう．

議案のタイプと大統領の立場表明

さて，議案のタイプを統制変数として加えたにせよ，実際に第3章で扱ったデータからは，議案のタイプによって，大統領はより立場表明を行うという傾向はみられるのだろうか．まず図 D-1 は，「採決」に関する点呼投票全体に占める「外交・安全保障」と「特殊利益」の割合（パーセント）の推移を，上下両院それぞれについて表した散布図である．そして，割合を従属変数・会期1年目の西暦を独立変数とした単回帰分析を行い，その回帰直線も図に加えた．実線は，単回帰分析の係数の傾きが5パーセント水準で有意であった場合・白抜き線はそうでない場合である．この図からわかることは，上院については政党投票になりにくい「外交・安全保障」や「特殊利益」の議案の割合が，年代が進むにつれて減少していることである．最も顕著な上院の「特殊利益」の場合でいうと，1年あたり0.387パーセント（1会期あたりでは倍の0.774パーセント）減少している．下院の場合は，どちらのタイプの議案についても統計的に有意な減少はみられない．しかし，2つの議案を合わせたダミー変数で同じ回帰分析を行った場合，係数-0.128・P値0.086と，10パーセントという緩やかな水準で有意な傾向がみられる．以上より，たしかに年代が新しくなるにつれて党派的に対立しやすい議案がより点呼投票にかけられているということは言える．

では，大統領はそういった党派的な対立になりやすい政策領域においてより立場を表明するのか．これをチェックするために，第3章の分析では独立変数であった「大統領立場表明」を従属変数とし，議案のタイプを独立変数とした

289

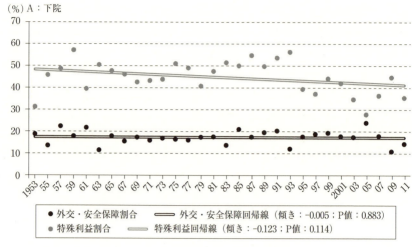

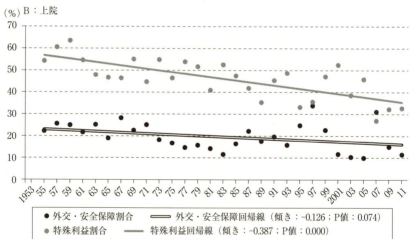

図D-1 「外交・安全保障」と「特殊利益」の割合の推移

ロジット回帰分析を行った。その他，第3章の分析で投入した統制変数をすべて加えた。また，年代によって大統領が特定の議案に対する立場表明を行う可能性が変化することも考慮し，議案のタイプに関する独立変数2つに変量効果を想定した。

分析結果は表D-1のとおりである。議案のタイプに関しては，まず固定効

附論 D　点呼投票の計量分析と政策類型に関する補足（第 3 章）

表 D − 1　大統領の立場表明の決定要因

A：下院

	係数	標準誤差	P 値	
固定効果				
2 年目	−0.154*	0.062	0.013	
分割政府	−0.020	0.218	0.925	
多数党議席率	0.000	0.023	0.984	
大統領支持率	0.015**	0.004	0.000	
ハネムーン	0.184	0.164	0.262	
レイム・ダック	0.019	0.135	0.885	
外交・安全保障	−0.009	0.088	0.921	
特殊利益	−0.187*	0.083	0.023	
定数項	−1.301	1.360	0.339	
変量効果			［95％信頼区間］	
外交・安全保障	0.182	0.157	0.034	0.983
特殊利益	0.283	0.077	0.167	0.481
定数項	0.559	0.082	0.419	0.747

LR test vs. logistic regression：chi 2 (3) = 314.26　Prob＞chi 2 = 0.0000
Integration points　　　　　　　7
Log likelihood　　　　　　−3870.180
Number of obs　　　　　　　6518
Number of groups　　　　　　30
Obs per group:　min　　　　　48
　　　　　　　　avg　　　　217.3
　　　　　　　　max　　　　455
Wald chi2（8）　　　　　　　37.62
Prob＞chi2　　　　　　　　0.0000

B：上院

	係数	標準誤差	P 値	
固定効果				
2 年目	−0.021	0.094	0.824	
分割政府	−0.094	0.228	0.679	
多数党議席率	0.044†	0.023	0.061	
大統領支持率	0.005	0.005	0.310	
ハネムーン	0.297	0.253	0.242	
レイム・ダック	−0.261	0.216	0.227	
外交・安全保障	0.145	0.178	0.415	
特殊利益	0.006	0.123	0.960	
定数項	−2.973*	1.378	0.031	
変量効果			［95％信頼区間］	
院内総務	0.639	0.210	0.336	1.216
大統領立場表明	0.386	0.140	0.190	0.786
定数項	0.511	0.092	0.359	0.727

LR test vs. logistic regression：chi 2 (3) = 112.15　Prob＞chi 2 = 0.0000
Integration points　　　　　　　7
Log likelihood　　　　　　−1625.988
Number of obs　　　　　　　2501
Number of groups　　　　　　29
Obs per group:　min　　　　　37
　　　　　　　　avg　　　　86.2
　　　　　　　　max　　　　194
Wald chi2（8）　　　　　　　11.22
Prob＞chi2　　　　　　　　0.1896

注：**：P＜0.01；*：P＜0.05；†：P＜0.1

果について，下院の「特殊利益」変数のみ負で有意な影響がみられる。これは，「特殊利益」に分類される議案について，上院よりも下院の方が議員の数も多く選挙区も狭いため，大統領が関心をもたないような議案が多いからであろう。他方，大統領は外交・安全保障政策に対してより立場を表明するといった傾向はみられない。

　図D-2は，議案のタイプに関する2つのダミー変数の効果について，固定効果と変量効果を合わせたものの推移を会期ごとに表した散布図，および，この効果を会期1年目の西暦で回帰させた回帰直線である（図D-1と同様，実線は5パーセント水準で有意）。上院については，大統領が立場表明を行う確率が年代につれて変化するという傾向は（外交・安全保障が10パーセント水準で有意なことを除き）みられない。より重要なのは下院，とくに特殊利益である。大統領は特殊利益に関する議案についてより立場を表明しない，という傾向は，先述の懸念に反して次第にみられなくなってきている。

　以上の検証を要約すると，まず，大統領が党派的でない政策領域ではあまり立場表明を行わないという傾向は，とくに特殊利益に関する政策についてはみられる。したがって，議案の政策領域を統制変数として加える作業は必要であった。ただし，そのような傾向は，分極化が進むにつれて次第になくなってきている。特殊利益や外交といった党派性の薄い点呼投票の割合自体も減っているし，大統領がそういった議案にあまり立場を表明しないという傾向もなくなっている。つまり，分極化が進行するにつれて，大統領の立場表明が議員の投票行動を党派的にさせるというのは，主には大統領のキューの効果によるものであり，議案のタイプという，見せかけの相関を生み出すと懸念される要因の影響は次第になくなってきているのである。

注
（1）　Lowiの類型論のもう1つの問題は，実証分析の結果である。実際にLowiの類型に基づいて点呼投票を分類・分析したSpitzer (1983) は，Lowi (1964) が提示した6つの議論のうち，1つは明確に否定され，4つは真偽を判断しきれないという結論を下している。
（2）　少なくとも複数の人間が分類を行って，分類者間の信頼性をチェックしなければならない。

附論 D　点呼投票の計量分析と政策類型に関する補足（第 3 章）

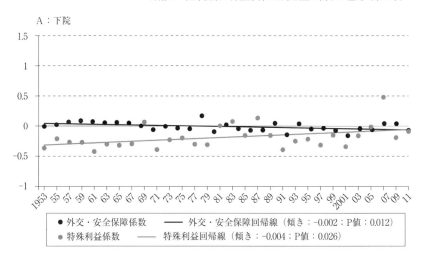

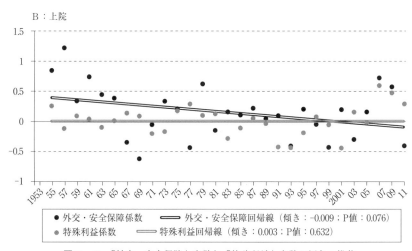

図 D-2　「外交・安全保障」変数と「特殊利益」変数の傾きの推移

附論 E
事例研究の方法論と本書の立場（第5章・第6章）

　政治学を中心とした社会科学のリサーチ・デザインについて論じた *Designing Social Inquiry*（キング・コヘイン・ヴァーバ 2004 [原著1994]：以下，著者3人の名前の頭文字から，KKVと表記）が公刊されて以来，事例研究の方法論が大きく発達している（たとえばブレイディ・コリアー編 2008；2014；ジョージ・ベネット 2013）。KKV は，定量的分析（計量分析）と定性的分析（事例研究）とは根本的には同じ論理を共有している，という前提に基づき，計量分析と同じような論理で事例研究を行うことを提言している。具体的な指針の軸になっているのは，偏りがなく事例を選択することと，多くの事例を観察することの2点である。この KKV の主張に対しては，定性的研究の立場から様々な反論が行われている。反論のポイントは，KKV の議論を根底から否定するのではなく，その不備や定性的研究の多様性を指摘することが中心である。ただ，レトリックのレヴェルでは非常に激しい反論もみられる。

　KKV と定性的研究の立場との論争があまりかみ合っていないことを説明する試みとして，ガーツ・マホニー (2015) は，両者は共に正しいとしつつも，両者の間で合意されている，定量的分析と定性的分析の双方の論理は共通している，という点を否定し，両者は異なる「文化」に拠って立っていることを指摘している。つまり，定量的研究が推測統計（統計学と確率論）に根差しているのに対して，定性的研究は論理学と集合論に (概して何気なく) 基づいている (ガーツ・マホニー 2015, 2) のであり，両者はそれぞれ適した研究課題が異なるばかりか，達成されるべき研究目標も異なるという主張である。より具体的には，定量的な文化に基づく事例研究が，特定の変数の効果に関する問いを立て，比較事例分析を用いて母集団全体におけるその効果の大きさを推定しようとする一方で，変数が特定の事例に与える影響には大して関心を示さない。これとは逆に，定性的な文化に依拠する事例研究は，ある結果が生じたのはなぜかとい

う問いを立て，結果から遡ってその原因を追究することによって，個別の事例を説明しようと試みるものである（ガーツ・マホニー 2015, 第3章）。

　実証に対する根本的な論理あるいは「文化」が，1つであるにせよ，2つであるにせよ，あるいはそれ以上であるにせよ，何を実証的に明らかにしたいかによって，個別の研究において採用される具体的なリサーチ・デザインは異なる，という点については，以上のすべての議論で共有されていると思われる。本書の理論は，大統領の立場表明が議員の行動や立法にもたらす効果に関するものである。因果関係の効果に関する推論を行う，ということは，KKVが提示した科学的推論の定義そのものである。したがって，第5章・第6章の事例研究は，同書の指針に基づいて設計されることが最も望ましいと判断されるのである。(1)とはいえ，日本においてこの指針に全面的かつ意図的にしたがった事例研究は，それほど多くないように思われる。そこで，第5章・第6章において，具体的にどのような意図で事例を選択し，仮説の検証に用いたのかを説明する。

　第1に，できるだけ多くのものを観察することである。これが推奨される最大の理由は，手元のサンプルと母集団の間のギャップをできるだけ小さくすることである。ここでいう「観察」(observation) とは，独立変数と従属変数の1つの組み合わせのことを指す。キング・コヘイン・ヴァーバ (2004, 141-142) は，「事例」(case) という言葉は意味が曖昧であるとして，「観察」という概念でリサーチ・デザインを考えるべきであると主張している。第5章・第6章が関心をもつ「最重要立法」は，大統領が就任前の選挙戦から就任後にかけて最も力を入れていたものを指すのであり，元々の数がそれほど多くない。その場合に観察の数を増やそうとすれば，1つの事例を複数の観察に分割することが有用である（キング・コヘイン・ヴァーバ 2004；260-262）。第5章・第6章の事例研究はこれを実践するものであり，計6本の事例ごとに，それぞれ3つずつ観察が入れ子になっている（6本の事例すべてにおいて観察の数が3つなのは偶然である）。

　第2に，偏りなくサンプルをとることである。現実の世界にNがたくさん存在するような場合は，無作為抽出が最も適切なサンプルのとり方である。それができない場合は，独立変数にも従属変数にもばらつきが生じるようにサン

プルをとることが推奨されている（キング・コヘイン・ヴァーバ 2004, 第4章）。第5章・第6章の事例研究の選定の基準は，本文中に記しているとおりである。第6章については，カーター以降は，特殊な事情をもつブッシュ（父）とブッシュ（子）[2]を除けば全数調査であるが，これも独立変数と従属変数に散らばりがみられることが確認されたので，これ以上意図的に事例選択を行うよう配慮する必要はないと判断した。

　第3に，「変数を統制する」ことである。KKVがNを多く集めることを推奨する理由は，上記第1の点の他，それによって，検証したい仮説に関わる独立変数以外の変数の効果を統制しやすくなるからである。従来の事例研究に，こういった他の要因を統制するという発想が全くなかったわけではない。しかし，これまでの定性的な実証研究は，先行研究などが論じている代替的な説明の誤りまたは不十分な点を指摘して，それを踏まえて自らの説明が優れていることを論じるスタイルの書き方をしているものが多かった。果たして代替的な説明を否定することまで必要なのだろうか。自らの説明と代替的な説明はどちらも正しい，ということは，現実を観察していればありうるのであり，本当に論じられるべきことは，「他の説明を考慮してもなお」自らの説明は正しい，ということであろう。実証的な政治学は，現実をできるだけ適確に説明しようとする「科学」であり，ディベートや法廷論争の類ではない。他者の説を必要以上に否定することは必要でもなければ，かえって現実の正しい理解を妨げる。

　第4に，これはKKVが明示的には述べていないが，計量分析の論理から考えると，仮説を支持しない観察が含まれることを許容することである。計量分析においては，すべての観察が1本の回帰直線上に並んでいるということは，まずありえない。これと同じように，事例研究において，すべての観察がすべての仮説を支持することを示すというのは，テストとしてはきわめて厳しい。KKVが示す指針は厳しいといわれることもあるが，それは，従来の定性的研究が（少なくとも暗黙の）前提としていた論理学的な考え方にそのまましたがいながらも，KKVがいう統計学的な基準に基づくテストを満たそうとするからではないだろうか。保城（2015, 序章）は，社会科学は，現実を理論に無理矢理押し込んでしまったり，自分に都合の悪い歴史解釈は切り捨てたりする，という歴史学者からの批判を紹介している。全ての事実が理論と整合的でなけれ

ばならないと考えるあまり，無理をするからであろう。この問題を極力回避するために，本書の6本の事例研究は，Mayhew（2011）が大統領の立法アジェンダのリストを作成する際に用いた文献のリスト（Mayhew 2011, 191-214）に挙げられている文献を，二次資料としてひととおり参照している。その上で，仮説に合わない記述であっても，事例を説明する上で必要なものはそのまま使用するよう心がけた。それがどの程度実践されているかは，読者の評価に委ねたい。

　むしろ，Nがある程度大きい場合は，いくつか仮説を支持しない観察が得られたとすれば，それは，仮説が「どの程度」正しいかを判断する材料となる。第6章では，カーターやレーガンの事例の一部が仮説を支持しないことを逆手にとって，時代が下るにしたがって仮説がより当てはまるようになっているという知見につなげたのである。

　注
（1）　ただし，第5章・第6章の事例研究は，大統領の行動は具体的に何人の議員の行動を変化させたかという，効果の「大きさ」までは実証できず，効果の有無を検証するにとどまっている。
（2）　それぞれ，前政権からの継続という性格が強いことと，就任直後に同時多発テロ事件が発生し，超党派的に大統領を支持する例外的な状況が生じたことである。

参考文献

日本語文献

青木昌彦・奥野正寛, 1996,『経済システムの比較政治分析』東京大学出版会。
阿部斉, 1998,「総論」阿部・五十嵐編, 1998：1-7。
阿部斉・五十嵐武士編, 1991,『アメリカ現代政治の分析』東京大学出版会。
阿部斉・五十嵐武士編, 1998,『アメリカ研究案内』東京大学出版会。
天野拓, 2009,『現代アメリカの医療改革と政党政治』ミネルヴァ書房。
天野拓, 2013,『オバマの医療改革――国民皆保険制度への苦闘』勁草書房。
アメリカ民主党・進歩的政策研究所（PPI），（筑紫哲也監修, 1993)『クリントン政権の基本政策――変革への提言』同文書院インターナショナル。[Marshall, Will and Martin Schram eds., 1993, *Mandate for Change*, New York : Barkley Books.]
有馬哲夫, 2004,『中傷と陰謀――アメリカ大統領選挙狂騒史』新潮社。
飯田健, 2012,「なぜ経済的保守派は社会的に不寛容なのか――草の根レベルの保守主義の形成における政治的・社会的要因」『選挙研究』28-1：55-71。
五十嵐武士, 1992,『政策革新の政治学――レーガン政権下のアメリカ政治』東京大学出版会。
五十嵐武士, 2001,『覇権国アメリカの再編――冷戦後の変革と政治的伝統』東京大学出版会。
五十嵐武士・久保文明編, 2009,『アメリカ現代政治の構図――イデオロギー対立とそのゆくえ』東京大学出版会。
石川葉菜, 2014,「アメリカにおける福祉縮減のメカニズム――1996年福祉改革へと至るウェイバー条項の制度変容を中心に」『年報政治学』2013-Ⅱ：181-207。
伊藤光利編, 2008,『政治的エグゼクティヴの比較研究』早稲田大学出版部。
今村浩, 1990,「アメリカ合衆国における政党政治の最近動向――決定の再編成の消滅と分割政府」『早稲田社会科学研究』40：91-111。
岩崎正洋編, 2011,『政党システムの理論と実際』おうふう。
上田路子, 2012,「2010年の連邦下院議席配分と選挙区区割り見直し作業――2012年以降の選挙に与える影響」吉野・前嶋編, 2012：117-141。
ウッドワード，ボブ，（山岡洋一・仁平和夫訳, 1994)『大統領執務室――裸のクリントン政権』文藝春秋。[Woodward, Bob, 1994, *The Agenda : Inside the Clinton White House*, New York : Simon & Schuster.]
梅川健, 2015,『大統領が変えるアメリカの三権分立制――署名時声明をめぐる議会との攻防』東京大学出版会。
梅川健, 2016,「大統領制――議会との協調から単独での政策形成へ」山岸・西川編, 2016：20-42。
大嶽秀夫, 1990,『政策過程』東京大学出版会。
大嶽秀夫, 1994,『戦後政治と政治学』東京大学出版会。

大嶽秀夫，1999，『日本政治の対立軸――93年以降の政界再編の中で』中央公論新社。
大嶽秀夫，2003，『日本型ポピュリズム――政治への期待と幻滅』中央公論新社。
大津留（北川）智恵子，2010，「アメリカ政治研究の現状と課題」『立教アメリカン・スタディーズ』32：21-36。
岡山裕，2004，「アメリカ合衆国――政治的代表構造の変容？」小川・岩崎編，2004：21-41。
岡山裕，2005，『アメリカ二大政党制の確立――再建期における戦後体制の形成と共和党』東京大学出版会。
岡山裕，2011，「政党」久保編，2011：114-133。
岡山裕，2015，「アメリカ二大政党の分極化は責任政党化につながるか」『日本比較政治学会年報』17：29-55。
小川有美・岩崎正洋編，2004，『アクセス地域研究Ⅱ　先進デモクラシーの再構築』日本経済評論社。
オニール，ティップ，（土田宏・鬼頭孝子訳，1989）『下院議長オニール回想録――アメリカ政治の裏と表』彩流社。[O'Neill, Tip, 1987, *Man of the House : The Life and Political Memoirs of Speaker Tip O'Neill*, New York : Random House.]
オバマ，バラク，（白石三紀子・木内裕也訳，2007a）『マイ・ドリーム――バラク・オバマ自伝』ダイヤモンド社。[Obama, Barack, 1995, *Dreams from My Father : A Story of Race and Inheritance*, New York : Times Books.]
オバマ，バラク，（棚橋志行訳，2007b）『合衆国再生――大いなる希望を抱いて』ダイヤモンド社。[Obama, Barack, 2006, *The Audacity of Hope : Thoughts on Reclaiming the American Dream*, New York：Crown.]
オバマ，バラク，（棚橋志行訳，2009）『チェンジ――合衆国再生に向けた政策プランの全貌』ダイヤモンド社。[Obama, Barack, 2008, *Change We Can Believe In : Barack Obama's Plan to Renew America's Promise*, New York : Canongate.]
カーター，ジミー，（酒向克郎訳，1976）『なぜベストをつくさないのか――ピーナッツ農夫から大統領への道』英潮社。[Carter, Jimmy, 1975, *Why Not the Best? : Why One Man Is Optimistic About America's Third Century*, Nashville : Boardman Press.]
カーター，ジミー，（日高義樹監修，1982）『カーター回顧録（上）――平和への戦い』日本放送出版協会。[Carter, Jimmy, 1982, *Keeping the Faith : Memoirs of a President*, New York : Bantam Books.]
カーター，ジミー，（飼牛万里訳，2003a）『少年時代』石風社。[Carter, Jimmy, 2001, *An Hour Before Daylight*, New York : Simon & Schuster.]
カーター，ジミー，（瀬戸毅義訳，2003b）『信じること働くこと――ジミー・カーター自伝』新教出版社。[Carter, Jimmy, 1996, *Living Faith*, New York : Random House.]
ガーツ，ゲイリー，ジェイムズ・マホニー，（西川賢・今井真士訳，2015）『社会科学のパラダイム論争――2つの文化の物語』勁草書房。[Goertz, Gary and James Mahoney, 2012, *A Tale of Two Cultures : Qualitative and Quantitative Research in the Social Sciences*, Princeton : Princeton University Press.]

鹿毛利枝子, 2008,「アメリカ大統領研究の現状」伊藤編, 2008：19-32。
加藤淳子・境家史郎・山本健太郎編, 2014,『政治学の方法』有斐閣。
蒲島郁夫, 1983,「ここを押せば米議会は動く——ローカル・コンテンツ法案の政治過程」『中央公論』1983年11月号：136-149。
蒲島郁夫・松原望, 1989,「日米経済紛争の収束過程」『レヴァイアサン』5：52-74。
川人貞史, 1991,「現代アメリカの政党再編成」阿部・五十嵐編, 1991：125-160。
キング, G., R. O. コヘイン, S. ヴァーバ, (真渕勝監訳, 2004)『社会科学のリサーチ・デザイン——定性的研究における科学的推論』勁草書房。[King, Gary, Robert O. Keohane, and Sidney Verba, 1994, *Designing Social Inquiry : Scientific Inference in Qualitative Research*, Princeton : Princeton University Press.]
キング, デビッド C., 2002,「政党の分極化と政府への不信」ナイ・ゼリコウ・キング編, 2002：211-241。
草野厚, 1984,『日米オレンジ交渉』日本経済新聞社。
草野厚, 1988,「日本におけるアメリカ研究」『レヴァイアサン』3：190-201。
草野厚, 1991,『アメリカ議会と日米関係』中央公論社。
久保文明, 1998,「政治」阿部・五十嵐編, 1998：108-126。
久保文明, 2008,「アメリカの政党制」城山・大串編, 2008：225-247。
久保文明, 2009,「共和党保守化のメカニズム——経済成長クラブの活動を手がかりにして」五十嵐・久保編, 2009：67-111。
久保文明, 2010,「政治的インフラストラクチャーについて」久保編, 2010b：1-15。
久保文明編, 2003,『G・W・ブッシュ政権とアメリカの保守勢力——共和党の分析』財団法人日本国際問題研究所。
久保文明編, 2005,『米国民主党——2008年政権奪回への課題』財団法人日本国際問題研究所。
久保文明編, 2010a,『オバマ政治を採点する』日本評論社。
久保文明編, 2010b,『アメリカ政治を支えるもの——政治的インフラストラクチャーの研究』財団法人日本国際問題研究所。
久保文明編, 2011,『アメリカの政治　増補版』弘文堂。
久米郁男・川出良枝・古城佳子・田中愛治・真渕勝, 2011,『政治学　補訂版』有斐閣。
クリントン, ビル, (楡井浩一訳, 2004／2004)『マイライフ——クリントンの回想（上巻）／（下巻）』朝日新聞社。[Clinton, William Jefferson, 2004, *My Life*, New York : Knopf.]
クリントン, ビル, アル・ゴア, (東郷茂彦訳, 1993)『アメリカ再生のシナリオ』講談社。[Clinton, William Jefferson and Al Gore, 1992, *Putting People First : How We Can All Change America*, New York : Three Rivers Press.]
クロッペンバーグ, ジェイムズ, (古矢旬・中野勝郎訳, 2012)『オバマを読む——アメリカ政治思想の文脈』岩波書店。[Kloppenberg, James T., 2011, *Reading Obama : Dreams, Hope, and the American Political Tradition*, Princeton : Princeton University Press.]
河野勝, 2002,『社会科学の理論とモデル12　制度』東京大学出版会。
近藤康史, 2006,「比較政治学における『アイディアの政治』」『年報政治学』2006-2：36-59。

斎藤眞・古矢旬, 2012, 『アメリカ政治外交史 [第2版]』東京大学出版会.
サイモン, ハーバート A., (二村敏子・桑田耕太郎・高尾義明・西脇暢子・高柳美香訳, 2009)『新版 経営行動――経営組織における意思決定過程の研究』ダイヤモンド社. [Simon, Herbert A., 1947, *Administrative Behavior : A Study of Decision-making Processes in Administrative Organization*, New York : Macmillan Co.]
坂部真理, 2003／2005／2005／2005／2006／2006／2006,「アメリカにおける『政党システム』の再編――『ポスト』リベラリズム的政策原理の模索(一)／(二)／(三)／(四)／(五)／(六)／(七)」『名古屋大學法政論集』197 : 1-41／208 : 145-180／209 : 173-212／210 : 137-181／211 : 237-280／212 : 427-464／214 : 365-381.
坂本治也, 2010, 『ソーシャル・キャピタルと活動する市民――新時代日本の市民政治』有斐閣.
佐々木毅, 1993a, 『アメリカの保守とリベラル』講談社.
佐々木毅, 1993b, 『現代アメリカの保守主義』岩波書店.
シーヒー, ゲイル, (櫻井よしこ訳, 2000)『ヒラリーとビルの物語』飛鳥新社. [Sheehy, Gail, 1999, *Hillary's Choice*, New York : Random House.]
渋谷博史, 1992, 『レーガン財政の研究』東京大学出版会.
シャットシュナイダー, E. E., (間登志夫訳, 1964)『政党政治論』法律文化社. [Schattschneider, E. E., 1942, *Party Government*, New York : Farrar & Rinehart.]
シャットシュナイダー, E. E., (内山秀夫訳, 1972)『半主権人民』而立書房. [Schattschneider, E. E., 1960, *The Semisovereign People : A Realist's View of Democracy in America*, New York : Holt, Rinehart and Winston.]
シュレジンジャー, アーサー M. Jr., (猿谷要監修・高村宏子訳, 1988)『アメリカ史のサイクル――II 大統領のリーダーシップ』パーソナルメディア. [Schlesinger, Arthur M. Jr., 1986, *The Cycles of American History*, Boston : Houghton Mifflin.]
ジョージ, アレキサンダー, アンドリュー・ベネット, (泉川泰博訳, 2013)『社会科学のケース・スタディ――理論形成のための定性的手法』勁草書房. [George, Alexander L. and Andrew Bennett, 2005, *Case Studies and Theory Development in the Social Sciences*, Cambridge : MIT Press.]
ジョーンズ, チャールズ O., (川人貞史訳, 1991)「分割政府の政治――もう一つの見方」『思想』1991年6月号 : 105-123.
城山英明・大串和雄編, 2008, 『政治空間の変容と政策革新1 政策革新の理論』東京大学出版会.
スコッチポル, シーダ, (河田潤一訳, 2007)『失われた民主主義――メンバーシップからマネージメントへ』慶應義塾大学出版会. [Skocpol, Theda, 2003, *Diminished Democracy : From Membership to Management in American Civic Life*, Norman : University of Oklahoma Press.]
ステファノプロス, ジョージ, (大地舜訳, 2001／2001)『ホワイトハウスの赤裸々な人たち(上)／(下)』講談社. [Stephanopoulos, George, 1999, *All Too Human : A Political Edu-*

cation, Boston : Little Brown.〕

ストックマン,デイヴィッド A.,(阿部司・根本政信訳,1987)『レーガノミックスの崩壊——レーガン大統領を支えた元高官の証言』サンケイ出版.〔Stockman, David A., 1986, *The Triumph of Politics : Why the Reagan Revolution Failed*, New York : Harper & Row.〕

砂田一郎,1999,『新版 現代アメリカ政治——20世紀後半の政治社会変動』芦書房。

砂田一郎,2004,『アメリカ大統領の権力』中央公論新社。

砂田一郎,2006,『現代アメリカのリベラリズム——ADAとその政策的立場の変容』有斐閣。

砂田一郎,2009,『オバマは何を変えるか』岩波書店。

砂田一郎,2012,「アメリカ政治におけるイデオロギー対立の非対称性——現状と歴史的背景」『学習院大学法学会雑誌』47-2：101-122。

スミス,ヘドリック他.(吉成大志他訳,1981)『ロナルド・レーガン タイム・イズ・ナウ——いまこそ,決断のとき』英潮社.〔Smith, Hedrick, Adam Clymer, Robert Lindsey, Leonnard Silk, Richard Burt, and Elenoa Haward, 1980, *Reagan the Man, the President*, New York : Macmillan.〕

ダール,ロバート A.,(河村望・高橋和宏監訳,1988)『統治するのはだれか——アメリカの一都市における民主主義と権力』行人社.〔Dahl, Robert A., 1961, *Who Governs : Democracy and Power in an American City*, New Haven : Yale University Press.〕

ダウンズ,アンソニー,(古田精司訳,1980)『民主主義の経済理論』成文堂.〔Downs, Anthony, 1957, *An Economic Theory of Democracy*, Boston : Addison-Wesley.〕

武田俊彦,2010,「医療保険改革——対立を超えて歴史的立法の実現へ」吉野・前嶋編,2010：175-208。

建林正彦,2007,「議員研究における因果的推論をめぐって」『レヴァイアサン』40：101-107。

建林正彦・曽我謙悟・待鳥聡史,2008,『比較政治制度論』有斐閣。

トクヴィル,アレクシス ド,(松本礼二訳,2005-2008)『アメリカのデモクラシー』岩波書店。〔Tocqueville, Alexis de, 1835／1840, *De la Démocratie en Amérique*, London : Saunders and Otley.〕

土志田征一,1986,『レーガノミックス——供給経済学の実験』中央公論社。

ナイ,ジョゼフ,フィリップ・ゼリコウ,デビッド・キング編,(嶋本恵美訳,2002)『なぜ政府は信頼されないのか』英治出版.〔Nye, Joseph S., Philip D. Zelikow, and David C. King eds., 1997, *Why People Don't Trust Government*, Cambridge : Harvard University Press.〕

中井歩,1999／2000,「政策立案過程におけるアイディア——クリントン政権における健康保険改革の立案過程（一）／（二）」『法学論叢』146-2：22-43／147-6：61-83。

西川賢,2008,『ニューディール期民主党の変容——政党組織・集票構造・利益誘導』慶應義塾大学出版会。

西川賢,2011,「現代アメリカの政党システム」岩崎編,2011：173-199。

西川賢,2015,『分極化するアメリカとその起源——共和党中道路線の盛衰』千倉書房。

西川賢,2016,『ビル・クリントン——停滞するアメリカをいかに建て直したか』中央公論新社。

西澤由隆, 1998,「選挙研究における『政党支持』の現状と課題」『選挙研究』13: 5-16。
西山隆行, 2008,『アメリカ型福祉国家と都市政治——ニューヨーク市におけるアーバン・リベラリズムの展開』東京大学出版会。
根岸毅宏, 2006,『アメリカの福祉改革』日本経済評論社。
野林健, 1987,『保護貿易の政治力学——アメリカ鉄鋼業の事例研究』勁草書房。
ハーツ, ルイス, (有賀貞訳, 1994)『アメリカ自由主義の伝統』講談社。[Hartz, Louis, 1955, *The Liberal Tradition in America: An Interpretation of American Political Thought since the Revolution*, New York: Harcourt Brace & World.]
ハミルトン, A., J. ジェイ, J. マディソン, (斎藤眞・中野勝郎訳, 1999)『ザ・フェデラリスト』岩波書店。[Publius, 1788, *The Federalist: A Collection of Essays*, New York: J. and A. McLean.]
ハンチントン, サミュエル, (鈴木主税訳, 2004)『分断されるアメリカ』集英社。[Huntington, Samuel P., 2004, *Who are We?: The Challenges to America's National Identity*, New York: Simon and Schuster.]
ビアード, チャールズ A., (池田幸三訳, 斎藤真解説, 1974)『アメリカ古典文庫11 チャールズ・A・ビアード——合衆国憲法の経済的解釈』研究社出版。[Beard, Charles A., 1913, *An Economic Interpretation of the Constitution of the United States*, New York: The Free Press.]
ピアソン, ポール, (粕谷祐子監訳, 2010)『ポリティクス・イン・タイム——歴史・制度・社会分析』勁草書房。[Pierson, Paul, 2004, *Politics in Time: History, Institutions, and Social Analysis*, Princeton: Princeton University Press.]
廣瀬淳子, 2004,『アメリカ連邦議会——世界最強議会の政策形成と政策実現』公人社。
廣瀬淳子, 2009,「連邦議会におけるイデオロギー的分極化——両院の立法過程と党派性」五十嵐・久保編, 2009: 185-219。
廣瀬淳子, 2010,「議会対策」久保編, 2010a: 38-45。
福元健太郎, 2007,『立法の制度と過程』木鐸社。
藤本一美, 1988,『アメリカの政治と政党再編成——「サンベルト」の変容』勁草書房。
藤本一美, 2001,『クリントンの時代——1990年代の米国政治』専修大学出版局。
藤本一美, 2013,『現代米国政治分析——オバマ政権の課題』学文社。
藤本一美編, 1995,『クリントンとアメリカの変革』東信堂。
ブレイディ, ヘンリー, デヴィッド・コリアー編, (泉川泰博・宮下明聡訳, 2008)『社会科学の方法論争——多様な分析道具と共通の基準』勁草書房。[Brady, Henry E. and David Collier eds., 2004, *Rethinking Social Inquiry: Diverse Tools, Shared Standards*, Lanham: Rowman & Littleield.]
ブレイディ, ヘンリー, デヴィッド・コリアー編, (泉川泰博・宮下明聡訳, 2014)『社会科学の方法論争——多様な分析道具と共通の基準 [原著第2版]』勁草書房。[Brady, Henry E. and David Collier eds., 2010, *Rethinking Social Inquiry: Diverse Tools, Shared Standards*, 2nd ed., Lanham: Rowman & Littleield.]

ポーティス，ジョナサン，チャールズ，F. アレン，（森山太郎訳，1992）『ビル・クリントン』講談社．［Allen, Charles F. and Jonathan Portis, 1992, *The Comeback Kid : The Life and Career of Bill Clinton*, New York : Carol Pub. Group.］

保城広至，2015，『歴史から理論を創造する方法——社会科学と歴史学を統合する』勁草書房．

マーシャル，クリストフ・フォン，（大石りら訳，2008）『ブラック・ケネディ——オバマの挑戦』講談社．［Marschall, Christoph von, 2007, *Barack Obama : Der schwarze Kennedy*, Zürich : Orell Füssli.］

前嶋和弘，2010，『アメリカ政治とメディア——「政治のインフラ」から「政治の主役」に変貌するメディア』北樹出版．

前嶋和弘，2012，「複合メディア時代の政治コミュニケーション——メディアの分極化とソーシャルメディアの台頭で変わる選挙戦術」吉野・前嶋編，2012：83-115．

増山幹高，2003，『議会制度と日本政治——議事運営の計量政治学』木鐸社．

待鳥聡史，1996，「アメリカ連邦議会研究における合理的選択制度論」『阪大法学』46-3：317-361．

待鳥聡史，2003a，『財政再建と民主主義——アメリカ連邦議会の予算編成改革分析』有斐閣．

待鳥聡史，2003b，「理論モデルによる外国政治研究の可能性——現代アメリカ政治研究を例として」『阪大法学』53-3/4：951-977．

待鳥聡史，2005，「連邦議会における大統領支持連合の形成——1996年情報通信法の立法過程を事例として」『レヴァイアサン』36：35-61．

待鳥聡史，2007，「現代アメリカ政治研究は何を目指すべきなのか——一つの試論」『レヴァイアサン』40：80-86．

待鳥聡史，2009a，『〈代表〉と〈統治〉のアメリカ政治』講談社．

待鳥聡史，2009b，「分極化の起源としての議会改革」五十嵐・久保編，2009：159-184．

待鳥聡史，2012，『首相政治の制度分析——現代日本の権力基盤形成』千倉書房．

待鳥聡史，2016，『アメリカ大統領制の現在——権限の弱さをどう乗り越えるか』NHK出版．

松岡泰，1994，「ニュー・デモクラットの台頭と民主党の党改革運動——民主党指導者会議の発展を中心に」『アドミニストレーション』1（1/2）：192-226．

松原克美，1998，『対立の構図——クリントン大統領と議会』東洋出版．

松本俊太，2002/2003，「レーガン政権期の『産業政策論争』と八八年包括通商・競争力強化法——アイデア・アプローチによる政策決定過程の分析（一）／（二）」『法学論叢』152-2：86-106/152-4：112-135．

松本俊太，2006，「アメリカ大統領による一般国民への説得活動の実証分析——京都議定書批准問題に関する実験サーヴェイを題材として」『名城法学』56-1：97-144．

松本俊太，2009/2010，「アメリカ連邦議会における二大政党の分極化と大統領の立法活動（一）／（二）」『名城法学』58-4：169-196/60-1/2：172-204．

松本俊太，2010a，「オバマ政権と連邦議会——100日と200日とその後」吉野・前嶋編，2010：29-58．

松本俊太，2010b，「アメリカ有権者の『政党帰属意識』の復活と2008年大統領選挙」『名城法

学　法学部創立60周年記念論文集』。
松本俊太，2012／2012，「分極化時代初期のアメリカ大統領と連邦議会の関係（一）／（二）——カーター政権はどのように内政において失敗したのか？」『名城法学』61-3：51-87／61-4：99-142。
松本俊太，2014，「連邦議会指導部によるコミュニケーション戦略の発達と2012年議会選挙」吉野・前嶋編，2014：125-158。
松本俊太，2015a,「『首相動静データ』を用いた中曽根康弘と小泉純一郎のスケジューリングの比較——弱い首相・大統領的首相・ウエストミンスター的な首相」『名城法学』64-3：1-28。
松本俊太，2015b,「医療制度改革において大統領は重要か？——ビル・クリントンとバラク・オバマの比較」『名城法学』65-1／2：193-222。
松本俊太，近刊，「連邦議会における手続的分極化の進展と選挙デモクラシー」吉野・前嶋編，近刊。
水谷（坂部）真理，2007／2008／2009，「アメリカ福祉国家の再編——リスクの「私化」と一九九〇年代の分岐点（一）／（二）／（三）」『名古屋大學法政論集』220：1-39／221：231-266／229：75-105。
宮田由紀夫，2001，『アメリカの産業政策——論争と実践』八千代出版。
ミリキタニ，ジョン・マーサ，2009，「バラク・オバマの選挙戦略」吉野・前嶋編，2009：71-93。
村田晃嗣，2011，『レーガン——いかにして「アメリカの偶像」となったか』中央公論新社。
室山義正，2002，『米国の再生——そのグランドストラテジー』有斐閣。
メイヒュー，ディヴィッド，（岡山裕訳，2013）『アメリカ連邦議会——選挙とのつながりで』勁草書房。［Mayhew, David R., 1974, *Congress: The Electoral Connection*, New Haven: Yale University Press.］
モリス，ディック，（近藤隆文・村井智之訳，1997）『オーバル・オフィス——大統領執務室』フジテレビ出版。［Morris, Richard, 1997, *Behind the Oval Office: Winning the Presidency in the Nineties*, New York: Random House.］
山岸敬和，2014，『アメリカ医療制度の政治史——20世紀の経験とオバマケア』名古屋大学出版会。
山岸敬和・西川賢編，2016，『ポスト・オバマのアメリカ』大学教育出版。
山田真裕，2009，「有権者の情報処理」山田・飯田編，2009：113-140。
山田真裕・飯田健編，2009，『投票行動研究のフロンティア』おうふう。
吉崎達彦，2010，「経済危機対策——1年目の経済施策を振り返って」吉野・前嶋編，2010：117-141。
吉野孝，1989，「アメリカ政党の構造的全国化とその要因——民主党と共和党の組織慣行の比較を中心に」『早稲田政治経済学雑誌』299：40-66。
吉野孝，2000，「政党研究と新制度論アプローチ——アメリカ連邦下院の政党指導部の活性化と『条件つき政党政治』理論を中心に」『早稲田政治経済学雑誌』341：128-160。

吉野孝，2003,「アメリカにおけるニューデモクラットの起源とその政治スタイル——NPC 理論の政党政治分析への応用」『早稲田政治経済学雑誌』352／353：30-62。
吉野孝・前嶋和弘編，2009,『2008年アメリカ大統領選挙——オバマの当選は何を意味するのか』東信堂。
吉野孝・前嶋和弘編，2010,『オバマ政権はアメリカをどのように変えたのか——支持連合・政策成果・中間選挙』東信堂。
吉野孝・前嶋和弘編，2012,『オバマ政権と過渡期のアメリカ社会——選挙，政党，制度，メディア，対外援助』東信堂。
吉野孝・前嶋和弘編，2014,『オバマ後のアメリカ政治——2012年大統領選挙と分断された政治の行方』東信堂。
吉野孝・前嶋和弘編，近刊，『危機のアメリカ「選挙デモクラシー」』東信堂。
リンゼイ，ロバート，1981,「レーガンの性格形成」スミス他，（吉成他訳，1981）：41-58。
ルイス，デイヴィッド E.,（稲継裕昭監訳，浅尾久美子訳，2009）『大統領任命の政治学——政治任用の実態と行政への影響』ミネルヴァ書房。[Lewis, David E., 2009, *The Politics of Presidential Appointments : Political Control and Bureaucratic Performance*, Princeton : Princeton University Press.]
レイプハルト，アレンド，（粕谷祐子・菊池啓一訳，2014）『民主主義対民主主義——多数決型とコンセンサス型の36カ国比較研究［原著第2版］』勁草書房。[Lijphardt, Arend, 2012, *Patterns of Democracy : Government Forms and Performance in Thirty-Six Countries, 2nd ed.*, New Haven : Yale University Press.]
レーガン，ロナルド，（尾崎浩訳，1993）『わがアメリカンドリーム——レーガン回想録』読売新聞社。[Reagan, Ronald W., 1990, *An American Life*, New York : Simon and Schuster.]
ロウィ，Th. J.,（村松岐夫監訳，1981）『自由主義の終焉——現代政府の問題性』木鐸社。[Lowi, Theodore J., 1969, *The End of Liberalism : Ideology, Policy, and the Crisis of Public Authority*, New York : Norton.]
ワグナー，ヘザー・レアー，（宮崎朔訳，2008）『バラク・オバマの軌跡——アメリカが選んだ男』サンガ。[Wagner, Heather Lehr, 2008, *Barack Obama* (*Black Americans of Achievement : Legacy Edition*), New York : Infobase Publishing.]
渡辺将人，2009,『評伝バラク・オバマ——「越境」する大統領』集英社。
渡辺将人，2016,『現代アメリカ選挙の変貌——アウトリーチ・政党・デモクラシー』名古屋大学出版会。

英語文献

Aberbach, Joel D., Robert D. Putnam, and Burt A. Rockman, 1981, *Bureaucrats and Politicians in Western Democracies*, Cambridge : Harvard University Press.
Abramowitz, Alan I., 2010, *The Disappearing Center : Engaged Citizens, Polarization and American Democracy*, New Haven : Yale University Press.
Abramowitz, Alan I., 2013, *The Polarized Public : Why Our Government is So Dysfunctional*,

New York : Pearson Longman.
Abramowitz, Alan I. and Kyle L. Saunders, 1998, "Ideological Realignment in the U.S. Electorate," *Journal of Politics* 60-3 : 634-652.
Abramowitz, Alan I. and Kyle L. Saunders, 2008, "Is Polarization a Myth?" *Journal of Politics* 70-2 : 542-555.
Achen, Christopher H., 1992, "Social Psychology, Demographic Variables, and Linear Regression : Breaking the Iron Triangle in Voting Research," *Political Behavior* 14-3 : 195-211.
Adams, Greg D., 1997, "Abortion : Evidence of Issue Evolution," *American Journal of Political Science* 41-3 : 718-737.
Adler, E. Scott and John D. Wilkerson, 2012, *Congress and the Politics of Problem Solving*, New York : Cambridge University Press.
Ahmed, Amel and Rudra Sil, 2012, "When Multi-Method Research Subverts Methodological Pluralism—or, Why We Still Need Single-Method Research," *Perspectives on Politics* 10-4 : 935-953.
Aldrich, John H., 1995, *Why Parties? : The Origin and Transformation of Political Parties in America*, Chicago : University of Chicago Press.
Aldrich, John H., 2011, *Why Parties? : A Second Look*, Chicago : University of Chicago Press.
Aldrich, John H. and David W. Rohde, 2000, "The Consequences of Party Organization in the House : The Role of the Majority and the Minority Parties in Conditional Party Government," In Bond and Fleisher eds., 2000 : 31-72.
Alemán, Eduardo, Ernesto Calvo, Mark P. Jones, and Noah Kaplan, 2009, "Comparing Cosponsorship and Roll-Call Ideal Points," *Legislative Studies Quarterly* 34-1 : 87-116.
Almond, Gabriel A., 1990, *A Discipline Divided : Schools and Sects in Political Science*, Newbury Park : Sage Publications.
American Political Science Association, 1950, "Toward a More Responsible Two-Party System : A Report of the Committee on Political Parties," *American Political Science Review* 44-3 : Supplement.
Anderson, Sarah and Philip Habel, 2009, "Revisiting Adjusted ADA Scores for the U.S. Congress, 1947-2007," *Political Analysis* 17-1 : 83-88.
Andres, Gary, 2005, "The Contemporary Presidency : Polarization and White House/Legislative Relations : Causes and Consequences of Elite-Level Conflict," *Presidential Studies Quarterly* 35-4 : 761-770.
Ansolabehere, Stephen, James M. Snyder, Jr., and Charles Stewart, III, 2001a, "Candidate Positioning in U.S. House Elections," *American Journal of Political Science* 45-1 : 136-159.
Ansolabehere, Stephen, James M. Snyder, Jr., and Charles Stewart, III, 2001b, "The Effects

of Party and Preferences on Congressional Roll-Call Voting," *Legislative Studies Quarterly* 26-4 : 533-572.
Apter, David E. ed., 1964, *Ideology and Discontent*, New York : The Free Press.
Arnold, R. Douglas, 1990, *The Logic of Congressional Action*, New Haven : Yale University Press.
Bach, Stanley and George T. Sulzner eds., 1974, *Perspectives on the Presidency*, Lexington : D.C. Heath.
Baer, Kenneth S., 2000, *Reinventing Democrats : The Politics of Liberalism from Reagan to Clinton*, Lawrence : The University Press of Kansas.
Bafumi, Joseph and Michael C. Herron, 2010, "Leapfrog Representation and Extremism : A Study of American Voters and Their Members in Congress," *American Political Science Review* 104-3 : 519-542.
Bafumi, Joseph and Robert Y. Shapiro, 2009, "A New Partisan Voter," *Journal of Politics* 71-1 : 1-24.
Bailey, Christopher J., 1999, "Clintonomics," In Herrnson and Hill eds., 1999 : 85-103.
Baker, Ross K., 1985, "Party and Institutional Sanctions in the U.S. House : The Case of Congressman Gramm," *Legislative Studies Quarterly* 10-3 : 315-337.
Barber, James D., 1972, *The Presidential Character*, Upper Saddle River : Prentice Hall.
Barber, Michael and Nolan McCarty, 2013, "Causes and Consequences of Polarization," In Mansbridge and Martin eds., 2013 : 19-53.
Barrett, Andrew W., 2004, "Gone Public : The Impact of Going Public on Presidential Legislative Success," *American Politics Research* 32-3 : 338-370.
Barrett, Andrew W. and Matthew Eshbaugh-Soha, 2007, "Presidential Success on the Substance of Legislation," *Political Research Quarterly* 60-1 : 100-112.
Barrilleaux, Ryan J. and Christopher S. Kelley eds., 2010, *The Unitary Executive and the Modern Presidency*, College Station : Texas A&M University Press.
Bartels, Larry M., 2000, "Partisanship and Voting Behavior, 1952-1996," *American Journal of Political Science* 44-1 : 35-50.
Bartels, Larry M., 2008, *Unequal Democracy : The Political Economy of the New Gilded Age*, Princeton : Princeton University Press.
Bass, Harold F. Jr., 1991, "Background to Debate : A Reader's Guide and Bilbiography," In Shafer ed., 1991 : 141-178.
Baumgartner, Frank R. and Bryan D. Jones, 1993, *Agendas and Instability in American Politics*, Chicago : University of Chicago Press.
Bawn, Kathleen, Martin Cohen, David Karol, Seth Masket, Hans Noel, and John Zaller, 2012, "A Theory of Political Parties : Groups, Policy Demands and Nominations in American Politics," *Perspectives on Politics* 10-3 : 571-597.
Beckmann, Matthew N., 2010, *Pushing the Agenda : Presidential Leadership in U.S. Lawmak-*

ing, 1953-2004, New York : Cambridge University Press.

Beckmann, Matthew N., 2016, "Up the Hill and Across the Aisle : Discovering the Path to Bipartisanship in Washington," *Legislative Studies Quarterly* 41-2 : 269-295.

Beckmann, Matthew N. and Joseph Godfrey, 2007, "The Policy Opportunities in Presidential Honeymoons," *Political Research Quarterly* 60-2 : 250-262 : 488-503.

Beckmann, Matthew N. and Vimal Kumar, 2011a, "How Presidents Push, When Presidents Win : A Model of Positive Presidential Power in US Lawmaking," *Journal of Theoretical Politics* 23-3 : 3-20.

Beckmann, Matthew N. and Vimal Kumar, 2011b, "Opportunism in Polarization : Presidential Success in the U.S. Senate, 1953-2006," *Presidential Studies Quarterly* 41-3 : 488-503.

Beckmann, Matthew N. and Anthony J. McGann, 2008, "Navigating the Legislative Divide : Polarization, Presidents, and Policymaking in the United States," *Journal of Theoretical Politics* 20-2 : 201-220.

Bennett, David H., 2014, *Bill Clinton : Building a Bridge to the New Millennium*, New York : Routledge.

Berman, William C., 2001, *From the Center to the Edge : The Politics & Policies of the Clinton Presidency*, Lanham : Rowman & Littlefield.

Binder, Sarah A., 2003, *Stalemate*, Washington D. C. : Brookings Institution.

Binder, Sarah A., 2011, "Legislative Productivity and Gridlock," In Schickler and Lee eds., 2011 : 641-658.

Binder, Sarah A. and Frances E. Lee, 2013, "Making Deals in Congress," In Mansbridge and Martin eds., 2013 : 54-72.

Black, Earl and Merle Black, 2002, *The Rise of the Southern Republicans*, Cambridge : Harvard University Press.

Blank, Rebecca M. and Ron Haskins eds., 2001, *The New World of Welfare*, Washington D. C. : Brookings Institution.

Bond, Jon R. and Richard Fleisher, 1990, *The President in the Legislative Arena*, Chicago : University of Chicago Press.

Bond, Jon R. and Richard Fleisher, 2001, ""The Polls" : Partisanship and Presidential Performance Evaluations," *Presidential Studies Quarterly* 31-3 : 529-540.

Bond, Jon R. and Richard Fleisher eds., 2000, *Polarized Politics : Congress and the President in a Partisan Era*, Washington D. C. : CQ Press.

Bond, Jon R., Richard Fleisher, and B. Dan Wood, 2003, "The Marginal and Time-Varying Effect of Public Approval on Presidential Success in Congress," *Journal of Politics* 65-1 : 92-110.

Box-Steffensmeier, Janet M., Laura W. Arnold, and Christpher J. W. Zorn, 1997, "The Strategic Timing of Position Taking in Congress : A Study of the North American Free

参考文献

Trade Agreement," *American Political Science Review* 91-2 : 324-338.
Brace, Paul and Barbara Hinckley, 1992, *Follow the Leader : Opinion Polls and Modern Presidents*, New York : Basic Books.
Bradbury, Erin M., Ryan A. Davidson, and C. Lawrence Evans, 2008, "The Senate Whip System : An Exploration," In Monroe, Roberts, and Rohde eds., 2008 : 73-99.
Brady, David W., 1988, *Critical Elections and Congressional Policy Making*, Stanford : Stanford University Press.
Brady, David W., John Ferejohn, and Laurel Harbridge, 2008, "Polarization and Public Policy : A General Assessment," In Nivola and Brady eds., 2008 : 185-216.
Brady, David W., Hahrie Han, and Jeremy C. Pope, 2007, "Primary Elections and Candidate Ideology : Out of Step with the Primary Electorate," *Legislative Studies Quarterly* 32-1 : 79-105.
Brady, David W. and Kraig Volden, 1998, *Revolving Gridlock : Politics and Policy from Carter to Clinton*, Boulder : Westview Press.
Brewer, Mark D., 2005, "The Rise of Partisanship and the expansion of Partisan Conflict within the American Electorate," *Political Research Quarterly* 58-2 : 219-229.
Broussard, James H., 2015, *Ronald Reagan : Champion of Conservative America*, New York : Routledge.
Bryce, James B., 1995, *The American Commonwealth*, Indianapolis : Liberty Fund.
Bullock, Charles S. III, 2010, *Redistricting : The Most Political Activity in America*, Lanham : Rowman and Littlefield.
Bullock, Chareles S. III and Mark J. Rozell eds., 2012, *The Oxford Handbook of Southern Politics*, Oxford : Oxford University Press.
Burnham, Walter D., 1970, *Critical Elections and the Mainsprings of American Politics*, New York : W. W. Norton.
Burnham, Walter D., 1991, "Critical Realignment : Dead or Alive?" In Shafer ed., 1991 : 101-139.
Cameron, Charles M., 2000, *Veto Bargaining : Presidents and the Politics of Negative Power*, New York : Cambridge University Press.
Cameron, Charles M., 2002, "Studying the Polarized Presidency," *Presidential Studies Quarterly* 32-4 : 647-663.
Cameron, Charles M. and Jee-Kwang Park, 2008, "A Primer on the President's Legislative Program," In Rockman and Waterman eds., 2008 : 45-79.
Campbell, Angus, Phillip E. Converse, Warren E. Miller, and Donald E. Stokes, 1960, *The American Voter*, New York : John Wiley and Sons.
Campbell, Colin and Bert A. Rockman eds., 1996, *The Clinton Presidency : First Appraisals*, Chatham : Chatham House.
Canes-Wrone, Brandice, 2006, *Who Leads Whom? : Presidents, Policy, and the Public*, Chi-

cago : University of Chicago Press.

Canes-Wrone, Brandice, 2009, "Game Theory and the Study of the American Presidency," In Edwards and Howell eds., 2009 : 30-50.

Cannon, Lou, 2000, *President Reagan : The Role of a Lifetime*, New York : Public Affairs.

Carmines, Edward G. and James A. Stimson, 1980, "The Two Faces of Issue Voting," *American Political Science Review* 74-1 : 78-91.

Carmines, Edward G. and James A. Stimson, 1989, *Issue Evolution : Race and the Transformation of American Politics*, Princeton : Princeton University Press.

Carmines, Edward G. and Michael W. Wagner, 2006, "Political Issues and Party Alignments : Assessing the Issue Evolution Perspective," *Annual Review of Political Science* 9 : 67-81.

Carrubba, Clifford J., Matthew Gabel, and Simon Hug, 2008, "Legislative Voting Behavior, Seen and Unseen : A Theory of Roll-Call Vote Selection," *Legislative Studies Quarterly* 33-4 : 553-572.

Carsey, Thomas M. and Geoffrey C. Layman, 2006, "Changing Sides or Changing Minds? : Party Identification and Policy Preferences in the American Electorate," *American Journal of Political Science* 50-2 : 464-477.

Carson, Jamie L. ed., 2012, *New Directions in Congressional Politics*, New York : Routledge.

Carson, Jamie L., Michael H. Crespin, Charles J. Finocchiaro, and David W. Rohde, 2007, "Redistricting and Party Polarization in the U.S. House of Representatives," *American Politics Research* 35-6 : 878-904.

Carson, Jamie L., Gregory Koger, Matthew J. Lebo, and Everett Young, 2010, "The Electoral Costs of Part Loyality in Congress," *American Journal of Political Science* 54-3 : 598-616.

Chinni, Dante and James Gimpel, 2010, *Our Patchwork Nation : The Surprising Truth about the "Real" America*, New York : Gotham Books.

Chubb, John E. and Paul E. Peterson eds., 1989, *Can the Government Govern?* Washington D. C. : Brookings Institution.

Clinton, Joshua D., 2012, "Using Roll Call Estimates to Test Models of Politics," *Annual Review of Political Science* 15 : 79-99.

Clinton, Joshua D., Simon Jackman, and Douglas Rivers, 2004, "The Statistical Analysis of Roll Call Data," *American Political Science Review* 98-2 : 355-370.

Clinton, Joshua D. and John Lapinski, 2008, "Laws and Roll Calls in the U.S. Congress, 1891-1994," *Legislative Studies Quarterly* 33-4 : 511-540.

Clubb, Jerome M., William H. Flanigan, and Nancy H. Zingale, 1980, *Partisan Realignment : Voters, Parties, and Government in American History*, Beverly Hills : Sage Publications.

Cohen, Jeffrey E., 1982, "The Impact of the Modern Presidency on Presidential Success in

the U. S. Congress," *Legislative Studies Quarterly* 7-4:515-532.
Cohen, Jeffrey E., 1995, "Presidential Rhetoric and the Public Agenda," *American Journal of Political Science* 39-1:87-107.
Cohen, Jeffrey E., 2011, "Everybody Loves a Winner: On the Mutual Causality of Presidential Approval and Success in Congress," *Congress & the Presidency* 40:285-307.
Cohen, Richard E., 1994, *Changing Course in Washington: Clinton and the New Congress*, New York: McMillan.
Coleman, John J., 1999, "Unified Government, Divided Government, and Party Responsiveness," *American Political Science Review* 93-4:821-835.
Coleman, John J. and David C. W. Parker, 2009, "The Consequences of Divided Government," In Edwards and Howell eds., 2009:338-361.
Congressional Quarterly Almanac, 1953-2012.
Conley, Patricia Heidotting, 2001, *Presidential Mandates: How Elections Shape the National Agenda*, Chicago: The University of Chicago Press.
Converse, Philip E., 1964, "The Nature of Belief Systems in Mass Publics," In Apter ed., 1964:206-261.
Cooper, Joseph, and David W. Brady, 1981, "Toward a Diachronic Analysis of Congress," *American Political Science Review* 75-4:988-1006.
Corwin, Edward S., 1957, *The President Office, and Powers, 1787-1957, 4th ed.*, New York: New York University Press.
Covington, Cary R., 1987, ""Staying Private": Gaining Congressional Support for Unpublicized Presidential Preferences on Roll Call Votes," *Journal of Politics* 49-3:737-755.
Covington, Cary R., J. Mark Wrighton, and Rhonda Kinney, 1995, "A "Presidency-Augmented" Model of Presidential Success on House Roll Call Votes," *American Journal of Political Science* 39-4:1001-1024.
Cox, Gary W. and Jonathan N. Katz, 2002, *Elbridge Gerry's Salamander: The Electoral Consequences of the Reapportionment Revolution*, New York: Cambridge University Press.
Cox, Gary W. and Matthew D. McCubbins, 2005, *Setting the Agenda: Responsible Party Government in the U.S. House or Representatives*, New York: Cambridge University Press.
Cox, Gary W. and Mattew D. McCubbins, 2006, *Legislative Leviathan: Party Government in the House, 2nd ed.*, Barkeley: University of California Press.
Cox, Gary W. and Keith T. Poole, 2002, "On Measuring Partisanship in Roll-Call Voting: The U.S. House of Representatives, 1877-1999," *American Journal of Political Science* 46-3:477-489.
Crespin, Michael H., David W. Rohde, and Ryan J. Vander Wielen, 2011, "Measuring Variations in Party Unity Voting: An Assessment of Agenda Effects," *Party Politics* 19-3:432-457.

Cronin, Thomas, 1974, "The Textbook Presidency and Political Science," In Bach and Sulzner eds., 1974 : 54-74.
Crotty, William ed., 1991, *Political Science : Looking to the Future Volume Four : American Institutions*, Evanston : Northwestern University Press.
Cummins, Jeff, 2010, "State of the Union Addresses and the President's Legislative Success," *Congress & the Presidency* 37 : 176-199.
Dalton, Russel J. and Hans-Dieter Klingeman eds., 2007, *The Oxford Handbook of Political Behavior*, New York : Oxford University Press.
Davidson, Roger H., 1991, "Legislative Research : Mirror of a Discipline," In Crotty ed., 1991 : 17-35.
Davis, Eric L., 1979, "Legislative Liaison in the Carter Administration," *Political Science Quarterly* 94-2 : 287-301.
Delli-Carpini, Michael X. and Scott Keeter, 1996, *What Americans Know about Politics and Why It Matters*, New Haven : Yale University Press.
Desposato, Scott W., Matthew C. Kearney, and Brian F. Crisp, 2011, "Using Cosponsorship to Estimate Ideal Points," *Legislative Studies Quarterly* 36-4 : 531-565.
Dionne, E. J. Jr., 2006, "Polarized by God? American Politics and the Religious Divide," In Nivola and Brady eds., 2006 : 175-221.
Dodd, Lawrence C. and Bruce I. Oppenheimer eds., 2001, *Congress Reconsidered, 7th ed.*, Washington D. C. : CQ Press.
Dominguez, Casey Byrne Knudsen, 2005, "Is It a Honeymoon? : An Empirical Investigation of the President's First Hundred Days," *Congress & the Presidency* 32-1 : 63-78.
Dowdle, Andrew J., Dirk C. van Raemdonck, and Robert Maranto eds., 2012, *The Obama Presidency : Change and Continuity*, New York : Routledge.
Drew, Elizabeth, 1994, *On the Edge : The Clinton Presidency*, New York : Touchstone.
Druckman, James N., Erik Peterson, and Rune Slothuus, 2013, "How Elite Partisan Polarization Affects Opinion Formation," *American Political Science Review* 107-1 : 57-79.
Eckstein, Harry, 1975, "Case Study and Theory in Political Science," In Greenstein and Polsby eds., 1975 : 79-137.
Edwards, George C. III, 1980, *Presidential Influence in Congress*, San Francisco : W.H. Freeman and Company.
Edwards, George C. III, 1985, "Measuring Presidential Success in Congress : Alternative Approaches," *Journal of Politics* 47-2 : 667-685.
Edwards, George C. III, 1989, *At the Margins : Presidential Leadership in Congress*, New Haven : Yale University Press.
Edwards, George C. III, 2000, "Neustadt's Power Approach to the Presidency," In Shapiro, Kumar, and Jacobs eds., 2000 : 9-15.
Edwards, George C. III, 2003, *On Deaf Ears : The Limits of the Bully Pulpit*, New Haven :

Yale University Press.

Edwards, George C. III, 2009, "The Study of Presidential Leadership," In Edwards and Howell eds., 2009 : 816–837.

Edwards, George C. III and Andrew Barrett, 2000, "Presidential Agenda Setting in Congress," In Bond and Fleisher eds., 2000 : 109–133.

Edwards, George C. III, Andrew Barrett, and Jeffrey Peake, 1997, "The Legislative Impact of Divided Government," *American Journal of Political Science* 41–2 : 545–563.

Edwards, George C. III and William G. Howell eds., 2009, *The Oxford Handbook of American Presidency*, Oxford : Oxford University Press.

Edwards, George C. III and Dan Wood, 1999, "Who Influences Whom? The President, Congress, and the Media," *American Political Science Review* 93–2 : 327–344.

Ellwood, David T., 1988, *Poor Support : Poverty in the American Family*, New York : Basic Books.

Erikson, Robert S., Michael B. MacKuen, and James A. Stimson, 2002, *The Macro Polity*, New York : Cambridge University Press.

Erikson, Robert S. and Gerald C. Wright, Jr., 2001, "Voters, Candidates, and Issues in Congressional Elections," In Dodd and Oppenheimer eds., 2001 : 67–95.

Eshbaugh-Soha, Matthew, 2010, "The Importance of Policy Scope to Presidential Success in Congress," *Presidential Studies Quarterly* 40–4 : 708–724.

Eshbaugh-Soha, Matthew and Jeffrey Peake, 2011, *Breaking through the Noise : Presidential Leadership, Public Opinion, and the News Media*, Palo Alto : Stanford University Press.

Fenno, Richard F., 1973, *Congressmen in Committees*, Boston : Little Brown.

Fine, Jeffrey A. and Richard W. Waterman, 2008, "A New Model of Presidential Leadership : Controlling the Bureaucracy," In Rockman and Waterman eds., 2008 : 19–43.

Finocchiaro, Charles J. and David W. Rohde, 2008, "War for the Floor : Partisan Theory and Agenda Control in the U.S. House of Representatives," *Legislative Studies Quarterly* 43–1 : 35–61.

Fiorina, Morris P., 1981, *Retrospective Voting in American National Elections*, New Haven : Yale University Press.

Fiorina, Morris P., 1989, *Congress : Keystone of the Washington Establishment, 2nd ed.*, New Haven : Yale University Press.

Fiorina, Morris P., 2003, *Divided Government, 2nd ed.*, New York : Pearson Longman.

Fiorina, Morris P. and Samuel J. Abrams, 2008, "Political Polarization in the American Public," *Annual Review of Political Science* 11 : 563–588.

Fiorina, Morris P., Samuel J. Abrams, and Jeremy C. Pope, 2005, *Culture War? : The Myth of a Polarized America, 2nd ed.*, New York : Pearson Longman.

Fiorina, Morris P. and Matthew S. Levendusky, 2006, "Disconnected : The Political Class versus the People," In Nivola and Brady eds., 2006 : 49–71.

Fleisher, Richard and John R. Bond, 1983, "Assessing Presidential Support in the House: Lessons from Reagan and Carter," *Journal of Politics* 45-3 : 745-758.

Fleisher, Richard and John R. Bond, 1996, "The President in a More Partisan Legislative Arena," *Political Research Quarterly* 49-4 : 729-748.

Fleisher, Richard and John R. Bond, 2000, "Partisanship and the President's Quest for Votes," In Bond and Fleisher eds., 2000 : 154-185.

Fleisher, Richard and John R. Bond, 2004, "The Shrinking Middle in the US Congress," *British Journal of Political Science* 34-2 : 429-451.

Fleisher, Richard, Jon R. Bond, Glen S. Krutz, and Stephen Hanna, 2000, "The Demise of the Two Presidencies," *American Politics Quarterly* 28-1 : 3-25.

Fleisher, Richard, Jon R. Bond, and D. Dan Wood, 2008, "Which Presidents Are Uncommonly Successful in Congress?" In Rockman and Waterman eds., 2008 : 191-213.

Foley, Michael, 1999, "Clinton and Congress," In Herrnson and Hill eds., 1999 : 22-42.

Fowler, James H., 2006, "Connecting the Congress : A Study of Cosponsorship Networks," *Political Analysis* 14-4 : 456-487.

Frendreis, John, Raymond Tatalovich, and John Schaff, 2001, "Predicting Legislative Output in the First One-Hundred Days, 1897-1995," *Political Research Quarterly* 54-4 : 853-870.

From, Al, 2013, *The New Democrats and the Return to Power*, New York : Palgrave MacMillan.

Fukumoto, Kentaro, 2009, "Systematically Dependent Competing Risks and Strategic Retirement," *American Journal of Political Science* 53-3 : 740-759.

Gaddie, Ronald Keith, 2012, "Realignment," In Bullock and Rozell eds., 2012 : 289-313.

Gailmard, Sean and Jeffery A. Jenkins, 2007, "Negative Agenda Control in the Senate and the House : Fingerprints of Majority Party Power," *Journal of Politics* 69-3 : 689-700.

Galston, William A. and Pietro S. Nivola, 2006, "Delineating the Problem," In Nivola and Brady eds., 2006 : 1-47.

Galvin, Daniel J., 2010, *Presidential Party Building : Dwight D. Eisenhower to George W. Bush*, Princeton : Princeton University Press.

Gelman, Andrew, 2009, *Red State, Blue State, Rich State, Poor State : Why Americans Vote the Way They Do (Expanded Version)*, Priceton : Princeton University Press.

George, Alexander L. and Juliette L. George, 1956, *Woodrow Wilson and Colonel House : A Personal Study*, New York : The John Day Company.

Gerring, John, 1998, *Party Ideologies in America, 1828-1996*, New York : Cambridge University Press.

Goldstein, Judith and Robert O. Keohane, 1993, "Ideas and Foreign Policy : An Analytical Framework," In Goldstein and Keohane eds., 1993 : 3-30.

Goldstein, Judith and Robert O. Keohane eds., 1993, *Ideas and Foreign Policy : Beliefs, Institutions, and Political Change*, Ithaca : Cornell University Press.

参考文献

Gourevitch, Peter, 1986, *Politics in Hard Times : Comparative Responses to International Economic Crises*, Ithaca : Cornell University Press.

Graham, Otis L. Jr., 1992, *Losing Time : The Industrial Policy Debate*, Cambridge : Harvard University Press.

Green, Donald, Bradley Palmquist, and Eric Schickler, 2002, *Partisan Hearts and Minds : Political Parties and the Social Identities of Voters*, New Haven : Yale University Press.

Green, John C. and Paul S. Herrnson, 2002, "The Search for Responsibility," In Green and Herrnson eds., 2002 : 1-12.

Green, John C. and Paul S. Herrnson eds., 2002, *Responsible Partisanship? : The Evolution of American Political Parties Since 1950*, Lawrence : University of Kansas Press.

Green, Matthew N., 2010, *The Speaker of the House : A Study of Leadership*, New Haven : Yale University Press.

Greenstein, Fred I., 2000, *The Presidential Difference : Leadership Style from FDR to Clinton With a new Afterword on George W. Bush*, Princeton : Princeton University Press.

Greenstein, Fred I. and Nelson W. Polsby eds., 1975, *Handbook of Political Science vol. 7*, Boston : Addison-Wesley.

Greenstein, Fred I. ed., 1988, *Leadership in the Modern Presidency*, Cambridge : Harvard University Press.

Grofman, Bernard, 2004, "Downs and Two-Party Convergence," *Annual Review of Political Science* 7 : 25-46.

Groseclose, Tim and David C. King, 2001, "Committee Theories Reconsidered," In Dodd and Oppenheimer eds., 2001 : 191-216.

Groseclose, Tim, Steven D. Levitt, and James M. Snyder, 1999, "Comparing Interest Group Scores across Time and Chambers : Adjusted ADA Scores for the U.S. Congress," *American Political Science Review* 93-1 : 33-50.

Groseclose, Tim and Nolan McCarty, 2001, "The Politics of Blame : Bargaining before an Audience," *American Journal of Political Science* 45-1 : 100-119.

Haas, Garland A., 1992, *Jimmy Carter and the Politics of Frustration*, Jefferson : McFarland & Company.

Hacker, Jacob S., 1997, *The Road to Nowhere : The Genesis of President Clinton's Plan for Health Security*, Princeton : Princeton University Press.

Hacker, Jacob S. and Paul Pierson, 2005, *Off Center : The Republican Revolution and the Erosion of American Democracy*, New Haven : Yale University Press.

Hall, Andrew B. and Kenneth A. Shepsle, 2014, "The Changing Value of Seniority in the U.S. House : Conditional Party Government Revised," *Journal of Politics* 76-1 : 98-113.

Hamilton, Nigel, 2007, *Bill Clinton : Mastering the Presidency*, London : Arrow Books.

Han, Lori Cox ed., 2011, *New Directions in the American Presidency*, New York : Routledge.

Harbridge, Laurel, 2015, *Is Bipartisanship Dead? : Policy Agreement and Agenda-Setting in the House of Representatives*, New York : Cambridge University Press.

Hargrove, Erwin C., 1988, "Jimmy Carter : The Politics of Public Goods," In Greenstein ed., 1988 : 228-259.

Harris, Johh F., 2005, *The Survivor : Bill Clinton in the White House*, New York : Random House.

Harward, Bryan M. and Kenneth W. Moffett, 2010, "The Calculus of Cosponsorship in the U.S. Senate," *Legislative Studies Quarterly* 35-1 : 117-143.

Hayao, Kenji, 1993, *The Japanese Prime Minister and Public Policy*, Pittsburgh : University of Pittsburgh Press.

Hayes, Danny, 2010, "Parties and the Media : Getting Messages to Voters," In Stonecash ed., 2010 : 44-62.

Haynie, Kerry L. and Candis S. Watts, 2010, "Blacks and the Democratic Party : A Resilient Coalition," In Stonecash ed., 2010 : 93-109.

Heclo, Hugh, 1978, *Studying the Presidency*, New York : Ford Foundation.

Heclo, Hugh, 2001, "The Politics of Welfare Reform," In Blank and Haskins eds., 2001 : 169-200.

Herrnson, Paul S. and Dilys M. Hill eds., 1999, *The Clinton Presidency : The First Term, 1992-96*, New York : St. Martin's.

Herrnson, Paul S., Irwin L. Morris, and John McTague, 2011, "The Impact of Presidential Campaigning for Congress on Presidential Support in the U.S. House of Representatives," *Legislative Studies Quarterly* 46-1 : 99-122.

Hershey, Majorie Randon, 2014, *Party Politics in America, 6th ed.*, New York : Routledge.

Hetherington, Marc J., 2001, "Resurgent Mass Partisanship : The Role of Elite Polarization," *American Political Science Review* 95-3 : 619-631.

Hetherington, Marc J., 2009, "Review Article : Putting Polarization in Perspective," *British Journal of Political Science* 39-1 : 413-448.

Hetherington, Marc J. and Jonathan D. Weiler, 2009, *Authoritarianism and Polarization in American Politics*, New York : Cambridge University Press.

Hill, Dilys M., 1999, "Domestic Policy," In Herrnson and Hill eds., 1999 : 104-125.

Hill, Kim Quaile, Stephen Hanna, and Sahar Shafqat, 1997, "The Liberal-Conservative Ideology of U.S. Senators : A New Measure," *American Journal of Political Science* 41-4 : 1395-1413.

Hill Seth J. and Chris Tausanovitch, 2015, "A Disconnect in Representation? Comparison of Trends in Congressional and Public Polarization," *Journal of Politics* 77-4 : 1058-1075.

Holmberg, Sören, 2007, "Partisanship Reconsidered," In Dalton and Klingeman eds., 2007 : 557-570.

Howell, William G., 2003, *Power without Persuasion : The Politics of Direct Presidential Agenda*, Princeton : Princeton University Press.

Howell, William G., 2009, "Quantitative Approaches to Studying the Presidency," In Edwards and Howell eds., 2009 : 9-29.

Howell, William G., 2015, *Thinking about the Presidency : The Primacy of Power*, Princeton : Princeton University Press.

Howell, William, Scott Adler, Charles Cameron, and Charles Riemann, 2000, "Divided Government and the Legislative Productivity of Congress, 1945-94," *Legislative Studies Quarterly* 25-2 : 285-312.

Howell, William G., Saul P. Jackman, and Jon C. Rogowski, 2013, *The Wartime President : Executive Influence and the Nationalizing Politics of Threat*, Chicago : University of Chicago Press.

Hunter, James David, 1992, *Culture Wars : The Struggle to Control the Family, Art, Education, Law, and Politics in America*, New York : Basic Books.

Jackson, John E. and John W. Kingdon, 1992, "Ideology, Interest Group Scores, and Legislative Votes," *American Journal of Political Science* 36-3 : 805-823.

Jacobs, Lawrence R. and Robert Y. Shapiro, 2000, *Politicians Don't Pander : Political Manipulation and the Loss of Democratic Responsiveness*, Chicago : University of Chicago Press.

Jacobs, Lawrence R. and Theda Skocpol, 2011, "Hard-Fought Legacy : Obama, Congressional Democrats, and the Struggle for Comprehensive Health Care Reform," In Skocpol and Jacobs eds., 2011 : 53-104.

Jacobs, Lawrence R. and Theda Skocpol, 2012, *Health Care Reform and American Politics : What Everyone Needs to Know (Revised and Expanded Edition)*, New York : Oxford University Press.

Jacobs, Lawrence R. and Theda Skocpol eds., 2005, *Inequality and American Democracy : What We Know and What We Need to Learn*, New York : Russel Sage Foundation.

Jacobson, Gary C., 2000, "Party Polarization in National Politics : The Electoral Connection," in Bond and Fleisher eds., 2000 : 9-30.

Jacobson, Gary C., 2013, "Partisan Polarization in American Politics : A Background Paper," *Presidential Studies Quarterly* 43-4 : 688-708.

Jenkins, Jeffrey A., 2011, "The Evolution of Party Leadership," In Schickler and Lee eds., 2011 : 684-711.

Jenkins, Jeffery A., Michael H. Crespin, and Jamie L. Carson, 2005, "Parties as Procedural Coalitions in Congress : An Examination of Differing Career Tracks," *Legislative Studies Quarterly* 30-3 : 365-389.

Jenkins, Jeffery A. and Charles Stewart III, 2013, *Fighting for the Speakership : The House and the Rise of Party Government*, Princeton : Princeton University Press.

Jessee, Stephen and Neil Malhotra, 2010, "Are Congressional Leaders Middlepersons or Extremists? Yes," *Legislative Studies Quarterly* 35-2, 361-392.

Jessee, Stephen A. and Sean M. Theriault, 2014, "The Two Faces of Congressional Rollcall Voting," *Party Politics* 20-6 : 836-848.

Jones, Bryan D., 1995, *Reconceiving Decision-Making in Democratic Politics : Attention, Choice, and Public Policy*, Chicago : University of Chicago Press.

Jones, Bryan D. and Frank R. Baumgartner, 2005, *The Politics of Attention : How Government Prioritizes Problems*, Chicago : University of Chicago Press.

Jones, Charles O., 1988, *The Trusteeship Presidency : Jimmy Carter and the United States Congress*, Baton Rouge : Louisiana State University Press.

Jones, Charles O., 2002, "Presidential Leadership in a Government of Parties : An Unrealized Perspective," In Green and Herrnson eds., 2002 : 141-159.

Jones, Charles O., 2005, *The Presidency in a Separated System, 2nd ed.*, Washington D. C. : Brookings Institution.

Jones, David R., 2001, "Party Polarization and Legislative Gridlock," *Political Research Quarterly* 54-1 : 125-141.

Katzenstein, Peter J., Robert O. Keohane, and Stephen D. Krasner eds., 1999, *Exploration and Contestation in the Study of World Politics : An International Organization Reader*, Cambridge : The MIT Press.

Katznelson, Ira and Helen V. Milner eds., 2002, *Political Science : State of the Discipline*, New York : W.W. Norton.

Kaufmann, Karen M., 2002, "Culture Wars, Secular Realignment, and the Gender Gap in Party Identification," *Political Behavior* 24-3 : 283-307.

Kawato, Sadafumi, 1987, "Nationalization and Partisan Realignment in Congressional Elections," *American Political Science Review* 81-4 : 1235-1250.

Kelley, Christopher S. and Bryan W. Marshall, 2008, "The Last Word : Presidential Power and the Role of Signing Statements," *Presidential Studies Quarterly* 38-2 : 248-267.

Kernell, Samuel, 2006, *Going Public : New Strategies of Presidential Leadership, 4th ed.*, Washington D. C. : CQ Press.

Key, V. O., 1955, "A Theory of Critical Elections," *Journal of Politics* 17-1 : 3-18.

Key, V. O., 1959, "Secular Realignment and the Party System," *Journal of Politics* 21-2 : 198-210.

King, Anthony, 1975, "Executives," In Greenstein and Polsby eds., 1975 : 173-256.

King, Gary, 1993, "The Methodology of Presidential Research," In King et al., 1993 : 387-412.

King, Gary, 1997, *A Solution to the Ecological Inference Problem : Reconstructing Individual Behavior from Aggregate Data*, Princeton : Princeton University Press.

King, Gary, George Edwards III, Bert A. Rockman, and John H. Kessel, 1993, *Researching the Presidency : Vital Questions, New Approaches*, Pittsburgh : University of Pittsburgh Press.

参考文献

King, Gary and Lyn Ragsdale, 1988, *The Elusive Executive : Discovering Statistical Patterns in the Presidency*, Washington D. C. : CQ Press.

Kingdon, John W., 1984, *Agendas, Alternatives, and Public Policies*, Boston : Little Brown.

Kingdon, John W., 1989, *Congressmen's Voting Decisions, 3rd ed.*, Ann Arbor : University of Michigan Press.

Kirkpatrick, Evron M., 1971, ""Toward A More Responsible Two-Party System" : Political Science, Policy Science, or Pseudo-Science?" *American Political Science Review* 65-4 : 965-990.

Klein, John, 2002, *The Natural : The Misunderstood Presidency of Bill Clinton*, New York : Doubleday.

Koger, Gregory, 2003, "Position-Taking and Cosponsorship in the U.S. House," *Legislative Studies Quarterly* 28-2 : 225-246.

Koger, Gregory, 2010, *Filibustering : A Political History of Obstruction in the House and Senate*, Chicago : University of Chicago Press.

Kramer, Gerald H., 1983, "The Ecological Fallacy Revisited : Aggregate-versus Individual-level Findings on Economics and Elections, and Sociotropic Voting," *American Political Science Review* 77-1 : 92-101.

Krehbiel, Keith, 1991, *Information and Legislative Organization*, Ann Arbor : University of Michigan Press.

Krehbiel, Keith, 1993, "Where's the Party?" *British Journal of Political Science* 23-2 : 235-266.

Krehbiel, Keith, 1998, *Pivotal Politics : A Theory of U.S. Lawmaking*, Chicago : University of Chicago Press.

Krehbiel, Keith, 1999, "Paradoxes of Parties in Congress," *Legislative Studies Quarterly* 24-1 : 31-64.

Krehbiel, Keith, 2000, "Party Discipline and Measures of Partisanship," *American Journal of Political Science* 44-2 : 212-227.

La Raja, Raymond J. ed., 2013, *New Directions in American Politics*, New York : Routledge.

Larocca, Roger T., 2006, *The Presidential Agenda : Sources of Executive Influence in Congress*, Columbus : The Ohio State University Press.

Lawrence, Eric D., Forrest Maltzman, and Stephen S. Smith, 2006, "Who Wins? : Party Effects in Legislative Voting," *Legislative Studies Quarterly* 31-1 : 33-69.

Layman, Geoffrey C., 2001, *The Great Divide : Religious and Cultural Conflict in American Party Politics*, New York : Columbia University. Press.

Layman, Geoffrey C. and Thomas M. Carsey, 2002a, "Party Polarization and Party Structuring of Policy Attitudes : A Comparison of Three NES Panel Studies," *Political Behavior* 24-3 : 199-236.

Layman, Geoffrey C. and Thomas M. Carsey, 2002b, "Party Polarization and "Conflict Extension" in the American Electorate," *American Journal of Political Science* 46-4 : 786-802.

Layman, Geoffrey C., Thomas M. Carsey, John C. Green, Richard Herrera, and Rosalyn Cooperman, 2010, "Activists and Conflict Extension in American Party Politics," *American Political Science Review* 104-2 : 324-346.

Layman, Geoffrey C., Thomas M. Carsey, and Juliana Menasce Horowitz, 2006, "Party Polarization in American Politics : Characerics, Causes, and Consequences," *Annual Review of Political Science* 9 : 83-110.

Lebo, Matthew J., Adam J. McGlynn, and Gregory Koger, 2007, "Strategic Party Government : Party Influence in Congress, 1789-2000," *American Journal of Political Science* 51-3 : 464-481.

Lebo, Mattew J. and Andrew J. O'Geen, 2011, "The President's Role in the Partisan Congressional Arena," *Journal of Politics* 73-3 : 718-734.

Lee, Frances E., 2009, *Beyond Ideology : Politics, Principles and Partisanship in the U.S. Senate*, Chicago : University of Chicago Press.

Lee, Frances E., 2015, "How Party Polarization Affects Governance," *Annual Review of Political Science* 18 : 261-282.

Lee, Frances E., 2016, *Insecure Majorities : Congress and the Perpetual Campaign*, Chicago : University of Chicago Press.

Levendusky, Mattew, 2009, *The Partisan Sort : How Liberals Became Democrats and Conservatives Became Republicans*, Chicago : University of Chicago Press.

Levendusky, Mattew, 2013, *How Partisan Media Polarize America*, Chicago : University of Chicago Press.

Levitt, Stephen D., 1996, "How Do Senators Vote? : Disentangling the Role of Voter Preferences, Party Affiliation, and Senator Ideology," *American Economic Review* 86-3 : 425-441.

Lewis-Beck, Michael S., William G. Jacoby, Helmut Norpoth, and Herbert F. Weisberg, 2008, *The American Voter Revisited*, Ann Arbor : The University of Michigan Press.

Lichbach, Mark I. and Alan S. Zuckerman eds., 1997, *Comparative Politics : Rationality, Culture, and Structure*, New York : Cambridge University Press.

Lichbach, Mark I. and Alan S. Zuckerman eds., 2009, *Comparative Politics : Rationality, Culture, and Structure, 2nd ed.*, New York : Cambridge University Press.

Light, Paul C., 1999, *The President's Agenda : Domestic Policy Choice from Kennedy to Clinton*, Baltimore : Johns Hopkins University Press.

Lipinski, Daniel, 2004, *Congressional Communication : Content and Consequences*, Ann Arbor : University of Michigan Press.

Lockerbie, Brad and Stephen Borrelli, 1989, "Getting inside the Beltway : Perceptions of Presidential Skill and Success in Congress," *British Journal of Political Science* 19-1 :

97-106.
Lockerbie, Brad, Stephen Borrelli, and Scott Hedger, 1998, "An Integrative Approach to Modeling Presidential Success in Congress," *Political Science Quarterly* 51-1 : 155-172.
Lohmann, Susanne and Sharyn O'Halloran, 1994, "Divided Government and U. S. Trade Policy : Theory and Evidence," *International Organization* 48-4 : 595-632.
Long, Scott J. and Jeremy Freese, 2005, *Regression Models for Categorical and Limited Dependent Variables with Stata, 2nd ed.*, College Station : Stata Press.
Lowi, Theodore J., 1964, "American Business, Public Policy, Case Studies and Political Theory," *World Politics* 16-4 : 677-715.
Lowi, Theodore J., 1970, "Decision Making vs. Policy Making : Toward an Antidote for Technocracy," *Public Administration Review* 30-3 : 314-325.
Lowi, Theodore J., 1972, "Four Systems of Policy, Politics and Choice," *Public Administration Review* 32-4 : 298-310.
Lowi, Theodore J., 1985, "The State in Politics : The Relation between Policy and Administration," In Noll ed., 1985 : 62-105.
Mainwaring, Scott and Mattew Soberg Shugart eds., 1997, *Presidentialism and Democracy in Latin America*, New York : Cambridge University Press.
Maisel, L. Sandy and Jeffrey M. Berry eds., 2010, *The Oxford Handbook of American Political Parties and Interest Groups*, New York : Oxford University Press.
Mann, Thomas E., 2006, "Polarizing the House of Representatives : How Much Does Gerrymandering Matter?" In Nivola and Brady eds., 2006 : 263-283.
Mann, Thomas E. and Norman J. Ornstein, 2012, *It's Even Worse than It Looks : How the American Constitutional System Collided with the New Politics of Extremism*, New York : Basic Books.
Mansbridge, Jane and Cathie Jo Martin eds., 2013, *Negotiating Agreement in Politics*, Washington D. C. : American Political Science Association, Task Force Report.
Marshall, Bryan W., 2002, "Explaining the Role of Restrictive Rules in the Postreform House," *Legislative Studies Quarterly* 27-1 : 61-85.
Marshall, Bryan W. and Brandon C. Prins, 2007, "Strategic Position Taking and Presidential Influence in Congress," *Legislative Studies Quarterly* 32-2 : 257-284.
Matthews, Chris, 2013, *Tip and the Gipper : When Politics Worked*, New York : Simon and Schuster.
Matthews, Donald R. and James A. Stimson, 1975, *Yeas and Nays : Normal Decision-making in the U.S. House of Representatives*, New York : John Wiley & Sons.
Mayer, Kenneth R., 1999, "Executive Orders and Presidential Power," *Journal of Politics* 61-2 : 445-466.
Mayhew, David R., 1966, *Party Loyalty among Congressmen : The Difference between Democrats and Republicans, 1947-1962*, Cambridge : Harvard University Press.

Mayhew, David R., 1991, *Divided We Govern : Party Control, Lawmaking, and Investigators 1946-1990*, New Haven : Yale University Press.

Mayhew, David R., 2001, "Observations on "Congress : The Electoral Connection" a Quarter Century after Writing It," *PS : Political Science and Politics* 34-2 : 251-252.

Mayhew, David R., 2002, *Electoral Realignments : A Critique to an American Genre*, New Haven : Yale University Press.

Mayhew, David R., 2011, *Partisan Balance : Why Political Parties Don't Kill the U.S. Constitutional System*, Princeton : Princeton University Press.

McCarty, Nolan, 2011, "Measuring Legislative Preferences," In Schickler and Lee eds., 2011 : 66-94.

McCarty, Nolan, Keith T. Poole, and Howard Rosenthal, 2001, "The Hunt for Party Discipline in Congress," *American Political Science Review* 95-3 : 673-687.

McCarty, Nolan, Keith T. Poole, and Howard Rosenthal, 2006, *Polarized America : The Dance of Ideology and Unequal Riches*, Cambridge : The MIT Press.

Mervin, David, 1990, *Ronald Reagan and the American Presidency*, New York : Longman.

Miller, Gary and Norman Schofield, 2003, "Activists and Partisan Realignment in the United States," *American Political Science Review* 97-2 : 245-260.

Miller, Gary and Norman Schofield, 2008, "The Transformation of the Republican and Democratic Party Coalitions in the U.S.," *Perspectives on Politics* 6-3 : 433-450.

Miller, Warren E. and J. Merrill Shanks, 1996, *The New American Voter*, Cambridge : Harvard University Press.

Moe, Terry M., 2009, "The Revolution in Presidential Studies," *Presidential Studies Quarterly* 39-4 : 701-724.

Moe, Terry M. and William G. Howell, 1999, "Unilateral Action and Presidential Power : A Theory," *Presidential Studies Quarterly* 29-4 : 850-872.

Mondak, Jeffery J., 1993a, "Source Cues and Policy Approval : The Cognitive Dynamics of Public Support for the Reagan Agenda," *American Journal of Political Science* 37-1 : 186-212.

Mondak, Jeffery J., 1993b, "Public Opinion and Heuristic Processing of Source Cues," *Political Behavior* 15-2 : 167-192.

Monroe, Burt L. and Ko Maeda, 2004, "Rhetorical Ideal Point Estimation : Mapping Legislative Speech," Paper Presented at the Society for Political Methodology, Stanford University.

Monroe, Nathan W., Jason M. Roberts, and David W. Rohde, 2008, "Introduction : Assessing the Impact of Parties in the U.S. Senate," In Monroe, Roberts, and Rohde eds., 2008 : 1-19.

Monroe, Nathan W., Jason M. Roberts, and David W. Rohde eds., 2008, *Why Not Parties : Party Effects in the United States Senate*, Chicago : University of Chicago Press.

Motter, Russel D., 1993, "Seeking Limits : The Passage of the National Energy Act as a Microcosm of the Carter Presidency," In Rosenbaum and Ugrinsky eds., 1993 : 571-593.

Mouw, Calvin and Michael MacKuen, 1992, "The Strategic Configuration, Personal Influence, and Presidential Power in Congress," *The Western Political Quarterly* 45-3 : 579-608.

Murray, Charles, 2012, *Coming Apart : The State of White America : 1950-2010*, New York : Crown Forum.

Mutz, Diana C., 2006, "How the Mass Media Divide Us," In Nivola and Brady eds., 2006 : 223-262.

Nardulli, Peter F., 1995, "The Concept of a Critical Realignment, Electoral Behavior, and Political Change," *American Political Science Review* 89-1 : 10-22.

Neustadt, Richard E., 1990, *Presidential Power, the Politics of Leadership : The Politics of Leadership from Roosevelt to Reagan*, New York : Wiley.

Nicholson, Stephen P., 2012, "Polarizing Cues," *American Journal of Political Science* 56-1 : 52-66.

Nishikawa, Masaru, 2009, "Realignment and Party Sorting in the 2008 US Presidential Election,"『選挙研究』25-1 : 130-140.

Nivola, Pietro S. and David W. Brady eds., 2006, *Red and Blue Nation? : Consequences and Correction of America's Polarized Politics (Volume One)*, Washington D. C. : Brookings Institution.

Nivola, Pietro S. and David W. Brady eds., 2008, *Red and Blue Nation? : Consequences and Correction of America's Polarized Politics (Volume Two)*, Washington D. C. : Brookings Institution.

Noel, Hans, 2013, *Political Ideologies and Political Parties in America*, New York : Cambridge University Press.

Nokken, Timothy P., 2000, "Dynamics of Congressional Loyalty : Party Defection and Roll-Call Behavior, 1947-97," *Legislative Studies Quarterly* 25-3 : 417-444.

Noll, Roger G. ed., 1985, *Regulatory Policy and the Social Sciences*, Barkeley : University of California Press.

Nollen, Stanley D. and Dennis P. Quinn, 1994, "Free Trade, Fair Trade, Strategic Trade, and Protectionism in the U.S. Congress, 1987-1988," *International Organization* 48-3 : 491-525.

Norpoth, Helmut, 1987, "Under Way and Here to Stay : Party Realignment in the 1980s?" *Public Opinion Quarterly* 51-3 : 376-391.

Orren, Karen and Stephen Skowronek, 2002, "The Study of American Political Development," In Katznelson and Milner eds., 2002 : 722-754.

Orren, Karen and Stephen Skowronek, 2004, *The Search for American Political Develop-*

ment, New York : Cambridge University Press.

Page, Benjamin I. and Lawrence R. Jacobs, 2009, *Class War? : What Americans Really Think about Economic Inequality*, Chicago : The University of Chicago Press.

Patel, Kant and Mark E. Rushefsky, 2014, *Healthcare Politics and Policy in America, 4th ed.*, Armonk : M. E. Sharpe.

Pearson, Kathryn, 2008, "Party Loyalty and Discipline in the Individualistic Senate," In Monroe, Roberts, and Rohde eds., 2008 : 100–120.

Peck, Jamie, 2001, *Workfare States*, New York : Guilford Press.

Peltzman, Sam, 1984, "Constituent Interest and Congressional Voting," *The Journal of Law & Economics* 27-1 : 181–210.

Pemberton, William E., 1997, *Exit with Honor : The Life and Presidency of Ronald Reagan*, Armonk, N.Y. : M.E. Sharpe.

Peters, Ronald M., 1997, *The American Speakership : The Office in Historical Perspective, 2 nd ed.*, Baltimore : Johns Hopkins University Press.

Peterson, Mark A., 1990, *Legislating Together : The White House and Capitol Hill from Eisenhower to Reagan*, Cambridge : Harvard University Press.

Peterson, Paul E. and Jay P. Greene, 1994, "Why Executive-Legislative Conflict in the United States is Dwindling," *British Journal of Political Science* 24-1 : 33–55.

Petrocik, John R., 1974, "An Analysis of Intransitivities in the Index of Party Identification," *Political Methodology* 1 : 38–48.

Petrocik, John. R., 1987, "Realignment : New Party Coalitions and the Nationalization of the South," *Journal of Politics* 49-2 : 347–375.

Petrocik, John R., 2009, "Measuring Party Support : Leaners are not Independents," *Electoral Studies* 28-4 : 562–572.

Phillips, Kevin P., 1969, *The Emerging Republican Majority*, New Rochelle : Arlington House.

Pious, Richard M., 2008, *Why Presidents Fail : White House Decision Making from Eisenhower to Bush II*, Lenham : Rowman and Littlefield.

Polsby, Nelson W., 1983, *Consequences of Party Reform*, Oxford : Oxford University Press.

Polsby, Nelson W. and Eric Schickler, 2002, "Landmarks in the Study of Congress since 1945," *Annual Review of Political Science* 5 : 333–367.

Polsby, Nelson W. and Aaron Wildavsky, 1971, *Presidential Elections, 3rd ed.*, New York : Charles Scribner and Sons.

Poole, Keith T. and Howard Rosenthal, 1984, "The Polarization of American Politics," *Journal of Politics* 46-4 : 1061–1079.

Poole, Keith T. and Howard Rosenthal, 1997, *Congress : A Political-Economic History of Roll Call Voting*, New York : Oxford University Press.

Poole, Keith T. and Howard Rosenthal, 2007, *Ideology & Congress : Second, Revised edition of Congress : A Political Economic History of Roll Call Voting*, New Brunswick : Transaction Publishers.

Prior, Markus, 2007, *Post-Broadcast Democracy : How Media Choice Increase Inequality in Political Involvement and Polarize Elections*, New York : Cambridge University Press.

Prior, Markus, 2013, "Media and Political Polarization," *Annual Review of Political Science* 16 : 101-127.

Pyeatt, Nicholas, 2015, "Party Unity, Ideology, and Polarization in Primary Elections for the House of Representatives : 1956-2012," *Legislative Studies Quarterly* 40-4 : 651-676.

Quirk, Paul J., 2013, "Polarized Populism : Masses, Elites, and Ideological Conflict," In La Raja ed., 2013 : 183-208.

Rabinowitz, George and Stuart Elaine Macdonald, 1989, "A Directional Theory of Issue Voting," *American Political Science Review* 83-1 : 93-121.

Rae, Nicol C., 2007, "Be Careful What You Wish For : The Rise of Responsible Parties in American National Politics," *Annual Review of Political Science* 10 : 169-191.

Ragsdale, Lyn, 2014, *Vital Statistics on the Presidency : George Washington to Barack Obama*, 4th ed., Washington D. C. : CQ Press.

Ramey, Adam, 2015, "Weighing the Alternatives : Preferences, Parties, and Constituency in Roll-Call Voting," *Journal of Politics* 77-2 : 421-432.

Ranney, Austin, 1951, "Toward a More Responsible Two-Party System : A Commentary," *American Political Science Review* 45-3 : 488-499.

Ranney, Austin, 1962, *The Doctrine of Responsible Party Government : Its Origins and Present State*, Urbana : The University of Illinois Press.

Ranney, Austin, 1975, *Curing the Mischiefs of Faction : Party Reform in America*, Barkeley : University of California Press.

Republican National Committee, 1994, *Contract with America : The Bold Plan by Rep. Newt Gingrich, Rep. Dick Armey and the House Republicans to Change the Nation*, New York : Times Books.

Riker, William H., 1980, "Implications from the Disequilibrium of Majority Rule for the Study of Insitutions," *American Political Science Review* 74-2 : 432-446.

Riker, William H., 1982, *Liberalism against Populism : A Confrontation Between the Theory of Democracy and the Theory of Social Choice*, San Francisco : W. H. Freeman.

Riker, William H., 1986, *The Art of Political Manipulation*, New Haven : Yale University Press.

Riker, William H., 1996, *The Strategy of Rhetoric : Campaigning for the American Constitution*, New Haven : Yale University Press.

Rivers, Douglas and Nancy L. Rose, 1985, "Passing the President's Program : Public Opinion and Presidential Influence in Congress," *American Journal of Political Science* 29-2 : 183-196.

Roberts, Jason M., 2006, "Minority Rights and Majority Power : Conditional Party Government and the Motion to Recommit in the House," *Legislative Studies Quarterly* 30-2 : 219-234.

Roberts, Jason M., 2012, "House Rules and Procedure : A Procedural Arms Race," In Carson ed., 2012 : 110-125.

Roberts, Jason M. and Steven S. Smith, 2003, "Procedural Contexts, Party Strategy, and Conditional Party Voting in the U.S. House of Representatives," *American Political Science Review* 47-2 : 305-317.

Robinson, W. S., 1950, "Ecological Correlations and the Behavior of Individuals," *American Sociological Review* 15-3 : 351-357.

Rockman, Bert A., Andrew Rudalevige, and Colin Campbell eds., 2012, *The Obama Presidency : Appraisals and Prospects*, Washington D. C. : CQ Press.

Rockman, Bert A. and Richard W. Waterman eds., 2008, *Presidential Leadership : The Vortex of Power*, New York : Oxford University Press.

Rohde, David W., 1991, *Parties and Leaders in the Postreform House*, Chicago : University of Chicago Press.

Rohde, David W., 2010, "What a Difference Twenty-Five Years Makes : Changing Perspectives on Parties and Leaders in the US House," In Maisel and Berry eds., 2010 : 323-338.

Rohde, David W., 2013, "Reflections on the Practice of Theorizing : Conditional Party Government in the Twenty-First Century," *Journal of Politics* 75-4 : 849-864.

Rohde, David W. and Meredith Barthelemy, 2009, "The President and Congressional Parties in an Era of Polarization," In Edwards and Howell eds., 2009 : 289-310.

Rom, Mark Carl, 2012, "President Obama's Health Care Reform : The Inevitable Impossible," In Dowdle, Raemdonck, and Maranto eds., 2012 : 149-161.

Rosenbaum, Herbert D. and Alexej Ugrinsky eds., 1993, *The Presidency and Domestic Policies of Jimmy Carter*, Westport : Greenwood Press.

Rosenof, Theodore, 2003, *Realignment : The Theory That Changed the Way We Think About American Politics*, Lanham : Rowman & Little Field.

Rossiter, Clinton L., 1960, *The American Presidency, 2nd ed.*, New York : Harcourt Brace.

Rottinghaus, Brandon, 2010, *The Provisional Pulpit : Modern Presidential Leadership of Public Opinion*, College Station : Texas A&M Press.

Rottinghaus, Brandon, 2011, "The President and the Congress," In Han ed., 2011 : 83-102.

Rudalevige, Andrew, 2002, *Managing the President's Program : Presidential Leadership and Legislative Policy Formation*, Princeton : Princeton University Press.

Sanbonmatsu, Kira, 2002, "Gender Stereotypes and Vote Choice," *American Journal of Political Science* 46-1 : 20-34.

Sartori, Giovanni, 1970, "Concept Misformation in Comparative Politics," *American Political*

Science Review 64-4 : 1033-1053.
Schaffner, Brian F., 2011, "Party Polarization," In Schickler and Lee eds., 2011 : 527-549.
Schickler, Eric, 2001, *Disjointed Pluralism : Institutional Innovation and the Development of the U. S. Congress*, Princeton : Princeton University Press.
Schickler, Eric, 2016, *Racial Realignment : The Transformation of American Liberalism, 1932 -1965*, Princeton : Princeton University Press.
Schickler, Eric and Frances E. Lee eds., 2011, *The Oxford Handbook of American Congress*, New York : Oxford University Press.
Schmidt, Vivien A., 2000, "Values and Discourse in the Politics of Adjustment," In Sharpf and Schmidt eds., 2000 : 229-309.
Schofield, Norman, and Gary Miller, 2007, "Elections and Activist Coalitions in the United States," *American Journal of Political Science* 51-3 : 518-531.
Schraufnagel, Scot and Stephen M. Shellman, 2001, "The Two Presidencies 1984-1998 : A Replication and Extension," *Presidential Studies Quarterly* 31-4 : 699-707.
Shafer, Byron E. ed., 1991, *The End of Realignment? : Interpreting American Electoral Eras*, Madison : The University of Wisconsin Press.
Shafer, Byron E. and Richard Johnston, 2009, *The End of Southern Exceptionalism : Class, Race, and Partisan Change in the Postwar South*, Cambridge : Harvard University Press.
Shapiro, Robert Y., Martha Joynt Kumar, and Lawrence R. Jacobs eds., 2000, *Presidential Power : Forging the Presidency for the Twenty-First Century*, New York : Columbia University Press.
Sharpf, Fritz W. and Vivien A. Schmidt eds., 2000, *Welfare and Work in the Open Economy : From Vulnerability to Competitiveness, Vol. 1*, Oxford : Oxford University Press.
Shepsle, Kenneth A., 1985, "Comment of Why the Regulators Chose to Deregulate," In Noll ed., 1985 : 231-239.
Shepsle, Kenneth A., 1989, "The Changing Textbook Congress," In Chubb and Peterson eds., 1989 : 238-267.
Shepsle, Kenneth A. and Barry R. Weingast, 1981, "Structure-induced Equilibrium and Legislative Choice," *Public Choice* 37 : 503-519.
Shepsle, Kenneth A. and Barry R. Weingast, 1987, "The Institutional Foundations of Committee Power," *American Political Science Review* 81-1 : 85-104.
Shull, Steven A., 1997, *Presidential-Congressional Relations : Policy and Time Approaches*, Ann Arbor : University of Michigan Press.
Shull, Steven A. and Thomas C. Shaw, 1999, *Explaining Congressional-Presidential Relations : A Multiple Perspective Approach*, Albany : State University of New York Press.
Siegel, Michael Eric, 2012, *The President as Leader*, New York : Pearson Education.
Silbey, Joel H., 1991, "Beyond Realignment and Realignment Theory : American Political Eras, 1789-1989," In Shafer ed., 1991 : 3-23.

Sinclair, Barbara, 1985, "Agenda Control and Policy Success : Ronald Reagan and the 97th House," *Legislative Studies Quarterly* 10-3 : 291-314.
Sinclair, Barbara, 1995, *Legislators, Leaders, and Lawmaking in the U.S. House of Representatives in the Postreform Era*, Baltimore : Johns Hopkins University Press.
Sinclair, Barbara, 1996, "Trying to Govern Positively in a Negative Era : Clinton and the 103rd Congress," In Campbell and Rockman eds., 1996 : 88-125.
Sinclair, Barbara, 2002, "The Dream Fulfilled? : Party Development in Congress, 1950-2000," In Green and Herrnson eds., 2002 : 121-140.
Sinclair, Barbara, 2007, *Party Wars : Polarization and the Politics of National Policy Making*, Norman : University of Oklahoma Press.
Sinclair, Barbara, 2012, "Doing Big Things : Obama and the 111th Congress," In Rockman, Rudalevige, and Campbell eds., 2012 : 198-222.
Skocpol, Theda, 1997, *Boomerang : Health Care Reform and the Turn against Government*, New York : W. W. Norton.
Skocpol, Theda and Lawrence R. Jacobs eds., 2011, *Reaching for a New Deal : Ambitious Governance, Economic Meltdown, and Polarized Politics in Obama's First Two Years*, New York : Russel Sage Foundation.
Skowronek, Stephen, 1997, *The Politics Presidents Make : Leadership from John Adams to Bill Clinton (Revised Edition)*, Cambridge : Belknap Press.
Slavin, Ed, 1989, *Jimmy Carter*, Broomall : Chelsea House Publishers.
Smith, Steven S., 2007, *Party Influence in Congress*, New York : Cambridge University Press.
Smith, Steven S., 2014, *The Senate Syndrome : The Evolution of Procedural Warfare in the Modern U.S. Senate*, Norman : University of Oklahoma Press.
Snyder, James M. Jr. and Tim Groseclose, 2000, "Estimating Party Influence in Congressional Roll-Call Voting," *American Journal of Political Science* 44-2 : 193-211.
Snyder, James M. Jr. and Tim Groseclose, 2001, "Estimating Party Influence on Roll Call Voting : Regression Coefficients versus Classification Success," *American Political Science Review* 95-3 : 689-698.
Spitzer, Robert J., 1983, *The Presidency and Public Policy : The Four Arenas of Presidential Power*, Alabama : University of Alabama Press.
Steinmo, Sven and Jon Watts, 1995, "It's the Institutions, Stupid! : Why Comprehensive National Health Insurance Always Fails in America," *Journal of Health Politics, Policy and Law* 20-2 : 329-372.
Stimson, James A., 1999, *Public Opinion in America : Moods, Cycles, And Swings, 2nd ed.*, Boulder : Westview Press.
Stoker, Laura and M. Kent Jennings, 2008, "Of Time and the Development of Partisan Polarization," *American Journal of Political Science* 52-3 : 619-635.

参考文献

Stonecash, Jeffrey M. ed., 2010, *New Directions in American Political Parties*, New York : Routledge.
Stonecash, Jeffrey M., Mark David Brewer, and Mack D. Mariani, 2003, *Diverging Parties : Social Change, Realignment, and Party Polarization*, Boulder : Westview.
Strahan, Randall, 2007, *Leading Representatives : The Agency of Leaders in the Politics of the U.S. House*, Baltimore : Johns Hopkins University Press.
Strahan, Randall, 2011, "Party Leadership," In Schickler and Lee eds., 2011 : 371-395.
Sulkin, Tracy, 2005, *Issue Politics in Congress*, New York : Cambridge University Press.
Sullivan, Terry, 1988, "Headcounts, Expectations, and Presidential Coalitions in Congress," *American Journal of Political Science* 32-3 : 567-589.
Sullivan, Terry, 1990, "Bargaining with the President : A Simple Game and New Evidence," *American Political Science Review* 84-4 : 1167-1195.
Sullivan, Terry, 1991, "The Bank Account Presidency : A New Measure and Evidence on the Temporal Path of Presidential Influence," *American Journal of Political Science* 35-3 : 686-723.
Sundquist, James L., 1983, *Dynamics of the Party System : Alignment and Dealignment of Political Parties in the United States (Revised Edition)*, Washington D. C. : Brookings Institution.
Takiff, Michael, 2010, *A Complicated Man : The Life of Bill Clinton as Told by Those Who Know Him*, New Haven : Yale University Press.
Talbert, Jeffery C. and Matthew Potoski, 2002, "Setting the Legislative Agenda : The Dimensional Structure of Bill Cosponsoring and Floor Voting," *Journal of Politics* 64-3 : 864-891.
Tarrow, Sidney, 1998, *Power in Movement : Social Movements and Contentious Politics*, 2nd ed., New York : Cambridge University Press.
Theriault, Sean M., 2008, *Party Polarization in Congress*, New York : Cambridge University Press.
Theriault, Sean M., 2013, *The Gingrich Senators : The Roots of partisan Warfare in Congress*, New York : Oxford University Press.
Theriault, Sean M. and JoBeth S. Shafran, 2013, "Reintroducing the Policy Process into Studying Congress," In La Raja ed., 2013 : 43-60.
Truman, David B., 1951, *The Governmental Process : Political Interests and Public Opinion*, New York : Alfred A. Knopf.
Truman, David B., 1959, *The Congressional Party : A Case Study*, New York : John Wiley and Sons.
Tulis, Jeffrey K., 1987, *The Rhetorical Presidency*, Princeton : Princeton University Press.
Uslaner, Eric M., 1993, *The Decline of Comity in Congress*, Ann Arbor : University of Michigan Press.

Uslaner, Eric M., 1998a, "Let the Chits Fall Where They May?: Executive and Constituency Influences on Congressional Voting on NAFTA," *Legislative Studies Quarterly* 23-3 : 347-371.

Uslaner, Eric M., 1998b, "Trade Winds NAFTA and the Rational Public," *Political Behavior* 20-4 : 341-360.

Walker, Martin, 1997, *Clinton : The President They Deserve*, London : Vintage.

Wattenberg, Martin P., 1998, *The Decline of American Political Parties, 1952-1996, 5th ed.*, Cambridge : Harvard University Press.

Weaver, R. Kent, 2000, *Ending Welfare as We Know It*, Washington D. C. : Brookings Institution.

Weingast, Barry R. and William J. Marshall, 1988, "The Industrial Organization of Congress ; or, Why Legislatures, Like Firms, Are Not Organized as Markets," *Journal of Political Economy* 96-1 : 132-163.

Wildavsky, Aaron, 1966, "The Two Presidencies," *Trans-Action* 4 : 7-14.

Wright, Gerald C. and Brian F. Schaffner, 2002, "The Influence of Party : Evidence from the State Legislatures," *American Political Science Review* 96-2 : 367-379.

Young, Garry and William B. Perkins, 2005, "Presidential Rhetoric, the Public Agenda, and the End of Presidential Television's "Golden Age,"" *Journal of Politics* 67-4 : 1190-1205.

Zaller, John R., 1992, *The Nature and Origins of Mass Opinion*, New York : Cambridge University Press.

インターネット（すべて2016年9月26日最終閲覧）

Adler, E. Scott and John D. Wilkerson, 2015, "State of the Speeches."
　（URL : http : //www.comparativeagendas.net/us）
American National Election Studies.（URL : http : //www.electionstudies.org）
American Presidency Project.（URL : http : //www.presidency.ucsb.edu）
GovTrack.US.（URL : http : //www.govtrack.us）
Rohde, David W., 2004, *Roll Call Voting Data for the United States House of Representatives, 1953-2004*, Compiled by the Political Institutions and Public Choice Program, Michigan State University, East Lansing, MI, 2004.
Woolley, John and Gerhard Peters, "The American Presidency Project."
　（URL : http : //www.presidency.ucsb.edu）
Voteview.（URL : http : //voteview.com）

あとがき

　本書の着想の契機は，筆者が大学院に入学した1999年から取り組み，博士論文にまでなった研究の過程で現れたパズルであった。アメリカ産業の国際競争力を強化する政策を実施すべきとのアイデアが，本書第5章でも登場したニュー・デモクラットを中心に広がり，それが共和党にまで浸透した。ところが，ニュー・デモクラットの代表であるクリントンとゴアが正副の大統領職を得た途端に，議会共和党の態度が硬化し，彼らのアイデアは民主党の統一政府であるにもかかわらず葬り去られた。権力を得たことが，かえって政策の失敗につながったのである。これは何故だろうか。この謎を解くためには，分極化という大きな現象，そしてそれと大統領との関係まで考察しなければならないことは当時の筆者にも直感的に理解できたが，それが一書を費やすほどの大きな課題であったこと，そしてその一書を完成させるために5年以上を費やすことは，全くの予想外であった。このように，筆者が20代のころに取り組んだ研究と，30代の大半を費やした本書は兄弟のようなものであり，本書の着想を与えた研究を「兄」とすれば，本書は「弟」にあたる。順序が逆になってしまったが，兄の方を書籍として送り出すことが次の課題となる。

　本書を執筆することになった直接の契機は，文部科学省科学研究費「アメリカ大統領の立法活動が及ぼす政党間二極化の効果の実証分析」(2009‐2010年度　若手研究（B）　課題番号21730129）の交付を受けたことである。本書第1・2・3章および第5・6・7章の一部は，この科研費の研究成果が元になっている。本書第3・4章は「政治指導者のスケジューリングの日米比較」(2012‐2014年度　若手研究（B）　課題番号24730130），本書第7・8章は「アメリカ連邦議会指導部の強化と立法過程の行動論的分析」(2016‐2018年度　基盤研究（C）　課題番号16K03496）の研究成果の一部である。本書第1・2・3章と第7章第3節の元になった論文は，松本（2009／2010）であり，本書の基本的なアイデアは同論文で出し尽している。理論に関する第1・2章と，点呼投票の実証分析の第3章は，各所からコメントを頂く度に加筆修正を行った。基本的な議論には変

更はないが，本書の内容が確定版である。また，第6章第1節は，松本（2012／2012），第5章第2節と第6章第3節は，松本（2015b）が，それぞれ元になっている。さらに第6章第3節の元となった上記論文は，松本（2010a）を大幅に加筆修正したものである。その他の箇所についても複数の学会報告が元になっている。完全な書き下ろしは，第6章第2節と第8章のみ，事実上の書き下ろしは第5章第4節のみである。

　以下は謝辞である。本書の執筆に時間がかかったことから，多くの方々のお世話になってしまい，そのために以下少し長くなってしまうことをまず御容赦願いたい。刊行が延び延びになったことは主に筆者の仕事が遅いためであることは間違いない。まずは，本書の執筆に御協力・御支援頂いたすべての方々に，お待たせしてしまったことへのお詫びと，それでも気長に待って頂いたことへの感謝を申し上げる。

　筆者が最も謝意を表したいのは，筆者の指導教官である大嶽秀夫先生である。筆者は，法学部に入学してはみたものの確たる進路を描けないでいた大学2回生のころに，大嶽先生の数多くの著書に出会い，3回生から先生の「政治過程論」の講義とゼミを受講し，そのまま大学院に進学した。大学院に進むことはもちろん，その先の進路についても迷うことばかりであったが，先生のアドヴァイスがきわめて正確であったことは，それぞれ新たな進学先や赴任先に進んでから明らかになった。即断即決で思い切った身の振り方や研究の進め方ができたのは，肝心なときには先生を頼ることができるとの安心感からであった。アメリカ政治を専攻する契機となったのも，アメリカ政治で修士論文を書けば，資料が揃っているので失敗しないし，英語や方法論のトレーニングにもなる，という御方針からであった。そのまま今に至るまで，筆者が現代のアメリカ政治の研究を続けることまでを先生が想定されていたかどうかは筆者の知るところではないが，筆者は，修士論文を書くことによって，現代アメリカ政治の研究に深く関心をもつようになった。

　京都大学時代には，大嶽先生の他，主に村松岐夫先生，故・的場敏博先生，真渕勝先生，秋月謙吾先生の御指導を受けた。とくに筆者の大学院進学の半年後に京都大学に着任された真渕先生からは，最も厳しくも的確な指導を受けた。本書第5章・第6章の前提となっている，キング・コヘイン・ヴァーバ（2004）

あとがき

の翻訳プロジェクトにも参加させて頂いた。筆者と最も年齢が近い秋月先生は，とくにアメリカのことについて多くを御教示くださった。先生が現在の筆者よりも若いころに担当されていた講義「アメリカの地方自治」を受講したことが，筆者が現代アメリカ政治の研究を志すきっかけの1つになった。大嶽先生の後任である新川敏光先生からは，研究分野こそ異なれど，研究者としての基本的な姿勢を学ばせて頂いている。

　本書の内容に関して最も実質的なコメントを頂戴したのは，待鳥聡史先生からである。日本において，アメリカ政治学のディシプリンに基づいてアメリカ政治の研究を行うパイオニアは，待鳥先生が2003年に出版された『財政再建と民主主義』であった。先例がほぼない中で同書を著された待鳥先生の御苦労の程は筆者の想像の及ばないところではあるが，他方で後進には後進なりの苦労があった。本書が後進に課されたハードルをクリアできたか否かは読者の皆様の御判断に委ねる他にない。待鳥先生の他に草稿へのコメントをお願いしたのは，アメリカ政治に関する業績も多い，同期の飯田健先生と，日本の立法過程が専門の，若い京俊介先生である。岡山裕先生・山岸敬和先生・上川龍之進先生・中村悦大先生・松尾晃孝先生・辻陽先生・藤村直史先生・善教将大先生・久保浩樹先生からは，個別具体的な箇所に関して御意見を頂戴した。その他，学会や研究会の場や，より非公式な場で貴重な御意見を下さった先生方は限りがない。お名前を省略することの失礼をお詫びする。このように多くの方々の御協力によって本書は執筆されはしたが，内容に関するすべての責任は筆者にあることはいうまでもない。

　最初の留学先のフロリダ州立大学政治学部（Florida State University, Department of Political Science）の先生方に対しては，個別のお名前を挙げるよりも，組織的な御指導と御支援を真っ先に感謝したい。トム・カーシー（Thomas M. Carsey）先生（現 University of North Carolina, Chapel Hill 教授）は，博士論文の主査としても Graduate Director としても，アメリカと日本の大学院生という二足のわらじを履く筆者の立場を最大限理解してくださった。本書第1章の内容は，先生の研究に多くを負っているが，先生とのやりとりはほぼ筆者への研究指導であり，御自身の研究を積極的に語られることはなかった。それらを本格的に学んだのは，筆者が2005年に帰国した後のことであった。

本書の執筆作業の仕上げは，2015年8月から2016年8月にかけて在外研究先のメリーランド大学政治学部 (University of Maryland, Department of Government and Politics) にて行った。まずは，在外研究の機会と研究費を提供してくださった名城大学と，在外研究先に筆者を紹介してくださった前嶋和弘先生に深く感謝申し上げる。受入教員 (Sponsor) を快諾してくださったのは，フランシス・リー (Frances E. Lee) 先生である。リー先生の著書，*Beyond Ideology* は，本書の理論の一部であり，データ分析の出発点でもある。本書の執筆をはじめた矢先の2009年に同書が刊行され，当初筆者が考えていた議論の大半が同書で行われていることに気付いたことにより，そこからリサーチ・デザインを大幅に考え直した。この遠回りのおかげで，リー先生が論じた議会からではなく，大統領の側から分極化と大統領を論じるという本書の着想に至ったことは，結果としては良かったように思う。在外研究の期間中，リー先生からは，大学院セミナー Legislatures and Legislation の聴講を許可して頂いたばかりではなく，本書の一部となった研究についても，的確かつ丁寧なコメントを数多く頂いた。

　日本でアメリカ政治を研究されている先生方からの御指導は，本書を日本のアメリカ政治研究の文脈に馴染ませるよう努めるために不可欠であった。同門の先輩である中井歩先生・鈴木創先生・並河仁先生もアメリカを題材に修士論文を執筆されており，筆者にとってはお手本であった。職に就いてからは，吉野孝先生と前嶋和弘先生を中心とする早稲田大学日米研究機構の研究会に参加させて頂けたことが決定的に重要であった。久保文明先生からは，本書第3章の元となる学会報告の討論者として，非常に勉強になる御意見を頂いた。

　筆者は，2005年秋から名城大学法学部に勤務している。肥田進先生・森川輝一先生・永戸力先生・髙松淳也先生・仁井田崇先生，矢嶋光先生，そして筆者の前任者の武蔵勝宏先生といった政治学部門の同僚の先生方と，職場でも学問を論じることができたことは，本書のことを常に頭のどこかには置いておく上で重要であった。ゼミ生をはじめとする，筆者の拙い講義にお付き合いくださった学生の皆さんは，本書を執筆する原動力の1つであった。「研究は教育の延長であり，教育は研究の延長である」と筆者は認識している。今度は本書の執筆の過程で学んだことを講義に反映させるよう心がけたい。また，勤務先では，いくつか重要な学内業務を任されることで大学人として鍛えられ，その仕事の

あとがき

　見返りとしては十分な結果を出すこともできたと思う。各種の課題と共に向き合った教職員の方々には，これを機会に改めて感謝申し上げる。

　刊行にあたっては，岡山裕先生より，ミネルヴァ書房編集部の前田有美さんを御紹介頂いた。本書の原稿が大方書きあがったころに，別件で岡山先生とやりとりをしている中での話であった。そこからは一気呵成に執筆の仕上げから刊行まで進んだ。物事が決まるのは必然とも偶然とも言い切れないものであり，「政策の窓」が開くというのはこういうことなのだと実感した。思いのほか分量のある書物になり，しかも何分誤字脱字など細かいエラーが多いもので，前田さんや印刷所の方々には多大なる御負担をおかけしたものと思う。また，刊行に必要な助成金は，名城大学法学会出版助成を受けた。新しい大統領が就任する2017年初頭という最も良いタイミングで本書を刊行することができたのは，この助成制度のおかげである。記して感謝申し上げたい。

　妻裕子は，筆者とは研究分野は異なるが，他大学の同じ法学部に勤める同業者である。研究者とはどのような生き物であるか，家族が理解しているということは，筆者が認識している以上に大きいのであろう。筆が進まず，自宅の勉強部屋で頭を抱えている筆者をことさらに励ますのでも叱咤するのでもなく接してくれたことは，今思えば本当にありがたいことであった。毎日おいしく健康的な食事をつくってくれることを通じても，筆者を支えてくれている。

　最後に，父茂と亡母啓子への感謝を述べる。筆者は，幼少期は風邪ばかりひいていて，しかも身の回りのこともスポーツの類も，そして勉強もできない，ダメな子どもであった。それが今では曲がりなりにも生活できているのは，両親の教育のおかげであろう。しかし「勉強をしろ」と言われたことは，なぜか1度もない。先の見えない大学院に進みたいと筆者が打ち明けたときには，何もいわず授業料を出してくれた。このときも「勉強をしろ」とは言われなかった。おかげで筆者は，経済的なことも急いで結果を出すことも気にすることなく，自分の思うように研究を続けることができた。両親に対する感謝の言葉は，簡単には見つかりそうにない。「兄」を送り出すまでの課題が残った。

　　2016年11月3日　大学祭で盛り上がる名城大学天白キャンパスにて

松　本　俊　太

人名索引

あ行

アイゼンハワー，ドワイト（Dwight D. Eisenhower） 23, 109, 111, 223, 225, 243
アバレスク，ジェームズ（James Abourezk） 194
アンダーソン，ジョン（John B. Anderson） 201
ウィルソン，ウッドロー（Woodrow Wilson） 67
ウォフォード，ハリス（Harris Wofford） 143, 177
ウォレス，ジョージ（George Wallace） 19
梅川健 256
エイブラモウィッツ，アラン（Alan I. Abramowitz） 279, 280
エヴァンズ，トマス（Thomas B. Evans） 197
エドワーズ，ジョージ（George C. Edwards III） 47, 66, 108
エマニュエル，ラーム（Rahm Emmanuel） 214, 226
エルウッド，デヴィッド（David T. Ellwood） 162, 163
岡山裕 41, 268
オニール，ティップ（Tip O'Neill） 184, 190-192, 196, 197, 200, 203, 204, 207
オバマ，バラク（Barack Obama） 3, 13, 56, 66, 86, 90, 95, 99, 105, 177, 178, 181, 208-222, 226, 227, 245, 252, 255-258, 267

か行

カーヴィル，ジェームズ（James Carville） 143, 144, 177
カーター，ジミー（Jimmy Carter） 13, 66, 94, 109, 111, 131, 136, 157, 176, 181-197, 199, 201, 208-210, 218, 221-224, 226, 245, 266, 296, 297
カーマインス，エドワード（Edward G. Carmines） 31, 41, 53, 54, 242, 243, 250
キャノン，ジョゼフ（Joseph G. Cannon） 21
キング，ゲイリー（Gary King） 135, 177, 241, 294-296
ギングリッチ，ニュート（Newt Gingrich） 149, 151, 157-160, 164, 171, 172, 248
クーパー，ジム（Jim Cooper） 149, 178
久保文明 5, 7, 32, 35, 251
グラスリー，チャック（Chuck Grassley） 215
グラム，フィル（Phil Gramm） 171, 180, 208, 226
クリストル，ウィリアム（William Kristol） 151, 178
クリントン，ヒラリー（Hillary Clinton） 141, 145, 148, 177, 178, 211, 212, 265
クリントン，ビル（Bill Clinton） 2, 13, 43, 66, 105, 110, 111, 129, 133-136, 138-172, 174-179, 181, 182, 197, 199, 208-214, 216, 217, 221, 224, 246, 247, 252, 253, 267
クレーブル，キース（Keith Krehbiel） 61, 272, 273

339

ゲッパート, ディック (Dick Gephardt)
　151, 152, 155, 157, 158
ケネディ, エドワード (Edward Kennedy)
　144, 151, 193, 194, 218
ケネディ, ジョン F. (John F. Kennedy)
　109, 111, 140, 176, 225, 226
ケリー, ボブ (Bob Kerrey)　178
ケンプ, ジャック (Jack Kemp)　203
ゴア, アル (Al Gore)　2, 138, 139, 159, 176, 178
ゴールドウォーター, バリー (Barry Goldwater)　23, 34, 199, 200, 242
コックス, ゲイリー (Gary W. Cox)
　79, 115, 272
コナブル, バーバー (Barber Conable)
　203, 205

さ 行

サリナス・デ・ゴルタリ, カルロス (Carlos Salinas de Gortari)　153
サンダース, バーニー (Bernie Sanders)
　257
ジェフォーズ, ジム (Jim Jeffords)　151
ジャクソン, ジェシー (Jesse Jackson)
　157, 159
ジャクソン, ヘンリー (Henry Jackson)
　193, 194
シャットシュナイダー, E. E. (Elmer Eric Schattschneider)　235, 237, 239
シュレジンジャー, ジェームズ (James R. Schlesinger)　187, 195, 223
ジョンソン, リンドン (Lyndon B. Johnson)　2, 67, 83, 104, 109, 111, 225, 242
スコウロネク, スティーヴン (Stephen Skowronek)　48, 261
スティムソン, ジェームズ (James A. Stimson)　31, 41, 53, 54, 242, 243, 250

ステファノプロス, ジョージ (George Stephanopoulos)　146
ストックマン, デイヴィッド (David Stockman)　224, 225
セリオー, ショーン (Sean M. Theriault)
　40, 69, 76, 77, 97, 108, 111, 130, 260, 274

た 行

ダウンズ, アンソニー (Anthony Downs)
　28, 40, 55, 67, 68
ダシュル, トム (Tom Daschle)　213, 214
タルボット, ストローブ (Strobe Talbott)
　141
チェイフィー, ジョン (John Chafee)
　152, 153
ディール, ネイサン (Nathan Deal)　167, 180
デイヴィス・ナンシー (Nancy Davis)
　224
ディンゲル, ジョン (John Dingell)　151
ドール, ボブ (Bob Dole)　147, 149-153, 168-172, 178-180, 205
トクヴィル, アレクシス・ド (Alexis de Tocqueville)　5, 10, 20, 260
トランプ, ドナルド (Donald Trump)
　257, 265-267
トルーマン, ハリー (Harry S. Truman)
　100, 108, 111

な 行

ニクソン, リチャード (Richard M. Nixon)
　23, 34, 43, 44, 67, 93, 109, 111, 131, 144, 147, 223, 225, 245, 251
西川賢　243, 244
ニュースタッド, リチャード (Richard E. Neustadt)　45, 66, 67, 103, 247
ネーダー, ラルフ (Ralph Nader)　157

人名索引

は 行

ハーツ, ルイス (Louis Hartz) 20
バード, ロバート (Robert Byrd) 146, 192, 194, 196
バーナム, ウォルター・ディーン (Walter Dean Burnham) 239, 241, 242, 249
バーバー, ジェームズ (James D. Barber) 46, 67, 141, 210
バイ, バーチ (Birch Bayh) 193, 194
バイデン, ジョー (Joe Biden) 214
パックウッド, ボブ (Bob Packwood) 168, 180
ハンス, ケント (Kent Hance) 205, 208
フィオリーナ, モーリス (Morris P. Fiorina) 233, 278-281
プール, キース (Keith T. Poole) 75, 76, 289
フォード, ジェラルド (Gerald Ford) 109, 111, 157, 185, 223, 225
フォーリー, トム (Tom Foley) 151, 158
ブキャナン, パット (Pat Buchanan) 157, 159
ブッシュ, ジョージ H. W. (ブッシュ(父)) (George H. W. Bush) 43, 110, 111, 137, 144, 145, 154-157, 201, 208, 226, 296
ブッシュ, ジョージ W. (ブッシュ(子)) (George W. Bush) 2, 43, 44, 56, 86, 90, 94, 95, 99, 100, 108, 110, 111, 226, 245, 256, 296
フライシャー, リチャード (Richard Fleisher) 46, 52, 54
ブラウン, スコット (Scott Brown) 217
フリードマン, ミルトン (Milton Friedman) 201
フルブライト, ウィリアム (J. William Fulbright) 140

ブロー, ジョン (John Breaux) 152
フロム, アル (Al From) 139, 176
ベイカー, ジェームズ (James Baker) 204
ベイカー, ハワード (Howard Baker) 194
ベイナー, ジョン (John Boehner) 257, 268
ペロー, ロス (Ross Perot) 141, 145, 155, 157, 159, 160
ペロシ, ナンシー (Nancy Pelosi) 215, 226
ボーカス, マックス (Max Baucus) 215
ボニアー, デヴィッド (David E. Bonior) 158
ボンド, ジョン (Jon R. Bond) 46, 52, 54

ま 行

マーシャル, ウィル (Will Marshall) 138
マガジナー, アイラ (Ira Magaziner) 145, 177
マクラーティ, マック (Mack McLarty) 141
マスキー, エドマンド (Edmund Muskie) 176
待鳥聡史 4, 5, 7, 15, 48, 137, 248, 250
マッカビンズ, マシュー (Mattew D. McCubbins) 79, 115, 272
ミッチェル, ジョージ (George J. Mitchell) 152
ミルズ, ウィルバー (Wilbur Mills) 144
ムーア, フランク (Frank Moore) 187
メイヒュー, デイヴィッド (David R. Mahyew) 10, 28, 54, 61, 68, 108, 111, 115, 130, 132, 233, 240, 242, 249, 250, 271, 272, 275, 297

341

メッツェンバウム, ハワード (Howard Metzenbaum) 194
モイニハン, ダニエル, パトリック (Daniel Patrick Moynihan) 146, 168, 177, 178
モリス, ディック (Dick Morris) 142, 165, 172, 174
モンデール, ウォルター (Walter F. Mondale) 194, 195

ら 行

ライカー, ウィリアム (William H. Riker) 63, 70, 264
ライシュ, ロバート (Robert Reich) 141
ライト, ジム (Jim Wright) 190
ラッファー, アーサー (Arthur Laffer) 201
リー, フランシス (Frances E. Lee) 80, 81, 93, 98
リード, ハリー (Harry Reid) 217
リーバーマン, ジョー (Joe Lieberman) 138
リッコーヴァー, ハイマン (Hyman G. Rickover) 183
リンカーン, エイブラハム (Abraham Lincoln) 210

レーガン, ロナルド (Ronald Reagan) 2, 13, 23, 24, 43, 50, 66, 68, 105, 109, 111, 131, 136, 137, 161, 181, 197-208, 210, 221, 222, 224, 225, 245, 246, 297
ロウィ, セオドア (Theodore J. Lowi) 287, 288, 292
ローズヴェルト, セオドア (Theodore Roosevelt) 21
ローズヴェルト, フランクリン (Franklin D. Roosevelt) 2, 21, 23, 186
ローゼンサール, ハワード (Howard Rosenthal) 75, 76, 289
ローディ, デヴィッド (David W. Rohde) 28, 69, 70, 115, 268, 275
ロス, ウィリアム (William V. Roth Jr.) 203
ロステンコウスキ, ダン (Dan Rostenkowski) 179, 203, 206
ロット, トレント (Trent Lott) 171, 172, 268
ロビンソン, ミシェル (Michelle Robinson) 226
ロムニー, ミット (Mitt Romney) 213, 227
ロング, ラッセル (Russell B. Long) 193, 194, 196

事項索引

あ 行

アイデア　14, 59, 63-65, 133, 135-139, 141-144, 152, 154, 155, 158, 161-163, 165, 174-177, 183, 185, 202, 213, 221, 224, 225, 242, 243, 245, 246, 248, 253
青い州　2, 3, 277-279
赤い州　2, 3, 277-279
アジェンダ
　　──・セッティング　52, 69, 102, 106-108, 115, 129, 225, 268, 272, 274, 276
　　議会──　106, 107, 111, 112, 114
　　大統領──　48, 100, 101, 107, 108, 110-112, 114, 115, 118, 121, 123, 126, 128-133, 135, 174, 181, 266
新しい連邦主義　44
アドヴォカシー団体　33, 35, 37, 42, 237, 247, 269
アメリカ政治発展論　8, 16, 261
『アメリカとの契約』　164, 166, 167, 179, 180, 236
『アメリカのデモクラシー』　5
アメリカ保守同盟　75
アメリカ例外論　5
委員会　21, 22, 33, 58, 102, 146, 148, 149, 151, 152, 158, 164, 166-168, 171, 190, 191, 193, 194, 196, 203, 205-207, 214-216, 223, 235, 254, 257, 263, 271-273, 275, 288
　　小──　58, 158, 166, 191, 223
委員長　58, 69, 80, 115, 129, 144, 146, 151, 179, 190, 192, 193, 203, 205, 215, 272
偉大な社会　2

一般教書演説　98, 105, 116, 117, 131, 149, 166, 170
一般国民への説得　44, 45, 100, 103-107, 116, 123, 133, 148, 159, 248
一般投票　265
医療制度改革　13, 129, 136, 139, 141-149, 151-153, 157, 163, 165, 173, 174, 177-179, 182, 208, 209, 211-218, 220, 224, 226, 227, 246, 252, 256, 267
院内幹事　58, 116, 117, 149, 158
院内総務　83, 84, 86-94, 98, 99, 116, 117, 147, 152, 155, 171, 172, 190, 192, 194, 196, 213, 217, 258, 268
ウォーターゲート・ベイビー　190
ウォール街占拠運動　257
エネルギー改革　13, 181, 186, 187, 190-192, 195, 209
オバマケア　217, 220
思いやりある保守主義　2, 43, 245

か 行

概念の拡大解釈　11
下院議長　21, 58, 78, 116, 117, 151, 158, 184, 190-192, 197, 200, 203, 215, 226, 257-259, 273
革新主義　137, 143
合衆国憲法　1, 16, 20, 44, 205, 235, 245, 255
議会中心アプローチ　44-47, 49-54, 60-62, 65-68, 73, 83, 88, 95, 96, 100, 101, 108, 113, 116, 118, 120, 123, 129, 132, 135, 174, 177, 260
キュー　54, 69, 80, 81, 88, 105, 242, 248, 281, 292

343

教科書的議会　19, 22, 33, 37, 39, 254
教科書的大統領制　21, 37
教書　22, 44
行政国家　1, 21, 22
行政の長　1-3, 11, 19, 37, 38, 54-57, 248, 252-255
行政命令　67, 255
業績誇示　59, 65, 107, 131, 155, 164, 207, 220, 247
共同提出　98, 284, 285
拒否権　16, 22, 44, 47, 61, 66, 88, 116, 149, 161, 163, 166-170, 172, 173, 180, 190, 206, 233
近代化論　6, 7
空間投票モデル　47, 49, 50, 53, 67, 68, 75, 260
グリッドロック　13, 70, 232, 233, 249
クローチャー　59, 69, 194, 256
ケインジアン　44
ケインズ主義　136, 139
ゲーム理論　49, 50
決定的事例　198
決定的選挙　14, 238-242, 244
ゲリマンダリング　36
言説的制度論　64
現代大統領制　1-3, 19, 21, 22, 39, 50, 206, 231, 245, 246, 248, 252-254, 258, 264
交換理論　271
交差投票　21, 97
行動科学革命　5
行動論　258, 263, 268
公民権法　23, 29, 39, 58
合理的選択制度論　49, 63, 258, 259, 262-264
合理的選択理論　10, 51, 63, 67, 259, 263, 268
国家エネルギー法　181
コミュニケーション言説　64, 133-135, 147, 150, 153, 173, 222

さ 行

財政の崖　56
サプライ・サイド　139, 201, 224
　——経済学　137, 176, 201-203, 222, 224, 225
三角測量戦術　165, 175, 267
静かなる多数派　245
シニオリティ　171, 189, 275
　——・システム　80, 190
ジャクソニアン　183, 184
　——民主主義　137, 183
重要法案（重要立法）　44, 53, 60, 61, 66, 76, 86, 97, 108, 111, 129, 130, 134, 135, 221, 233, 246, 295
純粋多数派理論　272, 274
上下両院合同会議　147, 188, 202, 204, 213, 216
条件付政党政府論　22, 28, 38, 39, 93, 115, 256-258, 268, 271-276
情報理論　272
初等中等教育改正法　43
署名時声明　67, 256
新制度論　7, 10, 16, 67, 261
スキル　45-47, 52, 60, 62, 63, 68-70, 96, 98, 106, 130, 140, 175, 182, 184, 224, 247, 262
政策革新　239, 243, 245-247, 251, 253, 261
政治的インフラストラクチャー（政治インフラ）　7, 32, 37, 246, 247
政治の機会構造　34
生態学的誤謬　12, 277
政党一致スコア　24
政党活動家　33, 34, 37, 38, 40, 42, 237, 242, 247, 251, 267, 279
政党帰属意識　29-31, 41, 42, 56, 61, 62,

68, 240, 250, 277, 278, 281, 283
政党再編成　14, 231, 238-242, 244, 249-251
　　　――論　14, 39, 231, 238-242, 244, 249, 250, 261, 281
　　　趨勢的（な）再編成　240, 242
　　　脱編成　240, 249
政党投票　24, 65, 69, 77-79, 81-84, 88, 89, 93, 94, 97, 98, 289
政党の顔　1-3, 11, 19, 38, 54-57, 244, 248, 252-255, 266
制度決定論　3
責任政党政府論　13, 14, 231, 232, 235-237, 244, 245, 248, 249, 256
1981年税制改革　13, 197, 198, 202, 204-206, 208, 225
選挙区割り　36, 37, 42, 247
戦時大統領　48
選択眼　70, 264
選択的接触　35
争点の進化　242, 243, 245, 251

た 行

代議員　42, 57, 184
第三の道　136, 176
大統領中心アプローチ　44-47, 49, 52, 62, 66, 88, 98, 100, 128, 175
大統領の勝率　48, 49, 82, 108-114, 123, 130, 225, 234
多元主義　6, 66, 67
多重手法的研究　15
多数党カルテル理論　115, 258, 272, 274-276
多数党指導部　58, 67, 79, 102, 274
多数派の専制　1
立場表明　12, 46, 54-56, 65, 73, 80-86, 88-95, 99-102, 108, 136, 149, 152, 153, 156, 158, 163, 164, 167, 169, 173, 197, 202,

204, 206, 209, 215, 216, 222, 256, 287, 289-292, 295
単純多数　13, 218, 256
地域研究・文化的アプローチ　4, 6-8, 10, 15, 261
調整言説　64, 133-135, 172, 173, 206, 222
直接的接触　100, 103-107, 115, 116, 129, 130, 132
ティー・パーティー　268
　　　――運動　215, 257, 267
鉄の三角形　33
典型事例　134
点呼投票　12, 24, 25, 40, 46, 47, 49, 50, 52, 53, 65, 67, 69, 73-82, 88, 90, 95-104, 108, 109, 113, 123, 130, 131, 225, 256, 260, 283-289, 292
　　　――指標　74-76, 79, 101, 283, 285, 286
統一政府　47, 49, 59, 60, 62-64, 67, 70, 100, 106, 107, 109-111, 113, 130, 135, 146, 163, 175, 182, 209, 215, 216, 233, 266
党員集会　33, 35, 184, 244
党大会　57, 145, 210, 245
特別多数　13, 47, 60-62, 65, 69, 70, 107, 116, 190, 220-222, 233, 246, 256, 261, 266, 267
徒党　1, 20

な 行

南部戦略　23, 34, 93, 251
ニュー・ディーラー　198
ニュー・ディール　21, 32, 138, 139, 182, 186, 198, 200, 252
　　　――政策　2, 21
　　　――・リベラリズム　39
　　　――連合　23, 39, 136, 240, 242
ニュー・デモクラット　39, 135, 138, 139,

345

141, 149, 154, 155, 158, 161, 163-165, 174-178, 225, 226

は行

パーソナリティ　46, 98, 140, 182, 185, 198, 199, 258-260
発声投票　102, 194
ハネムーン　48, 67, 83, 84, 89, 91, 130
比較政治アプローチ　7, 8, 10
比較政治制度論　262, 263
ヒューリスティックス　54, 55, 68
フィリバスター　47, 59, 61, 69, 146, 152, 153, 169, 173, 190, 194, 215, 217, 218, 220, 233, 256
フェデラリスト・ペーパー　1, 19
福祉改革　13, 136, 139, 146, 160-174, 177, 179, 180, 247, 253
付託　148, 151, 191, 193, 288
負託　49, 62, 68, 185, 197, 225, 235
2つの大統領制論　49
ブルー・ドッグ連合　39, 208, 215, 219
文化戦争　3, 277, 279
分割政府　vii, 24, 38, 47, 49, 60, 62, 64, 70, 83, 84, 88, 89, 91, 100, 106, 107, 109-114, 116-121, 123-126, 129, 130, 132, 135, 175, 233, 234, 237, 248, 250
分極化
　イデオロギー的――　12, 14, 16, 29, 31, 37, 57, 59, 74, 76, 79, 99, 101, 247, 272, 279, 280
　議会の――　1, 11, 13, 19, 24, 28, 31, 32, 34, 36, 37, 40, 41, 44, 74, 79, 80, 107, 175, 182, 232, 245-247, 252, 254, 266, 267, 271, 274, 280, 283
　大統領に起因する――　14, 232, 244, 245, 253
　手続的――　12, 37, 57, 58, 69, 74, 76,
77, 80, 99, 101, 107, 197, 208, 257, 272
　有権者の――　29, 35-37, 41, 42, 56, 246, 247, 257, 266, 267, 277, 279
紛争の拡張　246
紛争の転移　239, 246, 251
分配理論　271, 276
併発　261
方法論的多元主義　8, 15
北米自由貿易協定→NAFTA
ポピュリスト　141, 183
ポリティカル・サイエンス・アプローチ　5-7, 9, 10, 15, 261
ボル・ウィーヴィル　190, 203, 205-208
本会議　12, 21, 24, 46, 52, 58, 73, 75, 79, 88, 98, 102, 104, 152, 160, 166-168, 171, 191, 193, 194, 196, 203, 206, 207, 218, 219, 223, 272, 273, 286
本選挙　42, 138, 185, 212, 245, 266

ま行

マシーン　35
　――政治　57, 250
民主的行動を目指すアメリカ人→ADA
民主党研究会　58
民主党指導者会議→DLC
ムード　48, 136, 198
メディケア　43, 143, 170, 180, 209
メディケイド　143, 170, 171, 179

や行

有権者の仕分け　28, 29, 31, 37, 40, 42, 56, 247, 277, 278, 280
予算調整法案　146, 169, 170, 178, 180, 207, 218-220
与党の大統領化　243-245, 266
予備選挙　33, 35, 37, 42, 68, 138, 171, 178, 184, 185, 200, 201, 208, 211, 212, 236, 244, 247, 251, 257, 266-269

ら　行

リソース　48, 52, 57, 60, 66, 104, 118, 130, 133, 225
両院協議会　167, 169-173, 193-196, 207, 217, 218, 222
レイム・ダック　48, 83, 84, 89, 91
歴史的制度論　16
レトリック　12, 13, 44, 46, 60, 62-66, 100, 102, 133-136, 139, 142, 147, 155, 160, 164, 170-172, 174, 177, 181, 192, 202, 207, 213, 221, 231, 248, 264

欧　文

ADA　75, 96
——スコア　75, 96
AFL-CIO　155, 203
APD→　アメリカ政治発展論
DLC　136, 138-140, 143, 145, 149, 154, 155, 157, 162, 163, 165, 174, 176, 178, 208, 245
NAFTA　13, 104, 136, 153-159, 173, 174, 178, 179, 247, 253
NOMINATE　24, 25, 40, 75, 76, 79, 96, 97, 273, 274, 283, 285
D-NOMINATE　96
DW-NOMINATE　25-27, 96, 131
W-NOMINATE　96
NES（National Election Studies）　29, 278, 279

《著者紹介》

松本　俊太（まつもと・しゅんた）
1976年　大阪府生まれ。
1999年　京都大学法学部卒業。
2005年　京都大学法学研究科博士後期課程研究指導認定退学。
2005年　名城大学法学部専任講師。
2006年　フロリダ州立大学政治学部（Florida State University, Department of Political Science）博士課程修了（Ph. D.）。
2015年　メリーランド大学政治学部（University of Maryland, Department of Government and Politics）客員准教授（2016年まで）。
現　在　名城大学法学部准教授（2017年4月より教授）。
主　著　「オバマ政権と連邦議会——100日と200日とその後」吉野孝・前嶋和弘編『オバマ政権はアメリカをどのように変えたのか』（東信堂，2010）。
　　　　「1990年代国会改革の政策過程論と新制度論」新川敏光編『現代日本政治の争点』（法律文化社，2013）。
　　　　「連邦議会指導部によるコミュニケーション戦略の発達と2012年議会選挙」吉野孝・前嶋和弘編『オバマ後のアメリカ政治——2012年大統領選挙と分断された政治の行方』（東信堂，2014）。
　　　　「国会議員はなぜ委員会で発言するのか？——政党・議会・選挙制度」『選挙研究』第26巻第2号（共著）（2010）。

MINERVA人文・社会科学叢書⑫

アメリカ大統領は分極化した議会で何ができるか

2017年1月21日　初版第1刷発行　　〈検印省略〉

定価はカバーに
表示しています

著　者　松　本　俊　太
発行者　杉　田　啓　三
印刷者　藤　森　英　夫

発行所　株式会社　ミネルヴァ書房
607-8494 京都市山科区日ノ岡堤谷町1
電話代表　(075)581-5191
振替口座　01020-0-8076

©松本俊太, 2017　　　　　　　亜細亜印刷・新生製本

ISBN978-4-623-07827-1
Printed in Japan

大統領任命の政治学	デイヴィッド・ルイス著 稲継裕昭監訳 浅尾久美子訳	本体A5判三六〇〇円
アジアにおける大統領の比較政治学	粕谷祐子編著	本体A5判四五〇〇円
民主政治はなぜ「大統領制化」するのか	P・T・ポグントケ編 P・ウェブ編 岩崎正洋監訳	本体A5判五〇〇八円
現代アメリカの医療改革と政党政治	天野拓著	本体A5判五〇〇円
オバマ政権の経済政策	河音琢郎編著 藤木剛康編著	本体A5判三五〇〇円
「無極化」時代の日米同盟	川上高司著	本体A5判三二八〇円
日米構造協議の政治過程	鈴木一敏著	本体A5判三五〇〇円
ジョンソン政権における核不拡散政策の変容と進展	新垣拓著	本体A5判二七六〇円
アイゼンハワー政権と西ドイツ	倉科一希著	本体A5判三一〇〇円
モンロー・ドクトリンとアメリカ外交の基盤	中嶋啓雄著	本体A5判五二八〇円
アメリカ民主主義の過去と現在	紀平英作編著	本体A5判二五六〇円
アメリカ政治とマイノリティ	松岡泰著	本体A5判四五〇〇円
アメリカ女性議員の誕生	森脇俊雅著	本体A5判三五〇四円

ミネルヴァ書房
http://www.minervashobo.co.jp/